동북아해역과 산업화

항구·원조·사람

지은이(수록 순)

김대래 金大來, Kim Dae-rae 신라대학교 글로벌경제학과 명예교수

서광덕 徐光德, Seo Kwang-deok 부경대학교 인문사회과학연구소 HK교수

양민호 梁敏鎬, Yang Min-ho 부경대학교 인문사회과학연구소 HK교수

백두주 白斗柱, Baek, Doo-joo 부경대학교 글로벌지역학연구소 전임연구원

공미희 孔美熙, Kong, Mi-hee 부경대학교 인문사회과학연구소 HK연구교수

이나요시 아키라 稲吉晃 Inayoshi Akira 니가타대학(新潟大學) 인문사회과학계열 교수

김경아 金敬娥, Kim, Kyung-a 부경대학교 인문사회과학연구소 HK연구교수

권의석 權義錫, Kwon Euy-suk 원광대학교 한중관계연구원 동북아시아인문사회연구소 HK연구교수

왕매향 王梅香, Wang Mei-hsiang 대만 국립 중산대학교 사회학과 부교수

이상원 李尚原 Lee Sang-won 부경대학교 인문사회과학연구소 HK연구교수

최민경 崔瑉耿, Choi Min-kyung 부경대학교 인문사회과학연구소 HK교수

고바야시 소메이 小林聰明, KOBAYASHI SOMEI 니혼대학(日本大学) 법학부 교수

주현희 周賢熙, Ju Hyeon-hee 부경대학교 인문사회과학연구소 HK연구교수

동북아해역과 산업화 항구·원조·사람

초판인쇄 2023년 10월 15일 **초판발행** 2023년 10월 30일
엮은이 부경대 인문한국플러스사업단
펴낸이 박성모 **펴낸곳** 소명출판 **출판등록** 제1998-000017호
주소 서울시 서초구 사임당로14길 15 서광빌딩 2층
전화 02-585-7840 **팩스** 02-585-7848 **전자우편** somyungbooks@daum.net **홈페이지** www.somyong.co.kr

값 36,000원
ⓒ 부경대 인문한국플러스사업단, 2023
ISBN 979-11-5905-756-4 93910

이 책은 2017년 대한민국 교육부와 한국연구재단의 지원을 받아 수행된 연구임.(NRF-2017S1A6A3A01079869)

부경대학교 인문사회과학연구소
해역인문학 연구총서 ╱ **09** ╱

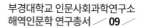

동북아해역과 산업화

항구·원조·사람

부경대 인문한국플러스사업단 편

Northeast Asian Sea Region and
Industrialization: ports, aid, people

발간사

부경대학교 「인문사회과학연구소」와 「해양인문학연구소」는 해양수산 인재 양성과 연구 중심인 대학의 오랜 전통을 기반으로 연구 역량을 키워 왔습니다. 대학이 위치한 부산이 가진 해양도시 인프라를 바탕으로 바다에 삶의 근거를 둔 해역민들의 삶과 그들이 엮어내는 사회의 역동성에 대한 연구를 꾸준히 해 왔습니다.

오랫동안 인간은 육지를 근거지로 살아온 탓에 바다의 중요성에 대해 간과한 부분이 없지 않습니다. 육지를 중심으로 연근해에서의 어업활동과 교역이 이루어지다가 원양을 가로질러 항해하게 되면서 바다는 비로소 연구의 대상이 되었습니다. 그래서 현재까지 바다에 대한 연구는 주로 조선, 해운, 항만과 같은 과학기술이나 해양산업 분야의 몫이었습니다. 하지만 수 세기 전부터 인간이 육지만큼이나 빈번히 바다를 건너 이동하게 되면서 바다는 육상의 실크로드처럼 지구적 규모의 '바닷길 네트워크'를 형성하게 되었습니다. 이 바닷길 네트워크인 해상실크로드를 따라 사람, 물자뿐만 아니라 사상, 종교, 정보, 동식물, 심지어 바이러스까지 교환되게 되었습니다.

바다와 인간의 관계를 인문학적으로 접근하여 성과를 내는 학문은 아직 완성 단계는 아니지만, 근대 이후 바다의 강력한 적이 바로 우리 인간인 지금, '바다 인문학'을 수립해야 할 시점이라고 생각합니다. 바다 인문학은 '해양문화'를 탐구하는 차원을 포함하면서도 현실적인 인문학적 문제에서 출발해야 합니다.

한반도 주변의 바다를 둘러싼 동북아 국제관계에서부터 국가, 사회,

개인 일상의 각 층위에서 심화되고 있는 갈등과 모순들이 우후죽순처럼 생겨나고 있습니다. 근대 이후 본격화된 바닷길 네트워크는 이질적 성격의 인간 집단과 문화의 접촉, 갈등, 교섭의 길이 되었고, 동양과 서양, 내셔널과 트랜스내셔널, 중앙과 지방의 대립 등이 해역海域 세계를 중심으로 발생하는 장이 되었기 때문입니다. 해역 내에서 각 집단이 자국의 이익을 위해 교류하면서 생성하는 사회문화의 양상과 변용을 해역의 역사라 할 수 있으며, 그 과정의 축적이 현재의 모습으로 축적되어 가고 있습니다.

따라서 해역의 관점에서 동북아를 고찰한다는 것은 동북아 현상의 역사적 과정을 규명하고, 접촉과 교섭의 경험을 발굴, 분석하여 갈등의 해결 방식을 모색하여, 향후 우리가 나아가야 할 방향을 제시해주는 방법이 우선 될 것입니다. 물론 이것은 해양 문화의 특징을 '개방성, 외향성, 교류성, 공존성 등'으로 보고 이를 인문학적 자산으로 확장하고자 하는 근본적인 과제를 수행하는 일이기도 합니다.

부경대 인문한국플러스사업단은 바다로 둘러싸인 육역陸域들의 느슨한 이음을 해역으로 상정하고, 황해와 동해, 동중국해가 모여 태평양과 이어지는 지점을 중심으로 동북아해역의 역사적 형성 과정과 그 의의를 모색하는 "동북아해역과 인문네트워크의 역동성 연구"를 수행하고 있습니다. 이를 통해 우리는 첫째, 육역의 개별 국가 단위로 논의되어 온 세계를 해역이라는 관점에서 다르게 사유하고 구상할 수 있는 학문적 방법과 둘째, 동북아 현상의 역사적 맥락과 그 과정에서 축적된 경험을 발판으로 현재의 문제를 해결하고 향후의 방향성을 제시하는 실천적 논의를 도출하고자 합니다. 이를 바탕으로 본 사업단은 해역과 육역의 결절 지점이며 동시에 동북아 지역 갈등의 현장이기도 한 바다를 연구의 대상으로 삼아 현재의 갈등과 대립을 해소하는 방안을 강구하고, 한 걸음 더 나아가 바다와 인간의 관계를 새롭게 규정하는 '해역인문학'을 정립하기 위해 노력하고 있습니다.

부경대학교 인문한국플러스사업단이 추구하는 '해역인문학'은 새로운 학문을 창안하는 일이기 때문에 보이지 않는 길을 더듬어 가며 새로운 길을 만들어 가고 있습니다. 2018년부터 간행된 '해역인문학' 총서 시리즈는 이와 관련된 연구 성과를 집약해서 보여주고 있으며, 또 이 총서의 권수가 늘어가면서 '해역인문학'의 모습을 조금씩 드러내고 있습니다. 향후 지속적으로 출판할 '해역인문학총서'가 인문학의 발전에 기여할 수 있는 노둣돌이 되기를 희망하면서 독자들의 많은 격려와 질정을 기대합니다.

부경대 인문한국플러스사업단 단장 김창경

『동북아해역과 산업화』는 부경대학교 HK+사업단의 해역인문학연구
총서 제9권이다. 근현대 동북아해역을 탐구했던 지난 5년의 연구를 거쳐
1960년대 이후 동북아 지역의 산업화를 해역과 인문네트워크 관점에서
재해석하는 연구의 성과이다.

이 총서는 '냉전과 열전'의 시대를 겪은 동북아 지역의 현대 산업화 과
정을 항구, 원조, 사람의 세 영역으로 나누어 다루고 있다. 먼저, 항구와
항만의 개발은 전후 혼란을 정비하고 해양 진출을 목표로 한 국가적 시도
로서, 동북아 네트워크의 공간 확장을 도모한 현대 산업화의 근간이라고
할 수 있다. 그리고 이 공간 안에서 이루어진 대외원조는 동북아 경제성장
을 촉진하고, 동아시아 특구 설정에 지대한 영향을 미쳤다. 나아가 이 과
정에서 이민과 이주를 거듭하며 교류를 이어가던 동북아는 하나의 거대
한 네트워크를 형성하며 현대국가로서의 면모를 갖추게 되었다. 이와 같
은 동북아해역의 산업화 과정을 총 12편의 논문을 통해 재검토하였다.
제1부에서는 동북아 항구와 항만의 개발을, 제2부에서는 전후 대외원조
를 비롯해 당시 동북아 경제성장과 문화 부흥을, 제3부에서는 어업이민
과 한일 교류를 논의했다.

총서의 첫 번째 글은 동아시아 산업화의 역사적 회고로부터 시작한다.
김대래는 한·중·일 동아시아 3국의 성장과 전환에 규정적인 역할을 하
였던 '세계적 구조'라는 틀을 '바다'로 치환하여 하나의 헤게모니로서 동
북아를 바라보고 있다. 세계 3대 경제권으로 성장한 동아시아 3국이 세계
화의 쇠퇴와 헤게모니의 혼돈 속에서 공존의 바다를 만들어 낼 수 있도록
보편적 가치와 성장동력을 펼쳐 보여야 함을 강조하였다. 이어서 제1부

'항구'는 동북아 지역의 현대 산업화 과정을 한·중·일 주요 항구의 개발과 항만 도시의 성장으로부터 살펴보고 있다. 서광덕은 중국 개혁개방 정책의 시작점이었던 광둥성의 광저우와 그 주변 항구의 개발 및 변화 과정을 통해 중국 경제특구의 성장과 산업화를 고찰하였다. 이를 바탕으로 과거 무역항에서 현재 자유무역시험구와 일대일로 중심 항구로 자리 잡은 광저우의 역할과 국가 주도적 성격이 강한 중국의 특구 설정과 도시화 과정을 앞으로 어떻게 바라볼 것인지에 대해 중요한 시사점을 제시하고 있다. 양민호는 국내 최초의 수출자유지역으로 일컬어지는 임해산업단지 마산의 입지 요건을 교통지리학적 관점으로 분석하였다. 마산 수출자유지역은 항만과 도시의 관계성 속에서 힌터랜드라는 배후도시를 갖춘 효율적 입지 조건을 갖추고, 한국의 산업화 시대였던 1960~1970년대 외국인 직접투자를 이끌어낼 목적으로 조성되었으나 그 이면에는 세력 간 갈등 또한 존재하였다. 백두주는 항만도시가 제공하는 세계로의 '연결성'과 개방성은 부와 혁신의 확산에 결정적 영향을 미치고 있음을 밝히며, 동북아지역 대표 항만도시인 부산의 도시성장과 재구조화 과정을 고찰하였다. 컨테이너 특화 항만인 부산항을 중심으로 발전해 온 부산은 현재 항만-도시 간 기능적 공간적 분리 현상과 함께 도시 내 항만이전과 북항 재개발을 통해 새로운 항만-도시 간 연계성을 높이는 통합모델의 성격도 동시에 포함하고 있어 이 도시를 둘러싼 위험과 기회요인에 대해 어떤 방식으로 적응능력을 보이는지가 관건임을 강조하였다. 공미희는 항만법 개정과 항만정비 5개년계획을 시작으로 1960년대에 걸쳐 진행된 일본 요코하마 항구의 항만기능 확충 및 도시 재생 사업에 주목하였다. 과거 대지진과 제2차 세계대전을 겪은 항만도시가 정부의 지원아래 자립적인 도시구조를 확립하고 국제 문화도시로 변화해 온 과정은 국내 부산항을 포함한 동북아 항구 재정비와 도시 개발에 시사점을 제시할 수 있을 것이다. 이나요시 아키라는 근세 일본과 근대 일본의 항구 도시의 차이를 정치체제와 교통네트워크 측면에서 정리하였으며, 특히 쓰루가항의 사례를 들어 항구도시가 직면한 난제와 그 대처 과정을 상세히 다루었다. 중앙정부와 특정 항만 간의 이해관계에 있어 포트 오소리티Port Authority 제도는 항만 정비의 난제를 해결하기 위한 방안의 일환이 될 수 있을 것이다.

제2부 '원조'는 전후 동북아 지역의 재건과 문화 부흥을 주요 쟁점으로 살펴보았다. 김경아는 중국의 개혁개방 이후 신앙권역의 네트워크를 이용해 인적, 물적 지원을 얻어 부흥하게 된 과정을 추적했으며, 이를 통해 과거 신앙의 영역에 속했던 마조신앙이 중국의 경제발전 흐름과 맞물려 전통문화의 프레임 안에서 재건되었다고 보았다. 권의석은 1960~1970년대 영국의 대한對韓 기술지원을 바탕으로 설립된 울산공과대학의 사례를 분석하였다. 영국의 인력 및 물자 제공은 당시 울산 공업지구 내 중화학 공업이 필요로 하는 고급인력을 확보하는 데 이바지하였으며 동시에 유럽의 선진 기술을 습득하게 된 기회가 되었는데, 이는 공여국이 가진 기술적 우위를 적절히 활용하여 수원국에 긍정적인 효과를 가져온 사례로 볼 수 있다고 하였다. 왕매향은 1950년부터 1970년 전까지 이루어졌던 대만에 대한 미국의 문화원조가 주로 서민의 일상생활과 관련이 있음을 밝혔다. 전반적으로 미국 문화를 일찍 접한 항구도시 가오슝과 지룽의 사례를 통해 원조를 통한 일방적인 외래문화의 수입이 아닌 수혜국의 능동적 흡수라는 측면을 살펴봐야 함을 주장했다. 이상원은 일본 군항도시 사세보에서 1968년 발생했던 미국

의 엔터프라이즈호 입항 문제와 이로부터 본격적으로 촉발된 시민 저항의 원인을 통시적 관점에서 면밀히 고찰하였다. 그리고 그 원인이 당시 군항에 의존할 수밖에 없었던 사세보의 지역경제 상황을 비롯하여 미국의 베트남전쟁과 얽힌 사회적 상황, 엔터프라이즈라는 함명 자체가 가지는 의미 등 여러 복합적인 문제에 있음을 밝혔다.

제3부 '사람'은 1960년대 이후 동북아 지역의 이민, 이주정책 및 인적 교류를 통한 산업화 과정을 보여주고 있다. 최민경은 해방이후 1962년 제정된 해외이주법에 입각하여 이후 진행된 어업이민의 양상을 구체적으로 다루었다. 해방 후 국내의 어업이민 또한 그 이전에 이루어진 중남미지역으로의 농업이민 송출, 나아가 서독과 사우디아라비아 등으로의 단기이민 송출 전반과 마찬가지로 이민의 당사자성은 부재한 채 국가의 경제발전담론에 회수되어 진행되었다고 밝혔다. 고바야시 소메이는 1960년대 진행된 일본 홋카이도와 한국 경기도 간의 지역 교류에 주목하였다. 한일 국교 정상화 직후 경기도에서 홋카이도로 파견된 한국인을 대상으로 직접적인 기술 연수가 진행되었는데, 이 교류에 있어서 당사자들의 반응과 감정이 기술의 유통과 인적네트워크 형성에 있어 주요한 기제였음을 설명하였다. 주현희는 원양어업이 전후 경제 부흥과 국가 재건의 발판이 된 산업 중 하나로 보고, 당시 상황을 기록한 원양실습일지에 주목하여 당시 실습 선원들의 해양인식을 고찰하였다. 1960년대 이후 국내 원양어업은 국가 경제 발전에 기여했을 뿐 아니라 이국인, 이문화와의 접촉을 의미했고 나아가 국제 외교의 폭을 넓혔다는 점에서 의의가 있다고 할 수 있다.

역동적인 공간으로서의 동북아 해역은 전후 시기 인적, 물적 자원의 교류와 긴밀한 네트워크를 바탕으로 현대 산업화 과정을 겪었으며 이 과정에서 국가 재건과 경제 성장이라는 결과를 얻을 수 있었다. 물론 그 이면에는 보이지 않는 갈등 관계와 해결해야 할 다양한 문제들이 남아있었지만, 산업화는 전후 시기 동북아를 이해하는 핵심이라고 할 수 있다.

HK연구교수

엄지

차례

제2부 원조

제3부 사람

전후 동아시아에서의 산업화

역사적 회고와 전망

김대래

1. 바다의 헤게모니

기근의 위협으로부터 벗어나지 못한 맬서스^{T. R. Malthus} 시대에서 생활 수준의 향상과 정치적 자유의 신장을 가져온 지속적 성장시대로의 전환은 인류의 발전에서 획기적인 것이었다.[1] 그리하여 산업혁명을 통해 완성된 근대사회로의 전환에 대해 깊은 관심과 많은 연구들이 이루어져왔다. 물론 아직 경제발전의 원인과 동력에 대한 합의된 정설은 없지만 '기술과 시장의 발전, 제도의 정비, 인적 자본의 축적 등이 경제성장뿐만 아니라 근대경제로의 전환을 낳은 핵심적인 요인이라는 견해는 널리 받아들여지고 있다'.[2] 따라서 어떤 지역, 어떤 나라를 대상으로 하든 산업화의 과정을 다룬다는 것은 적어도, 기술과 시장, 제도와 인적자본이

---

[1] Gregory Clark, *A Farewell to Alms : A Brief Economic History of the World*(이은주 역, 『맬서스, 산업혁명, 그리고 이해할 수 없는 신세계』, 한스미디어, 2010).

[2] 이헌창, 『한국경제통사』 제9판, 해남, 2021, 227쪽.

라는 문제를 다루지 않고는 불가능할 것이다.

그러나 여기서는 이런 전통적이고 고전적인 문제들에 대해서는 다루지 않으려고 한다. 경제발전이나 경제성장이론의 틀에 넣어서 다루기에는 이야기할 시간도 부족하고, 나아가 동아시아 3국의 경험이 그런 일반론적 틀에서 보기에는 매우 특수하기 때문이다. 제2차 세계대전 이후 동아시아 국가들을 돌아볼 때 우선 성장의 역동성에 매우 놀라게 된다. 1950~1980년대의 일본을 필두로 1960~1980년대에는 한국, 싱가포르 등 이른바 동아시아 신흥공업국들NIES이, 그리고 1980년대 이후에는 중국과 ASEAN 국가들이 이러한 고도성장의 대열에 동참하였고 이제는 세계에서 가장 큰 경제력을 갖춘 지역이 되었다.

한·중·일로 좁혀보아도 3국의 총생산규모는 전 세계 생산의 4분의 1을 점하는 거대한 경제권을 형성하고 있다. 지리적으로 인접한 세 나라가, 시차는 있지만, 상호 교역 규모를 늘려가면서 동시에 고도성장을 이루고 세계적 영향력을 갖게 된 것은 매우 드문 일이라 할 수 있다. 그리고 역시 시기와 정도의 차이는 있었지만 한중일 모두 수출지향적 공업화를 통해 고도성장을 달성하였다. 세계의 많은 나라들이 수출지향적 공업화를 경제발전의 모델로 삼고 추진하였지만 성공한 국가들은 많지 않았다. 그런 점에서 수출을 통해 성장을 이룬 3국의 공통된 경험 또한 드문 일이라 할 수 있다.

나아가 동아시아 3국의 이러한 괄목할 만한 성취의 이면에는 각기 다르게 걸어온 발걸음도 현저하였다. 일본은 비서구 국가로서는 유일하게 산업혁명의 대열에 동참하고 빠른 성장으로 한때 제국주의 국가로 동아시아를 침략하였으며, 중국은 전후 사회주의적 성장전략을 추진하다가 개혁과 개방으로 급속한 성장을 이루었다. 한국은 일본의 식민지배에서 독립한 뒤 남북분단을 겪었고, 체제경쟁의 최전선에 있으면서 빠른 성장을 이루었다.

이 시간에는 좀 긴 역사적 안목에서 동아시아 3국의 성장과 전환에 규정적인 역할을 하였던 '세계적 구조'라는 시각을 가지고 이야기해 보려고 한다. 이러한 시도가 자칫 동아시아 3국의 내적 역량을 경시하는 것일 수 있지만, 사실은 탄탄한 내적 역량을 당연하게 전제하고 있다고 이야기하고 싶다.

그리고 이 '세계적 구조'라는 틀을 '바다'로 치환하여 동아시아적인 관점에서 접근해 보려고 한다. 한·중·일 모두 국토의 대부분 또는 상당 부분이 바다에 접하고 있으며, 바다는 3국의 성장에 지대한 영향을 주었다. 특히 근대의 성장에서 바다는, 많은 물동량을 이동시킬 수 있는 유일한 통로로써, 경제성장에 미친 영향은 매우 강력하였다. 한중일 모두 바다를 끼고 있지 않았다면 무역에 기초한 급속한 성장은 불가능했을 것이다.

그런데 물리적 바다는 과거나 현재나 동일하게 존재했지만, 역사적으로 바다에 작용하고 있던 힘과 바다를 생각하는 사람들의 태도에는 시기적으로 또 3국 간에도 차이가 있었다. 육지와 함께 바다에도 헤게모니가 존재하고 있었고, 그러한 힘의 구도는 동아시아와 한·중·일 3국의 성장에 깊은 영향을 주었다.

2. 바다의 역전 – '해금'의 바다

인류의 교역과 교류의 역사는 우리가 생각하는 것보다 훨씬 이전부터 아주 빈번하게 이루어졌다. 가까운 거리는 물론 대륙을 넘어 교역과 교류가 기원전부터 광범위하게 이루어졌으며, 고고학적 발굴이 진전되면서 그러한 증거들이 풍부해지고 있다. 기원전에 이루어진 동서양의 교역루트로 널리 알려져 있는 실크로드Silk Road를 떠올리는 것만으로 이는 충분하다. 게다가 최근의 연구들은 실크로드가 단순히 동서를 잇는 횡단축이 아니라 남북의 여러 통로를 포함해 동서남북으로 사통팔달한 하나의 거대한 교통망 및 교역망으로 이해한다. 좁은 의미의 실크로드에 이어 스텝 루트Steppe Route : 초원의 길와 시루트Sea Route : 바다의 길도 오래전부터 동서양을 연결하는 주요 교통로였다.

〈표 1〉[3]에서 보듯이 실제로 13세기 이탈리아에서 출발한 마르코폴로 Marco Polo, 1254~1324는 육로로 중국에 와서 머물다가 바닷길로 이탈리아로 돌아가는 긴 여정에 관한 여행기를 남겼는데, 이것은 이 시기 교역과 교류의 길이 육지는 물론 바다로도 활발하게 이루어졌음을 잘 보여주고 있다. 아라비아 상인들은 아프리카와 인도를 계절풍을 이용하여 왕래하였고, 인도와 중국상인들 간의 바닷길을 이용한 교역과 왕래도 빈번하였다.

15세기 전반기까지도 적어도 세계적인 관점에서는 바다는 동서양의 어느 쪽의 패권에 휘둘리지는 않았다. 마르코 폴로보다 꼭 1백 년 후인

---

3   그림 자료의 출처는 별도로 표기하지 않았다. 다음과 네이버 홈페이지에서 검색한 것들이다.

<표 1> 바다의 역전

마르코 폴로의 여행경로(1271~1295)

중국 정화 함대의 항해(1405~1433)

대항해시대(1492~1521)

1660년 유럽의 세계지배

15세기 초 중국 명明나라의 항해가인 정화장군의 함대가 아프리카 북부까지 탐험하였다. 정화는 1405년부터 1433년까지 7차에 걸쳐 30여 개국의 서태평양과 인도양 국가와 지역을 방문하였다. 명사 정화전의 기록에 따르면 정화의 항해보선航海寶船은 모두 63척으로 최대길이 44장丈 4척尺, 넓이 18장丈으로 당시 세계 최대의 선박이었다. 현재의 척도로 환산하면 길이 151.18m, 폭 61.6m의 4층 규모에 승무원이 24,800명에 달하였다. 훗날 바스코 다 가마Vasco da Gama의 함대가 120톤급 3척, 승무원 170명이었고, 콜럼버스Christopher Columbus의 함대는 250톤급 3척, 승무원 88명이었던 것에 비하면 정화의 함대는 엄청난 규모였다.[4]

정화함대의 원정이후 70년이 지난 1492년에 콜럼버스는 신대륙을 탐험하였다. 이른바 유럽의 대항해시대의 개막이다. 1498년 바스코다 가마는 인도에 도착하였으며, 마젤란Ferdinand Magellan은 세계일주를 하였다. 콜럼버스의 신대륙 발견 이후 유럽인들의 잇단 항해는 유럽의 대외적 팽창과 함께 근대세계체제의 탄생을 가져왔다. 지리상의 대발견과 뒤이은 유럽의 팽창은 상업상의 대변혁을 수반했고, 동양과 서양의 교역의 중심지는 아시아와 연결되어 있었던 지중해에서 대서양 연안으로 옮겨갔다.

이와 함께 상업권이 세계적 규모로 확대되었다. 이러한 확대는 단순한 외연적 확대가 아니라 세계를 유기적으로 연결하는 것이었다. 동양의 향료는 유럽 제품 그리고 신대륙의 금·은과 연결되어 교환되었다. 유럽을 중심으로 세계적인 교역망이 만들어졌고, 이 과정에서 아프리카와 남아메리카는 유럽의 수탈로 인해 파멸적인 위축을 겪었다. 중상주의 정책을 통해 세계적 차원에서 부를 끌어들인 유럽은 중세에서 근대로 빠르게 전환해갔다.

그러나 대항해 시대에 동아시아는 바다를 막았다. 바다로 나가는 것을 금지한 것을 중국에서는 '해금海禁'이라고 불렀다. 일본에서는 이것을 '쇄국鎖國'이라고 하였고 한국도 쇄국이라는 용어를 많이 사용하였다. 해금은 중국 중심의 동아시아의 질서를 응축한 것으로, 중국 명나라 홍무제 초기인 홍무 4년1374에 나타났다. 그러다 홍무 7년1374에는 '조각배도 바다에 띄울 수 없다'는 엄격한 해금정책이 실시되었고, 이후 일체

---

4 [네이버 지식백과] 정화(鄭和)(황매희 편집부,『국가급 중국문화유산총람』, 도서출판 황매희, 2010.8.1).

의 해상활동을 철저하게 금지하였다. 이로써 일반민중과 상인의 자유로운 해외왕래는 금지되고, 외국상인의 내항에도 제한이 가해졌다. 명조는 전통적인 조공제도와 조공무역에 이와 같은 새로운 해금을 결합시켜 통행과 교역을 국가가 완전하게 통제하는 독특한 명대明代의 조공시스템을 만들어냈다.[5]

세계사적으로 이것은 매우 특이한 사건이었다. 이후 세계 교역에서는 서유럽이 해상무역을 주도하게 되고 중동의 상대적 지위가 하락하고 동북아 3국의 해상활동은 후퇴하였다. 동북아시아 3국은 모두 9세기부터 17세기까지의 어느 시점에서는 무역의존도가 세계평균보다 훨씬 높았고 해상무역을 주도하는 위치에 있었던 시기가 있기도 하였지만, 해금 이후 무역이 위축되거나 그 주도적 지위를 상실하였다.[6]

그리하여 16세기 이후 동북아시아 3국의 무역의존도는 유럽, 인도 그리고 동남아와 달리 갈수록 세계적 수준에 뒤떨어지게 되었다. 1800년경 중국청은 거대한 규모임에도 불구하고 무역의존도가 1.5% 정도를 유지하였고, 반도국가인 한국조선과 섬나라인 일본왜의 무역의존도는 1% 미만이었다. 이러한 교역의 차이가 이후 동서양의 역사를 갈라놓았다. 일본만은 뒤늦게 산업혁명 대열에 합류했지만 조선과 청국은 외국세력의 침탈의 대상이 되었다.

사실 대항해시기 동아시아의 경제 발전은 서유럽에 비해 낮은 것이 아니었다.[7] 더욱이 산업혁명으로 서방의 우위가 결정적으로 확인되기 전인

5 　민덕기, 「중·근세 동시아의 해금정책과 경계인식 – 해금정책을 중심으로」, 『한일관계사연구』 39집, 2001.8, 107쪽.
6 　이헌창, 「임진란과 국제무역」, 『임진란 7주갑 기념 연구총서』, 임진란정신문화선양회, 2012, 460쪽.

19세기 초까지도 유럽과 아시아는 대등한 발전단계에 있었다는 주장들도 많이 나오고 있다.[8] 그러나 해금으로 바다를 막은 대가는 컸다.

'이슬람세계, 인도 및 동남아시아는 해로무역을 방임하는 개방적인 태도였다면, 유럽의 중상주의 국가는 해상유통을 통제하여 무역이익을 적극 추구한 반면, 동북아시아 3국은 해상교류를 억제하는 정책을 추진하였다. 이러한 무역정책의 차이로 인한 무역성장의 차이는 근세서유럽과 동북아시아의 대분기the Great Divergence를 낳는 결정적인 요인이었다. 그래서 서유럽이 먼저 산업혁명을 수행하면서 여타 지역과의 경제력 격차가 한층 커졌던 것이다.'[9]

결국 1509년 포르투갈 함대가 말라카에 진출해 그들의 동아시아·동남아시아 전초기지로 삼은 이래 유럽 국가들은 잇달아 아시아로 진출하였다. 1596년에는 네덜란드, 1600년에는 영국 함대가 아시아에 들어왔다. 18세기 말 이후에는 프랑스와 영국 그리고 네덜란드가 인도와 동남아시아 각국을 식민지화하였다. 그럼에도 불구하고 중국은 영국에서 1단계 산업혁명이 완성되었던 1820년대까지도 유럽과의 교역에서 흑자를 내고 있었다.

유럽과의 교역에서 중국이 수백 년 만에 처음으로 무역적자가 발생하였던 것은 1820년대였는데, 이것은 '거대한 분기'의 상징이었다. 항상 아시아를 신비하고 동경의 대상으로 그리던 유럽인들이 19세기에 들어

7 　中村哲, 「서장-동아시아 자본주의 형성사 서설」, 中村哲·박섭 편역, 『동아시아 근대경제의 형성과 발전-동아시아 자본주의 형성사』 I, 신서원, 2005.

8 　강진아, 「중국의 부상과 세계사의 재조명-캘리포니아 학파에서 글로벌 헤게모니론까지」, 『역사와 경계』 80, 2011.9, 145쪽.

9 　이헌창, 앞의 책, 456쪽

와 아시아 특히 중국을 '정체적이고 진화하지 않는 사회'로 바라보게 된 것은 이러한 배경에서였다. 아시아를 타자화Othering하고 경시하는 이른바 유럽인들의 오리엔탈리즘Orientalism[10]은 이러한 19세기의 상황을 배경으로 아주 훗날에 등장한 것이었다.

해금도 시간의 흐름에 따라 변화가 있었고, 3국 간에도 차이가 있었다. 16세기 말 동아시아 3국이 참전한 국제전쟁이었던 임란壬亂 이후 이례적인 긴 평화를 배경으로, 조공무역에 제약을 받으면서도, 3국간에 사무역이 활성화되었다. 중국에서의 해금 완화가 가장 빨랐고 일본은 뒤늦게 엄격한 해금으로 들어갔지만 나가사키長崎만은 유럽 상인에 개방하였다. 조선은 중국과 일본과만 교류를 하는 폐쇄적인 상태를 지속하였다. 19세기 말에 일본이 서구의 산업혁명을 받아들여 마지막 근대화의 열차에 탑승한 것은 동아시아에서 최대의 사건이었다.

산업혁명기 막바지에 아시아의 재래물산을 근대적 상품으로 생산하는 데 성공한 일본의 공업화는 아시아 경제가 구미와 수직적 분업 무역체계 속에 편입되면서도 라틴아메리카와 아프리카와는 달리 역내에서의 생산과 무역이 성장하는 기회가 되었다.[11] 아시아 역내 교역의 성장을 연구하였던 스기하라杉原 薰[12]에 따르면 아시아에서는 다른 비유럽 세계와는 달리 대 구미 무역량의 증대와 병행하여 아시아 간 무역이 급속히 성장하였는데, 여기에서 인도상인과 중국상인들이 큰 역할을 하였다.

---

10 Edward Said, 박홍규 역, 『오리엔탈리즘』, 교보문고, 2008; 김대래 외, 「개항기 일본인의 여행기에 나타난 조선인식 – 혼마 규스케의 『조선잡기』를 중심으로」, 『역사와 경계』 93, 2014.12, 73쪽.
11 강진아, 「제국주의 시대와 동아시아의 경제적 근대화 – 식민지근대화론의 재고와 전망」, 『역사학보』 제194집, 2007.
12 彬原 薰, 『アジア間貿易の形成と構造』(박기주·안병직 역, 『아시아 간 무역의 형성과 구조』, 전통과 현대, 2002).

19세기 특히 후반부터 식민지형 경제가 형성되었던 동남아시아에서는 20세기 제1차 세계대전 이후 무역구조가 크게 변화했다.[13] 19세기에는 영국을 중심으로 하여 종주국과의 무역이 주요했으나 20세기에 접어들자 수출에서는 미국, 수입에서는 일본과의 관계가 깊어져 갔다. 양차대전 사이에 동남아는 영국과 종주국을 중심으로 한 식민지의 경제 관계에서 조금씩 벗어나 동아시아-태평양 경제권에 편입되는 방향으로 전환되기 시작하였다.

일본은 일찍이 대만과 한국을 식민지화한 이래 만주사변과 중일전쟁을 일으켜 중국을 침략하였다. 태평양 전쟁기에는 동남아시아 각국을 식민지화하였다. 일본제국주의는 영국제국주의와 달리 점령지에 대해 적극적인 투자를 하였다. 이것은 자본주의 발전의 단계가 달라졌던 것과 연관이 있다. 영국은 식민지에 군인과 관료만을 보냈고 식민지 공업화를 경계하였다. 일본도 초기에는 식민지에서의 산업화를 억압하였지만 특히 1930년대 이후에는 적극적으로 투자를 하였다. 아울러 일본은 식민지에 대량의 일본인을 이주시켰다. 식민지 관리와 기업인뿐만 아니라 노동자에서 창녀에 이르기까지 하층민들도 대거 이주하였다. 마치 일본사회를 그대로 옮겨놓은 듯하였다.[14] 그리하여 일제 말기 한국에 거주하는 일본인 수는 1942년 현재 75만 명에 이르렀다.[15] 그러나 패망과 함께 일본인들은 썰물처럼 식민지에서 철수하였다.

일본이 식민지에 투자하였던 자산 가치는 당시로는 매우 큰 규모였고

---

13 中村哲, 앞의 글.
14 김대래, 『개항기 일본인의 부산이주와 경제적 지배』, 부산연구원, 2019, 제8장 참조.
15 김대래, 「일제강점기 부산의 인구-통계의 정리와 연구과제의 도출」, 『신라대학교 논문집』 제57집, 2007.12, 166쪽.

이것은 한국과 중국 그리고 대만의 해방 이후 공업화에 상당한 영향을 주었다. 1945년 8월 5일 일본의 재외자산 총액은 동아시아의 경우 조선 702억 5,600만 엔, 대만 425억 4,200만 엔, 중국 2,386억 8,700억 엔으로 중국 소재 재외자산이 가장 많았다.[16] 한국 소재 일본자산은 대만의 1.7배였고, 중국내 자산은 한국의 3.4배 규모였다. 중국의 일본인 자산은 만주에 주로 있었는데, 구 만주국의 경공업과 중공업은 대부분 일본의 만주중공업주식회사, 만주전업주식회사, 만철주식회사에 소속되어 있었다. 만주에 있었던 大昭和製鐵所이후 滿洲製鐵鞍山本社, 전후에는 鞍山鋼鐵公司, 滿洲化學전후 大連化學工廠, 豊滿댐 등은 세계적 수준의 대공장들이었다.[17] 만주 즉 동북지역에 있던 산업자산의 50~70%는 일본 패망 직후 철거되어 소련으로 옮겨졌다. 그럼에도 불구하고 중국건국 이후 동북지역은 중국 최대의 공업지역이었다.

일본이 점령지에 남긴 것은 실물자산만이 아니었다. 기술자의 양성에는 매우 인색하였지만 그럼에도 적지 않은 기술자를 비롯한 인적자본과 교육제도, 기업경영 및 산업화에 필요한 제도 아울러 근대사회에 필요한 규범과 가치 등이, 그 기능의 긍정 여부를 떠나, 일본식민통치의 유산으로 남아 오랫동안 영향을 미쳤다.

한국에 있었던 일본인 자산[18]들은 해방 직후 관리의 부실과 한국전쟁으로 인해 많이 파괴되었다. 그럼에도 불구하고 당시 한국 내에서 그 자

---

16 강진아, 「중국과 소련의 사회주의 공업화와 전후 만주의 유산」, 『현대중국연구』 제8집 1호, 2007, 49쪽.
17 위의 글, 48쪽.
18 귀속재산이라고 불렀는데 흔히 적산(敵産)이라고도 하였다. 귀속재산은 토지, 공장, 가옥 및 기타 동산으로 구성되어 있었다. 이 가운데 토지와 공장이 가장 중요하였다.

산가치의 압도적인 영향 때문에 면방직 공업을 필두로 한국인 자본가의 탄생과 성장에 중요한 영향을 미쳤다. 그러나 일본인의 영향력이 가장 강하였고 또 한국전쟁의 파괴에서 벗어나 있던 부산을 대상으로 귀속사업체의 연속과 단절을 연구한 바에 따르면, 식민지기에 일본인이 소유하였던 사업체는 부산경제에서 해방직후 압도적인 비중을 점하였지만, 경제개발이 본격화되는 1960년대가 되면 대체로 종전 직후의 생산력 우위를 지키지 못하고 발전적 전망을 갖는 데 실패하고 있었다.[19] 그럼에도 불구하고 일본인이 남긴 귀속사업체를 배경으로 적지 않은 기업들이 부산에서 성장하였고, 일부는 오늘날까지도 이어지고 있다.[20]

3. 미국-일본-동아시아의 3각 경제순환 - 냉전의 바다

1) 중국과 일본

전후 나타난 세계사의 큰 흐름 가운데 중요했던 것의 하나는 사회주의 경제권의 확대·강화와 이로 인한 체제 간의 대립과 경쟁이었다. 이러한 체제 간의 경쟁은 흔히 냉전冷戰, cold war으로 불렀다. 총포의 뜨거운 대립은 아니었지만 군비경쟁을 통한 치열한 대결과 긴장이 나타났다. 냉전체제 확립의 주요 계기는 한국전쟁1950~1953이었다. 한국전쟁에 참전하기 전인 1949년에 중국은 중화인민공화국을 선포하고 사회주의적

---

19 김대래·배석만, 「귀속사업체의 연속과 단절(1945~1960) - 부산지역을 중심으로」, 『경제사학』 제33호, 2002.12.
20 김대래, 「기업이 서다 - 동래의 서면에서 부산의 서면으로」, 부산광역시립부전도서관, 『2021 부전학당 부산의 근대와 현대를 잇는 부전도서관을 톺아보다』, 2021.

노선을 선택하였다. 중국의 사회주의적 경제성장은 몇 단계의 격변을 거치면서 변모하였다.[21] 대약진기1958~1960와 문화혁명기1966~1970의 경험은 매우 이례적이었다.

중국은 중공업 우선 노선과 농촌의 집단농장화를 통하여 생산성 향상을 도모하였으며, 농업으로부터 공업 부문으로 잉여를 이전시키는 방식의 축적 구조를 만들었다. 정치적 격변과 혼란 속에서도 1952년에서 1970년 사이 중국의 공업 비중은 일관되게 증가하였다. 서비스 비중은 거의 변화가 없었다. 중국은 평균적인 개발도상국에 비해 공업의 비중이 훨씬 높고, 더 빨리 증가하였다. 반면 농업 및 1차 산업의 비중은 개발도상국 평균보다 낮았다.

1978년까지 국유기업은 생산·경영과 확대재생산 투자에 필요한 자금을 전액 국고에서 지출하고 기업수입은 이윤상납과 조세로 전액 국고에 납입한다는 통수통지統收統支의 원칙이 적용되었다. 개혁·개방 이전에는 도시의 국유기업이 공업생산의 거의 대부분을 차지하였다. 중국은 1970년대 말에는 제2차 세계대전 이전에 경제의 대부분을 차지하였던 전통적 수공업을 근대적 공업이 완전히 밀어내었다. 개혁·개방에 들어가던 시기 중국은 공업화의 시각에서만 볼 때는 이미 근대화가 거의 완성되어 있었다.

제2차 세계대전 당시 일본은 미국과 싸웠지만 그 전쟁의 특수성[22] 때

---

21 이상준, 『중공경제론』, 박영사, 1985, 49쪽; 이근·서석흥, 「중국의 모택동과 덩샤오핑 시기 경제발전 모델의 비교분석」, 『경제발전연구』 제2호, 1996.12, 43~87쪽.

22 제2차 세계대전은 제1차 세계대전과 마찬가지로 식민지 재분할을 둘러싼 서구 열강들 간의 제국주의 전쟁이었지만, 동시에 사회주의 진영을 포함한 민주주의 진영 대 파시즘 진영 사이의 전쟁이었으며, 다른 한편으로는 식민지·반식민지·종속국의 피압박 민족들에 의한 민족 해방 전쟁으로서의 성격도 지니고 있었다.

문에 전쟁 후에는 미국 경제권으로 편입되었다. 일본은 동아시아에서 공산주의를 막는 보루로서 미국의 전략적 파트너가 되었다. 한국전쟁은 일본에게 전후 부흥의 큰 기회가 되었고, 1964년에는 아시아에서 최초로 도쿄 하계 올림픽을 개최하였다. 이어 1970~1980년대는 일본의 시대라고 할 수 있을 만큼 세계경제에서 일본의 성장은 두드러졌다.

이것은 글로벌 기업의 성장에서 확인할 수 있다. '1970년대 이전까지는 미국의 초국적기업이 지배하는 시대였다면, 1980년 이후에는 초국적기업이 다극화하는 시대였다. 특히 1980년대 이후 일본 초국적기업들의 활약이 두드러졌는데, 저렴한 노동력을 활용하는 가공기지를 개발하기 위하여 동남아시아에 진출하고 엔화 상승과 보호주의에 대응하여 미국, 유럽 등 선진국 위주로 해외진출을 가속화하였다. 그 결과 1975년 포춘 500대 기업에서 미국 241개, 유럽 170개, 일본 54개였던 것이, 1995년에는 미국 153개, 유럽 172개 그리고 일본 141개로 변화하였다.'[23]

다국적 기업 수에서 미국과 유럽 전체에 필적하는 성장을 이루었던 1980~1990년대는 가히 일본의 시대라고 하여도 좋았다. 이것은 〈표 2〉에서 일본경제가 세계에서 점하는 비중 증대에서 확인할 수 있다. 국민총생산에서 일본의 비중은 1950년 2.8%에서 1988년에는 10.1%로 높아졌고, 수출은 1.4%에서 9.8%로 늘어났다.

〈표 2〉 미국과 일본의 경제 비중 추이(%)

구분		1950	1970	1980	1985	1988
GNP	미국	34.2	26.5	25.4	23.4	24.8
	일본	2.8	7.3	8.8	9.9	10.1
수출액	미국	18	15.1	11.7	11.9	11.9

23 김대래, 『세계경제사』, 피앤씨미디어, 2019, 428쪽.

금외환준비	일본	1.4	6.8	6.9	9.9	9.8
	미국	50.1	15.5	6.1	8.8	6.3
	일본	1.3	5.2	5.7	5.8	12.6

자료 : H. Owen and C. L. Shultze, Setting National Paiorities, The Brookings Institution, 1986;
IMF, International Financial Statistics Yearbook, 1989.
출처 : 권원기, 기술이전의 과정과 정책에 관한 연구, 한국개발연구원 1991, 71쪽.

2) 아시아의 신화 - 신흥공업국의 출현

일본이 고도성장을 이룩한 시기에 한국을 비롯한 과거 일본지배에 있었던 동아시아의 몇 나라들의 고도성장이 시작되었다. 그래서 한국만을 독자적으로 떼어놓고 보기보다는 이 시기 비슷한 속도로 성장하였던 몇 개 나라지역를 넓은 틀에서 바라볼 필요가 있다. 전후 최대의 성장을 구가한 한국, 홍콩, 대만, 싱가포르는 신흥공업국NICs 또는 NIEs[24]으로 불리었는데, 이들은 1970년대 이후 높은 성장을 달성하고 산업구조의 고도화에 성공하였다. 이들 신흥공업국은 제3세계에서 처음으로 경제개발에 성공한 모델로서 주목받았고, 아시아의 네 마리 용이라 칭송되었다.

일본을 포함하여 동아시아의 국가들이 이례적으로 경제개발에 성공하자 세계은행은 이를 동아시아의 기적[25]이라고 부르기도 하였다. 아시아의 신흥공업국들은 1970~1993년 사이에 연평균 8%대의 성장률을 기록하였는데, 이것은 개발도상국 연평균 성장률 3.7%의 2배 이상, 선진국 연평균 2.7%의 3배 이상에 달하는 높은 성장률이었다.[26] 1990년 현재 아시아 신흥 공업 4개국은 전 세계 개발도상국 제조업 수출의

24 NICs(Newly Industrialized Countries), NIES(Newly Industrialized Economies). 세계전체로 볼 때 선진국에 근접하거나 진입하는 경제적 성과를 이룬 비서구국은 아시아의 국가들이 유일하다. 그 1세대 국가들은 일본과 한국, 대만, 싱가포르, 홍콩 등 이른바 4소룡(小龍) 국가들이었다. 이들은 모두 국가 및 수출주도의 외향적 성장모델을 추구하였다.
25 World Bank, *The East Asian Miracle*, New York : Oxford University Press, 1993.
26 한홍순, 「아시아 신흥공업국 경제발전에 관한 연구」, 『한국외대 논문집』 30집, 1997, 513쪽.

61.5%를 차지했는데, 이것은 수출 지향적 개발 전략의 모범적인 성공을 말해주는 것이라기보다는, 오히려 특별한 조건하에서만 이루어질 수 있는 예외적인 성취였음을 말해준다.[27]

아시아 네 마리 용의 등장은 수출지향적 공업화를 통하여 이루어졌는데 이것은 냉전체제하에서 형성된 국제환경의 영향이 컸다. 미국이 동아시아에 추진한 지역통합 정책은 묘하게도 구식민지 체제에서 아시아에 형성되어 있었던 분업 구조와 틀이 같았다. 전후 미국은 동아시아에서 日本=지역 중심, 韓國·臺灣=주변으로 하는 지역 통합 정책을 추진하였다. 그 대가로 전후 일본과 한국 그리고 대만은 미국으로부터 막대한 원조를 받았다. 1945년 이후 美國으로부터 제공받은 韓國과 臺灣의 군사 원조 총액은 각각 130억 달러와 56억 달러에 이른다. 이 기간 동안 臺灣과 韓國의 군사비 지출은 각각 국민 총생산의 4%와 12%를 차지하였다.[28] 반면 日本에 대해서는 군사 원조 대신 국민 총생산의 1% 이하의 군사비만을 지출케 하였다. 한편 미국은 체제안정을 위해 동아시아 각국에 토지개혁을 강력하게 요구하였는데, 이것은 당시까지 지배적인 자산형태였던 토지소유의 불균형을 크게 완화하고 계급관계에 영향을 주었다. 이에 더하여 한국에서는 한국전쟁이 일어나 실물자산의

---

27 따라서 동아시아 국가들에서 보이는 수출 지향적 성장이 세계의 개발 도상 국가들에게 성공을 보장하는 발전 모델이 될 것인지는 분명치 않다. 모든 개발 도상 국가들이 동시에 수출 지향적 성장 전략을 성공적으로 밀고 나간다는 것은 불가능할 것이다. 한쪽에서의 수출 지향적 성장 전략의 추진은 다른 쪽에서 그러한 수출 물량을 소화해줄 시장이 있다는 것을 전제로 해야 하기 때문이다. 수출 지향적 성장 전략의 일반화는 불가능하다는 논의에 대해서는 William R. Cline, "Can the East Asian Model of Development Be Generalized?", edited by Charles K. Wilber, *The Political Economy of Development and Underdevelopment* 3rd Edition, New York : Random House, 1984, pp.384~396.

28 Bruce Cumings, 「The Seventy Year's Crisis and World Politics in the Mid-1990s」, 『창작과비평』 봄호, 창작과비평사, 1995, 54~81쪽.

대규모 파괴가 있었고 인구의 대이동으로 전통과의 단절과 신분체계의 파괴가 더해졌다.

미국은 동아시아에 원유 및 기타 자연자원의 안정적 공급을 보장함과 동시에 동아시아 지역으로부터의 상품 수입에 대해 시장을 개방하였다. 이것이 동아시아 국가들이 수출지향적 공업화를 할 수 있는 기반이었다. 그리고 기계와 기술, 자본 등은 일본에 많이 의존하였다. 그 결과 일본에서 수입을 하여 생산·가공을 하여 미국에 수출하는 구조가 형성되었다.[29] 즉 동아시아 경제의 성장은 역내 무역에 기초한 성장이 아니라 북미나 유럽과의 무역을 통해서 원거리 무역에 의존한 성장의 특징을 보였다. 그리고 한국과 대만은 중간재나 기술을 일본으로부터 도입하고 조립 가공한 뒤 미국으로 수출하는 구조였기 때문에 일본에 대해서는 만성적인 무역적자를 보인 대신 미국에 대해서는 무역흑자를 기록하였다. 그리하여 미국에서 벌어들인 달러를 일본에 지급하는 구조를 오랫동안 유지하였다. 〈표 3〉에서 보듯이 1990년에 아시아 신흥공업국은 세계무역의 7%를 점하는 수준까지 성장하였다.

〈표 3〉 세계 무역에서 일본과 신흥공업국의 비중(억 달러, %)

	1960	1970	1980	1990
세계총수출	1,201(100)	2,906(100)	18,921(100)	33,312(100)
미국	206(17.2)	432(14.9)	2,208(11.7)	3,936(11.8)
일본	41(3.4)	193(6.6)	1,304(6.9)	2,876(8.6)

29 김대래·조준현, 「미·일·동아시아 3각 순환의 기원과 전개 - 한국과 대만의 경험을 중심으로」, 『한국경상논총』 18권 2호, 2000.12. 미국과 일본 그리고 동아시아를 연결하는 산업순환은 1950년대 후반 미국 원조의 삭감과 함께 구체화되었다. 한국과 대만은 수출지향적 공업화를 추진하였고 여기에 일본자본이 결합하고 미국은 시장을 제공하였다. 3각 순환의 정점은 한국과 대만에서 중화학공업화를 추진하면서 활짝 개화되었다. 이후 탈냉전과 자본의 세계화의 가속 속에서 3각 순환은 약화되었다.

| 아시아NICs | 30(2.5) | 73(2.5) | 691(3.7) | 2,328(7.0) |
| EC 5개국 | 366(30.5) | 967(33.3) | 5,707(30.2) | 11,140(33.4) |

자료: IMF, *International Financial Statistics*, Jan.1992.

3) 한-미-일 순환

한국만을 떼어 3각 순환을 무역의 관점에서 좀 더 살펴보자. 미-일-한국의 3각 순환은 무역에 가장 잘 반영되어 있다. 이 시기 한국의 경제순환은 거의 미국과 일본과의 사이에서 이루어졌다. 〈표 4〉[30]를 보면 1965년부터 1994년까지 거의 모든 연도에서 수출비중은 미국이 일본보다 높았으며, 수입은 일본이 미국보다 비중이 높았다. 일본과의 무역에서는 한 번도 흑자를 본 적이 없으며, 미국으로부터는 1980년대에 큰 폭의 흑자를 보고 있었다. 미국에서 벌어들이는 외화가 일본에 지급해야 할 외화보다 크면 무역흑자가 되었고, 작으면 적자가 되었다.

외국인 직접투자에서도 미국과 일본의 비중이 절대적인 지위를 점하였는데, 1960년대에는 미국의 비중이 약간 높았으나, 중화학공업이 시작되는 1970년대에는 일본의 비중이 월등히 높았다. 일본 자본의 한국 진출은 1969년경부터 직접투자의 형태로 변모하였다. 1970년대 들어 한국의 중화학 공업화 정책과 더불어 일본의 대한 직접투자는 급속히 증대하기 시작하였는데, 1972~1979년에 이르기까지의 외국인 직접투자 도입액에서 일본의 비중은 약 56%였다. 그 뒤 1980년대 중반 이후 일본으로부터의 직접 투자액이 다시 급속히 상승하였던 것은 1986년부터 시작된 엔고의 영향 때문이었다.[31] 그러다가 일본의 대한 직접 투자

---

30 김대래·최성일, 「국교 정상화 이후 한일 경제관계의 전개(1965~1994)」, 『경제경영연구』, 신라대 경제경영연구소, 2000.02.01, 65~88쪽.

31 柳田 侃, 『アジア經濟論, ミネルヴァ書房』, 1993, 54쪽.

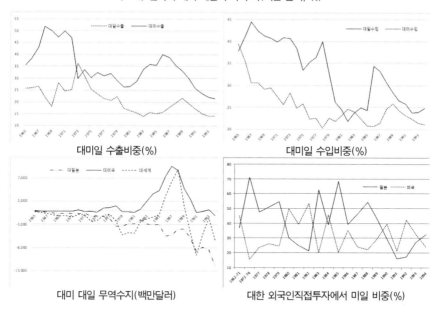

〈표 4〉 한국의 대미 대일 무역 추이(백만 달러, %)

대미일 수출비중(%)

대미일 수입비중(%)

대미 대일 무역수지(백만달러)

대한 외국인직접투자에서 미일 비중(%)

가 전체 외국인 직접 투자 총액에서 차지하는 비율은 1989년을 전기로 급속히 낮아지고 있다. 절대액 자체는 1993년부터 다시 증가하였지만 다른 나라들의 투자 증가에는 크게 미치지 못하고 있다. 1980년대 말 이후 수출입과 직접투자에서 일본과 미국의 비중이 줄어들고 있는데, 이 시기는 탈냉전과 시기를 같이한다.

3각 순환이 양적으로나 내용적으로나 완성되는 것은 1980년대였다. 이 시기는 미·일 경제 마찰이 본격적인 엔고로 구체화되는 시기와 일치하였다. 미국은 누적되는 대일 적자를 타개하기 위해 달러에 대해 주요 세계 통화를 평가 절상 시키는 압력을 넣었는데 이것이 바로 1985년의 플라자 합의Plaza Accord였다. 이 플라자 합의로 한국과 대만은 3저저환율,

저금리, 저유가의 호기를 맞게 되고 특히 일본과 많은 상품에서 경합 관계에 있던 한국은 수출 경쟁력에서 획기적인 이득을 누릴 수 있었다. 이 기간 동안 한국은 막대한 대미 무역 흑자를 실현했다. 대미 수출이 늘어남에 따라 대일 수입도 크게 늘어났지만 대미 흑자로 대일 적자를 상쇄하고도 전체 수지에서 흑자를 내는 황금기를 구가했다.

1980년대 중후반 공전의 호황을 누리던 한국 경제는 1987년을 정점으로 성장률의 둔화를 경험하게 된다. 임금의 급속한 상승이 있었고, 국제적으로는 3低가 약화되기 시작하였다. 그와 함께 전후 세계를 지배해 왔던 냉전 체제의 종식으로 미국은 이제 자본주의 맹주로서 세계 시장으로서의 역할을 더 이상 관대하게 하지 않으려고 하였다.[32] 이러한 일련의 상황을 극복하기 위해 산업 구조 조정이란 이름으로 1980년대 중반이후 다양한 정책들이 제시되었다.[33]

---

32 물론 이러한 변화는 1980년대 후반에 갑작스럽게 나타난 것은 아니었다. 1970년대 두 번의 석유 위기를 거치면서 선진국의 경제가 침체되고 이울러 수출 시장에서 개도국들의 급속한 약진이 제조업 국제 경쟁력의 급속한 하락과 실업의 위험을 야기하게 되자 1980년대 들면서부터는 선진국들이 더 이상 개도국들에게 보호 무역을 용납하지 않으려는 움직임이 가시화되게 된다. 이른바 신자유주의(neo-liberalism)의 등장이다. 자유 무역의 원리를 일반화하려는 UR 협상이 시작된 1986년은 이러한 강대국들의 움직임이 본격화되는 시점이라고 할 수 있다. 그러나 1980년대 후반 냉전의 종식은 이러한 움직임을 결정적인 것으로 만들었다. 특히 1993년 1월에 출범한 클린턴 행정부는 1980년대 초 신냉전과 더불어 시작된 레이건-부시의 공화당 행정부와는 달리 군사 안보가 아닌 통상 안보를 최우선으로 삼고 이를 미국 경제 재건이라는 대내 문제로 연결시켰다. '미국의 교역 상대국들은 미국 시장이 열려 있는 만큼 자국 시장을 개방해야 한다'는 이른바 '클린턴식 자유 무역' 정책으로 교역 상대국에 대해 공정한 무역 관행의 확립과 시장 접근의 개선을 요구했으며 자체적으로 판단하여 불공정 무역 관행이 존재하는 국가에 대해서는 강력한 통상 압력을 행사한다는 입장을 견지하였다.
33 이에 대해서는 김대래, 「경제백서에 나타난 '구조조정' 용어의 검토(1981~1995)」, 『경제학 논집』, 한국국민경제학회, 1999.12.

4. 중국의 부상 – 세계화의 바다

1) 매우 특별했던 지난 30년

전후 동아시아에서의 고도성장을 뒷받침해온 냉전 체제가 붕괴된 이후 약 30여 년은 매우 특별한 시기였다. 인류역사에서 찾아보기 어려운 자유무역의 시대였다. 인류역사상 제한 없는 자유 무역 시대가 이전에 꼭 한 번 더 있었다.[34] 그것은 영국을 중심으로 하여 형성된 고전적 세계시장으로 1840~1875년에 걸쳐 존재했다. 이 시기는 크게 볼 때 세계의 선진 지역과 개발도상국 모두가 선택의 여지없이 영국의 유일한 고객으로 있었던 세기였다. 영국이 산업화된 유일한 나라로서 세계의 공장이었고, 또 영국의 산업화가 주로 해외 무역의 확대에 의존하고 있었기 때문에 형성된 것이었다. 통상 '영국에 의한 평화'를 의미하는 세계질서를 팍스 브리태니카Pax Britannica, 1815~1914라고 하는데, 영 제국이 세계 대부분의 주요 해상 무역로들을 관리하면서 강력한 해상장악권을 구가하였던 시기이다. 그중에서도 영국의 전성기였던 약 30여 년 동안 세계는 제한 없는 자유무역의 시대를 경험하였다.

제2차 세계대전 이후 영국을 대신하여 팍스 아메리카나Pax Americana[35]가 등장하였는데, 이것은 미국경제력의 절대적 우위에 의한 자본주의

---

34 長岡新吉·石坂昭雄, 『一般經濟史』, 미네르바書房, 1983(이병천 역, 『일반경제사』, 동녘, 1985), 170~172쪽; E. Hosbawm, *The Age of Revolution 1789~1848*(박현채·차명수 역, 『혁명의 시대』, 한길사, 1991), 66~72쪽; E. Hosbawm, *Industry and Empire*(전철환·장수한 역, 『산업과 제국』, 한벗신서, 1984), 125~130쪽.

35 미국에 의한 국제평화 질서를 의미한다. 팍스 로마나(Pax Romana)는 기원 전후를 중심으로 하는 로마에 의한 세계평화질서 그리고 팍스 브리태니커(pax britannica)는 19세기 영국에 의한 세계평화 질서를 말한다.

경제 질서의 재편의 결과였다. 1948년 당시 미국은 세계 공업 생산의 53.4% 그리고 수출의 22%를 차지했다.[36] 미국의 상품과 돈이 세계경제를 지탱하는 근간이었다. 냉전기간 동안에도 사실상 팍스 아메리카나 체제하에 있었지만, 팍스 아메리카나가 완성된 것은 1980년대 후반이었다.

냉전기간 동안 미국과 체제 및 군비경쟁을 벌였던 소련은 결국 1989년 냉전종식을 선언하면서 체제경쟁을 포기하였다. 1991년에는 구소련蘇聯이 해체되었고, 이로써 소련과의 정치외교 전쟁은 종식되었다. 당시 정치·군사적으로는 소련의 경쟁이 미국에게는 가장 강력한 도전이었지만, 경제에서는 1980년대 일본경제의 강력한 도전이 있었다. 1985년 플라자 합의에 의한 엔화의 절상과 일본 반도체 산업에 대한 견제는 미국이 일본경제의 도전을 약화시키려는 것이었다. 1990년 이후 일본경제는 버블경제에 시달리면서 역동성을 많이 잃어버렸다.

미국이 세계 유일의 지배국이 된 시기에 '세계화'라는 말이 유행하였고, 신자유주의가 지배적인 경제사조가 되었다. 1993년 우루과이 라운드UR 협상이 타결되었고, 1995년에는 세계무역기구WTO가 출범하였다. 세계화시대 이후 이전과는 비교할 수 없을 정도로 해외투자가 세계의 값싼 원자재와 노동력을 결합하고 값싼 제품을 세계에 공급하였다. 이 점에서 팍스 아메리카나는 식민지에 결코 공장을 건설하지 않았던 팍스 브리태니커와 결정적으로 달랐다. 세계는 엄청난 통화공급에도 불구하

---

36 이에 비해 1948년 영국은 세계 공업 생산에서 11.4%, 세계 수출에서 11.5%를 차지했고 프랑스는 4.1%와 3.7%, 그리고 서독은 3.7%와 1.4%를 점했다. 일본은 그 수치가 0.9%와 0.5%에 각각 머물러 있었다.

고 세계화로 인해 저물가와 저금리를 유지하였다. 이러한 경험도 매우 이례적인 것이었다.

냉전의 해체와 세계화는 동아시아에도 변화를 수반하였다. 미국은 동아시아 각국의 시장으로서의 역할을 축소하였다. 일본도 한국을 비롯한 동아시아 국가로 이전하였던 기술을 중국과 동남아시아로 전환하였다. 미국과의 통상 마찰을 회피하기 위해 일본과 동아시아 신흥공업국들은 북미 투자를 늘리거나 동남아시아를 투자의 배후지로 삼아 현지 생산을 강화하였다. 일본과 아시아 네 마리 용들의 상대적 침체, 그리고 이에 대비되는 중국, 인도, 동남아시아 국가 등 2세대 신흥아시아 국가들의 성장은 1980년대 이후 아시아에서 나타난 두드러진 현상이었다. 동아시아에 그랬듯이 동남아시아에서도 일본의 해외직접투자가 가장 큰 비중을 점하였다. 해외직접투자를 통하여 일본·한국과 중국, 동남아시아 국가들 사이에 새로운 관계가 형성되었다.

2) 중국의 부상

특별했던 지난 30년 동안 중국의 성장은 세계적으로 큰 사건이었다. 냉전시기였던 1970년대부터 미국은 소련의 견제를 위해 중국과의 관계를 개선하여왔다. 1979년 미국은 중국과 정식 수교를 하였고, 경제적으로 중국에 최혜국대우 지위를 부여하였다. 2001년 클린턴 대통령 때에는 중국의 WTO 가입을 도왔다.

1990년대에 들어서는 중국이 세계 최대의 투자지역이 되었다. 중국은 1992년 '개혁·개방의 새로운 가속화'를 선언하였는데, 1992년 이후 외국인 직접투자가 급증하였다. 1990년대 이전에는 대외차관 형태의 비중이 높았으나 1991년부터는 직접투자 형태로 바뀌었다. 미국식 세계화는 세계의 제조공장을 대거 중국으로 이동시켰다. 세계화 시기 동안 미국은 중국이 세계의 공장으로 등장하는데 매우 관대했다. 중국에의 투자는 합작법인 형태로 이루어져 중국의 기술흡수를 용이하게 하였다. 이 세계화의 시대에 중국의 본격적인 산업화가 이루어졌다.

개혁개방 이후 중국경제의 성장은 놀라운 것이었다. 1979~1990년 동안 연평균 9.1%의 성장을 하였던 중국경제는 이후 더욱 성장에 가속도가 붙었다. 1990~2000년 9.9% 그리고 2000~2010년 기간에는 10.4%의 연평균 성장을 기록하였다. 그동안의 고도성장으로 최근에 들어와 성장률이 낮아지고 있다. 1978년 156달러였던 인구 1인당 소득은 2016년에는 8,123달러로 52배로 증가하였다.

〈표 5〉 중국의 연평균 경제성장율(%)

기간	1979~1990	1990~2000	2000~2010	2010~2016
성장율	9.1	9.9	10.4	8.1

자료 : 통계청 홈페이지에서 작성

이러한 고성장은 높은 투자에 의해 달성되었다. 1979~2015년 동안 중국의 국내총생산에 대한 평균 투자율은 39.7%에 이르렀다. 높은 투자에는 국내투자와 함께 해외투자가 중요한 역할을 하였다. 초기 외국 자본들은 저임금을 기반으로 한 경공업에 주로 투자되었으나 고도성장이 지속되면서 중화학공업, 첨단산업 및 서비스업으로까지 확대되었다. 고도성장 과정에서 기술축적도 내실화하면서 중국은 경제구조의 질적 고도화를 수반한 발전으로 나아가고 있다. 오늘날 중국은 미국에 이어 세계 제2위의 경제력을 가진 나라가 되었다.

3) 동아시아 3국의 위상

일본과 한국 그리고 중국의 고성장은 시기적으로 차이가 있었고, 속도에서도 편차가 있었다. 〈표 6〉에는 한국과 일본, 한국과 중국 그리고 중국과 일본의 경제성장률이 비교되어 있다. 한국과 일본을 보면 1970년대 이후 일본경제의 성장률이 낮아지면서 한국이 지속적으로 더 높은 성장률을 보이지만 변동추세는 상당히 유사한 모습을 보이고 있다. 한국과 일본이 모두 세계경제에 강력히 편입되어 있었고, 3각 순환으로 한국경제가 일본경제의 순환과 깊이 연관되어 있었기 때문이다. 한국과 중국과의 경제성장률 추이는 1980년대에 유사한 변동을 보였지만, 해외직접투자가 본격 유입되는 1992년부터는 매우 다른 추세에 있다. 중국경제의 규모가 커진 영향이라고 할 수 있다.

일본과 중국과의 경제성장률 추이도 1980년대에 약하지만 유사한 동향을 보인 이후 1992년부터는 매우 다른 경향을 보인다. 이 시기 중국은 세계의 공장으로서 고성장을 지속하였다.

시기와 속도에서의 차이는 있지만 한중일 경제의 성장으로 동아시아

〈표 6〉 한국과 일본 및 중국의 경제성장률(%)

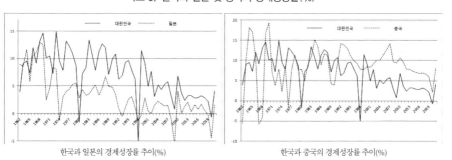

한국과 일본의 경제성장률 추이(%)   한국과 중국의 경제성장률 추이(%)

<표 7> 세계와 중국 그리고 일본의 성장률(%)

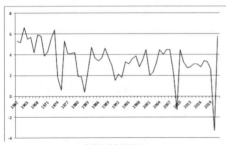

세계의 경제성장률(%)

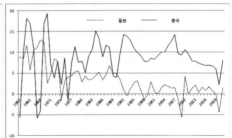

중국과 일본의 경제성장율(%)

경제가 세계에서 점하는 비중은 매우 높아졌다. 1960년 한중일이 세계경제 생산에서 점하는 비중은 9.2%에 불과했지만 2021년에는 25.9%로 세계의 4분의 1을 차지하기에 이르렀다. 이 비중은 미국 24.3%, 유럽 25.1%를 모두 능가하는 것이다. 한중일 3국만으로 북아메리카27.8%, 유럽25.1%과 함께 세계 3대 경제권이 되었다.

<표 8> 세계경제의 권역별 총생산 비중 추이(%)

	1960	1970	1980	1990	2000	2010	2015	2020	2021
세계	100	100	100	100	100	100	100	100	100
북아메리카	51.6	43.1	31.1	30.1	34.6	26.6	28.0	28.0	27.8
미국	47.0	38.6	26.7	26.3	30.3	22.6	24.3	24.7	24.3
남아메리카	4.0	3.9	4.6	3.1	3.8	5.8	4.5	3.6	3.4
유럽	22.9	30.1	36.6	37.6	28.8	29.9	25.7	24.9	25.1
아프리카	2.8	2.8	3.3	2.4	2.0	3.1	3.2	2.9	2.9
오세아니아	2.1	1.5	1.7	1.6	1.4	2.0	2.1	1.9	1.9
아시아	16.7	17.4	21.9	24.5	28.5	31.9	35.8	38.3	38.3
한·중·일	9.2	11.3	12.7	16.7	20.0	19.5	22.7	25.3	25.9
대한민국	0.2	0.3	0.6	1.3	1.7	1.7	2.0	1.9	1.9
중국	5.2	3.3	1.8	1.6	3.6	9.1	14.8	17.4	18.8
일본	3.8	7.7	10.3	13.8	14.7	8.7	5.9	6.0	5.2

자료 : 통계청 홈페이지에서 작성

5. 어떤 바다를 만들 것인가?

1) 세계화의 쇠퇴와 헤게모니의 혼돈

1990년대 초에 시작된 미국중심의 세계화 흐름이 30여 년이 흐르면서 흔들리고 있다.[37] 2008년 세계금융위기는 미국경제의 약점을 노출하였고, 그 과정에서 미국이 내세웠던 신자유주의는 퇴조하였다. 세계화의 시기 동안 서방의 기술을 흡수하고 성장의 터전을 닦은 중국은 미국의 패권에 도전하고 있다. 그동안의 성장을 바탕으로 중국이 추진하고 있는 일대일로 사업은 세계질서에서 중국의 역할과 위상강화를 보여준다.

세계화를 축소하는 요구는 미국 내부에서도 강력하게 나오고 있다. 미국에서는 세계화가 추진되면서 세계화의 폐단인 계층 간 소득격차가 확대되었다. 세계화로 미국의 공장이 중국을 비롯한 저임금국가로 이전하면서 일자리가 없어졌기 때문이다. 그동안의 세계화는 중국과 해외에서 일자리를 만들고 중산층을 성장시킨 반면 미국과 유럽에서는 제조업에서 새로운 일자리를 거의 만들지 못했다. 그 결과 미국 중산층은 일자리를 잃어버리고 유럽 제조업은 공동화되었다. 미국에서 과거 민주당을 지지했던 사람들이 공화당의 트럼프 지지로 옮겨간 이유가 여기에 있었다. 세계화의 타격에 대한 반발이었던 것이다. 이에 대한 대응은 근본적으로 자국으로 공장을 가져오게 하는 것일 수밖에 없다.[38] 결국 미중패권전쟁과 중산층의 붕괴로 인한 미국에서의 자국중심주의 대두로 세계

---

37 세계화의 의미와 쇠퇴에 관해서는 박종훈, 『자이언트 임팩트』, 웅진지식하우스, 2022. 참조.
38 자국중심주의의 대두이다. 트럼프(Donald Trump) 전 대통령과 바이든(Joe Biden) 대통령이 미국 내에 공장을 지으라고 노골적으로 요구하는 것은 이 때문이다.

화가 종언을 고하고 있다고 할 수 있다.

2) '공존의 바다'를 만들 수 있을까?

흔들리고 있는 세계화는 새로운 세계적인 리더십이 나타나기 전까지
후퇴될 가능성이 크다. 1세기 전에 그랬듯이 과도기라는 것은 불안정하
다. 영국의 선도적 지위에 기초한 팍스 브리태니커는 제1차 세계대전을
전후하여 이미 종식되었는데, 미국은 아직 영국의 뒤를 이을 준비가 되
어 있지 않았다. 따라서 두 차례의 세계대전 간에는 세계경제질서에서
헤게모니의 공백이 있던 시기였다. 실제로 1930년대의 세계적 대불황
을 이러한 헤게모니의 공백에서 설명하는 견해들이 있다.

'영국을 대신해 세계의 헤게모니 국가로서의 지위를 떠맡는 데 대한
미국의 의지의 결여와 그러한 역할을 할 수 없는 영국의 능력 결여가 전
세계적 규모에서의 불황과 경제의 국제적 불안정성을 증대시켰다는 것
이다.'[39] 킨들버거Kindleberger도 '나는 1931년 5월 오스트리아에서 시작
되어 이 나라 저 나라로 전파된 뱅크 런bank run 당시 영국은 최후의 신용
공여자 역할을 맡기에는 경제적으로 너무 약했던 반면 미국은 그 역할
을 맡기를 꺼렸다. 이 점이 이 공황의 원인이라고 생각한다'[40]고 서술하
였다. 영국은 세계경제가 위기에 접어들 때 이미 신용을 제공할 여력이
없었고, 미국은 여유는 있었지만 아직 그럴 준비가 되어 있지 않았던 것
이 1930년대 공황의 원인이라고 보았다.

---

39 S. Gill & D. Law, *The Global Political Economy*, Harvester · Wheatsheaf, 1988, 129쪽.
40 Kindleberger Charles Poor, *World economic primacy : 1500 to 1990*(주경철 역, 『경제 강대
국 흥망사 1500~1990』, 까치, 2007, 278쪽).

미국과 중국이 G2로서 어떻게 공존하고 경쟁할 것인가에 따라 세계의 바다는 이전과는 다른 출렁임을 보일 것이다. 그러한 과정의 결과를 현재로서는 예측할 수 없다. 다만 새로운 시대를 이끌어 갈 헤게모니는 이전과는 달라야 할 것이다. 동아시아 특히 중국에 우호적이고 중국에 대해 많은 저술을 남긴 아리기Giovanni Arrighi[41]의 시각으로 이야기를 마무리해보자.

아리기에 따르면 유럽에서 근대사회가 형성되기 시작한 15세기 이후 세계에는 몇 개의 축적순환이 교체되어 왔다. 제노바15~16세기, 네덜란드17~18세기, 영국19세기, 미국20세기으로 이어지는 축적 사이클[42]이다. 각각의 시기에는 패권국이 주도하는 독특한 축적체제가 있었고, 이 축적체제는 새로 등장한 패권국 안에서 형성돼 세계적 규모로 확장된 뒤 전성기를 누리다가, 일정 기간이 지나면 이윤율 하락과 체제유지 비용의 증대로 위기를 맞았다.

체계적 축적 순환은 국가 간 체계와 강력하게 결합되어 있다. 여기서 지배력을 갖고 있는 헤게모니 국가는 세계적 축적체제를 주도하여 이윤율 동학의 궤적을 주도할 수 있는 '경제적' 역량과, 체계의 카오스에 빠져 있는 세계질서를 헤게모니 국가의 축적에 유리한 방향으로 이끌어 갈 수 있는 '보편성'에 기반을 둔 국가 간 체계를 수립해 내는 역량을 갖추어야 한다고 보았다.

---

41 조반니 아리기(Giovanni Arrighi)는 1979년 이후 미국 뉴욕주립대에서 '세계체제론의 지휘부' 격인 페르낭 브로델(Fernand Braudel) 센터를 거점으로 활동하였다. 이매뉴얼 월러스틴(Immanuel Wallerstein), 안드레 군더 프랑크(Andre Gunder Frank), 사미르 아민(Samir Amin)과 함께 '세계체제론 4인방'으로 불린다.

42 Giovanni Arrighi, *The Long Twentieth Century : Money, Power and Origins of Our Times*, 1994(백승욱 역, 『장기 20세기 - 화폐, 권력 그리고 우리 시대의 기원』, 그린비, 2010).

아리기는 미국의 패권이 쇠퇴한 이후 다음 세기로의 이행과 관련해서, 세계헤게모니를 장악할 잠재력을 가진 지역으로 동아시아[43]를 지목하고 있는데, 특히 중국에 주목한다.[44] '베이징의 애덤 스미스'라는 서명이 시사하듯이 아리기는 중국의 경제발전을 서구식 자본주의도 아니고 사회주의도 아닌 시장경제 방식이라고 이해하고 있다. 경제발전에서 애덤 스미스Adam Smith는 슘페터Joseph Schumpeter와 대비된다. 혁신을 강조하는 슘페터와 시장 확대에 따른 분업과 숙련을 강조하는 스미스의 방식은 성장을 이해하는 두 방식이다.

다시 아리기의 말로 돌아오면 헤게모니를 가진 지배국가가 되기 위해서는 세계에 성장 동력을 제공해야 하고 세계를 이끌어갈 수 있는 보편적 가치를 제공할 수 있어야 한다. 리더십을 갖춘 국가가 되기 위해서는 이런 새로운 축적동력과 세계가 받아들일 수 있는 가치를 만들어낼 수 있어야 하는 것이다.

세계 3대 경제권으로 성장한 동아시아 3국이 격랑의 파고 속에서 '공존의 바다'를 만들어 낼 수 있을까도 관심사이다. 2000년으로 막 넘어서던 시기만 해도 한중일 자유무역협정FTA 논의가 많이 있었고, 학생들에게 협력의 당위성을 가르쳤었다.[45] 미국 중심의 북미, 유럽연합EU에 대응하는 경제권을 만들기 위해서는 한·중·일 3국간의 자유무역협정을 통한 동아시아권역의 발전이 필요하다는 인식이었다. 그러나 어느 순간 동북아에서의 경제협력 이야기는 회자되고 있지 않다.

43 위의 책, 641쪽.
44 Giovanni Arrighi, *Adam Smith in Beijing : Lineages of the Twenty-First Century*, 2007(강진아 역, 『베이징의 애덤 스미스-21세기의 계보』, 도서출판 길, 2009).
45 김대래 외, 『시사경제』, 신지서원, 2003.

세계의 흐름을 읽지 못하고 동아시아의 헤게모니에 갇혔던 '해금의 바다'도, 가까이 인접해 있으면서도 협력의 틀을 외면해야 했던 '냉전의 바다'도 동아시아 3국의 공존과 공동 번영에는 도움이 되지 못하였다. 한중일이 공존과 평화에 입각한 번영의 틀을 만들어 나가는 것은 앞으로 동아시아가 이룩한 이제까지의 성장 못지않게 중요한 과제가 될 것이다. 인류의 새로운 시대를 열어갈 보편적 가치와 성장동력을 동아시아가 함께 펼쳐보일 수 있을까?

참고문헌

강진아, 「중국과 소련의 사회주의 공업화와 전후 만주의 유산」, 『현대중국연구』 제8집 1호, 2007.

_____, 「제국주의 시대와 동아시아의 경제적 근대화-식민지근대화론의 재고와 전망」, 『역사학보』 제194집, 2007.

_____, 「중국의 부상과 세계사의 재조명-캘리포니아 학파에서 글로벌 헤게모니론까지」, 『역사와 경계』 80, 2011.

권원기, 「기술이전의 과정과 정책에 관한 연구」, 한국개발연구원, 1991.

김대래, 『세계경제사』, 피앤씨미디어, 2019.

_____, 「경제백서에 나타난 '구조조정' 용어의 검토(1981~1995)」, 『경제학 논집』, 한국국민경제학회, 1999.

_____·배석만, 「귀속사업체의 연속과 단절(1945~1960)-부산지역을 중심으로」, 『경제사학』 제33호, 2002.

_____, 「기업이 서다-동래의 서면에서 부산의 서면으로」, 부산광역시립부전도서관, 『2021 부전학당 부산의 근대와 현대를 잇는 부전도서관을 톺아보다』, 2021.

_____, 『개항기 일본인의 부산이주와 경제적 지배』, 부산연구원, 2019.

_____, 「일제강점기 부산의 인구-통계의 정리와 연구과제의 도출」, 『신라대학교 논문집』 제57집, 2007.

_____ 외, 『시사경제』, 신지서원, 2003.

_____·조준현, 「미·일·동아시아 3각 순환의 기원과 전개-한국과 대만의 경험을 중심으로」, 『한국경상논총』 18권 2호, 2000.

_____·최성일, 「국교 정상화 이후 한일 경제관계의 전개(1965~1994)」, 『경제경영연구』, 신라대경제경영연구소, 2000.

_____·박희정·미야키 케이나, 「개항기 일본인의 여행기에 나타난 조선인식-혼마 규스케(本間久介)의 『조선잡기』를 중심으로」, 『역사와 경계』 93, 2014.

민덕기, 「중·근세 동아시아의 해금정책과 경계인식-해금정책을 중심으로」, 『한일관계사연구』 39집, 2001.

박종훈, 『자이언트 임팩트』, 웅진지식하우스, 2022.

彬原 薫, 『アジア間貿易の形成と構造』(박기주·안병직 역, 『아시아 간 무역의 형성과 구조』, 전통과현대, 2002).

柳田 侃, 『アジア經濟論, ミネルウァ書房』, 1993.

이근·서석흥, 「중국의 모택동과 덩샤오핑 시기 경제발전 모델의 비교분석」, 『경제발전연구』 제2호, 1996.

이상준, 『중공경제론』, 박영사, 1985.

이헌창, 『한국경제통사』 제9판, 해남, 2021.

_____, 「임진란과 국제무역」, 임진란정신문화선양회, 『임진란 7주갑 기념 연구총서』, 2012.

長岡新吉·石坂昭雄, 『一般經濟史』, 미네르바書房, 1983(이병천 역, 『일반경제사』, 동녘, 1985).

中村哲, 「서장-동아시아 자본주의 형성사 서설」, 中村哲·박섭 편역, 『동아시아 근대경제의 형성과 발전－동아시아 자본주의 형성사』 I, 신서원, 2005.

한홍순, 「아시아 신흥공업국 경제발전에 관한 연구」, 『한국외대 논문집』 30집, 1997.

Bruce Cumings, "The Origins and Development of the Northeast Asian Political Economy : Industrial Sectors, Product Cycles, and Political Consequences", *International Organization*, vol.38, no.1, 1984.

＿＿＿＿＿, 「The Seventy Year's Crisis and World Politics in the Mid-1990s」, 『창작과비평』 봄호, 창작과비평사, 1995.

Edward Said, 박홍규 역, 『오리엔탈리즘』, 교보문고, 2008.

E. Hosbawm, *The Age of Revolution 1789~1848*(박현채 · 차명수 역, 『혁명의 시대』, 한길사, 1991).

＿＿＿＿＿, *Industry and Empire*(전철환 · 장수한 역, 『산업과 제국』, 한벗신서, 1984).

Giovanni Arrighi, *The Long Twentieth Century : Money, Power and Origins of Our Times*, 1994 (백승욱 역, 『장기 20세기－화폐, 권력 그리고 우리 시대의 기원』, 그린비, 2010).

＿＿＿＿＿, Adam Smith in Beijing : Lineages of the Twenty-First Century, 2007(강진아 역, 『베이징의 애덤 스미스－21세기의 계보』, 도서출판 길, 2009).

Gregory Clark, *A Farewell to Alms : A Brief Economic History of the World*(이은주 역, 『맬서스, 산업혁명, 그리고 이해할 수 없는 신세계』, 한스미디어, 2010).

IMF, *International Financial Statistics*, Jan.1992.

Kindleberger Charles Poor, *World economic primacy : 1500 to 1990*(주경철 역, 『경제 강대국 흥망사 1500~1990』, 까치, 2007).

S. Gill & D. Law, *The Global Political Economy*, Harvester · Wheatsheaf, 1988.

William R. Cline, "Can the East Asian Model of Development Be Generalized?", edited by Charles K. Wilber, *The Political Economy of Development and Underdevelopment* 3rd Edition, New York : Random House, 1984.

World Bank, *The East Asian Miracle*, New York : Oxford University Press, 1993.

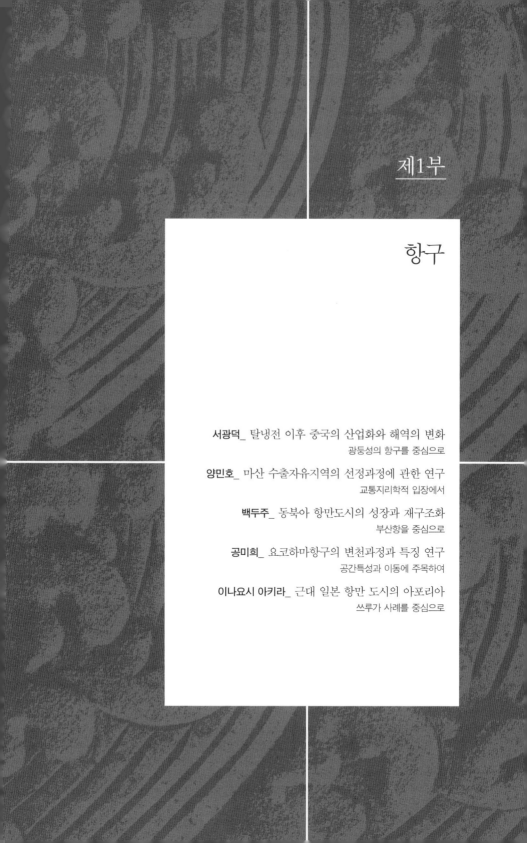

제1부

항구

탈냉전 이후 중국의 산업화와 해역의 변화
광동성의 항구를 중심으로

서광덕

1. 들어가며

중국은 전통적으로 '대륙국가'라는 이미지를 갖고 있었다. 이러한 이미지는 명청대 해금정책을 고수했던 데서 더욱 뚜렷해졌다. 하지만 근대 이후 중국 연해에 등장한 서양 세력에 의해 해금정책을 유지하기 어려워졌고, 부득이 해양에 대한 개방을 실시하지 않을 수 없었다. 하지만 이것은 강제적인 개방으로서 중국이 주도적으로 해양으로의 방향전환, 나아가 소위 '해양국가'라는 지향성을 갖고 추구한 것이 아니었다. 이러한 경향은 현대에도 크게 달라지지 않았다. 그런데 1980년대에 이르러서 중국공산당 정부가 채택한 개혁개방정책은 해양에 대한 인식을 바꾸는 데 영향을 주었다.

현 시진핑 정부가 2013년 내세운 '일대일로 구상' 그리고 여기에 포함된 '신해양실크로드 건설'은 그 이전 정부가 제기한 '해양강국'이라는 슬로건과 함께 중국이 역사상 유례없는 해양진출을 모색하는 시도라고 할 수 있다. 이러한 변화는 개혁개방정책이 실시된 이후 비롯되었으니, 약 40여 년 동안 중국정부는 해양에 대한 인식을 바꾸어온 셈이다. 그리고 이것은 1840년 아편전쟁의 패배로 5개 항구를 강제적으로 개방했던 데서 본다면, 약 140년이 지난 뒤에 시작된 해양으로의 본격적인 모색이라고 하겠다.

이 글은 개혁개방정책의 주요한 방안의 하나였던 소위 경제특구 건설을 중심으로 중국 연해도시의 변화를 살피고, 또 이를 중국 해양정책과 연관해서 파악해보려고 한다. 특히 동북아해역이라고 보기에는 다소 지리적으로 먼 곳에 위치한 광저우를 주된 대상으로써 검토하려고 한다. 그것은 바로 지리적으로 멀다는 이유 때문에 국내에서는 광저우에 대한 연구가 상대적으로 부족한 면이 없지 않고, 또 가장 먼저 경제특구가 건설된 곳이 바로 광저우와 홍콩 옆에 위치한 선전深川이라는 점을 감안하였다. 따라서 국내 연구의 부족한 점을 보완한다는 측면과 남중국 및 동남아시아로 시야를 확대해야 한다는 소위 신남방정책과 같은 현재적 요구를 감안한 지역 설정이라고 말할 수 있겠다.

육역陸域이 아닌 해역海域의 관점에서 중국의 개혁개방정책 이후의 역사를 광저우 일대의 경제특구 건설과 변화를 중심으로 검토하고, 일대일로 이후 광저우의 미래를 전망해 보고자 한다.

2. 개혁개방정책과 중국 해양인식의 변화

중국에게 1978년은 쇄국, 해양과 연결해서 말한다면 해금의 시대가 끝났음을 선언한 해였다고 할 수 있다. 이는 1950년대 이후 구축된 냉전체제가 붕괴하고, 소위 탈냉전적 상황이 전개되었던 데서 말미암았으며, 이런 변화에 대해 중국이 반응을 보인 최초의 정책이 바로 개혁개방이라고 할 수 있다. 물론 중국의 내적인 요인도 이런 전환에 큰 몫을 했음은 말할 것도 없겠다. 여기서 개방은 바로 해금령을 해제하고 바다를 향해 문을 여는 것이라고도 말할 수 있다. 그리고 이 개방은 1949년부터 78년까지 지속된 자력갱생의 경제를 개혁하기 위한 하나의 강력한 수단이다. 소위 경제개혁이 절실한 화두였고, 그것의 핵심은 바로 산업화[1]를 추구하는 것에 있었다. 즉 '탈냉전과 산업화'라는 큰 틀에서 중국의 1980년대가 시작되었고, 이를 위한 방안으로 해역에 위치한 특정 지역에 산업 특구를 설치하는 것이 결정되었다. 이미 개혁개방정책에 대해서는 정치와 경제를 비롯한 다양한 분야에서 정리가 되었기 때문에 반복할 필요는 없을 듯하나 간단히 소개한다면 다음과 같다.

1) 중국정부의 개혁개방정책 실시

중국의 개혁개방정책은 1978년 12월에 개최된 중국 공산당 제11기 3중전회에서 제출되었다. 1949년 신중국 성립 이후 자력갱생을 통해 사회주의 현대화를 추구해왔지만, 늘 빈곤에서 헤어나지 못하는 중국의 경제를 바꾸지 않으면 안 된다는 반성에서 제기된 것이었다. 곧 이 회의의 중요성은 바로 약 30년간 견지해 온 중국식 사회주의의 거대한 방향전환을 결정한 데 있다. 그것은 바로 중화인민공화국이 새로운 사회주의 현대

1　재화를 생산하는 제조업의 비중이 확대되는 생산양식과 생산관계의 변화 현상을 가리키는 사회학용어. 산업화가 좁은 의미로 공업화(工業化)와 같은 개념으로 사용되지만, 넓은 의미에서는 산업구조의 재편에 수반하는 사회·경제·문화 등의 전반적인 변화 추세를 포괄한다. 최근 선진국들을 중심으로 지식·정보·서비스산업이 경제활동의 중심적인 비중과 위상을 차지하게 됨에 따라 산업화를 거쳐 탈산업화(post-industrialization)가 진행되고 있다.『한국민족문화대백과사전』참조.

화 시대로 진입한다는 것을 천명한 것이다. 현대화modernisation는 사실 중
국근대사의 시작점부터 줄곧 화두가 된 개념이다. 현대화를 '선진 외부
문물, 특히 과학기술의 영향으로 한 국가의 정치, 경제, 사회, 문화 전반
에 전면적인 변화와 큰 발전을 가져오는 것'이라고 정의한다면, 현대화
는 외부의 우수문물을 받아들임으로써 시작되는데, 이때 외부와 긍정적
으로 교류하거나 내부적으로 이를 소화할 수 있는 역량이 중요하다.[2]

역사적으로 본다면, 청말 이후 중국은 이러한 현대화라는 방향에서
자유로울 수 없었고, 그 방향을 향해 나아갔던 역사가 바로 중국근대사
라고 할 수 있다. 중국의 현대화 과정은 내부와 외부의 길항관계 속에서
전개되었는데, 아편전쟁 이후 강제적인 개방 그리고 반발적인 위로부터
의 개혁이 진행되었고, 1949년 신중국 이후에는 사회주의체제하에서
자의적인 자력갱생을 시도했으나 실패하고, 이어서 바로 1978년 사회
주의 현대화를 제창하게 되었던 것이다. 그리고 사회주의 현대화는 개
혁개방이란 구호아래 특히 외부를 향한 수용의 입장에서 전개되었다.
그런데 외부로의 방향 전환을 중국공산당이 결정할 수 있었던 것은, 중
국을 둘러싼 국제환경이 중국의 대외개방에 우호적으로 조성되었던 것
에도 힘입은 바가 컸다. 특히 1979년 미국과의 수교는 곧 개혁개방정책
의 결정에도 큰 영향을 주었다.

개혁개방은 경제개혁과 대외개방으로 풀 수 있다. 개혁과 개방을 동
시에 추구할 수 있는 방안은 중국공산당 중앙위원회 공작회의에서 배포
된 참고자료 '루마니아, 유고슬라비아의 경제는 왜 고속으로 발전했는

---

2   황재호, 「중국의 개혁개방 – 현대화의 딜레마」, 『東西研究』第15卷 第1號, 2003.

가'를 두고 간부들 사이에서 대외경제 개방에 관한 학습에서 비롯되었는데, 이것이 제11기 3중전회에서 대외무역 확대, 외자 이용, 선진기술 관리경험의 흡수, 합판의 추진, 그리고 대외개방의 특수 활성화 전략으로서 수출을 위한 특별구역의 설치 방침으로 표명되었다.[3] 중국공산당이 제11기 3중전회에서 제기한 '개혁개방'은 12기 대회 이후 1980년대부터 본격적으로 시행되었다. 농업, 공업, 국방, 과학 기술 4개 현대화가 목표로 정해졌으며, 이를 위해 시장경제 체제의 도입, 대외 개방, 외국 자본 수용 등이 허용되었다. 거슬러 올라가면 4개 현대화는 이미 중국의 근대 초기 곧 양무운동 시기부터 제기되어온 것이라고도 할 수 있는데, 그래서 이를 위해서는 외부 곧 서구 근대의 문물을 수용하지 않으면 안 된다는 인식을 중국 지도부가 다시 확인한 것이라고 말해도 무방하다.

여기서 대외개방 정책은 사회주의 현대화 건설을 위해 국제적 분업[4]을 이용하고, 세계 경제와 유기적 관계를 맺어야 가능하다는 인식에서 출발한다. 개방정책의 일환으로 1980년 8월에는 광둥성의 주하이珠海와 선전深圳, 산터우汕頭, 같은 해 10월에는 푸젠성의 샤먼廈門 등의 지역을 경제특구로 정해 수출을 도모했다. 당시 경제특구를 지정한 목적은 일차적으로 외국자본 도입과 기술의 이선, 수출 및 고용 증대 능의 경제적인 이익 도모에 있었다. 이는 한국과 대만 등지에서 이미 큰 성공을 거두었던 것을 염두에 두었던 측면도 있었다. 1984년 2월에는 덩샤오핑이 대외개방과

---

3   아마코 사토시, 임상범 역, 『중화인민공화국 50년사』, 일조각, 2003, 142쪽.
4   국제적 분업은 이미 콘테이너의 등장으로 세계적인 물류의 흐름이 글로벌 가치사슬(GVC : Global Value Chain)과 시작된 것과 밀접히 연결되어 있다.

경제특구 건설을 강조하면서 다롄, 친황다오, 톈진, 옌타이, 칭다오, 롄윈 강, 난퉁, 상하이, 닝보, 온저우, 푸저우, 광저우, 잔장, 베이하이 등 14개 연해도시를 개방했다.

2) 중국정부의 해양정책의 전개

1980년 이후 중국 연해 지역에 경제특구를 건설하는 방식으로 전개된 대외개방 정책은 자연스럽게 중국 정부가 해양에 대해 주목하지 않을 수 없게 했다. 그것은 연해 지역에 기반을 둔 경제특구에서 급격한 경제성장이 이루어졌고, 이러한 변화에 따라 해양을 통한 교류가 중요한 지위를 점하게 되었기 때문이다. 곧 해안가에 설치된 경제특구와 해양과의 관련이 한층 깊어졌는데, 이는 아편전쟁 이후 5개 도시의 개항 이후 맞은 제2의 개항이라고 부를 수 있겠다. 물론 이 개항은 자발적인 것이라는 점에서 차이가 있다.

주로 연해 지역에 위치한 특구이기 때문에 해상방어라는 안보적 요인도 발생하는데, 곧 중요산업시설의 보호와 수출입 운송 및 해상교통로의 안전보장 등이 그것이다. 게다가 최근에는 에너지자원의 운송을 위한 안전 확보도 핵심적인 사안 가운데 하나로 부상하였다. 이것은 아편전쟁에서 패배한 이후 청나라가 내세웠던 해군력의 강화를 통한 강국건설의 목표를 다시 새롭게 부상시키는 요인이기도 하다.

이와 더불어 대외적으로 냉전의 종식과 구소련의 붕괴 그리고 유엔해양법 협약의 채택과 발효 등으로 인해 중국의 해양에 대한 관심이 고조되었다. 즉 냉전 종식은 강대국 간의 대규모 전쟁발발의 가능성을 낮추고, 특히 대륙세력에 의한 전행 위협이 크게 감소되었다. 이에 중국도 안보전략을 이런 변화에 기반을 둔 국지전 대비로 전환하였고, 이러한 과정에서 해양에 대한 안보적 중요성이 상대적으로 증대되었다. 특히, 구소련이 붕괴되자 중국위협론이 대두되고, 이에 1996년 미일 신안보 공동선언이 발표됨으로써, 중국은 해양세력에 대한 안보적 대비의 필요성을 강조하게 되었다. 한편 1982년 4월 30일 채택되고, 1994년 11월 16일에 발효된 UN해양법 협약UNCLOS : The United Nations Convention on the Law of the Sea이 12해리 영해, 200해리 배타적 경제수역EEZ : Exclusive Economic Zone, 대륙붕 주권, 접속수역 등에 관한 국제적 기준을 제공하게 되자, 해양에 대한 중국의 안보적 관심은 더 증폭되었다. 이뿐만 아니라, UN해양법 협약은 관할 해양에 대한 자원의 탐사 및 개발권 확보와 관련한 틀도 제공하게 됨으로써, 해양에 대한 경제적 측면의 관심도 급격히 고조되기에 이르렀다.[5]

이와 같은 경제·안보적 요인으로 인해 중국은 해양의 중요성을 새롭게 인식하게 되었고, 개혁개방과 함께 해양과 관련해서도 정책을 쏟아내기 시작했다. 1991년 처음으로 개최된 전국해양업무회의全國海洋工作會議에서 『90년대 중국해양정책과 업무요강九十年代中國海洋政策和工作綱要』이 발표되고, 1992년 10월 중국 공산당 14차 전국대표대회 보고에서 당대회 최초로 '해양권익'이란 개념이 제기되어 해양에 대한 관심이 고조되기 시작하였다. 이어서 1995년에는 국무원의 비준하에 국가계획위원회와 국가과학기술위원회, 국가해양국이 『전국해양개발기획全國海洋開發規劃』을 발간하였고, 1996년에는 『국민경제와 사회발전 9차 5개년 계획과 2010년 미래

5   하도형, 「중국 해양전략의 인식적 기반 - 해권(海權)과 국가이익을 중심으로」, 『국방연구』 제55권 제3호, 2012, 48쪽.

목표 요강国民经济和社会发展"九五"計劃和2010年远景目标纲要』에 '해양자원조사강화와 해양산업개발, 해양환경보호'가 제기됨으로써, 장기 국가발전전략 문건으로는 처음 해양관련 정책이 포함되었다. 같은 해, 중국정부는『중국해양 21세기 의사일정中国海洋21世纪议程』을 발간했고, 1998년에는『중국해양정책中國海洋政策』과 해양백서인『중국해양사업의 발전中国海洋事业的发展』을 간행하였다.

2천년대에 들어서는 2001년『국민경제와 사회발전 제10차 5개년 계획 요강』, 2002년『중국공산당 제16차 전국대표대회 보고』, 2006년『국민경제와 사회발전 제11차 5개년 기획요강』과 같은 국가 공식문서에서 해양정책이 지속적으로 구체화되었으며, 이 가운데 2006년 요강에서는 '해양종합관리 실시와 해양경제 적극발전'이라는 단독의 장이 편성되기에 이르렀다. 또 국무원은 2003년과 2008년에 각각『전국해양경제발전 기획요강全国海洋经济发展规劃纲要』과『국가해양사업발전 기획요강国家海洋事业发展规劃纲要』을 반포하였다.[6] 이처럼 중국정부는 해양과 관련된 아젠다와 정책을 지속적으로 발표하고 있다.

이를 중국지도자들을 중심으로 해양정책의 큰 틀을 정리해보면, 일관된 기조를 유지하면서도 좀 더 구체적이며 세부적으로 실천해가는 형태로 나아가고 있음을 알 수 있다. 장쩌민이 "해양개발을 실시하고 해양강국을 건설해야 한다"2002년 공산당 제16차 보고, "해양사업을 진흥시키고 경제를 번영시키자"국가해양국 30주년 격려사라고 하면서 '해양강국'이란 용어를 사용했고, 이어서 후진타오는 "해양자원개발능력을 향상하고 해양경제를

---

6   위의 글, 58~59쪽.

발전시키며 해양생태환경을 보호하고 국가해양권익을 굳건히 보호하고 해양강국을 건설해야 한다"제18차 당대회라고 선언하면서 '해양경제'[7]라는 개념을 제안하였다.

후진타오의 계승자로서 당대회에서의 선언을 실천하고 있던 시진핑은 2012년 제18차 黨대회를 통해 "해양자원개발 능력의 제고, 해양경제의 발전, 국가 해양 권익의 수호를 위한 해양강국 건설이 중국몽中國夢 실현을 위한 핵심적인 국정과제임"을 선언하였다.[8] 그리고 2013년 취임과 동시에 시진핑은 중화민족의 위대한 부흥이라는 중국몽을 제시하고, 같은 해 9월에 일대일로 구상을 발표하였으며, 이것은 2014년 개최된 12기 2차 전국인민대표자대회에서 국무원 총리의 정부업무보고와 비준을 통해 국가의 공식적인 국정과제로 선정되었다. 이에 대해 개혁개방이후 중국지도부의 해양과 관련된 구상과 정책은 일관되게 보완되어 왔고, 그래서 중국의 해양강국 선언이 미국의 '아시아 회귀' 전략에 대응해서 즉흥적으로 나온 것이 아니라, 중국이 경제발전의 성과를 내면서 점차 그것을 확대 발전시키고 과거의 영화榮華를 되찾아 세계의 중

---

7 '해양경제'라는 2000년대 이후 주로 해양대국에서 화제가 된 개념인데, 각국마다 그 정의는 다르다. 중국에서는 지난 8월 산둥성 정부가 '2009 Qingdao International Blue Economy Summit Forum(2009 中國 靑島 藍色經濟發展國際高峰論壇)'을 개최하였고, 이 포럼에서 Jiang Daming은 Blue Economy를 Ocean Economy와 구별하여 '전통적인 해양산업에서 새로운 기술을 바탕으로 진일보한 해양 경제체제'라고 설명하였다. 그는 또한 Blue Economy가 Ocean Economy에 비해 더 과학적이고, 해양생태계의 보호뿐만 아니라 높은 수준의 해양산업 발전, 해양과 육지 자원의 균형적인 이용, 과학적 혁신 중시 등 더 넓은 범주를 포괄하는 개념이라고 주장하였다. 중국을 비롯해 미국. 캐나다 등지의 학자들이 내린 정의는 다양하지만, 공통적으로 해양의 높은 성장가능성과 경제적 중요성, 그리고 지속가능성의 원칙을 강조하고 있다. 박광서·황기형, 「세계 각국의 해양정책과 Blue Economy에 관한 소고」, 『해양정책연구』 Vol.24, No.2, 2009, 29~33쪽.

8 정해정, 「시진핑 정부의 해양강국 건설의 핵심과 전망에 관한 연구」, 『인문사회21』 제10권 3호, 2019, 1217쪽.

심이 되겠다는 야심과 함께 단계적으로 준비되어 왔다고 해석하는 이도 있다.[9]

3. 광저우와 주변 항구의 개발 및 산업화

개혁개방정책으로 인한 경제성장 그리고 그 성장을 지속시키기 위한 해상안보의 필요성 대두, 더 나아가 해양강국 선언이란 일련의 과정을 개혁개방정책의 시작점이었던 광둥성의 광저우와 그 주변 항구의 개발 그리고 산업화를 통해 살펴보자.

사실 경제특구 설치 구상의 기원은, 1978년 중국정부가 홍콩에 설립한 투자유치국招商局에 어느 기업이 제출한 건의에서 비롯되었다. 당시 이 기업은 업무범위를 중국본토까지 확장해줄 것을 요청했는데, 그중한 방안이 홍콩과 인접한 중국 내 특정 지역에 일종의 수출상품 생산기지를 건설한다는 것이었다. 이 기지는 당시 이미 중국 내에 존재했던 수출상품 기지와는 달리 동남아 국가들에 설치된 수출가공구와 유사하였다. 그해 말에 개최된 중공 11기 3중전회 직후 이 건의는 아주 빠르게 실현되었다.

이것이 추진되는 과정에서 광둥성 당 지도부가 큰 역할을 했는데, 1979년 1월 중국공산당 광둥성위원회 제1서기 시중쉰習仲勛이 중공 11기 3중전회의 정신을 전달하고자 산터우汕頭시로 가면서 같은 구상을 광둥성

9 곽수경, 「중국의 해양강국 전략과 중화주의 – 도서분쟁과 해양실크로드를 중심으로」, 『인문사회과학연구』 제19권 제1호, 2018, 40쪽.

당위원회에 제기하였다. 먼저 산터우에 타이완의 수출가공구와 같은 특구를 건설하자는 것이었다. 산터우는 역사적으로 개방의 전통이 있으며, 지리적 위치가 외진 항구도시라는 점이 선택의 이유였다. 따라서 만일 어떤 부작용이 발생하더라도 주변 지역에 미칠 영향을 최소화할 수 있다는 것이었다. 이에 대해 광둥성위원회와 성省혁명위원회는 먼저 바오안현寶安縣 : 선전시의 전신과 주하이현珠海縣에 수출특구를 설치하기로 하고 당 중앙과 국무원에 건의하였다. 그해 2월 중국 국무원은 광둥성 바오안현과 주하이현에 농업과 공업이 결합된 수출상품 생산기지, 또 홍콩, 마카오의 관광객을 유치하기 위한 관광지구 그리고 새로운 형태의 국경도시를 건설하는 방안 등을 작성하였다. 이어서 3월 국무원과 광둥성 계획위원회는 바오안현을 선전시로, 주하이현을 주하이시로 승격시키고 광둥성의 감독을 받도록 결정하였다.[10]

이렇게 경제특구 설치가 당 지도부에 의해 결정되는 과정에 대한 일화를 보면, 몇 가지 중요한 사항을 알 수 있다. 곧 1979년 4월 5일부터 28일까지 베이징에서 개최된 국무원 중앙공작회의에 참석한 광둥성 공산당서기 시중쉰習仲勛 등이 당 중앙의 지도자들에게 "만일 광둥성이 하나의 독립된 국가라면, 수년 내에 경제를 급성장시킬 수 있다. 그러나 현재의 체제하에서는 쉽지 않다"라고 말했다고 한다. 그리고 홍콩과 마카오에 가까운 선전과 주하이, 또 중요한 화교의 고향인 산터우시에 수출가공구 설립을 요구하였고, 동시에 광둥성에 대외경제무역의 자주권을 달라고 하였다. 또 회의기간 동안 시중쉰은 예젠잉葉劍英의 주선으로

---

10 광둥성의 개혁개방 관련된 역사를 영화로도 제작하였다. 자세한 내용은 唐佳希·刘梦妹, 「广东改革开放历史的影像呈现 – 以"珠影"为中心」, 『广东党史与文献研究』 第2期, 2019.

당시 최고지도자인 덩샤오핑鄧小平의 자택에서 덩에게 광둥성위원회의 구상을 보고했고, 덩은 이 보고내용에 대해 "그게 바로 특구 아닌가? (…중략…) 단, 중앙정부는 돈이 없다. 당신들이 스스로 노력하여 필사적으로 혈로를 개척하라"라고 지지를 표시했다고 한다. 이 일화를 통해서 당시 중국지도부의 경제특구 설치 결정에 광둥성이라는 한 지역의 발전계획과 그 계획에 반영된 동아시아 국가의 경제특구 경험, 홍콩과 마카오라는 다른 체제의 존재 그리고 이 계획을 실현하기 위한 자본의 투여 및 중앙정부로부터의 권한 이양 등이 논의되었음을 알 수 있다.[11] '필사적으로 혈로를 개척하라殺出一條血路'는 덩샤오핑의 말은, 중앙과 지방, 내륙과 연해, 차후 일국양제 등의 복잡한 문제를 예상했는지는 모르지만, 대단히 의미심장한 결정이었음을 알 수 있다.[12]

1) 중국의 역사적 관문도시 광저우

앞에서 산터우에 특구를 설치하자는 광둥성위원회 시중쉰 구상의 배경에 이곳이 개방의 전통을 가진 외진 항구라고 하는데 있다고 했는데, 이것은 넓게는 광저우를 비롯한 광둥성이 중국에서 지닌 지정학적 인식과도 연결된다고 할 수 있다. 광둥성은 중국 영토의 가장 남쪽에 위치해 있고, 또 난링南嶺산맥이 버티고 있어 북쪽 내륙과 분리된 반면 긴 해안선을 갖고 있어 아주 오래전부터 연해에서 해상교역을 해왔다. 중국의 해상 운송은 진秦과 한漢대에 처음 형성되어, 서쪽에서 동쪽으로 진행되

---

11 광저우가 개혁개방정책의 선구가 된 원인을 기후, 자원, 역사, 민속 등에 이르기까지 다양하게 정리하고 있다. 李兆宏・李永健・吳志軍, 「改革開放的先鋒城市廣州」, 『廣州年鑒』, 2007 참조.
12 蘇東斌, 『中國經濟特區史略』, 廣東經濟出版社, 2001.5, 46~47쪽; 박인성, 「중국의 경제특구 건설・운영경험 연구」, 『통일정책연구』, 2002, 290~291쪽 재인용.

어 온 해상 교통로와 접촉하였다. 진이 멸망한 뒤 세워진 남월南越,기원전 204~111이 남중국해의 운송과 교역을 지배했다. 남월의 수도였던 번우番禺가 주요 교역항의 하나였고, 한나라가 정복한 이후에도 남중국해로 사절을 파견할 때 이곳뿐만 아니라 서문徐聞과 합포合浦 등의 항구를 사용했다. 당나라 때에는 광저우에 시박사市舶使를 파견했는데, 중국과 남중국해 여러 나라 간의 무역 활동을 관리하는 것이 임무였다. 9세기 아랍의 고전적인 지리서 『여러 길과 여러 나라에 대한 기록The Book of Roads and Kingdoms, 도리방국지』에는 당대 중국 남부 연안을 따라 번성한 4개의 주요 항구가 나오는데, 루킨Luqin : 魯金 龍編, 지금의 베트남 하노이, 칸푸Khanfu : 廣府, 현재의 廣州, 칸주Khanju : 漢久, 지금의 福州나 杭州, 간투Gantu : 江都, 지금의 揚州가 그것이다. 여기서 칸푸가 바로 광저우이다. 이미 광저우가 당대 최대 항구였음이 아랍인들에 의해서 밝혀진 것이다. 이러한 광저우의 역사는 1534년 크리스토방 비에이라Christovao Vieira라는 이름의 포르투갈인이 광저우의 감옥에서 쓴 편지에 "중국은 광동이 외국인과 거래하기에 더 나은 조건과 더 강력한 역량을 갖고 있기 때문에 대외무역이 광동에서만 이루어져야 한다고 규정하고 있다"라고 적었는데, 이것은 무역하기 좋았다고 하는 광저우가 상대적으로 푸젠 등의 다른 성들에 비해 제약이 적었기 때문이다.[13] 이로 인해 1757년 일구통상一口通商 정책이 발표되어 아편전

---

13 이경신, 현재열·최낙민 역, 『동아시아 바다를 중심으로 한 해양실크로드의 역사』, 선인, 2018, 17·23·234쪽. 1685년에 광저우(粤海關) 외에 외국과의 무역을 위해 寧波(浙海關)와 漳州(閩海關), 上海(江海關)에 기관을 설치했고, 이 가운데 닝보는 배후지에 넓은 농업지역을 두고 생사와 차 등을 광범위하게 모을 수 있으며 특히 거래량이 많은 일본과의 교역을 총괄했기 때문에 4개 항구 가운데 우위에 있었다. 이에 닝보를 라이벌로 여기게 된 광저우의 무역에 이권을 가진 청의 만주기인과 관료 등이 조정에 건의해서 유럽인과의 교역창구를 광저우로 한정한 것이다. 게다가 복건성과 절강성은 교역이 활발한 관계로 해적이 자주 출몰하는 등 해상질서유지에 골치를 썼던 점도 반영되었다.

쟁 때까지 광저우는 역사적인 게이트웨이 역할을 담당해왔던 것이다. 게이트웨이란 말은 게이트 곧 출입구와 웨이 즉 길이 합쳐진 것으로, 사람과 사물이 모이는 장소로서 밖의 세계와 통하는 길 또는 안과 통하는 길로 연결되어 있다. 이것이 없다면 사람과 사물의 이동이란 목표를 이룰 수 없고, 또 이것을 공간적으로 본다면 하나의 점으로서 넓은 범위에서 이 점을 향해 집중되고, 이 점을 통과하면 분산되는 패턴을 이룬다. 근대 이전 동아시아 국가들이 쇄국이나 해금정책을 사용할 때는 게이트웨이관문가 이동을 엄격하게 감시하기 위해 설치되었던 것인 반면, 근대 이후에는 이동을 촉진하기 위한 교통망의 정비에 중점을 두는 것으로 변화했다. 특히 현대에는 개별운송으로 불가능한 운송을 실현하기 위해 대량운송을 실현하고자 했고, 이때 게이트웨이는 지표상의 분산적 이동의 한계성을 극복하기 위한 형식으로 등장했으며, 그 대표적인 형태가 바로 허브항만이다.[14]

게이트웨이의 시각에서 볼 때, 광저우는 역사적으로 중국의 대표적인 게이트웨이로서 오랫동안 유지되고 변화해 왔다고 할 수 있다. 앞에서 설명한 당대 아랍세계와 연결된 해상 교통로해상실크로드가 완성된 이후, 여기서 전개되는 무역활동을 유지하기 위해 해상실크로드의 동쪽에 해당하는 동남아시아의 여러 지역을 잇는 연결망 구축을 위해 중국은 많은 영향력을 행사했다. 그리고 이 해상실크로드의 동쪽 기점이 바로 광저우였다. 중국 해상교역의 창구로서 역사적으로 큰 역할을 해온 광저우는 1980년대 개혁개방정책의 최대 수혜자로서 다시 한번 부상하게

---

14 林上, 『ゲートウェイの地理學』, 風媒社, 2020.

되는데, 이 또한 광저우의 지정학적 그리고 역사적 요인이 반영된 결과라고 할 수 있다.

2) 개혁개방정책 이후 광저우항과 그 주변 항구의 변화

(1) 중국 특구의 종류와 변화

2007년 ILO통계에 따르면, 전 세계 130개국에서 3,500여 개의 특구가 설치되었고, 이 가운데 아시아 지역에 위치한 것이 900개로 가장 많다고 한다. 그리고 최근의 한 연구는 특구를 발전주의 특구, 체제전환형 특구, 신자유주의 특구로 구분하고, 그 가운데 개혁개방정책에 의해 설치된 초기 4개의 경제특구를 비롯해 현재까지 설치된 중국의 각종 특구는 이 세 가지 유형을 다 보여준다고 설명한다. 이 가운데 체제전환형 특구는 중국과 북한에서 실시하는 형태로서, 경제적 생존과 체제의 안정을 위해 글로벌한 자본주의 체제에 편입하려 하지만, 급격한 체제의 변동이 초래할 국가 영토성과 기존 질서의 와해 가능성을 차단하기 위해 일부 한정된 공간에서만 기존 정치경제 체제를 전환하는 실험을 하는 예외적 공간 전략이라고 해석하였다. 이런 해석에 따라 1979년 중국에서 건설한 4곳의 경제특구는, 그 이전의 계획경제를 중국 특유의 사회주의 시장경제로 전환하는 실험실로서의 역할을 충실히 수행한 체제전환형 특구의 대표적 케이스라고 정의했다.[15] 이 경제특구는 중국의 연해 3개성에서만 설치되었는데, 이것은 사회주의 계획경제가 적용되는 본토 가운데 자본주의 시장경제가 적용되는 섬과 같은 외딴 지역을 특

---

15 박배균, 「동아시아에서 국가의 영토성과 예외적 공간 – 동아시아 특구의 보편성과 특수성」, 『한국지역지리학지』 제23권 제2호, 2017, 306쪽.

정하여 국가 경제발전의 원천으로 삼겠다는 특정 지역 중심의 불균형성
장 전략이다.

　이 중국의 체제전환형 특구는 2단계로 진화하는데, 초창기의 계획경
제에서 사회주의 시장경제로의 체제전환 실험이 성공하고 나서, 1990
년대 후반부터 보다 광범위한 체제전환을 실험하는 특구들이 조성되었
다. 1990년대는 국가급 신구新區가 조성되었고, 2000년대 들어서는 종
합형 개혁시험구가 건설되었다. 국가급 신구는 경제만이 아닌 사회제도
와 행정체제 등 전체적인 개혁개방에 필요한 실험을 중앙정부 차원에서
진행하는 종합기능특구이다.[16] 앞서 말한 4개가 체제전환형 특구라면,
그 이후 다롄, 톈진, 상하이, 친황다오 등지에 건설된 경제기술개발구,
고급기술개발구 등은 발전주의적 특구라고 규정할 수 있다.[17] 왜냐하면
이들 지역은 체제전환을 위한 실험보다 산업화를 통해 경제성장을 도모
하는 산업단지 건설의 성격이 더 강했기 때문이다. 또한 2000년대에 들
어서면 각 도시들이 지역개발 사업의 일환으로 자체적인 개발구 건설을
추진하게 되자 전국적으로 개발구 건설 붐이 불게 된다. 한국, 대만, 일
본에서 건설된 산업단지와 비슷하게 중국의 중앙 혹은 지방정부가 기반
시설을 건설하고, 세제혜택 등의 제도적 인센티브를 입주 기업들에게
제공하여 산업의 발달을 도모하였다. 특히, 초기 체제전환형 특구였던
경제특구에서는 체제전환의 실험을 위해 내부와 외부를 엄격히 구분하

16　박철현, 「중국 발전모델 전환형 특구의 형성」, 『공간과 사회』 26권 2호, 2016.
17　1980~1990년대의 개발구도 경제특구와 같이 연해에 집중되어 있었으나, 지역균형발전의 논리
　　에 따라 2000년대 이후 개발구는 모두 내륙에 설치되었다. 개발구는 유형별로 경제기술개발구,
　　첨단산업개발구, 보세구, 수출가공구, 변경경제합작구, 관광개발구 등으로 나눌 수 있고, 또 국
　　가, 성, 시, 현, 郷 또는 鎭의 등급으로 구분할 수 있다. 강효백, 「중국 국가급 경제기술개발구의
　　특성과 전망 - 경제특구와 비교를 중심으로」, 『국제지역연구』 제8권 2호, 2004, 321쪽.

고 이동을 통제하는 등 영토적 경계성이 강하게 유지되었던 반면, 여기서는 개발구의 안과 밖을 엄격히 가르고 이동을 통제하는 조치가 취해지지도 않아, 동아시아 다른 국가의 산업단지와 거의 유사하다고 할 수 있다.[18]

최근 들어 중국에서는 '자유무역시험구'라는 신자유주의 특구가 건설되고 있다. 2013년 상하이에 자유무역시험구를 설립한 이후, 2015년에는 광둥, 푸젠, 톈진에 자유무역시험구를 건립하고, 2016년에는 랴오닝성, 저장성, 허난성, 후베이성, 충칭시, 쓰촨성, 산시성 등 7곳에 추가적으로 자유무역시험구를 설립하여, 총 11개의 자유무역시험구를 설치하였다. 이렇게 자유무역구를 설치하는 이유는 중국경제의 대외개방을 한단계 더 질적으로 성숙시켜 중국의 국제경쟁력을 높이려는 것으로, 처음 설립한 상하이 푸동 자유무역시험구를 보면, 자유무역시험구 내에 '국가의 축소와 시장의 강화'라는 신자유주의적 특징이 뚜렷하게 드러난다. 이처럼 금융 자본이 중심이 되어 글로벌한 자본의 흐름에 깊이 결합된 금융, 물류, 서비스의 허브를 건설하려는 신자유주의 특구 전략이 현재 동아시아 국가들에서 매우 다양하게 전개되고 있고, 이러한 흐름에 중국 역시 적극적으로 대응하고 있는 것이다.

(2) 광저우 주변 초기 특구 설치

앞에서도 언급했듯이, 대외개방의 첫 번째 조치는 경제특구를 설치하는 것이었다. 1979년 4월 덩샤오핑은 특구 후보지역을 선정하도록 지

---

18 박배균, 앞의 글, 304쪽.

시했고, 그해 7월 「50호 문건」에 따라 광둥성廣東省과 푸젠성福建省에 특구를 설치하기로 결정하였다. 경제특구의 설치는 지역의 입지조건뿐만 아니라, 정치적인 요인도 고려하여 아주 신중하게 이루어졌다. 먼저 홍콩에 인접한 선전深圳과 마카오에 인접한 주하이珠海가, 그 다음 광둥성廣東省 동부의 산터우汕頭와 타이완臺灣과 마주한 푸젠성福建省의 샤먼廈門을 특구로 지정했던 것은 이러한 점을 감안한 결정이다. 하이난海南省이 다섯 번째 특구로 지정된 것은 중국이 여타 연해도시를 개방한 후 4년이 지난 1988년이었다.[19]

중국정부가 경제특구를 설립한 이유는 외국자본과 선진기술을 보다 효율적으로 도입하는 것이었던 바, 어느 지역을 특구로 지정할 것인가 하는 문제에서도 선정의 우선순위는 외자 도입 가능성에 있었다. 덩샤오핑이 '혈로를 개척하라'고 하면서 중앙정부는 돈이 없다고 한 말에서 알 수 있듯이, 특구 설치를 위한 초기 자본이 필요했고, 그것은 외자 도입 외에는 방법이 없었다. 당시 중국 지도부는 1차적으로 화교자본을 염두에 두었고, 그렇기 때문에 화교자본을 효율적으로 유치할 수 있는 가 하는 것이 특구 지정의 핵심적인 요인이 되었다.[20] 게다가 외자 도입을 위해 다른 지역에는 없는 특수한 경제정책을 실시해야 했기 때문에 기존의 경제 핵심지역과 지리적으로 거리가 있어야 했다. 선전深圳과 주하이珠海가 가장 먼저 특구로 지정된 것은 홍콩과 마카오에 인접한 지역으로 이 지역들의 자본을 받아들이는 것이 용이할 것으로 판단했기 때

---

19 崔義炫, 「中國 經濟特區 政策의 성과와 한계」, 『對外經濟研究』 제8권 제2호, 2004, 295쪽.
20 1979년 미국과 수교를 하면서 중국은 일본 등 선진국 및 세계은행 등 국제금융기구 등과 교류를 통해 ODA를 제공받기 시작했다. 김영진, 「사회주의 국가의 개혁·개방정책과 공적개발원조(ODA)의 역할 – 중국·베트남 사례의 북한에 대한 시사점」, 경남대 박사논문, 2011.12, 73쪽.

문이다. 외자를 유입할 수 있게 된 선전深圳이 해결할 나머지 문제는 사회간접자본 건설과 노동력 공급인데, 사회간접자본은 특구 지정과 함께 중앙정부의 전폭적인 지원을 받을 수 있었고, 노동력 또한 광둥성 내 인근지역으로부터 어렵지 않게 조달할 수 있었다.[21]

한편 처음 중국 공산당정부가 이런 경제특구 설치를 중심으로 한 개혁개방정책을 실시하기로 결정했을 때, 가장 염려했던 것은 대외개방으로 인한 사회적 혼란이 야기되는 것이었다. 이런 점은 앞에서 말한 특구의 3가지 모델 가운데 하나인 체제전환형 특구의 성격을 반영한다. 그래서 역사적으로 개방의 경험이 있을 뿐만 아니라, 중앙정부에서 가장 먼 곳이자 지리적으로 변방에 해당하는 곳에 특구를 선정하였던 것이다. 그리고 이곳을 담당하는 지역 정부에게는 많은 재량권을 주었다. 앞에서 거론한 덩샤오핑의 언급은 바로 이런 점을 대변하는 것이다.

광저우가 전통적으로 교역을 위한 항구로서 게이트웨이 역할을 수행한 것은 넓은 배후지와 연결통로라는 지정학적 위치 그리고 항구로서의 기능 등이 갖춰져 있었기 때문이다. 개방이후에도 광저우와 인접한 선전에 최초의 경제특구가 설치된 것 역시 이러한 역사적 유래가 반영되고, 또 근대 이후 광저우 인근의 홍콩과 마카오가 무역항으로서 성장했던 것과도 무관하지 않다.

이후 중국의 대외개방정책은 점 → 선 → 면 → 전방위 개방의 점진적인 변화과정을 거쳤다. 곧 1단계에 해당하는 점개방은 1979년 4개의 경제특구를 설치한 것이고, 1984년에 14개의 연해도시와 장강, 주강,

---

21　崔義炫, 앞의 글,『對外經濟研究』, 295~296쪽.

민난삼각주 3개 연해개방지대를 개방한 것이 2단계의 선개방에 해당한다. 3단계의 면개방은 1988년부터 1991년까지 산둥, 요동반도, 발해만 경제개방구와 하이난다오 경제특구 지정, 상하이 푸둥지구 종합개발계획 발표 및 변경무역구 지정으로 나아간 것이고, 4단계 전방위 개방은 1992년 덩샤오핑의 남순강화에 비롯되어 92년 전면적 개방을 천명한 것을 말한다.[22] 중국의 경제특구는 초기에는 개발도상국의 그것처럼 수출가공구EPZ의 성격이 강했지만, 1984년 덩샤오핑의 경제특구 시찰 이후 거시적인 수준에서 경제적이고 정치적인 목적까지 포함하게 된다. 이에 대해서 경제특구의 역할을 첫째, 대외창구로서의 역할 둘째, 개혁개방정책의 실험장으로서의 역할 셋째, 일국양제一國兩制 통일방안의 성공적 추진을 위한 교두보로서의 역할이라는 세 가지의 역할이 부여되었다고 지적하기도 한다.[23]

(3) 해양경제특구설정

농업에서 공업 중심의 산업구조로 전환하고, 특정 지역을 중심으로 한 경제발전을 통해 국가적 규모의 성장을 도모하는 이런 방식의 개발모델은 이미 1970년대에 한국, 대만, 홍콩香港, 싱가폴 등에서 전개되었다. 1970년대에 대만과 한국 등지에서 성공한 경제특구모델은 이러한 신공업제국이 설치한 수출가공구에서 비롯되었다. 도로, 항만 등 교통운수의 설비, 전기, 물 등이 공급되는 공업단지 등 제조업의 입지조건이 정비됨과 함께 관세와 법인소득세가 면제 또는 경감되고, 외국기업의

---

22 김은영, 「중국경제특구정책의 성공요인 분석 연구」, 경희대 석사논문, 2010, 9쪽.
23 윤영덕, 「중국의 "일국양제(一國兩制)"와 경제특구 선전」, 『아시아연구』 10(1), 2007, 80~81쪽.

투자를 유도한다. 앞선 개발도상국 정부는 국내의 노동력과 토지를 활용하고, 단지 해외시장에서의 판매를 목적으로 한 대량생산적인 공업품을 제조해 수출함으로써 경제성장을 도모해서 성공한 것이다.[24] 수출지향적 공업화가 경제성장과 연결되자 1980년대에는 동남아시아 여러 나라와 중국이 따라 배우게 되었고, 개혁개방이란 구호 아래 중국에서 경제특구를 건설한 것은 바로 이런 흐름위에 있는 것이다.[25]

중국의 경제특구가 성공을 거두자, 오늘날 저개발국은 물론 선진국에서도 해외자본과 기술을 유치하기 위해 경제특구 또는 그에 준하는 구역을 신설하여 개발하고 있다. 중국은 개혁개방 초기 연해지역을 중심으로 특구 설치를 시작하여 내륙에도 특구를 만드는 등 다양한 지역에서 특구를 설치하고 있는데, 여전히 특구의 많은 수가 해역에 위치하고 있고, 이러한 성격은 중국의 해양정책과도 밀접한 연관이 있음을 앞에서 설명했다. 그런데 연해에 위치한 특구는 그 지리적 특성을 강화하고, 또 지경학地經學적 측면을 강조하면서 새로운 특구 모델을 개발하고 있는데, 그것이 바로 해양경제특구이다. '해양경제특구marine special economic zone'는 해양지역을 중심으로 하여 국가적으로 해양산업을 육성하기 위해 국가가 전략적으로 지정하고 지원하여 고부가가치를 창출할 수 있도록 하는 제도로, 항만에 인접한 지역 일부를 특구로 지정하여 기존의 수산산업, 조선산업, 항만물류산업에 추가해 항만물류산업, 조선해양 플랜트산업, 해양에너지산업, 해양바이오산업, 해양관광산업 등을 복합

24 中村眞人, 「中国珠江デルタ工業化の構造的特徴－東アジア社会変動の一考察として－」, 『東京女子大学紀要論集』 70(1), 2019.9, 108쪽.
25 蔡俊柳 彭小杰, 「经济特区的国别经验对广州发展的战略启示」, 『新经济 NEW ECONOMY』, 学术研究专栏, 2021.5.

적, 유기적으로 연계하여 '신해양산업'의 발전을 이룩하는 것을 목적으로 하고 있다.[26]

2011년 중국 국무원은 산둥성, 저장성, 광둥성 지역을 각각 국가급 해양경제 전략지역으로 선포하였다. 중국 정부는 '해양경제'를 차세대 국가 미래 성장동력으로 인식하고 있으며 지속적으로 지원정책을 강화하고 있다. 국무원은 세 번째 해양경제구로 2011년 7월 「광둥성 해양경제 종합시험구 발전계획」을 지정하고, 2015년까지 광둥성 권역의 해양경제 규모를 중국 전체 해양경제 규모의 25% 수준까지약 1조 5천억 위안까지 확대하는 것을 계획하였다. 2015년 광둥성의 해양경제 규모 실적은 25.2%로 목표치를 달성하였다.[27] 중국의 해양경제 성장 노력은 11차 5개년十一五, 2006~2010계획 기간에 급속한 성장으로 증명되었다. 연안지역의 해양경제 수입은 정책당국의 예상을 뛰어넘을 정도로 컸다.

앞의 2장 2절에서 설명한 바와 같이, 중국의 해양경제 연구와 정책 수립 역시 개혁개방과 함께 본격적으로 진행되었는데, 1978년 경제학자 위광위엔于光遠이 해양경제학과와 전문 연구소 설치를 주장하면서 중국 최초로 '해양경제' 개념이 정립되었고, 1980년 7월 중국 최초의 해양경제연구토론회가 개최되었으며, 이후 각종 학술지에 해양경제라는 용어가 확산되었다. 현재 해양경제는 '해양을 개발·이용·보호하기 위한 각종의 산업활동'으로 정의되며, 해양산업은 크게 어업, 조선업, 에너지 개발·채굴업, 해양생물 바이오산업 등 10여 종으로 분류하였다.

---

26 송계의, 「해양경제특구의 성공요인」, 『한국항만경제학회지』 31(1), 2015, 54쪽.
27 안영균·이주원, 「일본 및 중국의 해양경제특별구역에 관한 연구」, 『해양비즈니스』 제37호, 2017, 5쪽.

중국정부는 해양경제 육성을 위한 국가 기본전략을, 지방정부는 자체 계획을 각각 수립하여 시행했고[28], 특히 '11·5계획' 기간에 해양경제 정책을 체계적으로 시행하고 이어서 해양경제에 대한 국민적 관심을 환기하고, 해양강국 건설에의 동참을 촉구하였다. 예를 들어, 2011년 12월 중국 국영방송CCTV-1은 중국 해양사와 해양경제 전략을 조명한 '바다로 나아가 走向海洋'는 프로그램을 제작해 방영했으며, 또 12차 5개년十二五, 2011~2015 계획 기간에 해양 발전전략을 체계적으로 수립·시행하고자 하여, 해양강국 건설, 해양 첨단과학기술 산업화·규모화, 해양산업과 연해경제의 조화와 국제경쟁력 향상, 해양자원 개발·이용 능력의 향상을 국가전략으로 수립했다.

여기서 광둥성 해양경제 종합시험구廣東海洋經濟綜合試驗區는, 광둥성 전 해역과 광저우廣州·선전深圳·주하이珠海·산터우汕頭·후이저우惠州·산웨이汕尾·둥관東莞·장먼江門·양장陽江·마오밍茂名·제양揭陽 등 14개 도시를 포함하며, 또 광둥 동·서해안 경제발전과 홍콩·마카오·하이난 등 동아시아와의 역내 협력을 촉진하는 역할을 수행하고, 주장珠江삼각주 해양경제구의 핵심 역할을 강화하고 위에둥粵東해양경제구·위에해양경제구의 2개 성장거점을 발전시켜 '① 핵심 ② 성장거점 ③ 지역권 ④ 벨트'로 조성하는 기본 계획을 세웠다. 그리고 광둥성은 중국 최대의 해양산업을 보유하고 있고, 특히 바이오 제약·바이오 의학·중약제제 등에 경쟁 우위를 보이고 있다. 현재 해양산업은 낮은 수준의 어업과 운수업 중심이

---

28 중국의 해양경제 전략 5대 키워드는 ① 해양산업 육성을 통한 전통산업 구조 개편 ② 해운·항만 물류의 경쟁력 제고 ③ 新해양자원의 개발과 생태환경 보호 ④ 해양 첨단기술과 新기술 개발 ⑤ 중국 해양경제 인력 양성의 방향이다.

어서 신흥 해양산업 개발이 당면 과제가 되고 있는 바, 해양산업을 활용해 새로운 전략산업을 육성하고, 선진 해양산업 시스템을 구축하며, 과학기술 수준을 제고, 해양생산 규모를 2015년까지 지역내총생산의 4분의 1인 1조 5,000억 위안으로 끌어올릴 계획을 갖고 있으며, 신흥 산업인 해양바이오 산업과 항구 기초시설에 자금을 대량 투입하고 있다.[29]

지금까지 해양과 관련된 산업은 육지 중심의 사고로 육상 생활을 보조하는 조선, 해운, 항만, 수산유통 산업 등이 주류를 이루었으나, 해양 중심의 사고로 전환되면서 해양공간, 해양자원, 해양환경 산업으로 확대되고 있다. 그리고 이제 해양은 경제적인 수단만이 아닌 우리 삶의 질을 높일 수 있는 기회로 활용해야 한다는 인식도 확대되고 있다. 이미 선진 항만들이 항만을 중심으로 해양관련 산업을 집중 육성함으로써 고부가가치 산업을 선점해나가고 있고, 이에 한국에서도 신해양산업을 육성하기 위한 방안으로 기존의 항만 기능 확대를 위한 항만 중심의 해양경제특별구역을 지정하고자 하고 있으며, 중국은 이미 해양경제특구를 설치하였다. 해양산업과 해양연관산업에는 해양관광, 해양자원의 관리보전, 개발 이용, 해양환경, 해양플랜트 등이 포함되어 있는데, 이들 산업들을 항만을 중심으로 집적 및 융복합화는 것은, 항만의 주기능을 위한 선박의 입출항, 정박 등과 충돌할 가능성이 높기에, 이들 해양관련 산업을 집적화한 성공적인 해양경제특구가 되기 위해서는 항만을 중심으로 인접한 지역만이 아닌 해양과 연접한 일정 규모 이상의 지역으로 특구 지정 대상을 확대할 필요가 있다. 또한 특정 지역 및 분야만으로

29 장정재, 「중국의 해양경제 전략 강화와 부산의 대응」, 『BDI정책포커스』 142, 2012, 2~3·6쪽.

지정된 해양경제특구는 글로벌 경쟁에 한계가 있기에 국내 연안도시별 특화된 해양산업을 연계하여 해양 클러스터를 구축하고 이를 공동 발전시켜 나갈 수 있는 특구지정 방안이 마련되고 있다.[30]

이런 점에서 본다면, 광둥성은 홍콩반환1997.7 4년 전인 1994년부터 성省 발전에 주강삼각주珠江三角洲, Pearl River Delta라는 권역을 명시하여 홍콩이라는 요인을 포함시키려는 노력을 시작했고, 또 이 주강삼각주는 덩샤오핑이 1978년부터 제일 먼저 개혁, 개방한 지역으로, 광저우, 선전, 동관, 주하이에 걸쳐 산업클러스터를 형성하고 있다. 2012년 현재 중국의 해양경제특구로서는 생산량과 규모면에서 가장 앞서 있다.[31]

(4) 항만개발과 도시의 변화

현재 중국은 두 가지의 대표적인 서로 다른 대외개방정책을 실시하고 있다. 하나는 바로 일대일로 정책이다. 이것은 개발이 뒤처진 지역의 개발을 이웃 여러 나라와의 공동개발을 통해 실현하고자 하는 발상이 저변에 깔려 있는 것으로, 상대적으로 뒤처진 중국의 서부지역을 개발예전의 장쩌민 이후의 서부대개발 사업의 연장선에서 중앙정부가 예산을 투자하여 인프라를 건설하고, 동시에 외교적 협력과 남남협력으로 주변외교 중시를 표방한 것이다. 이처럼 일대일로 구상의 핵심이 대내적으로는 내륙지역에 그리고 대외적으로는 신흥국에 초점이 있고, 또 실제적인 시책으로서는 인프라의 건설에 중점이 두어져 있다.

그리고 다른 하나는 앞에서 언급한 자유무역시험구의 실시이다. 이는

---

30 박병주, 「해양경제특별구역법 제정 추진과 개선과제」, 『경남정책 Brief』, 경남발전연구원, 2013.
31 장정재, 「국가 해양특구 지정으로 中 해양경제 전략에 대응」, 『부산발전포럼』 134, 2012.

외자기업에 의한 기업설립과 관련된 규제를 완화하고 서비스업을 촉진하는 것을 동시병행적으로 실시하는 것이다. 곧 상하이와 같은 연해지역에 필요한 것은 중국이 선진국으로 이행하기 위해 필요한 제도적인 경쟁력을 강화하는 것, 즉 중진국 함정[32]에 빠지는 제도적인 면에서의 제약에서 벗어나는 것이다.[33] 중국의 자유무역시험구는 과거의 경제특구 등에 이어 시진핑習近平 국가주석 집권 후 중국이 새로 운영 중인 대외개방 창구다. 대외무역 및 외자 유치에 초점이 맞춰진 개혁개방 초기 경제특구보다 폭넓은 규제완화를 적용하고, 금융·운송·서비스·문화 등 분야에서 더 넓은 외자 진출을 허용하는 진화된 형태다. 2013년 상하이에 처음 자유무역시험구가 지정된 이후 2018년까지 광둥·톈진·푸젠이상 2015·랴오닝·저장·허난·후베이·충칭·쓰촨·산시陝西, 이상 2017·하이난 등 총 12곳의 자유무역시험구가 지정됐다. 자유무역지구란 원재료·중간재 등을 세관 수속을 거치지 않고 즉시 수입해 임가공 처리·제조할 수 있도록 특별히 허용되는 비관세 지역을 의미하는데, 이전의 중국 지도부는 건설투자 방식을 통한 재정지출 확대로 경기부양을 도모했으나, 현 지도부는 자유무역구를 통한 지역개발에 박차를 가하고 주도권을 시장에 주는 경제모델을 채택하고 있다. 또 개혁개방 당시는 '제조업 중심의 수출 임가공 기지 건설'이 목표였으나, 상하이 등지의 자유무역구는 자본자유화, 서비스

---

32 개발도상국이 경제발전 초기단계에서는 순조로운 성장세를 보이다가, 중진국 수준에 이르러서는 성장이 장기간 둔화되어 정체되는 현상을 뜻한다. 2006년 국제통화기금(IMF)이 제시한 개념으로, 중진국 함정에 빠지게 되면 고속 성장을 하던 국가 내부의 문제들이 집중적으로 폭발해 산업 구조의 선진화 및 도시화, 빈부 격차의 가속화 등 각종 사회 모순들이 드러나게 된다. 중국에 대해서도 이러한 우려를 표시하는 논의들이 나오고 있다. 『매경시사용어사전』 참조.

33 大泉 啓一郎, 伊藤 亞聖, 「一帶一路の中国」; 「自由貿易試験区の中国」(特輯「中国の自由貿易試験区 −現状と展望」), 『アジ研ワールド・トレンド』 249권, 2016.

산업 개방 확대가 골자이다.[34]

이처럼 대외개방을 통한 경제성장을 도모한 중국의 경우, 해양정책에 의해 항만이 개발되고 이를 중심으로 경제특구가 건설되면서 하나의 거대한 도시가 형성되는 패턴이 형성되었다. 특히 초기 4개의 경제특구는 항만도시port city라는 개념에 부합한다. 이것은 일반적으로 해안에 위치한 도시로, 도시 내 항만 기능에 크게 의존하고 있는 교역 중심의 도시를 의미한다. 사전적 의미로 항만도시는 항만을 보유하고 있는 도시로 이해된다. 그러나 역사적 관점에서 살펴보면 항만으로 인해 형성된 도시라고 이야기할 수 있다. 또한 공간적 측면에서는 항만의 배후에 존재하고 있는 도시를 지칭하는 것이기도 하다. 일반적으로 항만도시를 배후지hinterland라고 이야기하는 경우도 있다. 그러나 이러한 이야기는 절반만 맞는 개념이다. 배후지는 항만을 중심으로 그 영향권에 드는 모든 배후 지역을 지칭하는 것이고, 항만도시도 그 속에 포함될 수 있다. 즉 배후지는 항만도시보다 훨씬 큰 개념이고 항만도시는 그 속에 일부인 것이다. 그래서 항만, 항만배후단지, 항만도시, 배후지 등은 엄격히 구분되어야 할 개념이지만, 또 항만도시는 항만과 배후지를 연결하는 개념이기도 하다.[35]

이렇게 볼 때 광저우항을 중심으로 한 주강삼각주벨트 그리고 최근의 광둥자유무역구는 이러한 배후지 개념을 포함하고, 또 콘테이너항만 조성을 통해 세계물동량처리 분야에서 Top5에 들고 있다. 광둥성의 항구

---

34 장정재, 「상하이 자유무역시범구 출범과 부산의 대응 방안」, 『BDI정책포커스』 222, 부산발전연구원, 2013, 2·4쪽.
35 김춘선 외, 『항만과 도시』, 블루&노트, 2013, 34~35쪽.

서광덕 | 탈냉전 이후 중국의 산업화와 해역의 변화　77

들은 바로 경제특구 설치에 따른 항만 건설과 같은 해양인프라건설을 통해 급성장하였고, 이런 항구들은 새로운 도시로서 탄생하였으며, 이제는 중국으로 반환된 기존의 홍콩과 마카오와 같은 전통적인 항구도시와 연결된 새로운 경제벨트를 형성하고 있는데, 그것이 바로 '웨이강아오粤港澳 대만구大灣區, Greater Bay Area' 계획이다.[36]

(5) 일대일로와 광저우항

중앙정부 차원에서 처음 웨이강아오 대만구 조성을 제시한 것은, 2015년 3월 28일 국가 발전개혁 위원회에서 공포한 '실크로드 경제벨트 및 21세기 해상실크로드 공동건설추진에 대한 비전과 행동'이라고 할 수 있다. 이것은 육상 및 해상 신실크로드를 건설하기 위해 각 지방정부와 부처에게 제시한 가이드라인인데, 여기에서 '일대일로' 건설을 위해 선전 첸하이, 광저우 난사, 주하이 헝친 등과 홍콩·마카오 간 합작을 강화하여, 웨이강아오 대만구를 조성할 것을 명시한 것이다.

2015년 3월 웨이강아오 대만구의 출현이 '일대일로' 사업을 지원하는 세부 프로젝트 중 하나로 언급되었다면, 2017년 3월에 이르러서는 온전한 단독 정책으로 등장하게 되었다. 2017년 3월 5일, 국무원 리커창 총리는 제12기 전국 인민대표대회 5차 회의 정부 업무보고에서, 대륙본토와 홍콩 및 마카오와의 합작을 추진하기 위해 '웨이강아오 대만구 도시군 발전계획'을 연구하여 제정할 것을 천명했다. 2017년 7월, 시진핑 주석의 주재 아래 4자국가 발전개혁위원회 주임, 광둥성 성장, 홍콩·마카오 특별 행정구행

---

36 丁志明, 「广州港未来发展的重点和方向」, 『广东造船』 第1期(总第96期), 2007.

36 丁志明, 「广州港未来发展的重点和方向」, 『广东造船』 第1期(总第96期), 2007.

정장관가 서명한 '웨이강아오 대만구 건설 심화 패러다임협의'에서 명시된 7대 합작 영역 중 하나가 일대일로 연선국가와의 국제 합작이다. 게다가 웨이강아오 대만구는 일대일로를 위한 중요한 '지원구支撑区'임을 밝힌 바 있다. 이를 위해 홍콩에는 오프쇼어위안화업무허브를 조성하고, 마카오에는 실크로드기금, AIIB, 중국-남미 산업·에너지협력 기금, 중국-아프리카 산업·에너지 협력 기금 합작을 도모한다. 또한 광동-홍콩-마카오기업들의 녹지투자, 다국 간 M&A, 산업원구 공동건설 등을 지원할 계획이라고 한다.[37]

웨이강아오 대만구는 각 도시들이 지닌 특색을 강화하고 이들 지역 간에 협력·발전 플랫폼 구축을 최우선 목표로 하고 있다. '웨이강아오 대만구 발전계획 개요'에 따르면, 국무원은 광둥성과 홍콩, 마카오와의 협력 체제를 강화하고, 주강珠江삼각주 일대 9개 도시의 투자와 사업 환경을 글로벌 수준으로 끌어올려 새로운 개방형 경제체제를 구축하고자 한다. 핵심 내용은 첫째, 글로벌 기술허브 조성 둘째, 인프라 연계 가속화 셋째, 홍콩과 중국 본토 금융시스템 연계 넷째, 광둥성과 홍콩·마카오 산업협력 강화 등이다. 이를 위해 차세대 정보기술IT과 바이오 기술, 첨단 장비 제조와 신소재, 신형 디스플레이, 5세대 이동통신5G을 중점 산업으로 육성하고 산업단지를 조성하는 것이다.[38]

---

37 김동하, 「중국의 핵심이슈와 한국 정책에 대한 시사점」(전문가오피니언), 『CSF중국전문가포럼』, 대외경제정책연구원, 2019.
　　https://csf.kiep.go.kr/issueInfoView.es?article_id=34422&mid=a20200000000&board_id=4&search_option=AUTHOR&search_keyword=%EA%B9%80%EB%8F%99%ED%95%98&search_year=2019&search_month=&currentPage=1&pageCnt=10

38 홍콩상하이은행(HSBC)은 웨이강아오 대만구 개발계획이 완성되면 세계 수출국 순위서 일본을 끌어내리고 유로권과 미국, 독일에 이어 4위에 자리매김할 것이라는 전망을 내놨다.
　　https://www.seoul.co.kr/news/newsView.php?id=20190224500068&wlog_tag3=daum

국무원은 우선 웨이강아오 대만구의 핵심 도시인 광저우, 선전, 홍콩과 마카오에 각각의 역할을 부여했다. 광저우는 웨이강아오 대만구의 내륙 행정중심 도시로, 선전은 경제특구 및 혁신기술의 특별경제구역으로 각각 조성된다. 홍콩은 국제금융·무역·물류·항공의 중점 도시로, 마카오는 국제관광 허브이자 브라질 등 포르투갈어 경제권과의 교류 중심으로 만든다는 게 목표다. 이들 도시의 연계 강화를 위해 '대만구 국제상업은행'을 설립하고 광저우 난사南沙신구를 자유무역시험구로 개발한다. 홍콩·마카오의 금융사 및 연구·개발R&D 기업들은 본토인 광저우와 선전, 주하이 등에 진출할 때 정부의 지원을 받을 수 있고, 홍콩과 마카오 주민들도 이 지역에 취업할 경우 교육과 의료, 노후 대비, 주택, 교통 지원 등에서 본토 주민과 같은 혜택을 누리게 된다.

'웨이강아오 강요' 공포의 배경을 다시 정리하자면, 첫째, 주강삼각주 지역의 일체화이고, 둘째, 일국양제一國兩制의 완성도 제고이고, 셋째, 웨이강아오 대만구를 '일대일로' 프로젝트의 성공을 위한 확고한 기반으로 양성하고자 한다고 할 수 있다.

'웨이강아오 강요'는 제1장 편제 배경이나, 제9장의 독립된 장일대일로 건설에 긴밀히 합작하여 공통 참여을 통해 광둥-홍콩-마카오가 일대일로의 중심 지원 지역이 되어야 함을 부각시키고, 그 방안으로는 역내 시장 환경을 고도화하여 일대일로 프로젝트에 간접적인 지원을 하는 방법과 각종 기금을 설치하여 직접적으로 참여하는 방법을 제시하고 있다. 그 실천 방안 중 하나로 대외개방 확대를 위한 웨이강아오 대만구-일대일로 연결 지역 조성, 국제경제협력 참여, 국제시장 공동 개척을 제시했다.[39]

4. 나가며

일반적으로 외국인투자 유치정책의 일환으로 외국자본과 기술의 활발한 국내유치를 유도하기 위해 각종 인프라 제공은 물론, 세제 및 행정적 특혜 등을 주기 위해 선정된 특정지역 또는 공업단지를 경제특구라고 말한다. 동아시아 특히 중국의 경우 경제특구는 특정한 지역 곧 해역에 위치한 곳에 설치됨으로써 중국의 해양정책과도 밀접한 관련을 맺었다. 연해에 위치한 경제특구는 주로 해외수출을 목표로 한 공업지대를 건설하는 방식으로 전개되었기 때문에, 이를 위해서는 노동력과 해외원조 그리고 원자재와 생산품의 수출입을 위한 항만개발과 해상교통망의 완비가 필수적이다.

오래 전부터 중개무역항으로서 성장해 온 비非중국 지역 홍콩과 인접한 광둥성은, 중국 공산당정부의 개혁개방정책에 가장 적합한 장소로서 일찍부터 선전과 주하이 등이 경제특구로 지정되었다. 이후 광저우를 중심으로 한 다양한 형태의 특구와 경제벨트의 등장은 옛날 동서를 잇는 해상무역항으로서 광저우의 영광을 되살렸다. 특히 10년 전 해양경제특구로 지정됨으로써 신해양산업의 육성을 목표로 하여 중국경제의 신성장동력을 해양에서 구하고자 노력하고 있다. 과거 무역항에서 관문도시 또는 항만도시로 변화하고, 최근에는 각 항구들의 특성을 살리고 이 항구들을 유기적으로 연결한 지역의 중심지로서 광저우는 그 역할을 수행하고 있다. 게다가 자유무역시험구와 일대일로의 중심항구라는 역

---

39 范烁杰, 「广州市在粤港澳大湾区中的城市定位及发展对策」, 『经济研究导刊』 第22期(总第 444期), 2020.

할을 부여받은 광저우의 미래는 결국 시진핑 정부가 추구하는 중국몽을 대변할 것으로 보이는데, 그것이 어떤 식으로 구현될지 아니면 어떤 문제를 제기하게 될지, 앞으로 광저우를 중심으로 한 웨이강아오 대만구를 주목해야 할 듯하다.

끝으로 특구의 설치는 일반적으로 중앙정부의 계획하에 추진되는 것이고, 특히 사회주의 중국의 경우 이러한 국가주도의 성격이 강하다. 그래서 이 글은 국가의 정책에 초점을 맞추어 주로 정치, 경제분야에 국한하여 정리해보았다. 이러한 국가 정책에 대한 지방정부와 민간에서의 대응 그리고 특구가 도시화되는 과정에서 발생되는 사회 문제에 대해서는 다른 글에서 다루고자 한다. 게다가 현대중국의 산업화는 아직 현재 진행형이고, 또 싱가폴이나 대만의 산업화와는 지리적, 문화적, 역사적 그리고 체제적으로 큰 차이를 갖고 있기 때문에 새로운 접근법이 필요할 것으로 생각한다.

참고문헌

연구논문

강효백, 「중국 국가급 경제기술개발구의 특성과 전망-경제특구와 비교를 중심으로」, 『국제지역연구』 제8권 2호, 국제지역학회, 2004.

곽수경, 「중국의 해양강국 전략과 중화주의-도서분쟁과 해양실크로드를 중심으로」, 『인문사회과학연구』 제19권 제1호, 인문사회과학연구소, 2018.

김영진, 「사회주의 국가의 개혁·개방정책과 공적개발원조(ODA)의 역할-중국·베트남 사례의 북한에 대한 시사점」, 경남대 박사논문, 2011.

김은영, 「중국경제특구정책의 성공요인 분석 연구」, 경희대 석사논문, 2010.

박배균, 「동아시아에서 국가의 영토성과 예외적 공간-동아시아 특구의 보편성과 특수성」, 『한국지역지리학지』 제23권 제2호, 한국지역지리학회, 2017.

박인성, 「중국의 경제특구 건설·운영경험 연구」, 『통일정책연구』, 통일연구원, 2002.

박철현, 「중국 발전모델 전환형 특구의 형성」, 『공간과 사회』 26권 2호, 한국공간환경학회, 2016.

송계의, 「해양경제특구의 성공요인」, 『한국항만경제학회지』 31(1), 한국항만경제학회, 2015.

안영균·이주원, 「일본 및 중국의 해양경제특별구역에 관한 연구」, 『해양비즈니스』 제37호, 한국해양비즈니스학회, 2017.

윤영덕, 「중국의 "일국양제(一國兩制)"와 경제특구 선전」, 『아시아연구』 10(1), 한국아시아학회, 2007.

정해정, 「시진핑 정부의 해양강국 건설의 핵심과 전망에 관한 연구」, 『인문사회21』 제10권 3호, 아시아문화학술원, 2019.

崔義炫, 「中國 經濟特區 政策의 성과와 한계」, 『對外經濟研究』 제8권 제2호, 대외경제정책연구원, 2004.

하도형, 「중국 해양전략의 인식적 기반-해권(海權)과 국가이익을 중심으로」, 『국방연구』 제55권 제3호, 국가안전보장문제연구소, 2012.

황재호, 「중국의 개혁개방-현대화의 딜레마」, 『東西研究』 第15卷 第1號, 연세대 동서문제연구소, 2003.

唐佳希·刘梦妹, 「广东改革开放历史的影像呈现-以"珠影"为中心」, 『广东党史与文献研究』 第2期, 2019.

李兆宏·李永健·吴志军, 「改革开放的先鋒城市廣州」, 『廣州年鑑』, 2007.

蔡俊柳·彭小杰, 「经济特区的国别经验对广州发展的战略启示」, 『新经济 NEW ECONOMY』, 学术研究专栏, 2021.

范烁杰, 「广州市在粤港澳大湾区中的城市定位及发展对策」, 『经济研究导刊』 第22期(总第444期), 2020.

丁志明, 「广州港未来发展的重点和方向」, 『广东造船』 第1期(总第96期), 2007.

中村眞人, 「中国珠江デルタ工業化の構造的特徴-東アジア社会変動の一考察として」, 『東京女子大学紀要論集』 70(1), 2019.

大泉 啓一郎, 伊藤 亞聖, 「一帯一路の中国」と「自由貿易試験区の中国」(特輯「中国の自由貿易試験区-現状と展望), 『アジ研ワールド・トレンド』 249권, 2016.

단행본

김춘선 외, 『항만과 도시』, 블루&노트, 2013.

서울대 SSK동아시아도시연구단, 박배균 외역, 『특구』, 알트, 2017.

아마코 사토시, 임상범 역, 『중화인민공화국 50년사』, 일조각, 2003.

번역서 및 외국논저
이경신, 현재열·최낙민 역, 『동아시아 바다를 중심으로 한 해양실크로드의 역사』, 선인, 2018.
林上, 『ゲートウェイの地理學』, 風媒社, 2020.

기타자료
김동하, 「중국의 핵심이슈와 한국 정책에 대한 시사점」(전문가오피니언), 『CSF중국전문가포럼』, 대
　　외경제정책연구원, 2019.
박병주, 「해양경제특별구역법 제정 추진과 개선과제」, 『경남정책 Brief』, 경남발전연구원, 2013.
장정재, 「중국의 해양경제 전략 강화와 부산의 대응」, 『BDI정책포커스』 142, 2012.
＿＿＿, 「국가 해양특구 지정으로 中 해양경제 전략에 대응」, 『부산발전포럼』 134, 2012.
＿＿＿, 「상하이 자유무역시범구 출범과 부산의 대응 방안」, 『BDI정책포커스』 222, 부산발전연구원,
　　2013.
https://brunch.co.kr/@qtingnan/52
https://www.seoul.co.kr/news/newsView.php?id=20190224500068&wlog_tag3=daum
http://www.startuptoday.kr/news/articleView.html?idxno=29192
https://csf.kiep.go.kr/issueInfoView.es?article_id=35645&board_id=4&mid=a2020000000
　　0&search_option=&search_keyword=&search_year=&search_month=&currentPage
　　=1&pageCnt=10

마산 수출자유지역의 선정과정에 관한 연구
교통지리학적 입장에서

양민호

1. 들어가며

이 글에서는 수출공단, 지방공단, 전자공단, 주요산업공단, 수출자유공단의 5개 유형의 공단 중 수출자유공단에 속하는 마산 수출자유지역의 선정과정에 대해서 분석하고자 한다. 특히 진해, 울산, 여수, 목포 등과 경쟁하면서 수출자유지역의 최초의 타이틀을 차지하게 된 임해산업단지臨海産業團地 마산의 입지요건을 항만과 도시 규모로 살펴보는 교통지리학의 입장에서 언급하겠다. 또 한국 정부가 외국인 직접투자를 경제성장 과정에 활용하기 위해 1970년 '외국인 투자기업에 관한 특례법'에 준하여 외국투자를 적극적으로 유치하게 되는 과정에서 일본의 직접투자의 흐름에 대해서도 설명하고자 한다.

한국 정부는 일제강점기로부터 해방된 이후 공업화와 자립화를 목표로 외자에 의존한 고도성장 정책을 추진해왔다. 눈부신 경제발전 속에 1960년대 말 경영 파탄·식량자급률 악화·물가상승·국제수지 악화 등으로 인한 위기를 극복하기 위해 한국 정부는 외국으로부터 직접투자 도입에 주력했다. 그 대표 사례가 마산 수출자유지역이다. 직접투자라는 것은 사실상 대상국이 외국자본의 통제를 받게 되고, 그로 인하여 어떻게 보면 소극적이고 수동적 입장의 수출산업단지로 전락할 수 있는 길이 되는 것이다. 1970년대 마산 수출자유지역 개발에 대한 치명적 단점은 여기에 있다. 당시 외국 자본 유치는 여러 국가의 투자를 권장하였지만 궁극적으로는 상당수의 일본 자금만 유입되게 되었다. 한국의 산업화 과정에서 절실하게 필요한 중공업, 어업과 선박장치에 관한 투자는 전혀 이루어지지 않았으며, 저임금에 단순노동이 가능한 소규모노동집약산업에 특화된 마산에 투자가 집중되었다. 게다가 일본 입주기업에 대한 폭넓은 입주혜택이 주어지면서 시작부터 이미 기울어진 운동장이 되어버린 마산 수출자유지역의 선정과정에 대해서 입주 회사 성격 등을 통하여 살펴보겠다.

2. 선행연구

마산 수출자유지역은 민간의 제안에서 시작되었다고 하지만, 단지 선정과 초기 계획 그리고 단지 조성 등 모든 과정에 대통령비서실이 적극적으로 개입하였다고 볼 수 있다. 박정희정부는 제1차 경제개발5개년계획 수립부터 외국인 직접투자에 관해 강조해 왔다. 그럼에도 불구하고 별다른 성과를 거두지 못하였다. 이러한 상황 속에서 마산 수출자유지역은 한국 정부가 외국인 직접투자를 경제성장 과정에 활용하기 위해 다시 생각해낸 대책이었다. 바다에 인접해 있는 마산에 대규모 임해산업단지를 만들어 외국인 직접투자를 유도하여 수출을 증대시키고 고용을 확대하고자 하였다. 나아가 외국 기술의 흡수를 꾀한다는 정책목표는 훌륭하였지만 수출자유지역은 처음에 예정했던 것과 달리 확산되지 않았다.이상철, 2008

마산 수출자유지역은 발전주의 국가의 지역개발정책이 경제적 합리성보다는 지경학적地經學的 입장에서 국가를 매개로, 경합, 타협, 상호작용하는 과정에 더 깊이 영향을 받았음을 보여주려 하였다박배균 외, 2014.

기존의 연구가 진해, 울산, 여수, 목포와 같은 후보지를 제치고 마산이 선정된 입지 여건에 관한 개략적 설명이 부족하여, 이 글에서는 이해하기 쉽게 선정과정 부분에 주목하여 설명하고자 한다. 또한 항만과 도시 규모와 관련하여 연구하는 교통지리학적 관점에서 마산이 선정된 이유를 밝히고자 한다. 한국 정부의 수동적 투자 지역으로 전락한 마산의 명과 암의 모습을 재조명하고자 한다.

3. 마산 수출자유지역 선정

1960년대 고도성장기 일본은 성장 농력을 한국에서 찾으려 했다. 일본에서는 사양斜陽 산업과 기피 산업을 원조 또는 경제협력이라는 허울 좋은 말을 내세워 한국에게 떠넘겼다. 당시 선진국 일본과 후진국 한국의 수직적 업무관계를 만들며 한국을 일본 경제의 뒤뜰 삼고자 하였다. 시대적 상황으로는 박정희 정부가 무엇보다도 공업화 정책을 급하게 추진하고 있었기 때문에 한국 역시 일본의 자본과 기술이 필요했다. 그 결과 일본과 엮인 차관, 기술협력, 투자, 무역 등 모든 면에서 일본산 중간재 등 시장독점, 임금착취, 경제구조의 예속화가 나타났다. 물론 이는 일본에게 배상을 받은 동남아시아의 각국이 일본 경제에 의존하고 있다는 선례를 한국 정부나 기업이 무시하였기 때문이기도 하다姜先姬, 2002.

1) 마산 수출자유지역 설치 배경

마산 수출자유지역은 '한국수출자유지역설치법'에 기초하여 설계되었다. 특히 '수출 진흥, 고용 확대, 나아가 기술의 발전으로, 국민경제의 발전에 기여한다'라고 1조에 명시하였다. 수출자유지역은 원자재 및 제품을 수출입할 경우에 관세가 완전히 면제되는 '보세지역'의 일종이다. 그러나 홍콩과 같은 일반적인 자유지역과는 다르며, 가공과 제조를 중심으로 모든 제품을 해외로 수출하는 '가공구역加工區域'이라는 것이 특징이다. 마산 수출자유지역은 대만의 가오슝高雄에 설치된 '가오슝'을 모델로 만들었다. 가오슝을 모델로 삼았지만 경쟁력을 높이기 위해 가오슝보다 외국 기업의 유치에 더욱 유리한 조건을 내걸었다. 마산 수출자유지역의 설치를 담당한 한일경제위원회가 '수출증진을 위한 특수행정지역'이라고 설명하고 나아가 '복잡한 무역행정절차와 국내법의 제한에 구애되지 않는 비관세지역'이라고 설명하였다. 당시 한국에 '수출자유지역'을 만들겠다는 이야기는 있었으나 구체적으로 설치하자는 의견이 조율되기 시작한 것은 '한일협력위원회'가 발족한 1969년이었다. 이때 한국의 시대상은 수출 증대에 따라 국제수지 적자를 줄여나가겠다는 의지를 갖고 전국경제인연합회가 '수출산업자유지역의 설치계획' 등을 정부에 건의하던 시기였다. 이미 설립된 공장들은 경영부진을 겪었던 시

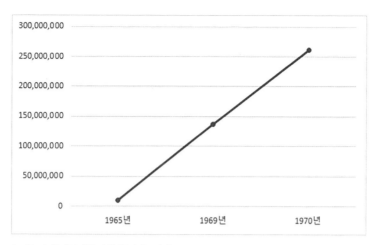

〈그림 1〉 차관원리금 상환액(단위 : 달러)

기이며, 특히 한국 정부 입장에서 직접투자를 유치할 정책을 펼칠 방안을 모색하고 있었다. 당시 마산, 진해, 울산, 여수, 목포 등의 산업단지 후보지들 중에서 한국 최초의 수출자유지역으로 마산이 지정되었다. 직접투자유치정책은 기존의 차관중심의 경제정책과 비교해 보았을 때 원리상환이 불필요하다. 또한 기업의 파산에 대한 투자자의 책임이 크며, 고도의 공업기술을 도입하는 것이 용이하다는 등의 이유에서 이 시기를 계기로 한국 산업계가 주요 자금 조달방법으로 차관과는 다른 직접투자 방법을 찾게 되었다. '차관에서 투자로'라는 슬로건은 일본 정부의 정책 전환을 나타내는 것이며 한국 정부의 '각오와 패기'를 나타내는 표어라고 볼 수 있다.

〈그림 1〉처럼 1965년에는 990만 달러에 불과하던 차관원리금 상환액은 1969년이 되면서 1억 3,770만 달러, 그리고 1970년에는 2억 6,190만 달러로 증가하였다.

이로 인하여 원리금 상환 부담률도 1965년의 5.7%에서 1969년 20.9%, 1970년 29.9%로 가파르게 상승하게 된다. 설상가상으로 1970년에는 미국으로부터 원조가 종료되었다. 미국의 원조는 1950년대 말 급격히 감소하였지만, 1960년대에는 일정 수준으로 유지됨으로써 한국 중앙정부 재정수입의 약 30% 수준을 차지하였다. 미국의 원조가 1970년 1억 달러를 끝으로 종결됨에 따라 추가 세수 확보문제가 거론되었으며, 국제수지 측면에서 추가적 외국자본 도입의 필요성이 제기되었던 것이다. 원조단절과 차관도입 부실로 이어지면서 외자 도입쪽으로 자연스럽게 외국자금의 흐름을 찾게 되었다.

2) 마산 수출자유지역의 위치

마산시는 한국의 남쪽에 위치하고 있으며, 통합 전 인구는 약 40만 명 정도의 지방도시이다. 한국 최대의 무역항인 부산까지는 70km로 한 시간 반 거리에 있다. 또한 부산에서는 연락선을 통해 규슈九州,시모노세키下關 등과 연결됨으로 일본과 매우 가까운 도시이다. 리아스식 해안선은 천연의 양항良港으로 알려져 있다. 경상남도 마산시, 동해안을 따라 있는 양덕동陽德洞, 현 경상남도 창원시 마산회원구 양덕동 일대에 '마산 수출자유지역'이 건설되었다姜先姬, 2002. 이렇듯 지경학적으로도 마산은 최고의 입지조건을 갖추었다. 궁극적으로 마산이 배후단지 조성에 있어서 진해와 창원을 포함한 이유를 변광영1967은 다음과 같이 밝히고 있다.

마산은 부산을 제외한다면 사실상 경남 교통의 중심으로 배후 지역인 낙동강 하류를 놓고 전체 경남의 경제 및 행정권역의 중심이 되어 있다. 또한 마산은 기계공업을 비롯하여 섬유, 화학 제조업이 발달하여 경남의 대표적인 상공업도시일 뿐만 아니라 향후 적절한 개발 시책에 따라 중점적인 임해공업지역으로 발전할 여건을 충분히 갖추고 있다.

사실 대통령비서실에서 마산과 진해 및 낙동강하구 지역 전반의 공업 입지를 중심으로 한 개발계획에 대해 타당성 조사를 수행하도록 하였다. 1969년 2월 일주일간의 조사를 마치고 작성된 보고서에 따르면 마산지 구가 투자자본이 적은 데 비해 부가가치가 매우 높고 최우선적으로 개발 해야 할 지역이라고 설명하고 있다. 이 조사보고서에 따르면 마산, 진해, 낙동강 하구 지역이 한국 동남부 임해공업지구인 포항, 울산, 진해, 삼천 포, 여수의 중앙에 위치해 있으며, 한국 제2의 정치·경제·교통·문화의 중심인 부산시에 근접해 있다. 그리고 지형·기상·해상 면에서 바람직한 항만 후보지로서 낙동강의 풍부한 수자원을 품고 있으며, 광활한 개발 가 능 용지를 배경으로 삼고 있다는 점을 부각시키고 있었다.

낙동강 하구 지역은 막대한 투하 자본이 필요하고 마산지역의 개발 진척 상황에 따라 국가정책상 가장 합리적 개발 대책을 세워야 하므로 우선 제1차적으로 마산지구의 개발계획에 집중하는 것이 바람직하다는 결론을 내린 것 이다.

결론적으로 입주 기업의 성격이 바뀌긴 하였지만, 당시 보고서에서 따르면 마산지구의 핵심 산업으로 세강, 주철상 빛 그 관련 기계공업, 조선에 집중하고, 펄프, 제지, 합판, 수산가공 등을 부차적 입지로 할 것 을 권고하였다는 점이다. 다시 말해 이를 통해 수출자유지역에 관한 논 의가 시작될 시점에는 정부의 야심찬 포부 동남부 임해지역에 건설될 수출자유지역에 경공업이 아닌 중화학공업 부문의 외국인 직접투자를 유치한다는 계획이었음을 알 수 있다. 다만 1969년 초에 정책당국자가

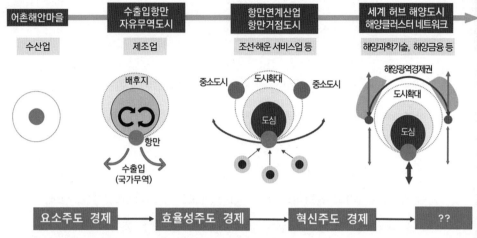

〈그림 2〉 해양도시 진화 프로세스(출처 : 해양수산개발원)
Lee, S.W. and César Ducruet, "Spatial glocalization in Asia-Pacific hub port cities : A comparison of Hong Kong and Singapore(2009)"을 참고하여 한국해양수산개발원이 재작성.

기대하고 있었던 유치 희망 업종과 실제로 유치된 업종과의 현격한 차이를 확인할 수 있다.이상철, 2008

3) 교통지리학적 입장에서 보는 마산 수출자유지역

마산 수출자유지역을 도시지리학의 관점에서 접근하고자 한다. 특히 도시지리학都市地理學 연구에서 그다지 다루지 않았던 기존연구에서 벗어나 교통지리학적 입장에서 포어랜드Foreland 마산을 살펴보겠다. 수출자유지역 등 산업화 시대의 공업단지, 근래 산업단지의 선정과 개발에는 교통지리적 요소가 강하게 작용하는 것이 사실이다. 이에 마산 수출자유지역은 항만과 도시의 관계성 속에서 창원이라는 힌터랜드Hinterland를 갖춘 교통지리학적으로 볼 때 매우 효율적인 입지라는 것을 알 수 있었다. 아래 〈그림 2〉처럼 해양도시 진화 프로세스의 항만도시 모델처럼 발전과 확장성을 갖춘 지역으로, 여수, 울산보다는 훨씬 더 좋은 조건을

타입	특징
중심지 타입	소매, 서비스, 행정, 종교, 관광 등의 기능 상업도시, 행정도시, 종교도시, 관광도시 중심지 개념 : W. 크리스탈러－경제거리의 개념을 구사하여 도시 입지 설명 기업이나 사람은 거리(교통비)를 의식하여 행동하기 때문에 거리의 총합이 최소가 되는 도시가 중심부로서 기능이 집약
자원(가공) 타입	산업혁명 이후 본격적으로 등장 주요 지역에 산출된 천연자원을 활용하여 공업 제품을 만들어 내기 위한 전문공장이 설치되어 있거나 거기서 일하는 사람을 위한 노동자들이 모여있는 곳
교통입지 타입 (항만도시와 관련)	중심지 타입의 경우에는 소비와 관련 깊은데 반하여 자원 타입은 생산과 연관이 깊음 교통입지의 경우에는 그 중간에 해당 생산과 소비를 연결시키는 위치에 자리잡음

갖추고 있었다. 〈그림 2〉와 같이 외국과의 교역을 담당하는 항만도시는 초기에 수산업을 기반으로 어촌 해안마을이 시작된다. 이후 산업화를 겪으면서 자원과 물자의 수출입을 지원하는 항만으로 발전하고, 힌터랜드에는 산업단지와 주거 단지들이 조성되며 항만도시가 생겨난다. 마산 수출자유지역이 이 '항만도시 단계'에 해당된다.

마산을 하야시 노보루林上의 도시 입지 패턴으로 구분할 수 있는데 다음 〈표 1〉과 같이 마산의 경우에는 '교통입지 타입'으로 도시항만과 연결 지어 설명할 수 있다.

교통입지 타입 도시를 규정지을 경우에는 화물을 실어 나르고 사람들이 환승하는 장소에 사람과 산업이 모인 도시라고 설명할 수 있다. 이에 최적화된 장소가 마산으로 볼 수 있다. 다시 〈그림 2〉의 해양도시 진화 프로세스로 돌아가 설명한다면 1980년대부터는 세계화와 신자유주의, 보호주의가 확대된다. 항만도시는 글로벌 환경변화와 본격적 글로벌 경쟁 체제에 돌입하게 된다. 선진국 항만과 경쟁하기 위해 단순히 물류 중심이 아닌 조선·해운 서비스업, 해양관광업 등과 연계하여 도시발전이 이루어지게 된다. 2000년대 이후 해양 경제의 중요성이 부각되고, 세계 조선업의 부침浮沈과 항만·해운의 혁신체계, 환경규제 강화 등에 적응하기 위해 도시 내 해양혁신공간인 해양클러스터가 조성된다. 나아가 해양클러스터 네트워크 체계를 구축해 광역 해양경제권을 조성하고 있다. 이러한 항만도시의 발전 과정 속에서 마산은 초기 어촌 해안마을의 형태를 벗어나 1970년대 배후지역을 가진 마산 수출자유지역이라는 항만도시로 자리매김하게 된다.

4) 마산 수출자유지역의 입지선정

한국 정부는 1969년 8월 10일 수출자유지역을 마산에 설치할 것을 결정하였다고 일방적으로 발표하였다. 이 수출자유지역은 제1부터 제3까지 세 곳의 가공구로 나뉘며, 총 면적 53만 평, 정사각형의 한 변이 1.3km에 달하는 광대한 공업단지였다. 이 사업에서 마산 수출자유지역은 2년에 걸쳐 건설될 예정이었으며, 제1차년도에는 공업단지의 부지를 3억 9천만 원에 구입, 정기작업비용, 조사용역비용에 기타 비용까지 총 4억 9천만 원을 투자하도록 계획이 세워졌다. 제2차년도에는 정기 사업의 지속에 투입되는 비용, 도로개설공사비용, 배수로 공사비용, 항만시설공사비용 등 총 16억 4천만 원의 예산을 편성하였다. 하지만 사업의 규모가 확대됨에 따라 계획대로 투입되지 않았다. 이 조성사업은 1974년까지 계속되었으며, 그간의 물가상승과 사업 확대에 따른 추가 비용 등, 최초의 계획보다 막대한 자금이 필요하게 되었다姜先姬, 2002.

마산항에 수출자유지역 건설이 결정된 배경에는 앞서 설명한 것처럼 교통지리학적 입장에서 마산이 배후지역을 잘 갖춘 천혜의 양항良港인 동시에 그 자연 환경이 우수하므로 수출자유지역에 가장 적절하다는 당시 정부관계자의 판단이 있었다.

4. 마산 수출자유지역 입주

1) 마산 수출자유지역의 입주기업

마산 수출자유지역관리청은 1970년 8월과 9월에 투자유치단을 모아 일본 주요 도시를 방문하며 투자유치활동을 전개했다. 게다가 일본어와 영어로 된 투자유치 홍보 리플릿을 만들어 일본 및 미국 각지로 배포하였다. 겉으로는 마산 수출자유지역관리청의 투자유치활동이 일본기업에만 국한된 것은 아니었지만 실질적 입주기업은 일본기업이 대부분을 차지하였다. 외국기업 유치를 추진하여 1970년 9월 말까지 17개 기업의 참가가 정식으로 결정되었다. 그 가운데 15개 기업이 일본의 투자로 자리를 얻었다. 이들 기업 중 '한국남산업장식용 전구', '한국동광코일류 제조', '신화전 공전지부품' 등 3개 회사는 이미 마산에 공상을 완공하여 작업을 개시하였고, '한국남산업'은 1970년 5월 말 미국에 3만 달러 규모로 수출 1호를 기록하였다. 이 수출자유지역 진출 기업의 투자액은 지금까지 최저 15만 달러, 최고 60만 달러이며, 그 업종은 전자부품 생산, 섬유 봉제, 금속 주형 등이다. 제1공구에서는 임대공장 건설도 관리청에 의하여 진행되었으며, 계획은 6개에서 10개 공장을 수용 가능한 3층 철근 건물 4개 동의 건설이었다. 그중 1개 동은 1970년 완공되었다. 1970년, 마산에 진출한 기업 100여 개 중 일본 기업은 78~79개로 추산되며, 그 업종은 전기, 잡화, 철강, 금속, 섬유 등이다. 당시 임대료는 1평방미터당 월 40~47센트에, 매입도 가능하였으며, 가격은 1평방미터당 58달러 76센트~69달러 18센트였다. 관리청은 같은 해 안에 제1공구 토지 조성을 완료하여, 1972년 중에는 임대공장을 포함하여 100개 기업의 유치를 실현하였다. 관리청에서는 이 시점에서의 고용 인원을 2만 5천~3만 명으로 상정, 기업의 채용 편의를 고려하여 남성 5천 명, 여성 3천 7백 명의 취업 희망자 명단을 미리 준비하였다. 게다가 48가구를 수용 가능한 4층 규모의 외국인용 임대아파트도 1970년 11월 완공됐다.

외국자본 투자기업이 갖는 수출 기여도가 검토됨에 따라 외자 도입 관련 행정절차를 간소화하려는 노력이 있었다. 여러 부처에서 관리하며 다원화되어 있던 외국인투자 인가업무를 1970년부터 일원화One Stop Service하여 외국인 투자환경을 개선하는 노력을 보였다. 마산 수출자유지역 내에는 국내로 진출할 가능성이 있고, 국내경제의 발전에 도움이 될 수 있는 업종을 찾았다. 즉 ① 노동집약도가 높은 산업 ② 가공도가 높은 산업 ③ 제조 및 가공기술이 국내에서 미개발된 산업 ④ 제조 및 가공공정이 공공위생을 해하지 않는 산업이라는 4가지 선정기준에 적합한 업종을 입주장려업종으로 선정하였다.

그 결과 정밀기기, 광학기기, 의료 및 과학기기, 전자제품 등 중화학 첨단산업이 입주장려업종의 선두에 섰지만, 실제 입주가 시작되면 전자 부품, 봉제의류, 경편직물, 합성수지제품, 금속제품등이 상위권을 점하게 된 것이다. 1970년 1월 1일 공포된 수출자유지역설치법에 따르면 수출자유지역은 임해의 특정지역에 외국인의 투자를 유치함으로써 수출의 진흥, 고용의 증대 및 기술의 향상을 기하여 국민경제의 발전에 기여함을 목적[1]조으로 하고 있었다. 수출자유지역설치법 제2조 1항에서는 '관계법령의 적용이 전부 또는 일부가 배제되거나 완화된 보세구역의 성격을 띤 지역'으로 규정하고 있다. 적용이 배제되는 관계법령 중 가장 중요한 것은 바로 '외자도입법'이었다. 외자도입과 관련된 여러 관련 부처가 관여하게 되므로 상대적으로 절차가 복잡하였고, 상당한 시일이 소요될 수밖에 없었다. 하지만 '수출자유지역설치법'을 통해 외국인직접투자업체는 상대적으로 까다로운 절차가 수반되는 외자도입심의위원회의 심의 없이 상공부장관, 정확하게는 관리청의 심사만으로 허가받을 수 있게 되었다.[이상철, 2008]

이상철이 언급한 것처럼 마산 수출자유지역 입주한 외국계 기업은 혜택을 다양하게 누렸다. 이에 그 혜택을 좀 더 자세히 살펴보면 다음과 같다.

2) 마산 수출자유지역 입주에 따른 혜택

3장 1절에서 언급한 것처럼 대한민국의 차관경제 위기대응 과정 속에서 마산 수출자유지역이 새로운 대안으로 모색되었다는 점이다. 한국은 더 이상 차관에 의존하지 않게 되었다. 마산 수출자유지역이 생기면서 직접투자로 외국기업을 유치하게 되면서 수출자유지역 입주에 따른 주요 사항과 혜택은 다양해져 갔다.

〈표 2〉에서 제시한 것이 마산 수출자유지역 입주 혜택이다. 이외에도 수출관리청에서는 이 지역의 지원시설로 마산 수출자유지역 투자 활동

〈표 2〉 마산수출지유지역의 입주혜택 아래 내용을 목록별 재구성

주요사항	구체적 내용
외자도입 및 입주인가	직접·공동투자 및 기술도입계약 인가와 입주·건축허가는 관리청의 심사와 기술검정 거쳐, 관리청장이 직접 결정한다.
일체의 등록 간소화	입주한 기업체가 경영하는 사업에 대하여, 해당 사업에 관한 법령 규정에 의한 허가·면 ·등록 등에 관한 사항은 적용하지 아니한다.
상품 수출입 인가	수출용 원료·기계류·재료 수입은 제한하지 아니한다. 상품 수출입은 현지 외환은행 수출입 인증 절차를 거치도록 한다. 상공부 장관은 한국 상품의 대외신용을 실추시 우려가 없다고 인정하는 경우에는 수출검사를 면제한다. 마산 수출자유지역 내 무역거 법상 집행은 관리청장이 한다. 해당 지역 내에서 생산하는 제품의 국내 판매는 원칙적으 인정하지 아니한다.
외자의 이익금 및 원금의 송금	외국 투자자의 영업이익은 영업 첫해부터 송금을 보장한다. 외국 투자자가 소유한 주 또는 원금의 매각대금은 영업 개시 첫날부터 2년 후 매년 출자액의 100분의 20까 대외송금을 보장한다. 원금 및 이익금 송금 허가는 재무부 장관을 대신하여 현지 외환은 지점장이 한다.
조세혜택	외자도입인가를 받은 입주기업체의 소득세·법인세·재산세·취득세는 외국인주 지분율에 따라 과세 기산일로부터 5년간 전액 면세하고 이후 3년간 세액의 100분 50을 경감한다. 외국 투자자가 소유한 주식 또는 지분에서 생기는 이익배당금, 잉여 분배금에 대한 과세는 과세 기산일부터 5년간 면세, 그 후 3년간은 세액의 100분의 50 경감한다. 수출소득에 대한 소득세·법인세는 100분의 50을 경감하고, 수출업에 대 영업세와 수출품 생산 및 수출용 원료 기자재에 대한 물품세는 면제한다. 외자도입인가 받은 입주기업체의 사업 활동에 종사하는 외국인의 근로소득세는 전액 면제한다.
토지 및 건물의 사용방법	입주기업체는 토지 및 건물(표준공장)을 10년간 임대차 또는 토지를 매수하여 사용 수 있다(임차 기간 연장 가능). 이 경우 관리청장은 임대 또는 매각가격을 미리 공고한
기타	관세·조세 부과 및 징수, 출입국 관리, 우편 및 통신과 검역에 관한 사무를 현지에 처리하기 위하여 마산 수출자유지역 내에 세관, 세무서, 출입국관리사무소 및 우체국 검역소를 설치하고, 기타 정부 기관은 담당 직원을 주재시켜 소관 업무 일체를 현지에 전결하여 절차를 간소화한다.

에 필요한 내외 통신시설, 기능공 양성소, 기능공 합숙소, 외국인용 아파트 및 호텔, 외국인용 택지와 주택, 외국인용 학교와 의료시설, 외국인용 휴양·오락시설, 무역센터, 유틸리티센터, 인접 관련 공단, 마산-대구 간 및 마산-부산 간 고속도로 등을 추가 건설하였다.[1]

이러한 혜택 중에서 특히 일본기업이 누렸던 특권에 대하여 언급해

1 韓国正義平和委員会 - 社会正義具現全国司祭団,「馬山輸出自由地域の実態調査」,『世界』, 1975.5.

보면 다음과 같다.

3) 일본입주기업의 특권

마산 수출자유지역은 일본 국적의 입주기업에게 매우 호의적이었으며, 다방면에 걸쳐서 일본 국적 입주기업이 받는 특권이 다수 존재하였다. 〈표 2〉로 정리했던 입주기업 혜택 중 핵심적 요소가 포함되어 있다. 마산 수출자유지역 입주기업이 법률, 행정면에서 받는 특혜를 간단히 정리해 보면 다음과 같다.

○ 광범위한 면세 특권
○ 수출입, 영업, 기업 관리 등의 절차 간소화
○ 저임금 노동력 공급 보장
○ 한국 측 부담의 토지, 시설, 저비용의 전력·공업용수, 기타 편의 제공

1970년 한국상공부가 발행한 자료를 살펴보면 '입주기업에 대한 주요 편의와 혜택' 항목에 입주허가는 신청 후 일주일 내외로 인가되며, '수출입절차 자유화 및 간소화' 항목에서는 수출용 원료, 기자재를 수입하는 경우 최초 입주허가 때를 제외하고는 별도의 제한이 없다고 나와 있었다. 수출 또한 특별한 경우를 제외하고는 절차가 면제되었다. '조세상의 특권'으로는 입주 후 처음 5년간은 소득세, 법인세, 재산세, 취득세가 전액 면제되고, 이후 6년째부터 8년째까지는 50%가 면제되었다. 또 합작기업에 대해서도 수출 이윤에 대한 소득세, 법인세는 50%가 면제되며, 영업세는 전액 면제된다. 즉 외국인투자자의 이익금 및 배당금

은 영업 첫해부터 해외송금이 보장된 셈이었다. 그리고 입주기업체가 수입하는 자본, 원료, 부품, 가공품 등도 관세 및 물품세가 면제되며, 「투자 가이드북 한국판」일본무역회 발행, 1970에 따르면 "마산에 관련 하도급 하청 공장이 없으며, 그 하도급 공장이 부산에 있는 경우에도 해당 관련 공장에 보세지역을 만들어 마산 내에서 영업하는 것과 동일하게 취급할 수 있다"고 선전했다.

이 규정에 따라 외국 기업은 원하는 곳에 하도급 공장을 설립하고, 그 곳을 보세지역으로 설정할 수 있었다. 이어 자료 말미에는 '풍부하고 저렴한 노동력'이라는 제목을 붙여 한국 노동력의 평균 임금 수준은 홍콩의 절반, 일본의 30%에 해당하며 대만과 비슷한 수준이라고 선전하였다. 국제적인 관점에서 보았을 때 한국인 노동자의 임금 수준이 낮음을 대대적으로 알린 것이다. 실정을 말하자면, 직접투자를 유치하기 위하여 일체의 무리한 요건을 한국인 노동자에게 떠넘기는 것으로도 모자라 그에 법적인 정당성을 부여한 것이다.

이와 같이 불공정한 일본 입주기업에 대한 무한 혜택은 대한민국을 소극적이고 수동적으로 만들 소지가 있었다. 이 밖에도 한일의 역사적 관계에서 비롯되어 마산 수출자유지역에서 일본어가 통용되는 생활양식, 습관, 다양한 유사점, 심지어 한일 간 로비스트의 존재에 의해 정치면에서도 일반적인 외교관계에서는 상상할 수 없는 수준의 일체화가 진행되면서 행정부의 정책도 일본 기업에게는 일본 국내 수준으로 집행할 수 있다고 선전하기도 했다.

이와 같은 특권을 살펴보았을 때 입주기업에게 부여된 특권은 결국 한국 국민에게 큰 희생을 강요하는 것임이 자명했다. 당시 마산 시내 급

수 제한, 쟁의행위 금지, 교만한 일본인 경영자의 경영 방침 모두가 한국인에게는 매우 불리한 조건이었다. 무엇보다 수출자유지역의 존재 자체가 한국인에게는 말 그대로 "굴욕적이고, 수치스러운 것"이었다. "마산은 한국에 있지만, 더 이상 한국은 아니다"라는 당시 한국인의 말은 마산 수출자유지역의 모든 것을 나타내고 있다.^{姜先姬, 2002}

4) 일본 입주기업의 유형

마산 수출자유지역 진출을 결정한 일본 입주기업은 〈표 3〉과 같다.

〈표 3〉 마산 수출자유지역 입주기업

기업명	대표자명	업종	투자방법	투자액
한국남산업(주)	田中義郎	장식용 전구 세트 제조	합작	160
한국東光(とうこう)(주)	田中太兵衛	코일류 제조	직접	4,300
한국明興(めいこう)금속공업(주)	村上肇一	건설자재 및 철제 가구 제조	직접	650
Union Asbest Co.LTD	根本禎記	석면류 외 6종	직접	200
King & Choice Yacht Corp	E.D.CHOIE	요트 제조	직접	154
한국八郎(はちろう)(주)	金春吉	화학 신발 제조	공동	691
한국마산신관(信管)공업(주)	竹谷貞治郎	비철금속 인발관 제조	직접	501
Korea TACOMA 조선공업(주)	李砡淳	알루미늄 선박 제조	합작	2,000
한국日吉(ひよし)낚시(주)	吉田光一郎	낚시용 릴 제조	직접	509
Grow Molding Co.	松原基啓	금속 주조	직접	151
Korea Tuna Industries Inc.		수산물어획 및 냉동	합작	1,144
北菱(ほくりょう)(주)	佐藤尚文	수산물 냉동 및 가공	직접	4,400
한국 SWANY(주)	三好富夫	합성피혁	합작	490
한국和光(わこう)(주)	鈴木康浩	카메라 렌즈	합작	500
한국力王(りきおう)(주)	岡安徳一	신발 제조	직접	500
台和(だいわ)석재산업(주)	中野, 新井則正	정밀주조용 모래 가공, BAIICASTER	공동	418
한국フシコ(의미 불명)(주)	櫛田良照	수송용 기관 제조	직접	400
한국 T.S.K(주)	寺浦留三郎	사진첩 제조	직접	450

기업명	대표자명	업종	투자방법	투자액
한국河內(かわち)산업(주)	太田一雄	광학기관 제조	직접	235
신한(新韓)공업(주)	新井健之	전자제품(변압기 류)	직접	267
한국三誠(さんせい)전기(電機)(주)	柴田留夫	전자기기 제조	직접	150
한국中川(なかがわ)전화(電化)산업(주)	中川玄澄	기계류 제조	직접	800
한국자기(주)	只野豊二郎	기계류 제조	직접	300
한국隻葉(ふたば)정밀공업 (주)	衛藤五郎	기계류 제조	직접	941
한국東京(とうきょう) PAC(주)	飯田好道	전자제품 제조	직접	300
한국日線(にっせん)(주)	川添敏信	전자제품 제조	직접	240
한국태양유전(주)	佐藤彦八	전자제품 제조	직접	2,800
한국東京(とうきょう)실리콘(주)	谷川富士	전자제품 제조	직접	4,124
한국大丸(だいまる)(주)	大森次男, 岡部亨	기계류 제조	직접	800
한국岡部(おかべ)(주)	吉村精仁	용접강관 제조	직접	1,400
마산강관(鋼管)(주)	森田展生	용접강관 제조	직접	2,276
한국国分(こくぶ)화학공업(주)	Richarde Scott	금속기구류 제조	공동	220
한국 SOWA(주)	寺田平太郎	전기통신기기 제조	직접	1,710
한국星電(せいでん) (주)	古橋了	전자제품 제조	직접	1,000
한국三陽(さんよう)공업(주)	柳治夫	전자기기 제조	직접	795
한국山本(やまもと/산본)공업(주)	金春吉	화학 신발 제조	직접	600
한국 OLYMPIC 낚시(주)	椎野裕元	낚시용품 제조	직접	400
한산(韓産)스크류(주)	網干茂	금속류 제품 제조	직접	750
한국東洋(とうよう)공업(주)	山本敏雄	기계류 제조	합작	300
한국岩谷(いわたに)(주)	岩谷裕功	만보기/완구 제조	직접	220
高麗(こうらい/こま)有田(ありた)물산(주)	松本哲雄	고급 도자기 제조	직접	330
한국月星泰和(つきぼしたいわ/월성태화)화학(주)	倉田九平	신발 및 부품 제조	직접	1,300
한국井上(いのうえ)화학공업(주)	井上愛一	자전거 튜브 제조	직접	1,430
한국東海(とうかい)	阿部老二郎	자동차 전기 부품의, 제조/가공/조립	직접	615
한국内本(うちもと)산업(주)	内本信太郎	금속제품 제조	직접	430
마산제선철강공업(주)	山西喜一郎	금속제품 제조	직접	700
한국中谷(なかたに)(주)	中谷敬	スクリュー제조	직접	200
한국赤松(あかまつ)(주)	赤松基次	기계류 및 전자기기 제조	직접	250
한국古里(ふるさと)공업(주)	古里竜一	기계류 제조	직접	400

기업명	대표자명	업종	투자방법	투자액
한국杉本(すぎもと)와이어(주)	杉本健三	금속제품 제조	직접	1,300
한국日本(にっぽん)제선(주)	山下真三	금속제품 제조	직접	280
마산村上(むらかみ)철강공업(주)	中谷実	금속제품 제조	직접	1,100
한국村田(むらた)산업(주)	村田芳三	금속제품 제조	직접	1,200
한국東和(とうわ)공업(주)	辻子丈太郎	금속제품 제조	직접	1,000
한국日東(にっとう)(주)	今井新治	금속제품 제조	직접	620
한국日釘(にっちょう/にってい)(주)	八木幅松	금속제품 제조	직접	1,296
한국大鵬(たいほう)(주)	北井正治	기계류 제조	직접	1,000
柳川(やながわ)산업(주)	柳喜春	완구 제조	공동	560
한국三美(さんび)(주)	森部一	전자제품 제조	직접	750
한국富士(ふじ)(주)	松本達二	금속제품 제조	직접	2,000
한국전자캐비닛공업(주)	渡辺一造	전자제품 제조	합작	500
한국소결(燒結)금속(주)	金沢史郎	기계류 제조	직접	2,000
한국ミロク('미륵'으로 추정)(주)	井戸千代亀	기계류 제조, 기계류 제조	직접	1920
한국大可(おおか)공업(주)	菊原喜万	전자기기 제조, 기계류 제조	직접	558
한국八幡(やわた)전기(電気)(주)	菊竹倉平	전자기기 제조, 의료기구 제조	합작	400
한국센트럴(주)	朴準祥, 荒井範雄	금속제품 제조, 규소정류기 제조	합작	700
한국産研(さんけん/산업연구의 준말)(주)	小谷金治	기계류 제조	합작	350
한국大栄(だいえい)(주)	深本健	총포류 제조	공동	52
한국ミロク('미륵'으로 추정)(주)			직접	
마산산업(주)	鄭東浩, 金鳳淵, 呉炳昌	포제 완구 제조	공동	700
東京美研(とうきょうびけん)(주)	真島伸行	식품 및 공예품 제조	직접	800
제일봉제(주)	竹村八郎	합성피혁제품 제조	합작	120
한국F·ONE(주)	吉岡利固	신사복 제조	합작	330
Chung Raja Fashions L.T.D	鄭炳 基	가발 제조	직접	50
共栄(きょうえい/공영)안경공업(주)	李南菜	안경 제조	합작	430
한국黒川(くろかわ)본점(주)	黒川幸次良	서양식 우산 제조	직접	50
K.T.K(주)	佐々木茂蔵	IC(집적회로)제조	공동	568
한국日輪(にちりん)(주)	藤田正三	모자 제조	직접	100
한국양산(洋傘)공업(주)	座古誠一	서양식 우산 제조	공동	100
한국東京(とうきょう)전자(주)	須藤隆夫	전자기기 및 전기부품 제조	직접	1,654
T.C Electronics (Korea) corp	朴清明	전자제품 제조	직접	500

기업명	대표자명	업종	투자방법	투자액
한국平田(ひらた)공업(주)	平田收	사진첩 제조	직접	150
한국ニューボーン('newborn'으로 추정)(주)	小角利幸	서양식 우산 및 우산 골격 제조	공동	100
한국豊山(とよやま)제화(주)	土手吉光	각종 가방 제조	공동	120
한국スミダ전자(주)	八幡一郎	전기부품(IFT) 제조	직접	200
Realton Corp of Korea	MAURICE SILVERA	전자제품 제조	직접	615
共進(きょうしん)상사(주)	平林潤治, 李更照	식품 가공	합작, 직접	727
CANYON corp of Korea	多田哲也	유체분무기 제조	직접	260
한국월성(月城)(주)	李圭祥	화학 신발 제조	직접	1,050
한국東洋(とうよう)통신공업(주)	早坂冬喜	전자제품(음향기기) 제조	직접	70
日東(にっとう)산업(주)	山下敏雄	미술공예품 제조		
유니온산업(주)	土井健治, 万炳二	신발류 제조	합작, 합작	410
Sun Horse Co. LTD		신사복 제조	직접	120
한국산업(주)	阪村芳一	기계류 제조	합작	110
한국스포츠용품(주)		야구 글러브 제조		
Empsco Korea Inc	BERNARD, KATZ	기계류 제조	직접, 합작	460
한국伊勢(いせ)전자(주)	中村正	전자제품 제조		
한국富士(ふじ)공업(주)	山本富治雄	합성수지 및 전자제품 제조	직접	900
한남섬유공업(주)	金在中, 坂野桑次郎	전자제품 제조, 섬유제품 제조	합작, 직접	220
URI 산업(주)	崔浄鉉		직접	200
신라산업(주)	高橋川彦	기계류 제조	합작	130
磨多羅(마다라)직물(주)	中山貞宏	견직물 제조	직접	577
한국웨스트('west'로 추정)전기(電気)(주)	西原宗一郎	견직물 제조	합작	200
한국弘陽(こうよう[불명확])(주)	松本弘	광학기관 제조	직접	100
THOMAS & BETTS EAST ASIA LTD	ROBERT, MCK, TOMAS	합성수지제품 제조, 전자기기 및 전자제품 제조		
한국 TRIO(주)	中野英男, 姜永彰	전자음향기기 제조	공동	1,400

1970년 9월 말 관리청 입주허가 기준. 표기 순서 : 기업명, 대표자명, 업종, 투자방법 투자액[단위 : 천 달러] 2
神山伸夫, 「『韓国の中の日本企業』-馬山輸出自由地域を見る」 재구성.

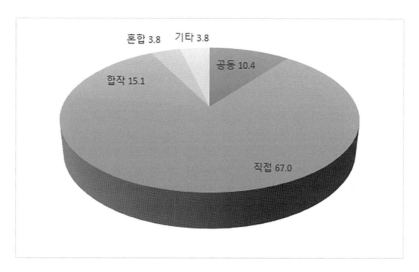

〈그림 3〉 일본기업의 투자형태(단위 : %)

　　마산 수출자유지역 내 입주가 허가된 기업을 보면 1974년 8월 31일
기준 111개다. 이 가운데 자가 공장이 70개, 표준공장이 41개이다. 공장
의 기업주는 1973년 11월 조사에서, 일본인 기업가가 86%로 가장 많았
으며, 재일동포 기업주 9%, 미국·이탈리아 등지의 기업주가 5%로 나타
났다.[3] 지리적·역사적 조건을 고려했을 때 역시 일본의 투자 비율이 압도
적으로 높다. 재일동포 기업주와 일본인 기업주를 합하면 95%가 일본 자
본인 셈이다. 또한 일본기업의 투자 형태를 보면 〈그림 3〉과 같다. 그림
에서 보는 것처럼 투자형태는 대부분이 직접투자 형식이 주를 이룬다. 합
작 형태도 존재하지만 일본인에 의한 산업단지임을 알 수 있는 증거이다.
구체적으로 살펴보면 과반수 이상약 70% 정도이 일본의 직접투자 형태였으
며, 다음으로 합작15% 정도이 많았고, 그 뒤를 이어 10% 정도가 공동투자

3　　韓国正義平和委員会 - 社会正義具現全国司祭団, 앞의 글.

형태로 일본 자본이 유입되었다. 혼합 형태의 투자는 직접과 합작이 결합한 투자 형태이다. 마지막으로 기타 투자는 별도로 투자 형태가 명기되지 않은 것을 합산한 것이다.

투자액 기준으로 살펴보면 업종별 편차가 나고 있음을 알 수 있었다. 다음으로 일본기업의 업태를 살펴보면 대부분 소규모생산집약 산업에 집중되어 있음을 알 수 있다. 또 회사명을 분석해보면 일본어 이름을 그대로 사용하는 기업이 상당수 존재하여, 한자 조합 역시 일본에서 주로 사용되는 형태를 한국어로 바꾼 경우가 대부분이다. 그리고 외국계 기업의 경우에는 로마자를 활용하여 회사명을 짓고 있어서 마산 수출자유지역이 어떻게 보면 일본의 하청단지下請團地라는 인상을 강하게 받게 된다. 마산 수출자유지역이 정부 주도의 외자 유치 프로젝트였지만 이 산업단지가 실패라고 주장하는 그룹과 그렇지 않은 그룹이 나뉘는 결정적 요소가 이러한 부분일 것이다.

5. 나가며

이 글에서는 마산 수출자유지역의 선정과정을 설명하였다. 마산 수출자유지역은 항만과 도시의 관계성 속에서 힌터랜드라는 배후도시를 갖춘 교통지리학적으로도 매우 효율적인 입지라는 것을 확인할 수 있었다.

사실 마산 수출자유지역에 대한 외국인 직접투자, 특히 일본기업의 진출은 한국 경제의 성장기에 고용창출 및 기술이전, 한국의 전기, 전자산업의 초기발전에 기능공과 부품 공급, 외화획득 등을 통해 지역경제 및 국내경제의 발전에 기여했다고 볼 수 있다. 한국의 외자도입을 통한 수출 지향형 경제성장의 마중물 역할을 한 셈이다. 다만 진출 기업의 대부분은 일본의 중소기업이며, 법률·조세상의 혜택과 저렴한 노동력을 주된 진출 동기로 하는 구조적인 취약성을 안고 있었다. 이에 따라 자본 및 기술의 외부 의존성, 원, 부자재의 높은 수입 의존도로 수출가공구의 경제적인 이익이 투자국에 이전되어 고용의 불안정, 기술이전의 부진, 시설투자에 대한 무관심 등과 같은 문제가 생겼다. 초기 마산 수출자유지역의 경우 많은 특혜와 혜택을 누려가며 경제협력이라는 미명 아래 일본 자국의 이익을 독점하는 데 집중하였음을 알 수 있었다.

결국 한국의 산업화 시대였던 1960~1970년대 박정희 정부는 외국인 직접투자를 강조해 왔다. 다만 외자 유치는 성과를 내지 못하다가 외국인 직접투자를 경제성장 과정에 활용하기 위해 마산 수출자유지역을 만들어 낸 것이었다. 그럼에도 불구하고 이 마산 수출자유지역 조성은 실패로 끝났다고 보는 시각이 많다. 왜냐하면 외자를 도입한 수출산업은 고도성장을 가져왔지만, 민생 경제 향상을 가져오지는 않았다는 것이다. 결국 빈익빈 부익부의 이중구조가 심화됐다. '외국의 독점자본 특히 일본의 자본을 독점한 국내 대기업·이들의 뒤를 봐 주는 정부와 중간관리층, 한편 피고용 근로자들·압박을 받는 농민과 중소기업과 소상공인', 이 두 사회세력 간의 단절로 인하여 갈등이 심화되었다는 것을 의미한다.

앞서 설명한 것처럼 마산 수출자유지역 입주기업에 많은 특혜를 주었음에도 불구하고, 그것은 국내기업의 수출기여에는 도움이 되지 않았다. 그 이유는 직접투자가 많았던 일본기업에 유리하게 적용된 혜택 때문이었다고 생각할 수 있다. 결국 미숙한 정책적 운영 탓에 노동문제 등에서도 목소리를 내지 못하는 상황이 될 수밖에 없었다. 이 글에서는 지면 관계상 마산 수출자유지역의 선정과정에 대한 개괄적인 내용만을 정리하여 다루었다. 향후 이 글에서 살펴보지 못했던 외지에서 이동하여 마산 수출자유지역에 정착한 사람들의 이야기를 인문학적 관점에서 다루고 싶다. 왜냐하면 마산 수출자유지역의 후속 연구를 인문네트워크 관점에서 심층적으로 탐색할 필요가 있기 때문이다.

참고문헌

연구논문

곽경상, 「울산의 공업화와 도시계획 연구-1945~1970년대」, 연세대 박사논문, 2020.

박배균·최영진, 「마산 수출자유지역의 형성을 둘러싼 국가-지방 관계에 대한 연구」, 『대한지리학회지』 49(2), 대한지리학회, 2014.

이상철, 「마산 수출자유지역의 초기 발전과정」, 『경제발전연구』 14(2), 한국경제발전학회, 2008.

이성수, 「북한의 경제특구 개발에 대한 소고-한국의 마산 수출자유지역 개발사례 연구를 통해」, 『국토연구』 38, 국토연구원, 2003.

최영진, 「발전주의 국가의 공간전략을 통해 본 자본과 국가의 관계-1960~1970년대, 마산 수출자유지역의 형성과 발전에 대한 전략-관계적 접근」, 서울대 석사논문, 2008.

최지연, 「신해양도시 조성 필요성 연구」, 『KMI 현안연구 요약보고서』 제20호, 한국해양수산개발원, 2018.

姜先姬, 「韓国における日本の経済協力-馬山輸出自由貿易地域をめぐる日韓経済協力」, 『現代社会文化研究』 (3), 新潟大学大学院現代社会文化研究科 紀要論文, 2002.

張貞旭, 「韓国の馬山輸出加工区の経済的な効果と 外国直接投資」 (上), 『松山大学論集』 第19巻 第1号, 松山大学 紀要論文, 2017.

_____, 「韓国の馬山輸出加工区の経済的な効果と 外国直接投資」 (下), 『松山大学論集』 第19巻 第2号, 松山大学 紀要論文, 2017.

神山伸夫, 『韓国の中の日本企業』-馬山輸出自由地域を見る』 『世界週報』, 時事通信社, 1975.

韓国正義平和委員会-社会正義具現全国司祭団, 「馬山輸出自由地域の実態調査」, 『世界』 1975.5.

Lee, S.W. and César Ducruet, "Spatial glocalization in Asia-Pacific hub port cities : A comparison of Hong Kong and Singapore", 2009.

단행본

박배균·이승욱 외, 『특구국가의 영토성과 동아시아의 예외공간』, 알트, 2017.

林上, 『都市と港湾 の地理学』, 風媒社, 2017.

허정도, 『전통도시의 식민지적 근대화-일제강점기의 마산』, 신서원, 2005.

동북아 항만도시의 성장과 재구조화

부산항을 중심으로

1. 들어가며

항만은 역사적으로 도시의 기원이었다. 많은 도시가 무역을 통해 번성해 왔으며 항만은 무역을 지원하고 해상운송 네트워크의 노드 역할을 하면서 해양과 내륙의 이익을 모두 충족시켰다. 사람, 상품, 자본 이동의 흐름에 따라 장소가 형성되고 장소는 다시 이러한 흐름을 집중시키는 순환구조가 항만을 통해 이루어져 왔다. 유럽의 항만도시들과 달리 아시아 주요 항만도시들은 식민지 시대 제국의 이익을 위한 전략적 거점으로 성장했고 탈식민지 국가시대에도 국제무역의 거점이자 도시, 지역, 국가의 경제성장에 엔진 역할을 하고 있다. 특히 항만도시가 제공하는 세계로의 '연결성'과 개방성은 부와 혁신의 확산에 결정적 영향을 미치고 있다. 자본주의적 세계화는 국가 보다 도시를 글로벌 경제의 핵심주체로 부상시켰고 소수 세계도시들의 경제적 지배력 또한 높아지고 있다.

전 세계 인구 절반 이상이 도시에 거주하고 있으며 인구 100만 이상

110   제1부 | 항구

의 도시 513개 중 271개[52.8%]가 해안선 100km 이내에 위치하고 있다. 이러한 세계도시의 공간적 지도는 도시발전에 있어 해양의 중요성을 가늠할 수 있게 해준다. 다른 한편 현대 항만도시들은 흐름의 집중과 분산의 긴장 사이에서 진자운동을 한다. 흐름은 장소에 중요한 영향을 미치지만 장소가 흐름을 형성하기도 한다. 따라서 장소와 흐름의 다양한 발전논리, 상호작용, 갈등, 조정 그리고 적응하는 방식을 도시의 성장궤적에 따라 살펴보는 것은 매우 의미 있는 연구주제이다. 항만도시는 이와 같은 연구관심에 가장 부합하는 연구대상이라 생각된다. 이 연구의 목적은 동북아지역의 대표적인 항만도시인 부산의 도시성장과 재구조화 과정을 부산항의 역동적 변화에 초점을 두고 규명하는 것이다. 부산은 한국의 근현대사를 가장 잘 품고 있는 항만도시이다. 제국의 식민지 시대에 수탈과 침략의 전략적 거점에서 현재는 세계 7위의 컨테이너 항만이자 세계 2위의 환적항만으로 성장하여 글로벌 물류네트워크의 전략적 거점 역할을 하고 있다. 동아시아 허브항만으로의 성장은 항만과 도시 관계의 변화과정이자 도시의 공간적 진화과정이기도 했다. 항만도시 부산의 성장과 재구조화 과정을 분석하기 위한 문제의식은 다음과 같다. 항만도시의 성장을 촉진한 환경적 요인은 무엇인가? 이 과정에서 항만도시의 적응능력은 어떤 방식으로 나타났는가? 도시 재구조화의 압력요인은 무엇인가? 마지막으로 도시재구조화의 결과는 어떻게 실현되고 있는가? 이러한 문제의식을 토대로 항만도시 부산의 성장, 재구조화 내용과 결과를 분석하고자 한다.

2. 기존 논의

항만은 도시발전을 촉진하는 주요 요인이며 특정 시기에는 항만의 존재가 도시발전의 전제가 되기도 한다. 특히 강력한 세계화의 흐름은 사람·상품·자본 그리고 효율성과 각종 서비스 측면에서 글로벌 네트워크화된 항만 거대도시port megacities의 패턴을 만들어 냈다. 이는 해양경제, 혁신적 운송기술 및 물류서비스와 항만도시 시스템의 발전 사이에 분명한 관계가 있다는 의미이다. 현재 국제 상품무역의 약 90%가 바다를 통해 세계 각국의 항만과 연결되고 이를 통해 내륙의 소비시장으로 전달되고 있다. 물론 근대 이전부터 국제무역은 해상운송을 통해 이루어져 왔지만 20세기 중반 '컨테이너화containerization'를 통한 항만과 운송모드의 효과적 통합은 세계화의 상징이며 세계화의 속도·범위·영향력은 이전과 비교할 수 없다. 글로벌 가치사슬Global Value Chain에 통합된 항만도시는 상품의 생산과 소비를 통합하는 글로벌 네트워크의 연결지점을 나타낸다. 따라서 21세기 새로운 실크로드에 따른 지정학적 경쟁은 주로 연결성connectivity을 위한 경쟁이며 항만도시는 이 경쟁에서 핵심적인 역할을 담당한다.[1]

기존 항만도시의 개념은 그 공간이 하나의 분석단위로 상정하기 어렵기 때문에 학자마다 다르게 정의되어 왔다.[2] 즉 합의된 개념정의가 없다

---

[1] Pavia, R. and Zevi, T., "Port and global cities : what future?", ISPI, 2021.
[2] Ducruet, C., "The port city in multidisciplinary analysis. Joan Alemany and Rinio Bruttomesso", *The port city in the XXIst century : New challenges in the relationship between port and city*, RETE, 2011; Ducruet, C. and Jeong, O., "European port-city interface and its Asian application", *KRIHS Research Report* 2005-17, 2005.

는 것은 다양한 네트워크와 영역territories이 도시공간에 복잡하게 얽혀 있기 때문에 그 자체적인 정체성을 찾기 어렵다는 가정을 전제로 한다. 그러나 항만도시는 일반적으로 '비항만도시'들에 비해 특정한 경제적·사회적·문화적 정체성을 유지한다.[3] 따라서 항만도시로 호명되는 도시는 항만기능과 도시가 서로 다른 수준의 결합방식을 가지고 있긴 하나 여전히 상호의존성을 갖는다고 볼 수 있다. 항만도시의 가장 단순한 정의는 '항만을 통해 해양활동을 하는 도시'로 수렴되지만 육상과 해상네트워크 간 교류의 노드communication node로서 항만은 배후지와 지향지foreland의 연속체에서 중요한 역할이 강조된다. 더 넓은 범위에서 바다와 육지가 연결되어 있다는 점을 감안하면 지역도시, 국가, 대륙 내 여러 도시와 항만을 포함하는 전체적인 노드시스템으로 이해할 수 있다. 또한 항만과 도시의 관계에 초점을 두면 이들 간 관계는 시간이 지남에 따라 고유한 논리 속에서 진화 혹은 변형된다. 이 과정에서 항만도시는 하나의 시스템으로 간주될 수 있으며 항만과 해양활동이 도시공간에 영향을 미친다.

그동안 많은 학자들이 항만 및 항만도시의 공간적 진화에 대한 연구를 수행해 왔다. 초기 대표적인 연구는 항만인프라가 시간과 공간에 따라 어떻게 진화하는지를 분석한 버드Bird, J.의 Anyport 모델이다[4]. 버드는 항만의 발전과정을 탄생기, 제한된 안벽marginal quay 확장기, 제한된 안벽 성숙기, 도크dock 성숙기, 선형 안벽simple lineal quayage 등장기, 마지막으로 전용 선석spcialized quayage기에 진입한다는 6단계 발전론을 제시했다. 전용 선석기에서는 대수심과 대해로 열린 선형 선석 사용이 보편

---

3   Cartier, C., "Cosmopolitics and the maritime world city", *Geographical Review* 89-2, 1999.
4   Bird, J., *The Major Seaports of the United Kimdom*, Hutchison, 1963.

화된다. 또한 화물취급의 전문화, 선박의 대형화, 이에 따른 항만공간의 확장 압력 증가로 '항만이전migration'이 발생하기도 한다. 림머Rimmer, P.J. 는 항만과 배후지역 교통망의 관계를 다룬다. 이 연구에 따르면 초기 군 소항만이 분산적으로 배치된 단계에서 시간이 지남에 따라 항만들이 배 후지와 항만간 연결수준을 높이면서 마지막 단계에서는 상위항만 간 네 트워크 강화되고 상위항만을 중심으로 배후지가 연결되는 시스템이 완 성된다.[5] 이와 같은 초기연구는 항만의 진화과정에서 나타나는 단계적 특성을 규명했음에도 불구하고 항만과 도시 관계의 역동적 변화과정에 대한 설명이 부족하고 무엇보다 컨테이너화에 따른 변화양상을 반영하 지 못한 한계를 보였다.

이러한 초기 연구의 한계는 하유스Hayuth, Y.의 컨테이너 항만 발전모 델에서 일부 보완되었다.[6] 하유스는 1960년대 말 이후 미국과 유럽을 중심으로 확산되기 시작한 컨테이너화 이전 단계부터, 초기 컨테이너 항만개발, 컨테이너 항만의 확산·통합 그리고 항만집중화 단계를 거쳐 화물센터load center, 주변 항만들로부터 도전을 받는 단계로 나아간다고 제시했다. 마지막 단계에서는 컨테이너 화물이 특정 항만에 집중되면서 항만과 도시 간 기능적·공간적 분리현상을 경험하게 된다. 이러한 현상 을 보다 체계적으로 발전시킨 연구는 호일Hoyle, B.S.의 항만-도시 인테 페이스 5단계론이다.[7] 이 연구는 서구형 항만도시의 공간분리 과정을

5 Rimmer, P.J., "The search for spatial regularities in the development of Australian seaport", *Geofrafiska Annalar* 49B, 1967; 이성우, 「항만도시성장의 관점에서 본 부산항 재개발 방향」, 『해양수산』 제263호, 한국해양수산개발원, 2006, 38~39쪽.

6 Hayuth, Y., "Containerization and the load centre concept", *Economic Geography* 57, 1981.

7 Hoyle, B.S., "The port-city interface : trend, problems, and examples", *Geoforum* 20-4, 1989; Hoyle, B. S., "The redevelopment of derelict port areas", *The Dock & Harbour*

시기적으로 규명했다. 1단계 초기 도심항만cityport 단계중세~19세기에는 도시와 항만이 기능적·공간적으로 밀착되어 있다가, 상업화·산업화에 따른 무역증가로 항만개발의 압력이 높아진다19~20세기초. 컨테이너화의 등장은 과거 항만도시를 현대적 항만도시로 변화시켰으며 컨테이너 운송과 하역을 위해 더 넓은 공간이 요구되면서 항만과 도시의 분리현상을 겪는다20세기 중반. 선박의 대형화와 하역기술의 발전 속에서 이 분리현상은 보다 심화되고 항만은 도심 속 공간으로 남게 된다1960~1980년대. 마지막 단계에서 도시는 해운환경의 변화에 적응하기 위해 컨테이너 신항만 건설과 함께 기존 항만부지는 재개발을 위해 도시에 환원된다1970~1990년대. 호일은 이후 연구에서 기존 5단계에서 항만도시 재생단계를 추가했다. 호일의 연구는 도시와 항만이 관계에 대한 연구에서 산업화, 해양경제의 전환 그리고 항만도시의 성장과 연관된 변화를 반영하기 때문에 매우 중요한 연구성과로 평가할 수 있다. 특히 항만은 독자적으로 성장하는 것이 아니라 변화하는 기회와 요구에 대응하여 성장함을 밝혀냈다는 점에서 의의가 있다.[8] 이후 연구관심은 새로운 항만-도시 간 연계 방식과 통합개발로 이어졌다. 이상의 연구들은 대부분 서구 항만도시의 진화과정을 규명한 성과들이다. 그러나 이러한 단계론적 진화모델들은 서구중심적 시각을 반영하여 아시아 항만도시의 진화과정을 반영하지 못한다는 비판에 직면한다. 즉 아시아 항만도시의 진화모델은 반드시 서구의 진화모델로 수렴되지 않는다 것이다. 이에 따라 아시아 중심항

Authority 79-887, 1998.

8 Hoyle, B. S. and Smith, J., "Transport and development : conceptual frameworks", In: Hoyle, B. S. and Knowles, R. D.(eds.), *Modern Transport Geography*, Chichester : Wiley, 1998, p.27.

만의 부상에 따른 새로운 모델들이 제안되었다.[9] 대표적인 연구는 호일의 모델과 비교되는 '아시아 허브항만도시 통합모델'이다. 이 모델에 따르면 아시아 주요 항만들은 초기 연안 어촌마을에서 시작하여, 식민지 도시항만, 중계무역 도시항만, 탈식민지화 이후 자유무역 항만도시 거쳐 허브항만도시, 글로벌 허브항만도시로 이행했다. 핵심적 주장은 아시아 허브항만도시들은 서구의 항만과 도시의 기능적·공간적 분리모델을 따르지 않았으며 항만과 도시 간 상호작용이 통합공생된 형태로 나타난다는 것이다. 대표적인 항만도시가 싱가포르와 홍콩이다. 이 연구들은 서구의 항만도시와 차별적 경로로 진화해온 아시아적 모델을 정립했다는 점에서 큰 의의를 갖는다. 항만도시의 차별적 성장경로는 항만도시의 유형화 연구를 통해 보완될 수 있다. 이 연구들은 도시규모와 항만규모를 주요 변수로 상정하여 항만도시들을 유형화했다. 일반적으로 도시규모는 인구의 수로, 항만규모는 물동량으로 측정된다. 다른 한편무역을 촉진하는 내생적 특성인 '중심성centrality'과 운송 네트워크에서의 위치 선택과 같은 외생적 요인으로 정의되는 '중개성intermediacy'을 조합하여 항만도시를 유형화하기도 한다.[10] 이에 따르면 컨테이너화는 항만도시들의 차별적 진화과정을 초래하며, 주요 도시는 항만 및 관문 기능의 쇠퇴를 경험하는 반면, 일부 도시는 내륙연결을 확장하고 전략

9 Ducruet, C. and Jeong, O., op.cit.; Lee, S. W. et al., "A tale of Asia's world ports: the spatial evolution in global hub port cities", *Geoforum* 39-1, 2008; Wang, M., "The rise of container tonnage and port developments in East Asia", *Business and Management Studie* 1-2, 2015.

10 Ducruet C. and Lee, S. W., "Frontline soldiers of globalisation : port-city evolution and regional competition", *Geojournal* 67-2, 2006; Fleming, D. K. and Hayuth, Y., "Spatial characteristics of Transportation Hubs : Centrality and Intermediacy", *Journal of Transport Geography* 2-1, 1994; Ducruet, C. and Jeong, O., op.cit.

과 제도를 조정함으로써 경쟁력을 회복하기도 했다. 뒤크레Ducruet, C.는 인구, 인프라, 물동량, 해상접근성, 장소의 매력도를 기준으로 일반항만도시, 허브항만도시, 배후지항만도시, 해양항만도시로 분류했다.[11] 다른 한편 OECD는 항만의 성장과 쇠퇴, 도시의 성장과 수축을 유형화하여 항만도시들이 추진해야 할 정책과제를 제안한다. 예를 들어, 항만과 도시가 모두 성장하고 있는 경우는 추가 항만부지 모색이 필요하지만, 두 변수 모두 쇠퇴하는 경우에는 새로운 경제적 전환을 모색해야 한다.[12] 이상의 논의를 종합해보면, 항만도시의 성장, 항만-도시의 관계 및 재구조화 양상을 포함하는 공간적 진화는 환경적 조건의 변화에 따른 적응능력adaptive capacity과 연관되어 있음 알 수 있다. 여기서 적응능력은 "외부압력에 대처하는 능력을 향상시키는 시스템의 행동과 특성의 조정"으로 항만의 경우 이러한 적응은 "항만이 변화하는 조건, 압력, 위험 또는 기회에 잘 대처하고 관리 또는 조정하기 위한 과정, 조치 그리고 결과"[13]를 의미한다. 앞서 살펴본 대로, 항만도시 성장과정에서 가장 중요한 환경적 요인은 컨테이너화이며 이러한 압력, 위험, 다른 한편으로는 기회에 항만도시가 어떻게 적응하는가에 따라 공간적 진화의 양상이 결정된다. 즉, 항만도시가 변화하는 환경에 성공적으로 적응할 경우 이른바 세계적 허브항만도시로 진화하는 반면, 적응에 실패할 경우 항만

11 Ducruet, C., "Port-city relationships in Europe and Asia", *Journal of International Logistics and Trade* 4-2, 2016.

12 Merk O., "The competitiveness of global port-cities : synthesis report", *OECD regional development working papers* 2013/13, OECD, 2013.

13 Notteboom, T. E., "The adaptive capacity of container ports in an era of mega vessels : The case of upstream seaports Antwerp and Hamburg", *Journal of Transport Geography* 54, 2016, p.298.

기능의 쇠퇴와 함께 새로운 전환전략을 모색할 수밖에 없다. 특히 세계적 허브항만으로 진화과정에서 '글로벌 연결성global connectivity'의 구축과 확대는 성공의 전제이자 결과로 볼 수 있다.[14] 결국 세계의 항만도시들이 '동형화isomorphism와 차별화의 이중적 흐름' 속에서 성장해 왔음을 가정한다면, 항만도시의 공간적 진화의 경로와 유형은 다양한 사례연구를 통해 확인되어야 하는 문제이다.

3. 항만도시의 성장

1) 환경적 요인 - 컨테이너화와 세계화

국제무역의 컨테이너화와 이에 따른 세계화는 항만의 기능적 전환과 도시공간의 재구조화를 촉진하는 환경적 요인이다. 해상운송은 세계화의 대상이자 이러한 변화를 가속화하는 요인이었다. 컨테이너 항만의 성장 및 지리적 확산은 1956년 미국 시랜드Sea-Land사의 최초 컨테이너 서비스 제공이 시작이 출발점이다. 이후 1970년대 중반에는 북미, 서유럽, 일본지역을 중심으로 확대되었으며, 1980년대에 이르면 동아시아 주요 지역으로 빠르게 확산된다. 1990년대는 선박의 대형화 추세와 함께 중국의 경제성장에 따라 이 지역 항만들이 글로벌 해운네트워크에 포함된다. 2000년대에는 최고의 성장 시기로 중국 항만의 급속한 성장과 환태평양 횡단 무역의 폭발적 증가로 인해 북미 서부 해안 컨테이너

---

14 Murphey, R., "On the Evolution of the Port City, in Broeze, F. (ed.)", *Brides of the Sea : Port Cities of Asia from the 16th-20th Centuries*, University of Hawaii Press, 1989.

항만들 역시 눈에 띄는 성장을 이루었다.[15]

컨테이너화를 통한 해운 기술의 혁신은 자본축적을 위한 공간확장 전략의 일환이다. 혁신의 결과, 바다를 통한 자본순환, 상품의 물리적 이동, 가치실현이 더욱 빠르고, 효율적으로 가능해졌다. 이 기술혁신은 '해양과 물리적 지리의 동기화'를 포함한 국제적 상품교환의 속도와 리듬을 조정하는 기술이며, 바다는 더욱 빠르고 저렴하며, 신뢰할 수 있는 '글로벌 상업 고속도로'를 제공했다.[16] 컨네이너화를 통한 항만과 운송모드의 효과적 통합은 세계화와 글로벌 가치사슬 확산의 상징이다.[17] 컨테이너화는 빠른 상품이동, 극적인 비용절감으로 글로벌 적시물류의 발전을 촉진하며 글로벌 해상운송 네트워크를 보다 조밀하게 조직했다. 또한 글로벌 수준의 생산 분절화, 국제분업의 조직화, 적시생산시스템의 원칙은 지역·국가·국제적 수준에서 물동량을 증가시켰고 항만도시들은 해운 기술에 의해 조정된 글로벌 생산네트워크의 결절점node 역할을 수행하고 있다. 컨테이너 운송은 지속적으로 규모의 경제를 추진하는 특징을 보였다. 하나의 선박에 운송되는 컨테이너 수가 많을수록 TEU당 비용이 하락하기 때문이다. 선박의 대형화는 국제무역 비용을 획기적으로 낮췄을 뿐만 아니라, 항만도시의 항만시스템과 항만-도시 간 역학에도 큰 영향을 미쳤다. 컨테이너 선박의 대형화는 1956년 유조선을 개조한 시랜드사의 선박500~800TEU급을 시작으로 주로 파나마 운하

15 Guerrero, D. and Rodrigue, J-P., "The wave of containerization: shifts in global maritime transportation", *Journal of transport geography* 35, 2014.

16 Lian, C. and Alejandro, C., *Capitalism and the Sea*, Verso, 2021.

17 백두주, 「환태평양 가치사슬의 구조변동과 전망 – 미국과 중국의 전략적 선택을 중심으로」, 『사회과학연구』 제29-1, 서강대 사회과학연구소, 2021, 51쪽.

와 수에즈 운하를 통과할 수 있는 규모에 상응하여 발전해 왔다. 현재는 수에즈 운하가 수용할 수 있는 기술적 한계에 가까워지고 있으며 MGX-24는 21,000~25,000TEU급으로 대형화되었다.[18] 컨테이너 선박의 대형화는 이전 일반화물 처리 항만들보다 더 깊은 수심, 더 많은 기계장비, 더 넓은 항만공간을 요구한다. 또한 해운산업의 통합과 산업 집중화도 높아진다. 선박의 크기가 커지면 운송항로에 포함된 모든 항만에 연쇄적인 영향을 미치게 되며 전 세계 어느 항만도시들도 이 역동적인 과정에서 벗어날 수 없다.[19] 특히 선박의 대형화는 초국적 선사와 동맹의 권력을 강화했다.[20] 이는 항만의 '장소귀속성'과 초국적 선사의 '이동성' 간의 불균형에서 초래된 결과이다. 초국적 선사들은 점점 더 독점적인 플레이어가 되며 항만도시들은 이들 '게임의 볼모'가 되어 글로벌 흐름에 포함되기 위한 효과적인 조치를 강구해야만 한다. 급변하는 해운환경 속에서 항만도시들은 장소의 매력도를 높이기 위해 항만의 재구조화뿐만 아니라 항만 배후지에 물류구역 및 센터, 경제자유무역지대와 같은 정책을 추진한다. 이 과정에서 항만 주변지역은 공간적·기능적 변화를 경험하게 되며 이는 항만도시의 진화 양상에도 큰 영향을 미친다. 특히 컨테이너화와 선박의 대형화의 흐름 속에 항만도시들의 적응양상은 항만의 폐쇄, 확장, 추가, 통합, 재개발 그리고 초대형 항만 Meag port 개발 등으로 나타난다.[21] 즉 항만도시를 둘러싼 환경적 요인의

18 Notteboom, T. E. et al., *Port economics management and policy*, Routledge, 2022.
19 Merk, O., "Container ship size and port relocation", *Discussion Paper* 169, OECD, 2018.
20 지난 10년 동안 글로벌 운송시장은 2M Alliance, OA Alliance, THE Alliance 등 3개의 해운동맹으로 통합되었다. 2012~2013년 독립 선사가 약 70%의 시장점유율을 보였지만, 2017~2021년까지 3개 해운동맹의 합산 시장점유율은 75%에 달한다. Placek, M., "Market share of the largest container ship alliance 2012~2021", Statista, 2021.

변화는 항만 쇠퇴예를 들어, 런던항과 보스턴항 등의 위기와 세계적 허브항만으로 성장할 수 있는 기회를 동시에 포함하고 있는 것이다.

2) 항만도시의 적응

(1) 부산항의 컨테이너화

1956년 미국에서 시작된 해상운송의 컨테이너화는 1966년 미국·유럽·극동지역을 잇는 최초의 대륙 간 컨테이너 운송서비스로 이어지면서 아시아지역 항만들의 컨테이너화도 초미의 관심사였다. 부산항의 첫 컨테이너 처리 시점은 명확하지 않지만 대략 1967년쯤으로 추정되고 있으며 이 시기는 한국의 베트남전쟁 관련 해외진출 시기와 겹친다.[22] 당시 컨테이너 하역시설이 없었던 부산항의 화물처리는 매우 비효율적이었다. 컨테이너 하역을 위한 기계장비들이 없어 입항선박에 설치된 건식 화물용 장비로 작업한 것으로 알려진다. 부산항에 입항한 최초의 컨테이너선은 미국 시랜드사의 1만 2천 톤급 피츠버그Pittsburgh호이다. 1970년 3월 2일 부산항 4부두에 도착한 피츠버그호는 미 군수물자 35피트짜리 컨테이너 98개를 선적 후 태평양을 횡단해 온 첫 컨테이너 화물선이었다.[23] 당시 한진상사는 1970년 1월 미국 시랜드 사와 한국 총대리점 계약을 체결하여 첫 컨테이너 하역작업을 시행했다. 하역준비를 위해 부산항 4부두 북쪽 25번 선석 일대 2,800평을 컨테이너 야적

---

21 항만의 진화과정(소위 '항만세대론')에 대해서는 이종필 외, 『글로벌 해양시대를 선도하는 항만지역 선진화 방안 연구』, 한국해양수산개발원, 2014; Notteboom, T.E. et al., op.cit., 2022 참조.

22 DiMoia, J. P., "Reconfiguring transport infrastructure in post-war Asia : mapping South Korean container ports, 1952~1978", *History and Technology* 36-3/4, 2020.

23 이용득, 『부산항 이야기 - 부산항의 오래된 미래를 만나다』, 유진북스, 2019.

장으로, 18호 창고는 화물조작장으로 지정되었다.

1970년은 제2차 경제개발 5개년계획1967~1971년이 마무리 단계로 접어들고 국가주도의 수출지향적 산업화가 본격화되어 부산항도 도약기를 맞이할 때쯤이다. 그러나 첫 컨테이너선 입항을 둘러싼 사회적 갈등도 만만치 않았다. 전국부두노동조합은 피츠버그호의 부산항 입항을 강력히 반대했으며, 총파업까지 결의해 둔 상황이었다. 핵심적인 쟁점은 실업과 그에 대한 보상문제였다. 한진상사가 노조의 요구를 수용하면서 사태는 일단락되었으나 하역당시 평소 100여 명의 부두노동자들이 해야 할 일을 4~5명의 기계 조작자들이 처리하는 광경은 화주·하역회사와 부두노동자들 모두에게 상당한 충격을 주었다.[24] 화주·하역회사들은 기계화된 하역시스템의 생산성에 놀랐고, 부두노동자들은 향후 실업위기[25]에 대한 불안감이 높아졌다. 첫 컨테이너선 입항 이후 미국·유럽 등지로 수출되는 상품의 컨테이너화도 시작되었다. 1971년 당시 미국과 유럽의 한 달 평균 수출 물동량은 2만 8천 톤가량이었는데 해운사들은 약 2만 톤 정도를 컨테이너로 수출할 계획을 세웠다.[26] 화주들도 컨테이너의 신속성, 안전성, 편리성으로 컨테이너 화물운송에 대한 선호도가 점차 높아졌다. 1972년 10월 역시 부산항 컨테이너화 역사에 의

---

24 「컨테이너 반대결의」, 『중앙일보』, 1970.2.19.
25 컨테이너화는 항만하역산업을 노동집약적 산업에서 대규모 장치산업인 자본집약적 산업으로 전환시켰다. 이 기술은 항만노동자들의 감소와 도시 공동체의 특성도 변화시켰다. 근대 이전 선박은 항만에서 비교적 오랜 시간을 보내고, 항만은 사람과 상품이 붐비는 장소였다. 컨테이너화 이전까지 상황은 크게 변화하지 않았다. 따라서 항만 주변에는 관련 문화와 커뮤니티가 형성될 수 있었다. 그러나 컨테이너화는 항만노동자 감소와 함께 화물 하역시간을 극적으로 단축시켰고 이에 따라 선박의 기항시간도 짧아졌다. 그 결과 항만은 점차 도시의 사람과 문화로부터 분리되기 시작했다.
26 「년내로 완전컨테이너화」, 『매일경제』, 1971.2.20.

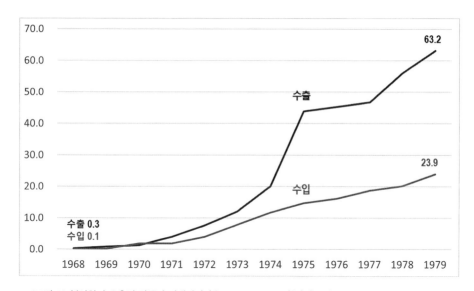

〈그림 1〉 부산항의 수출입 화물의 컨테이너화율 : 1968~1979년(단위 : %)

주 : 컨테이너화율 = (컨테이너 물동량 톤수/전체 화물 몰동량 톤수)×100

출처 : 정이근, 「1960·70년대 부산항 무역 변동」, 『항도부산』 제31호, 부산광역시 시사편찬위원회, 2015, 16~17쪽의 통계수치를 토대로 작성.

미 있는 날이다. 대진해운 소속 인왕호4,500톤, 186TEU급[27]가 부산–일본 고베 간에 처음으로 컨테이너 운송서비스를 시작하며 부산항이 지역의 피더feeder항 역할을 시작했기 때문이다. 1974년경에는 국적선 6척, 외국선 4척 등 10여 척의 컨테이너 피더선이 부산과 일본을 오갔으며, 같은 해에 부산–서울 간 컨테이너 전용열차도 운행을 시작하여 부산항은 복합운송시대의 토대를 구축해 나갔다.

1968~1979년 기간 동안 부산항 수출입물동량의 컨테이너화 비율을 보면 〈그림 1〉과 같다. 1968년 부산항 수출물동량은 총 1,369,748톤으

---

27 대진해운은 1967년 설립되었으며 설립배경에는 베트남전쟁 당시 미랜 시랜드사의 컨테이너 화물운송시스템의 경이적인 효과가 있었다. 회사 설립 후 노르웨이로부터 1만 2천톤급 화물선 오대호를 도입하여 환태평양 정기항로(한국-일본-미국)에 투입했고 이어 일본 조선소에 컨테이너선 2척을 주문한 것이 국내 컨테이너선의 효시이다. 이중 한 척을 인도받아 부산-고베 노선에 투입된 선박이 인왕호이다. 박영출, 「재계 인물현대사 – 수송 한국의 거목, 조중훈 (11)」, 『문화일보』, 2004.2.7.

로 전국의 60.8%를 차지했다. 이중 컨테이너 물동량은 3,807톤으로 컨테이너화율은 0.3%에 불과했다. 당시 전국 수출 컨테이너 화물의 75.8%가 부산항을 통해 처리되었다. 1970년대까지 모든 수출입 컨테이너화물은 부산항과 인천을 통해 처리되었기 때문에 나머지 수출 컨테이너 화물24.2%은 인천항을 경유했다. 낮은 수준의 수출화물의 컨테이너화율은 1974년 20.0%를 기점으로 1975년 43.9%로 두 배 이상 증가했고, 부산항에 첫 컨테이너 전용부두가 개장한 1978년에는 56.1%로 절반을 상회했으며 그다음 해에는 63.2%까지 높아졌다. 그러나 인천의 경우 수출화물 컨테이너화율은 1968년 0.8%에서 1979년 4.3%로 진행 속도가 느렸다. 1979년 기준 전국 컨테이너 수출 물동량에서 부산항이 차지하는 비중은 98.6%에 달했다. 반면 수입 컨테이너 화물의 컨테이너화율은 1968~1979년 기간 동안 0.1%에서 23.9%로 상대적으로 낮았다. 전국 수입화물의 컨테이너화율이 4.6%에 불과해 부산항 수입 물동량 컨테이너화율도 낮을 수밖에 없었다. 이는 당시 한국의 수출상품이 주로 경공업 가공·제조 상품으로 컨테이너화에 더 적합했다는 의미이다. 1979년 부산항의 전국 수입 컨테이너 화물 점유율은 93.8%에 달했다.[28] 따라서 부산항은 초기 컨테이너화 과정에서 전국 수출입 물동량의 90% 이상을 차지해 컨테이너 특화 항만으로 성장했음을 알 수 있다.

---

[28] 1973~1975년 기간 동안 부산항의 수입 컨테이너 수는 45,095개에서 82,283개로 82.4% , 수출 컨테이너 수는 37,110개에서 90,845개로 144.8% 증가했다. 해운항만청, 『부산항개발 2단계 차관협정서, 부산항개발 2단계 사업평가보고서』, 1986, 82쪽.

2) 부산항 개발과 성장

1962년 이후 제1차, 제2차 경제개발5개년계획 추진결과 해상물동량의 급격한 증가를 가져왔다.[29] 부산항 처리 물동량은 1966년 441만 9천 톤에서 1971년에는 788만 5천 톤으로 연평균 15.7%의 성장세를 보였다. 문제는 부산항의 하역능력이었다. 1971년 부산항의 하역능력은 574만 톤에 불과해 전체 물동량에 비해 27.2%나 부족한 실정이었다. 특히 1968년부터 컨테이너화물이 일본 고베항을 통해 환적 후 부산항으로 들어오면서 컨테이너 부두가 없는 부산항은 기존 일반부두에서 처리할 수밖에 없었다.[30] 일반화물과 함께 취급되는 컨테이너 화물은 해외의 컨테이너부두와 비교하면 효율성이 떨어졌다. 이와 관련하여 당시 부산항은 2가지 해결과제에 직면하고 있었다. 하나는 고베항을 통해 환적되어 오는 컨테이너 모선을 부산항으로 직기항시키는 것이었고 다른 하나는 부족한 컨테이너 하역능력을 개선하는 것이다. 이 문제는 부산항의 문제만이 아니라 국가의 성공적인 수출지향적 산업화의 조건이기도 했다.

〈표 1〉 부산항(북항) 컨테이너 부두 개발현황(1974년 이후)

구분	자성대부두	신선대부두	감만부두	신감만부두	우암부두
개발기간	1974~1996	1985~1997	1991~1997	1995~2001	1995~1999
운영개시	1978.9	1991.6	1998.4	2002.4	1996.9
부두길이	1,447m	1,500m	1,400m	826m	500m
전면수심	15m	15~16m	15m	15m	11m

---

29 제1차–2차 경제개발 5개년 계획 기간 동안 연평균 경제성장률은 각각 7.8%, 9.6%로 매우 높았고, 상품수출 증가율 역시 연평균 각각 38.6%, 33.8%를 달했다. 1991년 제6차 경제개발 5개년이 종료되기까지 한국경제의 연평균 경제성장률과 상품수출 증가율은 매우 높은 수준이 보였다. 국가기록원, "기록으로 보는 경제개발 5개년 계획", https://theme.archives.go.kr/next/economicDevelopment/statistics.do(검색일 : 2022.2.15.)

30 부산직할시, 『도시계획백서』, 1992, 608쪽.

구분	자성대부두	신선대부두	감만부두	신감만부두	우암부두
하역능력	172만TEU	223만TEU	160만TEU	82만TEU	30만TEU
접안능력	5만 톤급 4 1만 톤급 1	5만 톤급 5	5만 톤급 4	5만 톤급 2 5만 톤급 1	2만 톤급 1 5만 톤급 2
부지면적	624천m²	1,170천m²	727천m²	294천m²	182천m²

주1 : 자성대부두 피더 운영 : 1996년 9월, 신선대부두 4번석 운영일 1997년 11월, 5번석 2006년 2월.
출처 : 한국항만물류협회, 『항만하역요람』, 2021, 140쪽.

1970년대 이전 서울과 부산을 잇는 주요 교통의 축은 경부선 철도였으나 1970년 경부고속도로의 개통은 철도와 경쟁하면서 전국에 산재에 있는 수출업체들의 부산항 접근성을 높였다. 그 결과 부산항을 통해 수출하려는 화물들은 더욱 집중되었다. 정부는 부산항의 당면 문제를 해소하기 위해 '부산항 1단계 개발사업1974~1978년'에 착수하게 된다.[31] 1단계 사업의 주요 내용은 5부두컨테이너 부두, 7부두석탄, 고철, 광석 부두, 8부두특수화물, 국제 및 연안여객 부두를 개발하는 것이다. 5부두에 건설된 자성대컨테이너부두는 부산항 최초의 컨테이너 전용부두로 세계적으로 확산되고 있었던 국제화물 운송의 컨테이너화에 대한 '적응조치'였다. 5만 톤급 선박 2척이 동시에 접안 가능한 규모였다. 5부두에는 부산항 최초의 컨테이너 운반용 갠트리 크레인gantry crane도 설치되어 하역작업의 효율성을 높였다.

부산항 1단계 사업 이후에도 컨테이너 화물뿐만 아니라 일반화물 물동량도 예측지를 모두 초과하면서 추가적인 부두개발이 불가피했다. 곧이어 시작된 '부산항 2단계 개발사업1979~1983년'은 세계개발은행IBRD 차관사업으로 수행되었으며 컨테이너 전용부두인 6부두 건설에 초점을 두었다. '부산항 3단계 개발사업1985~1990년' 역시 신규 컨테이너 부두와

---

31 부산광역시, 『부산광역시 도시계획사』, 2018.

컨테이너 전용 크레인 설치를 중심으로 수행되었으며 그 결과 부산항의 접안능력은 이전 56척에서 69척으로 23.2% 증가했다. '부산항 4단계 개발사업1991~1997년' 대상도 컨테이너 전용부두 건설에 집중되었다. 이는 동아시아 허브항만 간 경쟁에서 우위를 차지하기 위한 전략적 조치였다. 만약 시설부족에 따른 체선·체화가 심하게 나타나거나 하역시간 증가 등 항만생산성이 낮을 경우 초국적 선사들이 기항 횟수를 줄이거나 나아가 주변 항만으로 물량을 이동시킬 수 있었기 때문이다. 4단계 사업으로 건설된 감만부두는 안벽이 1,400m에 달했고, CY 759천m², 갠트리크레인 8기를 설치 등 5만 톤급 컨테이너 4척이 동시 접안하여 연간 120만TEU를 처리할 수 있는 규모로 건설되었다. 부산항 4단계 개발 사업 이후에도 늘어나는 컨테이너 물동량을 처리하기 위해 우암부두컨테이너 피더선 전용부두,[32] 자성대부두1만 톤급 1개 선석 추가, 신선대 부두5만 톤급 1개 선석 추가, 신감만부두컨테이너 피더부두를 연이어 건설·개축했다.[33]

1974년부터 시작한 부산항 컨테이너 부두 개발사업은 결국 증가하는 컨테이너 물동량의 처리를 위한 항만도시의 '적응능력'을 반영한 것이다. 부산항의 물동량 증가요인은 다음과 같이 정리할 수 있다. 첫째, 부산항의 성장은 국가주도의 수출지향적 압축적 산업화 과정과 직접적으로 연계되어 있다. 한국 산업화 과정이 압축적이었던 만큼 수출입 물동량도 단기간에 급증했다. 한국의 경제성장은 동아시아 신흥산업국가

---

32 우암부두는 1990년 개장 이후 부산항 컨테이너부두 역할을 해오다가 부산신항 개장과 북항재개발이 시작되면서 물동량 감소로 2015년부터 일반부두로 운영되다 유휴화된 상태이다. 현재는 해양산업클러스터로 육성하기 위한 사업을 추진 중이다. 해양수산부, 『부산항 해양산업클러스터 개발계획』, 2017.
33 부산광역시, 앞의 책, 2018.

의 성장을 반영했다. 한반도 분단 상황에서 한국은 지리적으로 섬국가의 성격을 갖기 때문에 해외무역 거래 중 해운운송 비중이 절대적이다. 부산항의 배후도시로서 부산은 초기 제조업 성장으로 자체 물동량을 발생시키긴 했으나[34] 특정 배후지역이 아니라 가장 큰 시장인 수도권을 포함하여 국가를 배후지로 성장했다. 또한 수출입 물동량의 부산 집중화 현상은 식민지 항만의 유산과 더불어 인천에 비해 상대적으로 깊은 수심과 조수간만의 차가 적은 유리한 지형적 조건도 반영되었다.

둘째, 부산항이 보유한 지리적·공간적 이점인 높은 '중개성'이다.[35] 부산항은 일본-홍콩-싱가포르를 잇는 주요 항로와 아시아-북미를 연결하는 태평양 횡단의 항로에 위치해 있다. 즉 부산항은 아시아 회랑 Asian corridor과 태평양 횡단 회랑Trans-Pacific corridor에 자리 잡고 있어 글로벌 네트워크와 세계 주요 항만도시들의 흐름에 통합되어 있다. 1990년 이후 부산항의 물동량을 증가시킨 원인은 환적화물의 크게 늘어났기 때문이다. 중심 무역회랑에 위치한 지리적 이점 이외에 환적화물이 증가한 이유는 1995년 1월 일본 고베대지진으로 인해 환적화물이 부산으로 이동한 것과 중국의 놀라운 경제성장으로 동아시아 물동량의 폭발적인 증가이다.[36]

---

34 산업화 초기인 1965년 부산은 신발·합판·섬유산업을 중심으로 한 2차 산업비중이 40.5%에 달했던 '수출' 산업 도시였다. 이후 1973년에는 전국 수출에서 부산이 차지하는 비중이 29.2%로 수출물동량을 발생시키는 주요 지역이었다. 이는 항만과 도시의 연계성이 비교적 높았다는 의미이다. 부산광역시, 『부산역사산책』, 2020, 378쪽.

35 Frémont, A. and Ducruet, C., "The emergence of a mega-port: from the global to the local, the case of Busan", *Tijdschrift voor economische en sociale geografie* 96-4, Wiley, 2005.

36 부산광역시, 『부산광역시 시정 10년사』, 2004.

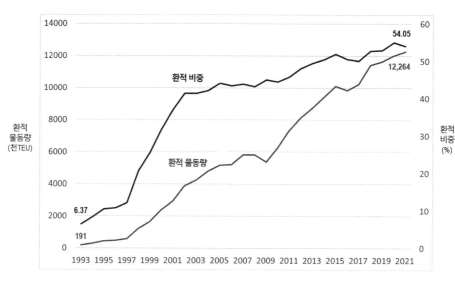

〈그림 2〉 부산항 환적 물동량 및 비중 변화 추이 : 1993~2021년(단위 : 천TEU, %)

출처 : 부산광역시(2004); 해양수산부 PORT-MIS(검색일 : 2022.2.24) 토대로 작성.

 1993년 이후 현재까지 부산항의 컨테이너 환적 물동량 및 비중의 변화추이는 〈그림 2〉를 통해 확인할 수 있다. 1990년 이전 부산항의 환적 물동량은 5%미만에 불과했으나 1995년 471천TEU로 그 비중이 10.4%로 증가했다. 1999년에는 1,632천TEU[25.4%], 부산항 신항이 부분 개장 전 해인 2005년에는 환적 물동량이 5,179천TEU로 전체 컨테이너 물동량의 44.1%까지 증가했다. 2000년 기준 부산항 환적화물 중 56%는 중국 본토에서 발생한 환적화물이며 홍콩 화물까지 포함하면 부산항 환적화물 중 중국 화물이 차지하는 비중은 62.3%에 달했다. 특히 청도, 텐진, 다롄 등 황해항은 세계항로에서 비교적 이격되어 있어 부산항을 거쳐 북미와 유럽으로 향했다. 중국의 항만물동량은 1990년 6,305천TEU에서 2000년 35,483천TEU로 급증했고, 2년 후인 2002년에는 55,717천TEU로 2년 만에 무려 57%나 증가했다.[37]

---

37 부산항의 환적화물 집중은 낮은 항만이용료와 환적비용에도 기인한다. 2000년 기준 항만이용료

셋째, 초국적 선사들의 기항 전략의 산물이다. 2002년 글로벌 상위 27개 해운사 중 26개사가 부산항에 기항했으며 이러한 해외 선사들의 기항 전략은 부산항이 더 이상 한국의 대외무역 물동량에만 의존하지 않는다는 것을 보여준다. 2000년대 이전인 1997년 기준으로 보더라도 부산항 자성대·신선대·우암부두의 선사별 컨테이너 처리실적으로 보면, 한진해운이 15.7%, 현대상선 12.1% 등 국적 선사 비중이 44.1%[1,590천TEU]인 반면 해외 선사는 55.9%[2,015천TEU]로 해외선사 비중이 더 높게 나타나 동아시아의 허브항만의 위상을 갖춰 나갔다[38].

3) 항만도시의 재구조화 압력

세계적으로 많은 항만도시들이 환경적 조건의 변화에 적응하며 도시 성장을 이루어 왔다. 그러나 항만의 성장은 그 자체로 기존 항만을 외부로 이전시키려는 힘을 강화하기도 했다. 소위 '항만도시 성장의 역설'나타난 것이다. 다시 말하면 컨테이너화와 세계화 진전으로 기존 항만의 이전 압력이 강화되고 그 결과 항만과 도시는 '분기divergence' 상황을 맞이하게 되었다.[39] 항만도시의 재구조화를 위한 대표적인 압력은 해상 접근성, 물리적 제약 없는 해운노선 위치, 항만의 규모와 토지의 불경제, 항만-도시의 갈등, 비용차이, 강한 환경규제 등이 있을 수 있다. 이 글에서는 항만도시 부산 그리고 부산항의 재구조화 압력을 물동량 증가

는 부산항이 100이면 가오슝항 161, 싱가포르항 130, 홍콩항 219, 고베항 219이며 환적비용(부산항=100)도 가오슝항 201, 싱가포르항 217, 홍콩항 314, 고베항 379로 큰 차이를 보였다. 해양수산부, 『제2차(2002~2011) 전국항만 기본계획(무역항)』, 2001, 14·17쪽.

38 해양수산부, 『컨테이너 편람 1998』, 1998, 134쪽.

39 Notteboom, T.E. et al., op.cit., 2022; Notteboom, T.E., 2016, op. cit.; Merk, O., op. cit., 2018.

대비 항만시설의 부족으로 인한 체선·체화현상의 심화, 교통·환경 등 도시문제, 허브항만 경쟁환경을 중심으로 살펴본다.

부산항 컨테이너 부두의 시설능력은 1984년 이미 초과되었으며, 1990년 처리물동량은 시설능력 대비 150.2%를 넘어섰다. 시설능력은 90만 개 인데 실제 물동량은 227만 개로 시설능력보다 137만 개를 더 처리한 것이다. 이러한 상황이 가능했던 이유는 컨테이너 화물을 컨테이너 전용부두가 아닌 일반부두에서 혼합 처리했기 때문이다. 부산항 제1·2단계 사업이 완료된 1984년 이후에도 이러한 체선·체화현상이 심화된 이유는 경제성장에 따른 물동량이 급속히 증가했기 때문이다. 시설능력은 1983년 28백만 톤에서 1990년 34백만 톤으로 21% 증가한 반면 처리물동량은 같은 31백만 톤에서 63백만 톤으로 무려 103% 증가하여 부산항의 혼잡도는 높을 수밖에 없었다.[40] 이후 컨테이너 선박의 대형화와 물동량의 지속적인 증가는 기존 항만의 효율성을 낮춰 새로운 대안 모색이 시급한 과제였다. 제한된 도시공간에서 부두의 확장, 추가, 통합을 통해 문제를 해결해 왔으나 거의 한계에 봉착하게 되었다.

---

40 부산직할시, 앞의 책, 1992, 600·603쪽.

구분	서울	부산	대구	인천	광주	대전	울산
인구당 손실비용 (십만 원/인 · 년)	5.3	8.2	3.6	6.2	6.2	6.1	3.3
차량당 손실비용 (십만 원/대 · 년)	20.2	33.3	11.8	21.4	22.3	19.2	10.2
차량당 추가유류소모 (L/대 · 년)	115.9	216.4	80.9	140.7	160.4	133.8	34.6

출처 : 설재훈 · 박인기, 『2002년 전국 교통혼잡비용 산출과 추이 분석』, 2003, 교통개발연구원, 42쪽 일부 인용.

다음으로, 항만이 도심에 위치해 발생하는 교통혼잡 및 환경문제의 유발이다. 부산항 물동량은 대부분 도로를 통해 내륙으로 연계운송 되기 때문에 도심에 위치한 항만은 심각한 교통혼잡을 초래했다. 또한 항만공간의 부족으로 컨테이너 야드가 도심 전역에 산재해 있었기 때문에 화물트럭의 시내운송은 일반 도시교통과 혼재되어 심각한 체증현상을 보일 수밖에 없었다. 2002년 기준 전국 7대 도시의 교통혼잡비용 조사 결과는 위와 같은 문제를 반영한다. 부산은 교통혼잡으로 인한 인구당 손실비용, 차량당 손실비용, 차량당 추가 유류 소모량 모두 1위를 차지했다. 대부분 항목에서 다른 도시들과 큰 격차를 보여 그 심각성을 가늠할 수 있다.

부산항이 근대항만의 모습을 갖추는 과정은 항만매축의 역사였다.[41] 부산항은 배후지 시가지가 넓지 않은 배산임해背山臨海의 지형적 특성으로 항만부지 확보와 배후 도심의 용지를 확보하기 위해서는 대대적인 매립공사가 불가피했다. 1970년대 이후 컨테이너 물동량이 증가하면서 항만부지의 심각한 부족을 경험하게 된다. 컨테이너 부두뿐만 아니라

---

41 홍순연, 「부산지역 근대 항만도시형성에 따른 항만활동의 변화 - 항만매축과 산업 활동을 중심으로」, 『인문사회과학연구』 제22-3호, 부경대 인문사회과학연구소, 2021.

항내 야드 시설도 절대적으로 부족하여 컨테이너 보관을 위한 야드는 항만 밖으로 밀려날 수밖에 없었다. 그 결과 도시 곳곳에 조성되어 있는 장소가 ODCY^{Off-Dock Container Yard}이다. ODCY는 부두 내 컨테이너 장치장이 부족한 부산항의 공간적 특성을 반영한 것으로 주로 일반부두에서 처리되는 컨테이너들이 이 장치장을 경유했다. 2003년 기준으로 임항지역 14개소, 재송지역 1개소, 철도지역 8개소, 기타지역 3개소 등 총 26개의 ODCY가 부산 전역에 산재되어 운영되었다. ODCY는 도심 항만 주변의 극심한 교통체증을 유발하는 주원인일 뿐만 아니라 물류비용 증가의 주요 요인이었다.[42]

항만도시의 환경문제 역시 사회적 이슈가 되어왔다. 부두에 정박한 선박, 항만을 오가는 화물트럭, 야트 트랙터 및 크레인 등은 배기가스 배출과 미세먼지로 심각한 환경문제를 유발한다.[43] 항만기능이 도시기능과 상충되는 것이다. 컨테이너 선박 1척이 디젤승용차 5,000만 대에 해당하는 황산화물SO_x을 배출하고 트럭 50만 대에 해당하는 미세먼지를 배출하는 등 부산항은 세계항만 중 오염항만으로 지목되고 있다.[44]

마지막으로, 동북아 허브항만 경쟁도 부산항의 항만확장을 위한 압력 요인으로 작용했다. 중국의 경제성장은 과거 환적화물 증가 등 부산항 성장에 '기회요인'으로 작용했으나 중국이 대규모 항만개발에 나서면서 '위협요인'이 되었다. 즉 중국은 증가하는 컨테이너 물동량을 소화'자국화

---

42 도로운송 기준 부두 직반출의 경우 40FT 391천 원, 20FT 262천 원인 반면 ODCY를 경유할 경우 40FT 467천 원, 20FT 317천 원으로 각각 19.4%, 21.0% 높다. 이는 ODCY를 경유할 경우 ODCY 조작료 등의 추가비용이 발생하기 때문이다. 특히 일반부두에서 처리하는 컨테이너들의 경우 상당수가 ODCY를 경유했다. 해양수산부, 앞의 책, 1998, 134쪽.

43 해양수산부, 『항만지역 등 대기질 개선 종합계획』, 2021.

44 이언경 외, 『AMP 설치 수요조사 및 추진과제 연구』, 한국해양수산개발원, 2017.

물, 자국처리 원칙'하고 나아가 인근 국가의 환적화물을 유치하려는 전략을 구상하기 시작했다. 2000년대 들어 중국정부는 아시아 허브항만을 목표로 중국 상하이 양산신항 건설을 추진하여 2002년 착공, 2005년 1단계 터미널을 개장 후 지속적으로 선석을 추가하며 운영하고 있다. 상하이에서 약 30km 떨어진 양산신항은 2020년까지 30선석 우선개발, 이후 총 50선석 이상의 규모로 확대하여 세계 최대항만을 지향하고 있다[45]. 중국을 비롯해 부산항과 허브항만 위상을 둘러싼 경쟁항만들이 항만 인프라 확대 및 화물유치 전략을 본격화하면서 부산항으로서도 기존 항만의 재구조화의 필요성과 재편압력이 점점 더 커져갔다.

4. 항만도시의 재구조화

1) 항만이전 - 부산항 신항

항만재구조화의 압력에 대응하는 항만도시의 적응전략은 기존 항만 이전과 초대형 항만을 건설하는 것으로 현실화되었다. 부산시는 부산항의 체선·체화를 해소하고 항만운영 환경을 개선하기 위해 1989년 7월 '부산항 광역개발 기본계획'을 수립하여 가덕도를 신항만 후보지로 선정하는 등 항만이전 계획을 준비했다. 1995년 정부의 '세계화추진위원회'에서 부산항 신항만건설 계획이 중점 추진과제로 선정되면서 본 궤도에 올랐으며 이후 1996년 항만기본계획 고시, 1997년 착공으로 이

---

45 임종관·이주호, 『양산항 개장이 동북아 항만 경쟁구도에 미치는 영향』, 한국해양수산개발원, 2005.

어졌다. 계획 당시 사업내용은 2011년까지 총 사업비 4조 6,948억 원정부 1조 7,177억 원, 민자 2조 5,679억 원을 투입하여 컨테이너부두 30선석을 비롯한 항만배후 인프라를 조성하는 것이었다.[46] 2006년 3선석 조기 개장을 시작으로 순차적으로 개장해 운영 중이다.

신항만 건설계획은 여러 차례 수정계획 고시를 거쳤으며 가장 최근계획인 '제2차 신항만건설 기본계획2019~2040'에 따르면 총 사업비 13.6조정부 5조2천억 원, 민자 8조4천억 원을 투입하여, 2019년 22선석에 하역능력 23,354만 톤 수준을 2040년까지 34개 선석, 35,924만 톤으로 규모를 늘려 총 56개 선석 59,278만 톤의 하역능력을 보유한다는 계획이다.[47] 추가로 개발되는 신항의 컨테이너부두들은 25,000TEU급 초대형 선박이 접안 가능한 대수심·대용량수심-23m, 야드폭 800m, 선석길이 400m 규모이다. 또한 4차 산업혁명 기술이 적용된 자동화 항만을 단계적으로 적용하고, 항만의 다기능화를 위해 수리조선단지, LNG 벙커링터미널, 항만배후부지의 추가개발을 통해 단순한 화물처리 항만을 넘어선 고부가가치 항만을 계획하고 있다. 이러한 항만개발의 최종 목표는 '동북아 Mega Port'로 성장하는 것이며 해상으로는 환태평양과 유럽항로, 내륙으로는 남북연결을 통한 유라시아 복합운송이 가능한 '동북아 게이트 물류허브항만'을 지향한다.

물류는 높은 운송집약적 활동이기 때문에 항만시설 인근지역은 매력적인 사업 환경을 제공한다. 항만은 시장, 원자재 및 부품의 글로벌 연결을

---

46 해양수산부, 앞의 책, 1998, 69쪽.
47 해양수산부, 『제2차 신항만건설 기본계획(2019~2040)』. 해양수산부 고시 제 2019-122호, 2019a.

통해 제조기회를 극대화할 수 있으며 글로벌 가치사슬의 구축 환경에서 상대적으로 가장 안정적인 위치를 제공할 수 있다. 즉 항만이 제공할 수 있는 연결성이 높을수록 배후지는 더 나은 가치생산 활동을 보장받게 된다. 부산항 신항 역시 항만과의 연계성이 높은 대규모 배후단지를 조성 중이다. 부산항 신항 배후단지는 2030년까지 북측 컨테이너터미널2,226.030㎡, 부산/진해, 남측 컨테이너터미널1,444,162㎡, 부산, 웅동3,606,371㎡, 진해, 서측 컨테이너터미널1,175,129㎡, 진해 배후단지 총 8,451,692m² 구모로 조성될 계획이다. 이는 국내외 물류·제조기업을 유치하여 항만인프라, 항만배후단지와 인근 산업단지를 연계하는 국제 항만물류클러스터 구축 전략의 일환이다.[48] 2030년 배후단지 조성이 완료되면 활동인구는 150,754명으로 추정되고 있다.

부산항 신항 인근 배후지역은 외국인 직접투자 유치를 위해 2003년 10월 경제자유구역으로 지정되어 운영 중이다. 경제자유구역은 외국인 투자기업들에게 각종 규제조치를 적용하지 않거나 나아가 자본을 위한 특혜를 부여하는 "예외적 공간space of exception"[49]이다. 대표적으로 국세와 지방세가 감면되며, 해외로 재수출되는 물품에 대해서는 관세가 면제된다. 토지임대료 역시 투자금액, 업종, 고용인원에 따라 대폭 감면해 준다. 부산 진해경제지역구역은 신항만지역 11.1km²를 비롯하여 총 51.1km² 규모로 조성·운영 중이며,[50] 2004년부터 2021년까지 총 3,514.2백만 불의

48 해양수산부, 『부산항 신항 항만배후단지 개발계획(2017~2030)』, 2019b.

49 박배균, 「동아시아에서 국가의 영토성과 예외적 공간 – 동아시아 특구의 보편성과 특수성」, 『한국지역지리학회지』 제23-2, 한국지역지리학회, 2017.

50 경제자유구역은 신항만지역(물류, 유통, 국제업무), 명지지역(물류, 첨단부품, 국제비즈니스, 주거), 지사지역(첨단생산, 국제업무), 웅동지역(첨단산업, 여가, 휴양, 주거지원), 두동지역(첨단생산, 국제업무, 주거지원, 여가) 등 5개 지역으로 구분된다. 부산진해경제자유구역청,

외국인투자를 유치했으며 업체 수는 168개, 업종별로는 첨단산업 75개 업체1,792.3백만 불, 신항만 건설 3개 업체697.2백만불, 물류 77개 업체426.7백만 불, 관광레저 2개 업체62.0백만 불, 기타 11개 업체535.2백만 불이다.[51]

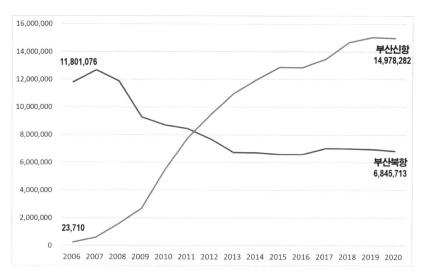

〈그림 3〉 부산북항과 신항의 컨테이너 물동량 변화추이: 2006~2020년(단위 : TEU)

출처 : 부산항만공사, 『부산항 컨테이너화물 처리 및 수송통계』, 각 년도.

〈그림 3〉에서 나타나듯, 2006년 부산항 신항의 3선석이 개장된 이래 컨테이너 물동량의 대규모 이전이 이루어졌다. 부산항 신항은 개장과 함께 237,710TEU2.0%처리를 시작으로 물동량 점유율을 꾸준히 높여 나갔으며, 2012년에는 9,442,691TEU54.9%를 처리하여 북항7,703,487TEU, 45.1%을 앞서나가기 시작했다. 2020년 현재 부산항의 총 물동량은 21,823,995TEU로 이중 신항이 14,978,282TEU로 68.6%, 북항이 6,845,713TEU로 31.4%

https://www.bjfez.go.kr/dev/00037/00038.web(검색일 : 2022.2.23).

51 부산진해경제자유구역청,『2021년 12월 외국인투자유치 통계현황』, 2022.

를 차지하고 있다. 물동량 신항 쪽으로 이전되면서 북항의 물동량은 2007년 12,682,316TEU로 최고치를 보인 이후 지속적으로 감소하고 있다. 부산항 총물동량 규모도 2006년 12,038,786TEU에서 2020년 21,823,995TEU로 81.3% 증가하여 부산항 신항이 부산항 전체 물동량을 증가를 견인해 온 것으로 평가할 수 있다. 이러한 추세는 신항의 추가선석 개발 등 항만인프라가 확대될수록 양항 간의 물동량 격차는 더 벌어질 것이다.

대규모 항만개발은 부산항의 '글로벌 연결성'을 높이는데 상당한 기여를 한 것으로 보인다.[52] 2020년 기준 국제 정기선 운송서비스를 받는 컨테이너 항만 수는 전 세계적으로 939개이다. 이 모든 항만이 서로 간에 직접 서비스직기항을 제공하는 경우 44,391개의 항만간 정기선 직기항 연계가 가능하다. 그러나 실제로는 12,748개의 항만 쌍pairs만이 직접적으로 연결되어 있다. 단순 계산상으로는 2.9% 수준이며 나머지 97.1%는 항만 간 직접 무역을 하기 위해 컨테이너를 다른 항만에서 환적해야 한다는 의미이다. 부산항과 직기항으로 연결된 전 세계 항만 수는 274개로 세계 2위에 해당한다. 1위는 중국 상하이항이며 부산항 다음으로는 안티워프항266개, 로테르담항264개, 닝보항258개, 싱가포르항249개 순이다. 일본의 요코하마항은 141개 수준으로 부산항의 51.5% 수준에 머물렀다. 세계적 허브항만 도시로의 진화가 글로벌 연결성을 확대하는 능력으로 나타난다면, 부산항은 신항과 개발과 함께 상당 부분 달성하고 있는 것으로 보인다.

---

52 Hoffmann, Jan. and Hoffmann, Julian, "Ports in the global liner shipping network : understanding their position, connectivity, and changes over time", *UNCTAD Transport and trade facilitation Newsletter* 57, 2020.

2) 항만도시의 재생 북항재개발

부산항 북항에서 신항으로의 대규모 물동량 이전에 따라 기존 북항지역은 수변공간 재개발이 추진되고 있다. 이와 같은 기존 항만공간의 재개발은 항만과 도시의 관계를 재조명할 수 있는 기회이다. 항만은 도시공간의 일부로서 글로벌 가치사슬에 대한 접근과 같은 다양한 경제적 기회를 제공하지만, 항만이 성장할수록 도시기능과 갈등이 발생할 수 있으며 특히 컨테이너화 이후 많은 기존 항만들이 수변공간 재개발 대상이 되고 있다.[53] 북항의 일반부두들은 일반화물을 처리하기 위해 건설되었으나 컨테이너부두와 시설의 부족으로 컨테이너화물까지 처리함에 따라 설계하중을 초과하는 위험한 운영을 계속해 왔다. 또한 컨테이너화의 진전은 일부 벌크화물을 제외하고 일반부두의 전체적인 물동량을 감소시켰다. 이러한 추세는 신항 컨테이너부두들의 단계적 개장에 따라 더욱 가속화되었다. 다른 한편, 주민들의 수변공간에 대한 접근성, 즉 기존 항만이 오랜 기간 주민들과 차단된 '보안시설'로 유지되어 왔기 때문에 바다를 향한 도시공간의 '개방감' 요구도 항만 재정비의 필요성을 높였다. 앞서 살펴본 대로, 부산지역에 산재해 있는 ODCY는 교통체증을 유발할 뿐만 아니라 항만물류의 경쟁력을 약화시키는 주요 요인이다. 이러한 부지들은 항만이전에 따라 지역발전에 필요한 새로운 개발 가용지를 제공할 수 있으며, 재개발을 통해 쇠퇴하는 항만 주변 도심의 재활성화에도 기여할 수 있다.[54] 결과적으로 항만재개발은 무계획적으

---

53 Lee, S.W and Ducruet, C., "Waterfront redevelopment and territorial integration in Le Havre(France) and Southampton(UK) : Implications for Busan", *Ocean Policy Research*, 21-2, Korea, 2006.

54 부산광역시, 『2030년 부산도시기본계획(변경)』, 2017, 120쪽; 해양수산부, 『부산항(북항) 항

로 배치된 항만시설과 연계부지를 주민들의 요구에 기반한 도시계획과 개발로 도시공간의 수용성과 활용도를 높일 수 있다.

〈표 3〉 북항재개발 1단계 지구별 기능 및 도입시설

구분	지구	기능	도입시설(예정)
유치시설 303,425㎡ (27.3%)	상업 업무지구	복합상업기능	쇼핑센터, 위락시설, 국제업무, 국제회의장, 호텔
		업무지원기능	국제업무, 국제회의장, 호텔
	IT·영상 전시지구	문화전시기능	공연장, 전시장, 스튜디오
		복합사업기능	IT 쇼핑몰 및 업무시설
	해양문화지구 (랜드마크)	레저·휴양기능	리조트, 특급호텔, 워터파크, 수족관 등
	해양 문화지구	레저·휴양기능	특급호텔, 놀이공간, 해양콘도
		상업기능	백화점, 쇼핑센터, 업무시설
	복합·도심지구	휴식·휴양기능	관광호텔, 서비스레지던스호텔, 콘도
		상업·판매기능	복합쇼핑몰, 테마 레스토랑
		주거기능	공동주택, 아파트(주상복합)
공공시설 809,503㎡ (72.7%)	복합 항만지구	여객기능	국제여객·크루즈터미널
		공공 및 관광기능	옥상광장, 컨벤션센터, 면세점 및 전문상가
	기타	환승센터(25,714㎡), 공원 및 광장(199,939㎡), 마리나(28,463㎡), 도로 및 공공용지(393,788㎡)	

출처 : 부산항만공사,
https://www.busanpa.com/redevelopment/Contents.do?mCode=MN0022(검색일 : 2022.2.23)

북항재개발 1단계 대상지역은 항만과 인접한 원도심인 중구, 동구제 1~4부두, 연안국제여객부두, 중앙부두 일원으로 총 면적 1,532,581m²이다. 지구 별 기능 및 도입시설예정은 〈표 3〉과 같다. 2008년부터 진행 중인 북항 재개발은 크게 6개 지구의 특화된 개발과 환승센터, 공원·광장, 마리나 등으로 추진된다. 상업업무지구는 역세권과 항세권의 중심에 위치하여 비즈니스 공간과 금융, 쇼핑, 숙박시설이 들어서며, IT·영상·전시지구 는 영상도시를 표방하고 있는 부산지역의 특성을 반영하여 미디어 라인 구축 및 융합을 통한 시너지 효과를 높일 계획이다. 해양문화지구는 가

만재개발 기본계획』, 2013; 해양수산부, 『부산항 북항 2단계 재개발 기본계획』, 2019c, 124쪽.

장 상징적인 랜드마크 구역으로 지역주민들과 외부 관광객 유치를 위한 시설들이 모여 있는 곳이다. 또 다른 해양문화지구는 수변공간을 조성하는 오픈스페이스와 문화공간으로 조성된다. 복합도심지구는 수변지역과 마리나 시설을 연계하여 도심형 수변생활 공간으로, 복합항만지구는 여객터미널과 배후의 상업·업무지구를 연계하여 교류의 장으로 개발할 예정이다.

해양수산부는 1단계 재개발 계획에 이어 기존 '부산 북항 자성대부두 재개발 기본계획'을 '부산항 북항 2단계 재개발 기본계획'으로 변경고시했다.[55] 자성대부두는 1978년 부산항 최초의 컨테이너 전용부두로 매우 상징적인 곳이다. 대상지역도 기존 자성대부두·양곡부두 일원에서 부산역·진역 CY, 좌천동, 범일동 일원으로 확대해 총 면적이 747,717㎡에서 2,198,594㎡로 1,450,877㎡가 추가되었다. 노후화된 부두는 생산성이 낮고, 특히 전면 수심이 낮아 초대형 컨테이너 접안이 어려워 아시아 역내 운항Intra-Asia에 국한되어 운영되는 한계를 가지고 있다. 또한 이 계획에는 신항 건설로 기능을 상실한 다수의 ODCY 부지가 포함되어 있다. 항만과 도심을 단절시켰던 철도시설의 재배치가 이루어지며 쇠퇴하는 원도심과 연계 개발을 목표로 하고 있다. 2단계 개발사업도 해양문화관광지구, 복합도심지구, 공공시설 지구로 구분하여 지구별 개발을 추진할 계획이나 1단계 개발계획의 보완과 차별화에 중점을 둘 것으로 알려져 있다.

---

55 해양수산부, 『제3차(2021~2030) 항만재개발 기본계획』, 2020a.

〈그림 4〉 부산항 북항 통합마스터플랜
출처 : 해양수산부, 2020b.

　부산시는 2017년 북항을 중심으로 하는 종합계획을 수립하여 발표했
다.[56] 북항 부지를 중심으로 도시공간을 국제도시 교류축, 창조경제 중심
축, 게이트웨이 연계축으로 '통합개발'해야 한다는 계획이었다. 이를 한
단계 발전시킨 것이 '부산항 북항 통합개발 마스터플랜'〈그림 4〉이다.[57] 이
계획은 북항을 중심으로 한 도시공간의 재편을 종합해 놓은 미래의 청사
진이다. 이 계획에 따르면 '사람과 바다가 어우러지는 글로벌 신해양도시
산업 중심지 육성'이라는 목표 아래 북항과 연계된 공간이 게이트웨이ㆍ
친수ㆍ문화지구북항 1단계, 국제교류ㆍ도심복합지구북항 2단계 : 자성대부두+주변지

---

56 부산광역시, 앞의 책, 2017,121~122쪽.
57 해양수산부, 「부산 통합개발로 원도심에 활기 불어넣어 – 부산항ㆍ북항 통합개발 마스터플랜
　　발표」, 2020b.

역, 정주공간·청년문화허브지구북항 2단계 : 부산역조차장, 근대문화·수변상업지구영도 봉래, 해양산업혁신지구영도 청학, 해양레저산업혁신지구우암부두, 항만물류지구신선대·감만부두 등 7대 특화지구로 개발된다. 항만물류지구는 현재 운영 중인 컨테이너 전용부두에 2030년까지 4,655천TEU의 하역능력을 유지한다. 북항 외항에 위치한 컨테이너부두를 향후 전면 폐쇄하는 것이 아니라 아시아 역내 기항지의 역할 담당과 전용부두의 역사성을 유지하면서 운영될 계획이다. 이와 같이 북항재개발은 부산의 도심에 지역발전을 위한 새로운 광대한 부지를 제공하면서 핵심 도시공간의 기능전환을 가능케 하고 있다.

5. 나가며

이상으로 동북아지역의 대표적 항만도시인 부산의 도시성장과 재구조화의 과정을 부산항의 변화를 중심으로 살펴보았다. 연구결과는 다음과 같다.

첫째, 항만의 기능적 전환과 도시공간의 재구조화를 촉진하는 환경적 요인은 1970년대 이후 본격화된 컨테이너화와 그에 따른 세계화이다. 해운기술의 혁신은 국제무역에서 낮은 비용으로 신속한 상품이동을 가능하게 했으며 글로벌 가치사슬의 구축은 물동량을 증가시키는 원인이다. 또한 컨테이너화는 선박의 대형화를 촉진시켰으며 이는 초국적 선사와 동맹의 권력을 강화했다. 항만도시들은 초국적 선사들이 주도하는 글로벌 흐름에 포함되기 위해 항만 새로운 적응능력을 발휘해야만 했다. 부산항은 초기 컨테이너화 과정에서 전국의 수출입 물동량의 압도적 점유율로 컨테이너 특화 항만으로 성장해 나갔다.

둘째, 이와 같은 환경적 요인에 대한 부산의 적응능력은 컨테이너 부두의 단계적 개발과 더불어 항만과 연계된 기반시설의 확충으로 나타났다. 당시 국가주도의 수출지향적 산업화는 항만개발과 불가분의 관계를 가지고 있었다. 지속적인 항만개발에도 불구하고 컨테이너 물동량은 시설하역 능력을 초과하여 급격히 늘어났다. 항만의 성장과정에서 부산항 물동량의 증가요인은 국가주도의 수출지향적 산업화, 부산항이 보유한 지리적·공간적 이점인 높은 '중개성', 초국적 선사들의 기항 전략의 산물이었다. 이러한 컨테이너 물동량의 증가와 항만개발은 도시의 재구조화에 대한 압력을 높였다. 재구조화 압력요인은 항만시설 부족으로 인한 체선·체화현상 심화, 교통·환경문제 대두, 동북아 허브항만 경쟁 등이 작용했다.

셋째, 위와 같은 압력요인에 대응한 항만도시의 재구조화 결과는 항만이전과 기존 항만북항의 수변공간 재개발이었다. 우선 항만이전은 부산항 신항개발로 현실화되었다. 부산항 신항은 해운 기술의 변화에 적극적으로 대응할 수 있는 항만으로 초대형 컨테이너 선박이 접안 가능한 대수심·대용량으로 건설되었다. 또한 신항 인근 배후지를 조성하기 위해 배후단지 조성과 경제자유구역을 지정하여 항만과 도시의 연계성을 높이려 하고 있다. 항만이전의 결과는 물동량 이전과 함께 항만의 글로벌 연결성을 높였다. 유휴화된 북항 부지는 지역발전에 필요한 새로운 개발 가용지로 활용되어 대규모 재개발이 추진되고 있다. 이는 항만-도시 간의 관계를 재조명 할 수 있는 기회를 제공하고 있다. 결국 북항재개발은 항만을 중심으로 도시공간의 새로운 진화를 가능하게 한 중요한 계기가 되고 있다.

본 연구결과는 '서구의 단계론적 모델'에서 강조하는 컨테이너화와 세계화에 따른 항만-도시 간 기능적·공간적 분리현상이 나타났다는 점에서 '아시아허브항만도시 통합모델'과 차이를 보인다. 다른 한편, 도시 내 항만이전과 북항재개발을 통해 새로운 항만-도시 간 연계성을 높이고자 하는 전략적 조치를 실행하고 있다는 점에서 항만과 도시의 통합모델의 성격도 동시에 포함하고 있다. 이는 항만도시 성장은 하나의 모델로 설명할 수 없다는 점을 말해준다. 즉 환경적 요인에 적응하는 항만도시들의 성장경로와 특성은 동형화의 흐름 속에서도 항만-도시 관계가 다양하게 나타날 수 있다는 의미이다.

부산은 항만도시 성장과정에서 비교적 적절한 수준의 적응능력을 발휘해 온 것으로 판단된다. 다만 항만을 중심으로 한 도시공간의 재구조화는 현재진행형이며 일부는 계획수준이라 적응능력에 대한 종합적 판단은 아직 이르다. 따라서 현재 진행되고 있는 항만을 중심으로 하는 도시재구조화에 대한 지속적인 연구가 필요하다. 나아가 서구와 아시아 그리고 항만도시 간 비교연구는 다양한 항만도시 성장의 동학을 규명하고 유형화를 가능하게 하여 '항만도시론'의 발전에 기여할 수 있을 것이다. 부산의 미래와 공간적 진화의 방향과 내용은 항만도시를 둘러싼 위험과 기회요인에 대해 어떤 방식으로 적응능력을 보이는가에 좌우될 것이다.

참고문헌

연구논문

박배균, 「동아시아에서 국가의 영토성과 예외적 공간-동아시아 특구의 보편성과 특수성」, 『한국지
역지리학회지』, 제23-2, 한국지역지리학회, 2017.

백두주, 「환태평양 가치사슬의 구조변동과 전망-미국과 중국의 전략적 선택을 중심으로」, 『사회과
학연구』 제29-1, 서강대 사회과학연구소, 2021.

이성우, 「항만도시성장의 관점에서 본 부산항 재개발 방향」, 『해양수산』 제263호, 한국해양수산개발
원, 2006.

정이근, 「1960·70년대 부산항 무역 변동」, 『항도부산』 제31호, 부산광역시 시사편찬위원회.

홍순연, 「부산지역 근대 항만도시형성에 따른 항만활동의 변화-항만매축과 산업 활동을 중심으로」,
『인문사회과학연구』 제22-3호, 부경대 인문사회과학연구소, 2021.

단행본

부산광역시, 『부산광역시 시정 10년사』, 2004.

_____, 『2030년 부산도시기본계획(변경)』, 2017.

_____, 『부산광역시 도시계획사』, 2018.

_____, 『부산역사산책』, 2020.

부산직할시, 『도시계획백서』, 1992.

부산항만공사, 『부산항 컨테이너화물 처리 및 수송통계』, 각 년도.

설재훈·박인기, 『2002년 전국 교통혼잡비용 산출과 추이 분석』, 교통개발연구원, 2003.

이언경 외, 『AMP 설치 수요조사 및 추진과제 연구』, 한국해양수산개발원, 2017.

이용득, 『부산항 이야기-부산항의 오래된 미래를 만나다』, 유진북스, 2019.

이종필 외, 『글로벌 해양시대를 선도하는 항만지역 선진화 방안 연구』, 한국해양수산개발원, 2014.

임종관·이주호, 『양산항 개장이 동북아 항만 경쟁구도에 미치는 영향』, 한국해양수산개발원, 2005.

한국항만물류협회, 『항만하역요람』, 2021.

해양수산부, 『컨테이너 편람 1998』, 1998.

_____, 『제2차(2002~2011) 전국항만 기본계획(무역항)』, 2001.

_____, 『부산항(북항) 항만재개발 기본계획』, 2013.

_____, 『부산항 해양산업클러스터 개발계획』, 2017.

_____, 『제2차 신항만건설 기본계획(2019~2040)』, 해양수산부 고시 제 2019-122호, 2019a.

_____, 『부산항 신항 항만배후단지 개발계획(2017~2030)』, 2019b.

_____, 『부산항 북항 2단계 재개발 기본계획』, 2019c.

_____, 『제3차(2021~2030) 항만재개발 기본계획』, 2020a.

_____, 『항만지역 등 대기질 개선 종합계획』, 2021.

해운항만청, 『부산항개발 2단계 차관협정서, 부산항개발 2단계 사업평가보고서』, 1986.

번역서 및 외국논저

Bird, J., *The Major Seaports of the United Kimdom*, Hutchison, 1963.

Cartier, C., "Cosmopolitics and the maritime world city", *Geographical Review* 89-2, 1999.

DiMoia, J. P., "Reconfiguring transport infrastructure in post-war Asia : mapping South Korean container ports, 1952~1978", *History and Technology* 36-3/4, 2020.

Ducruet, C., "The port city in multidisciplinary analysis. Joan Alemany and Rinio Bruttomesso", *The port city in the XXIst century : New challenges in the relationship between port and city*, RETE, 2011.

_____, "Port-city relationships in Europe and Asia", *Journal of International Logistics and Trade* 4-2, 2016.

_____ · Lee, S. W., "Frontline soldiers of globalisation : port-city evolution and regional competition", *Geojournal* 67-2, 2006.

_____ · Jeong, O., "European port-city interface and its Asian application", *KRIHS Research Report* 2005-17, 2005.

Fleming, D. · Hayuth, Y., "Spatial characteristics of transportation hubs : centrality and intermediacy", *Journal of Transport Geography* 2-1, 1994.

Frémont, A. · Ducruet, C., "The emergence of a mega-port : from the global to the local, the case of Busan", *Tijdschrift voor economische en sociale geografie*, Wiley 96-4, 2005.

Guerrero, D. · Rodrigue, J-P., "The wave of containerization : shifts in global maritime transportation", *Journal of transport geography* 35, 2014.

Hayuth, Y., "Containerization and the load centre concept", *Economic Geography* 57, 1981.

Hoffmann, Jan. · Hoffmann, Julian, "Ports in the global liner shipping network : understanding their position, connectivity, and changes over time", *UNCTAD Transport and trade facilitation Newslette* 57, 2020.

Hoyle, B. S. · Smith, J., Transport and development : conceptual frameworks. In : Hoyle, B. S. and Knowles, R. D.(eds.). *Modern Transport Geography*. Chichester : Wiley, 1998.

_____, "The port-city interface : trends, problems and example", *Geogorum* 20-4, 1989.

_____, "The redevelopment of derelict port areas", *The Dock & Harbour Authority* 79-887, 1998.

Lee, S. W. et al., "A tale of Asia's world ports: the spatial evolution in global hub port cities", *Geoforum* 39-1, 2008.

_____ · Ducruet, C., "Waterfront redevelopment and territorial integration in Le Havre(France) and Southampton(UK) : Implications for Busan", Korea, *Ocean Policy Research* 21-2, 2006.

Lian, C. · Alejandro, C., *Capitalism and the Sea*, Verso, 2021.

Merk O., "The competitiveness of global port-cities : synthesis report", *OECD regional development working papers* 2013/13. OECD, 2013.

_____, "Container ship size and port relocation", *Discussion Paper* 169, OECD, 2018.

Murphey, R., "On the Evolution of the Port City, in Broeze, F. (ed.)", *Brides of the Sea : Port Cities of Asia from the 16th- 20th Centuries*, University of Hawaii Press, 1989.

Notteboom, T. E., "The adaptive capacity of container ports in an era of mega vessels : The case of upstream seaports Antwerp and Hamburg", *Journal of Transport Geography* 54, 2016.

_____ et al., *Port economics management and policy*. Routledge, 2022.

Pavia, R. · Zevi, T., "Port and global cities : what future?", ISPI, 2021.

Placek, M., "Market share of the largest container shop alliances 2012~2021", Statista, 2021.

Peter J. Rimmer., "The search for spatial regularities in the development of Australian seaport", *Geografiska Annalar* 49B, 1967.

Wang, M., "The rise of container tonnage and port developments in East Asia", *Business and Management Studies* 1-2, 2015.

기타자료

국가기록원, 「기록으로 보는 경제개발 5개년 계획」,
    https://theme.archives.go.kr/ next/economicDevelopment/statistics.do
「년내로 완전컨테이너화」, 『매일경제』, 1971.2.20.
박영출, 「재계 인물현대사–수송 한국의 거목, 조중훈 (11)」, 『문화일보』, 2004.2.7.
부산진해경제자유구역청, 「2021년 12월 외국인투자유치 통계현황」, 2022.
_____, https://www.bjfez.go.kr/dev/00037/00038.web
「컨테이너 반대결의」, 『중앙일보』, 1970.2.19.
해양수산부, 「부산 통합개발로 원도심에 활기 불어넣어–부산항 · 북항 통합개발 마스터플랜 발표」, 2020b.
_____, PORT-MIS, https://new.portmis.go.kr/

요코하마항구의 변천과정과 특징 연구
공간특성과 이동에 주목하여

공미희

1. 들어가며

개항이후 요코하마항에는 외국인거류지와 일본인거주지가 분리는 되었지만 개항장[1]이라는 공간에서 상업무역이 활성화되었다. 요코하마경제는 생사무역상, 스카프산업, 나염업 등이 주력산업이었고 근대적 항만을 조성하기 위하여 1889년 제1기 축항공사와 신항 부두를 중심으로 1914년 제2기 축항공사를 실시했다. 그러나 1923년 관동대지진 발생이후 요코하마항에서는 외국인은 물론이고 일본인마저도 고베항으로 이동을 했고 요코하마는 항구와 산업의 문제만이 아닌 고토 신페이後藤新平의 「제도부흥론帝都復興論」과도 결부되어 제도개조론에까지 이르렀다. 하지만 상업·공업중심지로 발전한 요코하마가 제2차 세계대전 발생으로

---

1 개항장은 강이나 수로로 둘러싸여진 약 1평방킬로미터(1,000,000m²)로 공간이 관내(関内 : 横浜村)와 관외(関外 : 伊勢佐木町 등)로 구분되었고, 관내의 동쪽 절반(山下)과 관외의 야마노테(山手)가 外国人居留地, 관내의 서쪽 반은 日本人居住地이었다.

또다시 도시의 절반이 파괴되었다. 이에 요코하마항은 GHQ의 정책에 따라 식량·물자 등의 반입창구가 되었고 관내·관외지구의 대부분이 미군에 접수되어 부흥이 늦어졌다. 그러나 한국전쟁을 계기로 무역액은 전쟁 전 수준에 이르렀고 요코하마시는 항만기능 확충을 실시해 부두일대를 재정비했다. 그리고 요코하마의 재발견과 더불어 문화적 도심부 강화사업으로 6대사업인 도시재생 프로젝트를 실시하였다.

요코하마항구에 관한 연구[2]로서는 수변공간개발과 문화정책, 도시 건축학적인 측면에서의 개항장의 모습과 공간적 측면에서의 외국인 거류지의 형성과정에 관한 연구가 대부분을 이루었다. 그리고 요코하마 미나토미라이21을 중심으로 진행된 연구[3]로서는 지하철 정거장 공간디자인 요소와 특성 연구, 도시경관형성을 위한 공공디자인 선진사례, 도심재생에 있어서 근대문화유산 활용 등이 있었다. 그러나 현재까지 요코하마항구가 변천해가는 과정[4]을 시계열적으로 분석한 연구는 부족하고 특히, 전후에서 미나토미라이21 지구개발[1983]까지, 요코하마항구와 도

---

2 김나영, 「일본 요코하마시의 수변공간개발과 문화정책」, 『한국항해항만학회지』 38(3), 2014, 291~298쪽; 김나영·현재열, 「도시계획적 측면에서 본 요코하마(橫浜) 개항장의 건설과정」, 『로컬리티 인문학』 16, 2016, 293~326쪽; 김준 외, 「개항초기 요코하마 내·외국인 거류지 형성과 공간적 차별성」, 『대한건축학회논문집』 34(3), 2018, 35~44쪽; 송혜영 외, 「19세기 말 요코하마 외국인거류지의 공간특성 연구」, 『대한건축학회논문집』 34(1), 2018, 63~70쪽.

3 최성호·은덕수, 「요코하마 미나토미라이선 지하철 정거장 공간디자인 요소와 특성 연구」, 『디자인지식저널』 12, 2009, 21~34쪽; 송대호, 「도시경관형성을 위한 공공디자인 선진사례 고찰 – 일본 요코하마시의 미나토미라이21(Minatomirai21)을 중심으로」, 『동북아문화연구』 1(25), 2010, 403~417쪽; 김인현, 「창조도시 요코하마시(橫浜市)와 가나자와시(金澤市)의 비교」, 『일본문화연구』 39, 2011, 125~141쪽; 김선희, 「도심재생에 있어서 '근대문화유산' 활용에 관한 고찰 – 인천과 요코하마를 중심으로」, 『일본학보』 116, 2018, 209~232쪽.

4 이 글에서는 요코하마항구의 변천과정을, 본 연구소의 당해 연도 아젠다 시기인 1960~1980년대를 중점적으로 분석하되 그 이전의 역사적 배경인 제II장은 간략하게 설명했다. 그리고 林上(2017), 野澤秀樹(1978)의 '항구와 도시는 불가분의 관계'라는 이론을 바탕으로 요코하마항구의 변천과정에서 연관된 도시까지 확장해서 분석했다.

시와의 발전과정을 분석한 연구는 거의 이루어지지 않았다. 따라서 이와 같은 연구배경을 바탕으로 이 글의 연구목적은 다음과 같다.

먼저, 개항장 요코하마의 개설경위와 공간적 특성에 대해서 고찰한다. 두 번째 관동대지진 발생 이후의 요코하마가 공업도시로 변천해 가는 과정과 제2차 세계대전 후 부흥정책에 대해서 고찰한다. 세 번째와 네 번째는 이 글의 핵심장이며, 우선 세 번째에서는 1960년대 항만의 확충과 정비에 의한 요코하마의 재발견과 아울러 6대사업추진을 통한 도시재생 및 문화공간으로서의 항구도시 요코하마의 문화적 특징에 대해 분석한다. 네 번째는 항구문화와 도시발전의 상관성에 관한 특징을 도출하는 것이다.

2. 개항장 요코하마에서 도시 요코하마로의 변화

1) 개항장 요코하마

막부는 「미일수호통상조약」에서 개항장을 가나가와神奈川로 했지만 이곳이 에도江戸와 근접해 있었기 때문에 다이묘大名행렬이나 무사가 왕래 시 외국의 관습을 몰라 서로 트러블이 발생할 여지가 있음을 우려했었다. 또 가나가와가 숙소로서 번화했으므로 외국인이 몰려 소동의 원천이 될 것을 염려해 공간특성상 반농반어의 한촌寒村 요코하마항으로 변경해서 1959년 6월 2일 개항했다. 막부는 외국인거류지 개발에 힘썼고 이에 우선 일본거주민을 퇴거시키기 위해 모토마치元町지구로 강제 이주시켰다. 따라서 개항장에는 관내와 관외로 구분이 되었고 관내에도 외국인거류지와 일본인상인거주지로 이분화되었다.

막부는 요코하마항이 개항장이라는 공간적 특성을 활용해 외국과 무역이 원활하게 될 것이라고 기대했고 이에 타 지역의 상인들을 권유해 요코하마로 이주[5]를 시켰으므로, 전국의 상인들이 개항장에 모여들어 입점을 했다. 그 결과 요코하마 경제는 수출품으로는 생사·양잠·차 등이 중심을 이루었고 수입품은 면직물·모직물·무기·함선 등이었으며 요코하마항 자체도 입항 선박 수나 화물취급량이 증가했다. 특히 인프라 면에서 요코하마 수도정비 및 근대적 항만을 조성하기 위하여 1889년 제1기 축항공사를 실시했고, 선박을 개수하기 위한 요코하마선거橫浜船渠도 1891년 현재의 「미나토미라이」 주변에 건조했다. 그리고 1890년대 이후가 되면 고베항이 수입액으로 요코하마항을 웃돌게 되었고 이에 경쟁의식을 가진 요코하마는 1914에는 신항 부두를 중심으로 제2기 축항공사를 실시해 근대적 항구로서 기반을 다져갔다. 또 1910년대는 일본의 중공업에 대한 육성열정이 높아져 당시 중공업입지로 적합했던 게이힌京浜지구 임해부 개발을 위해 아사노 소이치로浅野総一郎는 쓰루미鶴見매립조합을 조직했다.

2) 관동대지진 발생 이후의 요코하마 - 공업도시와 제2차 세계대전 후 부흥

요코하마항의 항만기능 전환은 관동대지진과 그 후의 경제공황이었고 이 시기 요코하마항구는 항만기능뿐만 아니라 도시 요코하마의 양상까지 크게 변화하였다.[6] 즉, 관동대지진에 의해서 생사 제1항 제도로 특

---

5   北見俊郎, 「「都市と港」の基礎課題 - 横浜における「都市と港」をめぐって」, 『調査季報』52号, 横浜市
     都市経営局政策課, 1976, 57쪽.

화되어 있던 요코하마 경제는 붕괴했고 항만시설의 대부분이 무너졌다. 이에 외국인과 일본상인들이 고베로 이주를 많이 했고 요코하마는 항구와 산업의 문제만이 아니고, 그 이상의 획기적인 변화의 필요성이 대두되었다. 산업구조의 전환은 1927년 쓰루미 지구의 요코하마시에의 병합이었고, 요코하마시로의 획기적인 변화인 도시재생은 고토 신페이의 「제도부흥론」[7]과 결부되어 전개되었다.

아사노가 매립한 쓰루미 지구의 임해지구에는 아사히 유리旭硝子, 아사노 조선소浅野造船所, 시바우라芝浦 제작소 등의 대공장[8]이 들어서면서 공업용지 조성공사[9]로서 임해공업지대를 건설하고 게이힌 공업지대가 형성되었다. 그 후에도 경제공황이라고 하는 어려운 사회 경제상황을 극복할 요건을 갖추었고 쓰루미쵸의 요코하마시로의 편입은 요코하마의 공업화와 요코하마항의 장래를 전망하는 계기가 되었다고 할 수 있다. 그러나 제2차 세계대전 발생으로 요코하마는 병사가 들어선 기지촌이 됐고 생명선인 항만은 90%시설이 접수돼 유통기능 저하, 상사商社나 금융기관이 다른 도시로 유출이 되기도 했다. 요코하마시는 전재부흥계획戰災復興計畫으로「경제자립」달성이라는 목표를 세워 1954년에는 본격적인 도시개발사업 집행체제가 확립되었다.[10] 1950년대 후반이 되자 무역액

---

6 小林照夫, 「横浜港の港湾機能と横浜経済 – 第一次世界大戦から関東大震災を中心に」, 『関東学院大学文学部 紀要』第109号, 2006, 57쪽.

7 대지진에 의한 재난으로부터의 복구가 아니라 '전화위복'으로서 제도의 구조적 재검토를 전제로한 부흥론이며, 도쿄를 제도(수도)로 하여 제국 일본의 얼굴에 걸맞은 도시계획과 함께 결부시켜 요코하마도 부흥에 착수한 도시계획론이다(小林照夫, 「港湾横浜の復興 – 関東大震災と帝都復興計画」, 『関東学院大学文学部紀要』第110号, 2007, 208~210쪽).

8 小林照夫, 앞의 글, 2006, 61쪽.

9 金田孝之・遠藤包嗣・前原康博, 「水面利用計画の方向性」〈上〉, 『調査季報』52号, 横浜市都市経営局政策課, 1976, 75쪽.

10 森忠彦, 「第二次大戦後の日本の政府系機関における都市基盤整備の計画 – 日本における社会基盤整

은 전쟁이전 수준에 이르렀고 야마시타山下부두가 확장되면서 야마시타 링코선臨港線이 개통되었다. 또한 공업화가 진행되어 다이코쿠마치大黒町 앞바다와 네기시만根岸湾이 매립되었고 이와 병행해 1964년에 네기시선 根岸線이 개설되었다. 이처럼 요코하마는 대지진 및 전재이후 부흥 및 재 건에 힘을 쏟았으며 1960년대가 되면 특히 항만기능 정비와 아울러 도 시재생에 힘쓴다. 다음 제3장은 핵심 장으로서 항만의 확충과 정비를 바탕으로 도시재생 프로젝트인 6대사업에 대해서 살펴보고자한다.

3. 1960년대 항구도시 요코하마의 재발견과 문화적 특징

1) 항만의 확충과 정비에 의한 요코하마의 재발견

1950년대 중·후반부터 일본경제는 매립사업과 함께 항만시설과 공 업지대 조성을 통해 급성장을 이루었고 도쿄의 인구과잉으로 요코하마 시로의 인구이동이 연간 7~10만 명에 이를 정도로 급증하였다. 이에 요코하마는 도시스프롤 현상, 인프라 부족, 환경문제 등으로 도쿄의 위 성도시로 전락할 위기에 직면하게 되면서 1950년대부터「항만법 개정」 을 시작으로 본격적인 도시재생을 시도하게 되었다.[11] 도시재생을 위한 경제활동은 항만을 중심으로 전개되었고 이것은 한층 항만수요를 증가

備計画の理念の確立とその実現化に関する一考察」,『都市計画報告集』3, 2005, 98~101쪽.
11 이금진,「산업항만지역의 재생을 통한 워터프론트 문화도시 통합계획」,『Journal of the Korea Society of Disaster Information』15(2), 2019, 177쪽.

시키는 결과를 가져왔으며 이에 당연히 항만정비 필요성이 대두된 것이다. 따라서 제1차 「항만정비 5개년계획1961~1965년」의 목적은 외무역화물량 증가에 대응하기 위한 주요 외무역항만의 정비를 실시해 요코하마항의 혼모쿠本牧부두에 대형안벽 건설실시, 신산업도시 등 산업발전에 대처하기 위한 공업항의 정비 및 지역개발의 기반이 되는 항만정비 등이었다. 사이토 마사카쓰斉藤正勝, 1976 : 46[12]도 언급했듯이, 항만과 도시의 확충은 양자의 균형점에 해당하는 도시 임해부나 교통공해 등에서 볼 수 있듯이 다양한 도시문제를 낳았다. 따라서 이 균형점에 해당하는 요코하마역 동쪽 출구에서 신항 부두에 이르는 도시 임해부를 항만기능에서 도시기능으로 전환함으로써 현재의 도시문제를 해결하려는 계획이 나온 것이다. 또한 1966년 「항만법 개정」에서는 항만구역 내의 환경정비만을 실시하는 것이 아니라 도시와 유기적으로 연결된 환경정비를 강조했고, 또 도시기능의 새로운 개발공간으로서의 장이 항만임을 내포했다. 이처럼 항만정비와 도시재생은 불가분의 관계에 있다는 것을 한 번 더 느낄 수 있다.

즉 요코하마는 「항만정비 5개년계획」과 「항만법 개정」 등을 바탕으로 시로부터의 대자본 도입, 도쿄의 베드타운화로 인한 대량인구 증가로 항만의 발전과 아울러 도시부를 중심으로 도시기능 확대도 필요했다. 따라서 전쟁 전 번화가였던 간나이関内・이세자키쵸伊勢佐木町가 미군의 접수로 부흥이 늦어졌던 틈을 타 사가미相模 철도주식회사가 요코하마 서쪽출구의 토지를 매수했고 이것을 계기로 상업의 중심지가 요코하마

---

12 斉藤正勝, 「港湾と都市の融合−都心臨海部の再開発をとおして」, 『調査季報』 52号, 横浜市都市経営局政策課, 1976, 46쪽.

역 주변으로 이동을 했다. 이에 요코하마시가 요코하마역 서쪽출구 지구와 간나이 지구라는 두 갈래로 분리된 도심부의 팽창이라는 변화된 모습을 재발견 할 수 있었다.

2) 도시재생 및 문화공간으로서의 항구도시 요코하마

도쿄의 베드타운화를 피할 수 없게 된 요코하마는 1965년 이런 어려운 상황을 타개해 개성 있는 자립도시를 건립하고자 도시재생 프로젝트로서 6대사업을 내세웠다. 6대사업[13]이란 1965년 아스카타이치오飛鳥田一雄시장이 항만도시, 공업도시, 주택도시에 따른 각각의 문제를 해결하고 요코하마를 대표하는 도심공간으로서 도쿄에 대응할 수 있는 개성 있는 자립적 도시로 만드는 것이었다. 내용은 ① 요코하마 미나토미라이21 지구의 조성을 포함한 도심부강화사업 ② 가나자와지대 매립사업으로 인한 공업지역과 주택지 조성 ③ 고호쿠港北 뉴타운 건설사업 ④ 고속도로망 건설사업 ⑤ 고속철도지하철 건설사업 ⑥ 베이브릿지 건설사업 등을 들 수 있다.

그럼 도시재생 프로젝트인 6대사업에 관한 특징과 함께 이 사업으로 항구도시 요코하마가 문화적 공간으로 탈바꿈하는 과정과 인적·물적 이동에 대해서 알아보자.

(1) 도심부강화사업

당시 요코하마는 전재, 접수에 따른 부흥 및 재정비가 필요한 시점이었고 경제 및 사회·문화적인 측면 등에서도 대도시적인 성격을 갖추지

13　宮腰繁樹, 「6大事業の基本理念」; 「特集6大事業の経過と今後の方向」, 『調査季報』 28号, 横浜市都市経営局政策課, 1971, 2~9쪽.

못한 상황이었다. 또 수도에 근접해 있는 관계로 도쿄 영향을 많이 받아 지방중심도시로서의 독자성이 부족했었다. 자연적인 측면에서도 도로, 공원, 광장을 중심으로 한 공공 공지율이 낮고 블록협소 및 토지이용의 순화가 뒤떨어져 근대도시로서의 경관이 결여되어 있었다. 원래 요코하마역1872년은 간나이 지구에 있는 사쿠라기쵸역桜木町驛이었고, 구도심의 생명줄 같은 역할을 했던 일본최초의 의류전문쇼핑몰과 보행자전용몰인 모토마치나 이세자키 그리고 일본최초의 근대도로로 평가받는 바샤미치馬車道와 같은 역사적인 곳들도 대부분 간나이에 있었다.[14] 그런데 이지역이 전재 및 접수로서 기존기능이 사라지자 간나이·이세자키쵸 지구中구와 1955년대 교외부의 급속한 발전을 배경으로 터미널 상업가로서 발전해 온 요코하마역 주변지구西구가 양극화된 상태를 나타냈다. 이에 도심부강화사업은 간나이·이세자키쵸 지구가 더 이상 방치되는 것을 막고 구도심을 재생시켜 요코하마역 주변지구와 간나이 지구의 2개 도심 지구를 통합일체화 및 강화하고자 했던 것이다. 즉 요코하마시는 양극화한 도심사이에 있는 부두다카시마, 신항 등, 조선소미쓰비시중공업 요코하마 조선소, 공업 등의 기능을 폐지 또는 혼모쿠나 가나자와 지역으로 이전하고 도심 임해부에 자립적인 도시기능을 집적시키고자 했다.

먼저 도심부강화사업으로서 미쓰비시 지구의 재개발 계획은 도시기반 강화, 새로운 도심창조, 임항공원을 마련해 바다와 녹색을 활용한 축선 구축 등 3개를 중점적으로 업무시설, 상업시설, 문화시설, 보행자 공간 형성 및 역사적 자산의 활용을 위한 공간조성 등을 중심으로 추진했

---

14 송대호, 「도시경관형성을 위한 공공디자인 선진사례 고찰 - 일본 요코하마시의 미나토미라이21(Minatomirai21)을 중심으로」, 『동북아 문화연구』 25, 2010, 409~410쪽.

다. 도심부강화사업의 가장 중요한 목적은 자립적인 도시구조 확립이었고 그 핵심프로젝트로서 제안된 것이 미나토미라이21 사업이다. 이 사업은 요코하마역과 사쿠라기쵸역 사이의 해안에 조성되었고 총면적은 186ha이며 그중 매립부는 76ha로 중앙지구, 신항지구, 요코하마역 동쪽출구이다. 1983년에는 매립사업과 토지구획정리사업에 착수했고 시민들의 친밀한 생활환경시설이나 근간적인 도시시설 정비를 위해 요코하마시뿐만 아니라 도시개발주식회사를 비롯한 민간디벨로퍼[15] 참여 등에 의해 1985년 본격적인 개발이 시작되었다.

다음은 도심부강화사업으로 도심부의 중소공장의 이전[16]에 대해서 살펴보자.

당시 공장 분포상황을 보면, 중공업은 쓰루미, 가나가와 지구에 편중했고 경공업은 남구 내에 대부분 분포되어 있었는데 이것은 주택과 공업의 혼재현상을 나타내고 있었다. 이에 점차적으로 중소기업은 기업부지 협소, 주택지역에 대한 공해문제, 공공사업 계획지역 등의 이유로 가나자와지대를 비롯해 다른 곳으로 이전을 했다. 그러나 비록 공장이전이 실시되더라도 노동력 부족과 원거리 통근으로 인한 종업원숙소 마련시책 등 발생되는 문제 또한 적지 않았다. 어쨌든 이 사업이 계획적이고 체계적으로 잘 진행되기 위해서는 기획과정에서의 중소기업 측과 요코하마시 그리고 민간간의 의사소통이 잘 조성되어 상호협조가 원활하게 이루어져야 한다고 생각한다.

---

15 入江昭明, 「都心部再開発(1)三菱重工移転と跡地の利用」; 「特集6大事業の経過と今後の方向」, 『調査季報』28号, 横浜市都市経営局政策課, 1971, 67~68쪽.
16 野地博, 「都心部再開発(3)都心部の中小工場の移転と協業化」; 「特集6大事業の経過と今後の方向」, 『調査季報』28号, 横浜市都市経営局政策課, 1971, 83~92쪽.

마지막으로 도심부강화사업으로서 녹지조성[17]에 대해서 알아보자. 요코하마시에서는 요시다吉田강, 후지미富士見강의 하천을 매립한 후 녹색 공원을 조성하고자했다. 대표적으로 오도리大通り공원을 하나의 녹지 축으로 해서 야마시타공원에서 오도리공원을 거쳐 요코하마공원에 이르는 유럽풍 디자인의 시청사 주변을 하나의 결절점으로 한 것이다. 이런 녹지조성은 자칫 잃기 쉬운 도시의 인간성을 회복하고 요코하마에 사는 사람, 놀러 오는 사람, 일하러 오는 사람들이 휴식공간으로 즐겁게 지낼 수 있고 또 인적네트워크도 형성할 수 있는 계기를 마련해주는 것이다.

(2) 가나자와지대 매립사업

가나자와지대 매립은 요코하마시 6대사업의 핵심을 이루는 것으로 1971년에 시작해 1988년 660ha 매립을 통해 완공됐다. 매립의 목적은 도심부 재개발과 시가지 재개발을 위한 공장이전 대체지의 확보가 주를 이뤘다. 우선, 요코하마 도심부에 위치해서 도시기능을 약화시켰던 조선소나 공장을 가나자와지역으로 이전하고 대신에 그 빈 공간을 상점, 주택, 공장의 혼재 없이 살기 좋은 도시로 조성하는 것이었다. 한편, 가나자와지구 입장에서는 계획적이고 체계적인 시스템 속에서 조화로운 도시를 만들어 요코하마 시민전체에 도움을 주는 것에 중점을 두어 다음과 같은 4가지 목표[18]를 계획했다. 첫째 가나자와도시 내 입지하기에 적합한 공간에 근대적인 공장단지를 형성한다. 둘째 공장관련 종

---

17 三木馨, 「都心部再開発(4)都心部のなかの緑の軸線」; 「特集6大事業の経過と今後の方向」, 『調査季報』 28号, 横浜市都市経営局政策課, 1971, 93~104쪽.

18 宮腰繁樹, 앞의 글, 1971, 5쪽.

업원의 주택, 혹은 도시시설 정비 공공사업 등을 통해 이전 대체주택 등의 주택단지를 조성한다. 셋째 네기시만根岸湾이나 혼모쿠 매립 등으로 인해 시민들이 바다에 대한 친숙함이 없어지는 것을 방지하기 위해 바다공원을 건설한다. 넷째 공공용지에 간선도로를 설치해 수도권 내 주요도시와의 유통기능을 충분히 발휘하여 시민들이 이상과 같은 문화공간을 잘 활용해서 살기 좋은 마을을 조성하도록 하는 것이었다.

이 사업의 매립예정 해수면에는 도미오카 어업협동조합 72세대, 시바 어업협동조합 167세대, 가나자와 어업협동조합 169세대가 어업생활을 영위하고 있었는데 매립반대가 심했다.[19] 이에 요코하마시는 최대한 이 사업의 필요성과 미래어업의 전망 등에 대해 설득을 거듭하여 어민들의 협력을 받기도 하였다. 그러나 잔존어장의 고도이용과 공사공정과 맞물려 조합원의 전업대책 및 보상금 등에 대한 불합의로 진통을 겪기도 했었다. 시장은 마지막으로 내부의견 조정에 나섰고 이에 가나자와지역 매립사업은 1970년 12월에 준비완료가 되었던 것이다.

매립지의 배치는 바다 쪽에 공업용지, 육지 쪽에 주택단지를 배치했고 그 중앙에는 가나자와 녹지, 국도 357호선, 수도고속 해안선 및 가나자와 시사이드 라인이 통과되었다. 즉 공업용지에는 미쓰비시중공업 공장이전 외 중앙수산연구소 등의 공적연구시설, 남부자원화센터, 쓰레기소각장 등의 대규모 처리장이 건설되었다. 주택용지에는 질 높은 약 1만 호의 주택이 건설되었고, 시민생활 내실화와 관광자원 개발 및 문화 공간조성을 위해 바다공원, 핫케이지마八景島, 나가하마長浜공원 등 많

---

19 村上武, 「金沢地先埋立事業」; 「特集6大事業の経過と今後の方向」, 『調査季報』28号, 横浜市都市経営局政策課, 1971, 110~117쪽.

은 공원 및 녹지가 정비되었다.[20]

(3) 고호쿠 뉴타운 건설사업

1955년 후반부터 일본경제의 급성장으로 인해 요코하마는 인구급증현상이 일어났고 이로 인해 스프롤현상이 발생했다. 요코하마시는 면전에 급급한 과잉인구 수용을 위한 교외 난개발을 방지하고 도시와 농업의 조화를 도모해낼 수 있는 새로운 공간조성이 필요했다. 이에 6대사업의 하나로 주거·직장·농업이 일체가 된 거리조성을 위한 고호쿠 뉴타운 건설사업을 추진했다. 고호쿠 뉴타운 계획의 기본구상[21]은 첫째로 시민참여의 도시조성이라는 기본개념에 바탕[22]을 두었다. 시민과 계획하는 와중에 여러 가지 오해와 이견도 발생했지만, 대화로서 서로 타협점을 찾는 노력을 거듭했다.

둘째로 요코하마시는 먼저 개발지역 구역 내를 「토지구획정리사업 시행지구 1,341ha」와 「농업전용지구」 등으로 구분하고, 또 도시조성의 기본방침을 바탕으로 지구내의 녹지거리를 골격으로 공원이나 민유지民有地 경사면수림 등을 연결한 「그린매트릭스Green Matrix시스템」[23]으로 불리는 오픈스페이스를 실시했다. 아울러 타운센터는 고호쿠 뉴타운의 핵을 이루는 것으로써 요코하마시 북부 및 수도권도 시야에 넣은 광역거점으로서 도로, 공원 등의 기반시설 및 부도심에 어울리는 대규모 상업

---

20 タウンニュース,「金沢地先埋立」;「地元の歴史 振り返る」,『金沢区制70周年記念連載』第22回, 2018.3.1.
21 林太郎,「港北ニュータウン(1)ニュータウンの開発」;「特集6大事業の経過と今後の方向」,『調査季報』28号, 横浜市都市経営局政策課, 1971, 26쪽.
22 荒川和広・秋本福雄,「港北ニュータウンの土地区画整理事業の開発プロセスに関する考察」第30回, 土木学会関東支部技術研究発表会, 2003, 54쪽.
23 横浜市,「港北ニュータウン現況とまちづくりの方針」, 2020.7.22.

시설이나, 업무·문화·공공시설 등의 집적이 중심을 이루었다. 그리고 시 자체 사업에 의한 대량 수송기관인 지하철을 도입하는 데도 큰 특징을 가지고 있었는데 지구 내에 6개역을 가진 2개의 고속철도, 광역간선도로 등도 계획했다. 즉 고호쿠 뉴타운은 요코하마의 지리적 위치 및 역사풍을 고려하여 계획했고 이에 이상적인 도시조성의 골격인 주택도시, 공업도시, 항만도시와 이들의 조화 위에 선 '국제문화 관리도시'로서 각각 기능적으로 모순 없이 조합해 나가고자 했던 것이다.[24] 특히 이중에서도 주택도시의 일익을 지는 것이며 주민은 물론 이주민들도 직장과 주거가 같은 공간에서 이루어져서 교외 난개발을 방지하기 위한 대책으로 도시 재생된 것으로서 인간성회복이 다소나마 가능했던 공간이었다.

(4) 고속도로망 건설사업

요코하마는 당시 타 선진국에 비해 도로비율이 낮았으므로 보충이 필요했고 또 도쿄와도 연결고려 등 효율적인 도시고속도로의 필요성이 대두되었기에 요코하마시가 6대사업으로 채택한 것이다. 장거리 교통은 고속도로나 우회로를 통과하게 함으로써 지역교통과 분리되도록 하였다. 요코하마시가 도시고속도로 제5차 도로정비 5개년계획1967~1971년에 착수했고, 특히 고속도로와 일반가로의 콤비네이션 워크에 고려해야 할 특수성으로서 간선도로가 필요했다. 이에 요코하네선横羽線 1기[도쿄다이시요코하마선(東京大師横浜線) 확폭-링코철도와는 입체교차화, 신코야스(新子安) 부근의 국철 입체교차를 포함해 국도 1호, 15호, 시도코야스모리야선(市道子安守屋線) 등과의 일련의 정비와 요코하네선과의 연결]

---

24 林太郎, 위의 글, 1971, 27~28쪽.

와 2기 사업[히가시가나가와(東神奈川) 부근의 국도 15호 확폭, 요코하마역 국도 1호 확폭, 다카시마쵸(高島町) 교차점 입체개량, 사쿠라가와(桜川) 신도로의 간나이 방면으로의 연장, 이시카와마치(石川町) 부근에서 야마시타(山下)다리에 걸친 도로 폭 확장, 그리고 신야마시타(新山下) 바이패스에 의한 혼모쿠 부두지구 도쿄만의 연안도로로의 접속]을 시행한 것이었다.[25] 그렇지만 도시고속도로의 출현에 의해서 도시 내의 자동차 교통의 문제가 해결된 것은 아니었다. 도시교통은 다종다양한 교통의 집합이며, 이것을 획일적으로 처리하려면 상당한 도로가 필요했던 것이다.

그리고 고속도로 건설에 따른 주민참여 면에 있어서도 공청회 등을 개최해 주민의견을 반영시켰지만 이것도 상당히 어려운 문제가 있었다. 즉 당국이 작성한 안이 가장 합리적인 안이라는 것을 주민은 이해를 해야 했었고 만약에 이해되지 않는 사람들과는 그대로 대립이라는 결과로 남게 되었다. 어쨌든 고속도로 건설에 주민들의 반대의견도 있었지만 이 고속도로망 건설사업에 의해 시민들이 주행시간 단축, 교통사고 감소, 교통체재 완화 등의 장점으로 보다 더 문화적 혜택을 누릴 수 있는 여건을 조성하였다고 말할 수 있다.

(5) 고속철도지하철 건설사업

요코하마는 도쿄와의 지리적 근접성과 베드타운화로 인해 인구급증이 문제화되었고 이에 도시교통심의회의 자문을 토대로 요코하마 시내선 4개, 노선 64.5km, 총공사비 1,550억 엔의 건설계획실시를 6대사업으로 단행했다. 이들 노선의 최종완성은 1985년도를 목표로 했으며

---

25 池沢利明, 「高速道路のネットワーク」; 「特集6大事業の経過と今後の方向」, 『調査季報』28号, 横浜市都市経営局政策課, 1971, 46~47쪽.

그 내용[26]은 다음과 같다.

먼저 1호선①号線이다. 노선은 쇼난다이湘南台-가미오오카上大岡-요시노쵸吉野町-오노에쵸尾上町로서 거리는 18.6km이다. 특히 개발이 진행되고 있는 도쓰카구戸塚区, 세야구瀬谷区, 미나미구南区 및 고난구港南区 기존 철도에서 떨어져 있는 지역을 도심부에 직결하여 거리적으로나 시간적으로 편리하게 하려는 것이었다. 아울러 노면교통기관이 가장 붐비는 가미오오카-오노에쵸 간의 구제를 도모하려는 것이었다. 2호선②号線노선은 뵤부가우라屛風浦-요시노쵸-요코하마横浜東口-가나가와신마치神奈川新町로서 거리는 11.4km이다. 게이힌 급행전철에서 가미오오카-요코하마역 간에 별도 선으로 바이패스 시켜 같은 회사의 가나자와金沢-뵤부가우라 간의 복복선화에 대응시키려는 것이었다. 아울러 요코하마시의 중심부를 남북으로 달리는 노면 교통기관의 승객을 흡수하여 그 근대화를 도모하는 것이다. 3호선③号線노선은 혼모쿠-오노에쵸-요코하마역横浜西口-신요코하마역新横浜駅-가쓰타勝田이고 거리는 19.2km이다. 요코하마시가 계획하고 있는 약 30만 명을 수용하는 고호쿠 뉴타운의 중심지 가쓰타와 도심부를 직결하는 노선이며, 신요코하마역, 요코하마역을 경유, 혼모쿠 해안 매립지에 생기는 수송수요에 대처하는 것이다. 4호선④号線노선은 쓰루미鶴見-스에요시바시末吉橋-가쓰타-모토이시카와元石川로서 거리는 15.3km이다. 쓰루미구는 공업지역으로서, 고호쿠는 주택지역으로서 인접해 있지만, 직결되는 교통기관이 없어 매우 불편했다. 이 선은 이들 양구간과 미도리구緑区의 교통편리를 개선하는 동시에 뉴타운에 발생하는 여객을 수

---

26 安藤栄,「地下鉄建設の計画と実際」;「特集6大事業の経過と今後の方向」,『調査季報』28号, 横浜市都市経営局政策課, 1971, 10~12쪽.

송하기 위해 도큐덴엥도시선東急田園都市線, 도큐토요코선東急東横線, 국철 게이힌토호쿠선京浜東北線 등을 횡단하여 도쿄방면으로의 환승편도 고려한 것이다. 이 지하철 건설사업을 그림으로 나타내면 다음과 같다.

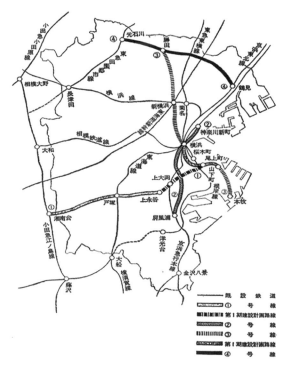

〈그림 1〉 요코하마시 고속철도(지하철)노선도
출처 : 安藤栄(1971), 앞의 자료, 11쪽 참조.

지하철 건설사업은 공간적으로 지상철도의 교통 혼잡을 어느 정도 해소해 줄 수 있고 또 비나 눈, 태풍 등의 천연현상이 발생해도 그렇게 교통운행에 지장을 받지 않아서 안전하게 이용할 수 있다. 특히 요즘에는 지하차도 공간을 활용하여 전시회, 쇼핑공간도 많이 생겼기에 상인들과 승객들 둘 다 제한된 공간에서 상호효용가치도 높일 수 있고 문화적 공간으로서 시민들의 삶의 가치를 향상시키기도 한다.

(6) 베이브릿지 건설사업

당시 요코하마항은 전 대륙과 정기항로를 맺고 있었고 이들 항로를 통해 인적·물적 교류를 형성하고 있었다. 또 상업과 공업을 별개의 항만에서 취급하지 않고 하나의 항만에서 체계적으로 관리함은 국내수송 측면에서 공업원재료 및 제품수송에 적합한 해운역할을 하고 있었다고 할 수 있었다. 그러나 도시화의 진전에 수반하여 항만기능과 도시기능과의 조화가 필요한 상황이었고 이에 컨테이너시대를 맞이했었다.[27] 즉 항구와 육지의 일관수송, 선박의 대형화, 전용 선박화 등 물적 유통을 합리적으로 운영하기 위해 근대적 부두를 정비하고 터미널기능의 질적 개선을 도모할 필요가 있었던 것이다. 아울러 배후의 간선도로나 간선철도와의 접속을 충분히 고려한 대책이 필요했었다. 이에 베이브릿지 건설사업은 6대사업의 하나로서 계획되어 전후에 증대한 항만부의 물류를 원활히 해시 중심부의 교통체증을 완화시키는 도로망을 정비함과 동시에 항구 요코하마의 상징으로 삼고자 했던 것이다. 이 다리는 혼모쿠 부두와 다이코쿠 부두를 연결해 요코하마항의 국제항으로서의 기능강화를 목적으로 계획된 것으로, 길이 860m로 1981년에 착공하여 1989년에 개통됐다. 상층부는 수도고속도로로 개통 후에도 고속통행 요금관계로 베이브릿지 이용이 적었기에 한편 시내 중심부의 일반도로에는 우회하는 컨테이너 차량 등이 많았다. 이에 현지 주민이나 항만관계자 등이 베이브릿지에 일반

---

27 西脇巖, 「ベイブリッジ計画」; 「特集6大事業の経過と今後の方向」, 『調査季報』 28号, 横浜市都市経営局政策課, 1971, 58~60쪽.

도로 건설요구가 있었고, 2004년 하층부에 국도 357호가 개통되어 요코하마항 내 항만관계 차량의 중요한 이동경로로도 이용되고 있다.

요코하마 베이브릿지 병설 스카이워크에서는 평소 볼 수 없었던 항만 물류의 모습과 크루즈선을 가까이에서 볼 수 있다. 게다가 전망시설「스카이라운지」에서는 신혼모쿠 부두의 역할이나 해양공사의 건설기술, 환경에의 대처 등의 영상상영이나 모형전시 등을 실시해 시민들이 문화적 공간으로서 활용하고 있다.

이상으로 요코하마의 어려운 상황을 극복해 자립도시를 만들고자 실시한 도시재생 사업인 6대 프로젝트에 대해서 살펴보았다. 그럼 이 6대 사업을 통한 문화적 특징은 어떤 것이 있을까?

우선 도심부강화사업으로 기존의 상업과 공업중심의 요코하마항이 문화·국제도시로 변화했다. 즉 동서양의 문화가 어우러진 유서 깊은 건축물 아카렌가 소코와 독야드 가든 등은 주민은 물론이고 관광객들의 관광지로서 문화를 즐길 수 있는 국제적인 도시공간이 형성되었다. 그리고 조선소가 이전된 미쓰비시 지구 빈 공간에는 업무와 국제회의, 호텔과 쇼핑가, 음악과 미술, 관광엔터테인먼트 등이 결합된 종합적인 문화를 창출해 개방적인 도시문화를 실현시켰다. 두 번째로 가나자와지대 매립사업은 노시재개발로 공해가 없는 공장단지를 형성하고 이들 공업단지에서 일하는 직장인들과 주민들이 살 주택단지를 조성해 이들이 행복하게 살아갈 수 있는 공간을 마련해줬다. 그리고 녹지 및 바다공원을 조성해서 주민들이 가족들과 함께 쉴 수 있는 쉼터를 마련해 줬으며 또 이런 자연적인 휴양지를 통해 주민들이 한층 더 퀄리티가 놓은 문화생활을 체감할 수 있었다. 세 번째로 고호쿠 뉴타운은 주택도시의 일익을 담당했고 주민도 젊은 가족 층이 중심이 되었으므로 이에 자녀교육에 대한 지원책 및 아이들의 놀이 공간 및 교육공간이 잘 조성되어있다. 아울러 쇼핑센터 및 상업시설, 문화시설이 즐비 되어 주민들의 편리한 생활공간을 통한 여가생활을 활용할 수 있는 이점이 있다. 그리고 '그린 매트릭스 시스템'이라는 총면적 약 90헥타르, 총길이 약 14.5km에 이르는 대규모 연속된 녹색 네트워크를 조성해 많은 사람들이 자연문화를 마음껏 향유하고 있다.

네 번째로 고속도로와 지하철 건설은 당시 과다한 차량과 교통체제로 비효율적인 경우를 대비하기 위해 필요했다. 요코하마시가 6대사업을 성공적으로 달성하고 도쿄도심의 부하를 경감해 경제거점도시로 키워 수도권 경제를 견인하는 역할을 이루기 위한 방법으로 도시들 간의 고속도로망과 지하철조성은 절대적인 필수요건이었다. 이 교통망에 의해서 시민들은 타 도시로의 이동과 경제활동 및 여가문화 활동을 편리하고 자유롭게 누릴 수 있었다. 마지막으로 베이브릿지는 우선 증대한 항만부의 물류로 도심지에 발생한 컨테이너 체증을 완화시킴으로 시민들의 교통문화를 해소시켜 주었다. 그리고 시간에 따라 변하며 요코하마의 야경을 수놓은 아름다운 빛의 연출인 라이트 업은 시민들에게 시각적인 아름다움과 정서적인 휴식을 안겨주는 예술·문화적 공간으로서의 역할을 하고 있다.

이외에도 요코하마시 6대사업의 문화적 특징은 시민들이 워터프론트 조성을 통한 산뜻한 공기로 숨을 쉴 수 있는 도시속의 수변문화 공간, 고속도로 및 지하철 정비사업 등으로 질서문화가 확립된 도시 공간, 역사성이나 문화성이 살아 숨 쉬는 요코하마다운 문화도시 공간 등을 들

수 있다. 즉 6대사업은 1960년대 요코하마를 재탄생시킨 창조문화 프로젝트라고 말할 수 있다.

4. 항구문화와 도시발전의 상관성

항공기가 발달하기 이전에는 선박이 유일하게 바다를 건너는 수단이었고 특히 섬나라인 일본의 경우는 현재에도 상품의 대부분이 선박에 의해 수송된다. 그렇기 때문에 선박은 문화를 응축해서 내포한 상품과 정보화된 문화매체로서의 승선객을 수송하는 수단이며 이런 의미에서 항구는 문화가 수출입 되는 창구로서의 역할을 다하고 있는 것이다.[28] 항구문화는 본국자체에서도 발생할 수 있으나 주로 외국인과의 무역이나 교역에서부터 시작되어 외국문화가 자연스럽게 수용되기도 한다. 그리고 항구에서 수용된 문화는 그 항구를 중심으로 점점 주변도시로 퍼져나갈 것이다.

항구와 도시가 공간적으로 일치하고 있는 경우는 적지 않지만 양자가 지리적으로 떨어져 있는 경우가 오히려 일반적이다. 옛날에는 화물의 하역에 많은 에너지를 필요로 했시만 이것은 항구가 도시로서 발전해가는 요인의 하나이기도 했고 역사적으로 도시와 항구가 불가분의 관계에 있었던 시대는 길었다.[29] 그런데 컨테이너 발명이라는 기술혁신에 의해서 수송화물의 유동성이 높아졌기 때문에 항구와 도시사이에도 분리현

---

28 小林照夫・澤喜司郎・帆苅猛, 『港都横浜の文化論』, 関東学院大学出版会, 2009, 25쪽.
29 林上, 『都市と港湾の地理學』, 風媒社, 2017, 4쪽.

상이 일부 보였다. 아울러 노자와 히데키野澤秀樹, 1978 : 443[30]는 결국 항구와 도시와의 관계는 그 임해지구에 국한되지 않으며 항구가 더 넓은 공간과 연결되는 범위는 도시 전체라고 강조했다. 그렇다면 항구문화와 도시발전은 어떤 관련성이 있을까? 다음은 항구와 도시의 관계에 관한 역사적 배경을 바탕으로 요코하마항구문화와 도시발전의 상관성에 관한 특징을 도출[31]하고자 한다.

1) 개항장에서의 교육문화와 요코하마도시의 상업·공업발전

「미일수호통상조약」에서 수입상품에 대해 관세를 자주적으로 결정할 권리가 없었던 막부는 해외무역에서 일본의 교섭력을 강화할 필요성을 느꼈다. 당시 무역은 상관商館무역이었고 일본인상인과 구미제국의 상인 간에 언어장벽이 있어 직접교섭이 불가능했기 때문에 구미 측 상인들은 중개업자로서 청국상인을 고용했다. 그러나 상업거래상 청국중개업자에 의해 종종 부정행위가 발생했고 그 때마다 외국인상인의 부정 상거래를 보호하는 기능을 가진 편무적 영사재판권으로 불공평한 거래는 개선되지가 않았다. 이에 막부는 업무를 원활하게 수행하고자 해외무역의 프론트였던 운상소현재 세관에 영어어학소를 개설했고 신뢰 가능한 외국인 제임스 커티스 햅번James Curtis Hepburn과 데이비드 톰슨David Thompson을 채용하여 일본상인들에게 영어교육을 시켰다. 즉 개항시작부터 교육문화가 개항장이라는 공간에서 실시되었던 것이다. 햅번은 영어어학소

---

30 野澤秀樹, 「都市と港湾 – 都市地理学的視点から」, 『人文地理』第30卷 第5号, 1978, 443쪽.
31 이것은 小林照夫 외(2009 : 29-106)를 참조하여 항구와 도시의 관계에 관한 역사적 배경을 분석했고, 이를 바탕으로 본문에서 분석한 6대사업 특징을 보충해서 요코하마항구문화와 도시발전의 상관성에 관한 특징 6가지를 도출했다.

를 통역인을 양성하는 학교 이외 상업 및 무역, 수학 등에 관한 근대적 서양학술을 교수했다. 그 결과 요코하마 개항장에서는 외국인과 일본인과의 무역행위가 다소 원활하게 진행되었고, 이 영어어학소를 계기로 일본인이 서양의 문화, 경제, 지리, 수학 및 과학 등에 접해 다른 어떤 도시보다 빨리 국제도시로 성장할 수 있는 지름길이 되었다고 볼 수 있다. 아울러 이와 같은 서양 교육문화와 근대지식 수용이 바탕이 되어 항구에서의 상업무역은 물론이고 요코하마 선거 및 미쓰비시중공업 설립 등에 밑거름이 되었다고 할 수 있다. 그리고 일찍이 쓰루미지구의 임해지구에 게이힌 공업지대 형성과 가나자와지대의 공업단지 조성 등의 공업발전으로 향할 수 있었다.

2)「하이칼라문화」수용으로 근대적 도시형성

미국과 불평등조약을 맺은 일본은 국력을 키우는 것만이 구미세력과 대등하게 맞설 수 있는 길이라고 생각을 했다. 막부는 미일수호통상조약에 대한 비준서 교환을 위해 일부러 미국의 근대화된 문물을 접할 목적으로 만연원년사절단을 미국으로 파견시켰다. 그들은 미국 국정시찰에 의한 외국문화, 문명과의 본격적인 접촉의 기회를 가졌으며 귀국한 후 일본의 근대화를 위해서는 문명개화를 시키어 둠을 강조했고 실현시키고자 했다.

문명개화란 서양의 근대사상이나 생활양식 즉 서양문화를 적극적으로 수용하려는 풍조를 말하고, 구체적으로는 양복·이발·양식·태양력·가스등의 보급 등이 있다. 특히 당시 일본인의 모방대상이 된 서양문화를 「하이칼라문화」라고 하는데 이 중에는 일본에 정착해서 한층 새로운 문화로서 창조되어 간 것도 있다. 이것이 가능했던 것은 일본에는 외래문화를 배제하지 않고 자신들의 가치관으로 소화해서 융합하고 흡수하려는 사상이 있었기 때문이다. 일본은 열강제국에게 인정받기 위해 서양인의 생활습관이나 제도 즉 문화를 서민에게 강제로 수용시키고자 1873년에는 위식주위조례違式註違条例를 실시하기도 했다. 이처럼 일본은 「하이칼라문화」를 수용시키고자 하는 메이지정부의 정책의도도 있었지만 일찍부터 서민들이 거류지라는 공간적 특성에서의 체험 및 모방 등에 의해 저절로 몸에 배었을 가능성 또한 크다. 아울러 외국인의 왕래가 많았던 요코하마에서는 시급히 서양문화관에 바탕을 둔 근대적인 도시가 형성되었던 것이다.

이와 같은 근대적 도시형성의 터전이 되었던 요코하마항구는 타 지역보다 상업 활동이 왕성하여 공업지대로 발전이 되었으나 대지진, 전재, 접수 등으로 어려운 국면에 부딪혔던 경험이 있는 도시이다. 반면 부흥과 재생에 힘썼으며 항만시설 정비 및 1965년 6대 사업을 시작으로 항구도시로서의 재발견과 아울러 문화·국제도시로서 성장할 수 있었다. 특히 도심부강화사업은 도심 임해부에 자립적인 도시기능을 집적시켜 업무와 상업, 전시관 및 국제콘서트홀, 국제회의 등이 결합된 개방적인 항구문화와 도시발전이 잘 조화를 이룬 경우다.

3) 이문화 공간으로서의 항구도시 요코하마

요코하마 개항장에는 외국인거류지와 일본인거주지로 이문화가 한 공간에서 공존하였고, 외국인거류지에는 상관, 호텔, 교회당 등이 들어서 일본인이 서양문화나 문명에 직접 접할 수 있었다. 거류외국인은 자치행정권을 가지고 치외법권이 적용되었고 또 거류지의 10리 내에서는 외출이나 여행이 자유롭게 허용되었다. 일본인상인과의 무역은 거류지

내에서만 한정되었기에 막부는 야마시타 거류지를 조성했고, 당초의 건물은 일본풍이었지만 1866년의 대화재「돼지가게 화재豚屋火事」로 소실된 곳에는 서양식 건물로 개조했다. 이것도 일본이 서양식 건축방법을 접할 수 있었기에 가능했으므로 이문화 교류에 따른「하이칼라문화」수용의 사례이다. 그러나 요코하마 개항장에서만이 이문화 교류의 장이었던 것만은 아니었다. 구미상인의 중개업자로 요코하마에 들어와서 거주지를 형성했던 중화가는 화교와 화인의 생활터전임과 동시에 현대에 들어와 일본인은 물론이고 세계에서 관광코스로 유명할 만큼 섞임의 문화가 혼재했던 곳이다. 요코하마시에서도 중화가를 일본과 무관한 공간이 아니라 중화가의 번영이 일본의 번영이라는 큰 시각에서 더욱더 발전할 수 있도록 힘을 쏟고 있었다.

이처럼 일본은 국적이 다른 이문화 공간에서도 자국의 근대화와 발전을 위해서 서양의 문화나 문물을 수용해 갔고 처음에는 모방에서부터 시작되었던 것이다. 또한 중화가처럼 이문화에 의해 형성된 공간을 자국발전의 일부로 흡수해서 관광도시화 시켜나갔다. 결국 요코하마는 서양의 근대적 사고방식과 건축물 등을 모방하는 과정에서 국제적 감각이 생겼고 이 감각을 다시 자국의 발전에 응용함으로써 또다시 일본다움의 독특한 문화 · 국제도시로서의 항구도시 요코하마를 발전시켜 나갔다고 할 수 있다.

4) 도쿄가 아닌 요코하마가 항도港都로서 정치 · 경제 · 문화의 중심

요코하마항은 개항이후 생사 제1항 제도로서 생사무역을 비롯해 서양식 프린트를 실시한 스카프 산업, 나염업 등이 메이지시기를 통해서 요코하마의 주력 산업이었다. 그리고 19세기 말 이후에는 미국의 태평양우편기선회사에 의해 요코하마와 상하이를 잇는 항로가 개설[32]되었을 정도로 국제 항구도시로서 역량을 나타냈다. 고바야시 데루오小林照夫外, 2009 : 34에서도 기술했듯이, 1929년에는 「태평양의 여왕」이라 불린 호화객선 「아사마마루淺間丸」가 요코하마항에서 출발한 것을 계기로 한층 요코하마항은 하이칼라로 변화했던 항구였던 것이었다. 요코하마를 항도라고 부르는 이유가 여기에 있다. 도쿄항구가 1941년에 개항된 데 비해 요코하마가 개국이후 가장 먼저 개항된 항구역사를 가지고 있기 때문이다. 즉 일본을 대표하는 컨테이너항이 아니라 개항장에서부터 시작된 외국인과의 상관무역의 시작지이고 또 하이칼라문화를 수용해 근대도시형성의 선구자로서의 역할을 했을 만큼 정치 · 경제 · 문화의 중심으로 번화한 항구이기 때문이라고 말할 수 있다.

일반적으로 「都」는 수도를 의미하므로 도쿄를 말한다. 그러나 당시 동경항은 개항이후 얼마 지나지 않아 태평양전쟁이 일어나 연합군에 접수되어 정지상태가 되었었다. 전후 국내산업의 부흥과 함께 항만시설의 정비가 급선무였고 1965년 요코하마 6대사업 실시와 아울러 동경항도 세계적인 컨테이너화에 대응했다. 이에 1968년 일본에서 첫 풀 컨테이너선이 시나가와品川부두에 입항하면서 도쿄항은 국제무역항으로 크게 도약하게 되었다. 그러나 항도도쿄라고는 부르지 않는 이유를 전술하였지만 개국이후 가장 먼저 개항된 항구가 요코하마이고 이 요코하마항이 근대도시 형성의 가이드로서의 역할을 해 왔으며 또 부국할 수 있는 가

---

32 松浦章, 『汽船の時代 - 近代東アジア海域 - 』, 清文堂, 2012, 345쪽.

장 근원적인 근대화사상을 싹트게 한 곳이었기 때문이다. 한층 1960년
대 들어가서는 전후 항만정비를 비롯한 6대사업 실시로 인해 요코하마
시를 경제거점도시로 키워 수도권 경제를 견인하는 역할분담에 일조했
던 것이다. 이에 도쿄도심의 부하를 경감하고 또 항만기능을 질적으로
전환시켜 수도권 업무기능을 분담하고자 한 것 역시 항도요코하마라는
자부심이 있었기 때문에 가능했을 것이라고 생각된다.

5) 하마코ᵘᵐᵃᵗᵗᵘᵏᵒ와 요코하마 미나토문화

하마코에 대한 정의는 무엇인가? 하마코란 요코하마에 몇 대째 걸쳐
서 살면서 요코하마의 역사나 사회·문화를 직접적이든 간접적이든 습
득해 어떤 외부인보다도 요코하마에 대해서 잘 알면서 자라난 사람들이
라고 말할 수 있다. 요코하마 개항장에서는 외국인에 의해 신문화 신문
물이 많이 도입되었다. 따라서 요코하마는 일본 최초라는 표현이 상당
히 많으며 평상시 많이 접하는 것 중에서도 아이스크림, 맥주, 호텔, 카
페, 철도나 승합마차, 가스등이나 상수도 등을 들 수 있다. 요코하마에
서 가장 먼저 사용하게 되었던 것들이 시간이 지남에 따라 전국적으로
보급된 것이다. 특히 아이스크림이나 맥주는 분명히 서양문화를 내포하
는 것이고 하이칼라문화 그 자체였지만 이것들이 일본 전체에 보급해
간 것은 국제 감각을 가진 하마코가 아이스크림과 맥주를 수용해 향수
했기 때문이었다. 철도건설 등을 위로부터의 근대화라고 한다면 아이스
크림과 맥주의 수용과 향수는 아래로부터의 근대화로서 대치해서 표현
할 수 있는데 이 리더가 하마코였고 이들에 의해서 요코하마라는 사회
를 형성하고 있었던 것이다. 문화란 의식주를 비롯해 기술·학문·도덕

·종교 등 물심양면으로 전해온 생활형성의 양식과 내용을 말한다. 그렇기 때문에 하이칼라문화를 수용향수해 국제 감각을 가진 하마코의 생활형성 양식이나 내용이 현재 요코하마의 문화로 되어 있으며 이것이 요코하마 미나토문화인 것이다.

하마코가 현재 요코하마항을 대표하고 상징한다고 생각하는 시설은 오산바시大さん橋와 도심부강화사업인 미나토미라이21지구이다. 이 2개에 공통적인 것은 사람이며 사람은 문화를 직접적으로 표현하고 그 왕래에 의해서 정보화된 문화가 국경을 넘어 널리 전파해가는 것이다. 오산바시 국제여객선 터미널은 1894년에 건설된 「테쓰산바시鉄桟橋」의 전신으로 당시 요코하마항 확충요청으로 선박의 거대화와 테쓰산바시 자체설비 및 갱신 시기를 맞이하여 2002년에 새롭게 건설된 것이다. 세계 사람들을 맞이하는 요코하마항의 현관문으로 요코하마의 미나토문화를 마음껏 즐길 수 있는 공간이다. 또 미나토미라이21지구는 요코하마 미나토문화를 상징하는 공간을 형성하고 문화의 중심인 하이칼라로 변화한 항구를 상징한다. 즉 물류중심의 요코하마항에서 서양의 문물도입에 의한 서양의 공연장 및 근대건축설립 등의 질적인 전환 등을 통한 국제교류 및 국제적 기능강화에 힘썼다. 요코하마항구가 이와 같은 국제항구도시로서 우뚝 설 수 있었던 배경에는 하마코가 하이칼라문화를 수용하고 향수해 리더 하는 과정에서 미나토문화에 대한 애착과 관심이 항상 존재했기 때문이었다고 생각한다.

6) 요코하마항과 중화가中華街

개항 후 요코하마항구에 들어온 청국인들은 외국인거류지에 진출한 영국과 미국 등의 양행에 종사했던 중개업자로서 외국상인과의 통역이나 양행하청 등의 일을 해왔다. 상인들이 대부분이었던 이들의 수는 점차 증가했고 이들은 요코하마 신뎅新田거류지와 모토마치 사이 지구에 거주를 했었으며 여기가 이후 중화가로 발전한 지역이었다. 중화가 오도리大通り에는 일용잡화품, 식품, 중화요리점, 이발점, 환전상 등이 들어서 있었고 대청국무역은 1871년에 체결한 청·일 수호조규조인이 계기가 되어 청국상인의 왕래가 활성화해 간 것이다. 결국 개항장에서의 외국인들이 일본과 무역을 하기 위해서는 양행의 하청업자인 청국인들의 통역이 필요했었고 이들이 거주한 지역이 중화가로 발전한 것이었다.

중화가 발전의 배경에는 요코하마개항장이라는 공간특성에 따라 구미제국, 동아시아와의 교역량 증대가 있었다는 것을 알 수 있다. 그리고 중화가에서 소비되는 다양한 식재나 중국제품의 토산물, 수예품, 의료, 장식품 등은 요코하마항구를 통해서 들어왔고 이런 의미에서 요코하마항은 일본에 거주하는 화교, 중화가 활동을 지탱하는 현관이 되고 있었다는 것이다. 또한 중화가는 요코하마항구도시라는 지역에 기반이 있었기에 국제적으로도 비교우위에 섰다고 할 수 있다. 시금은 요코하마 중화가가 단지 화교 화인의 거주 지역만이 아니고 요코하마도시의 관광문화 및 자원발전의 핵심적인 공간으로 발전해 온 것이다. 즉 요코하마의 발전은 중화가의 발전이라는 상호 연동된 등식이 성립하며 이것은 중화문화의 관광자원으로서의 가치를 한층 높이고 있다.

5. 나가며

이 글은 공간특성과 이동에 주목하여 요코하마항구의 변천과정과 특징에 대해서 분석했다. 요코하마 개항장은 외국인과 일본인 상인에 의해 상업무역이 활성화되었고 또한 이문화 교류의 공간이었다. 요코하마는 생사 제1항이라고 불릴 만큼 독보적이었고 근대적 항만을 조성하기 위하여 제1, 2기 축항공사를 실시했다. 그러나 1923년 관동대지진과 제2차 세계대전으로 도시의 절반이 파괴되었고 요코하마는 부흥 및 재생에 힘을 쏟았다. 1950년대부터 60년대에 걸쳐「항만법 개정」과「항만정비 5개년계획」을 시작으로 항만기능 확충 및 본격적인 도시재생을 실시해 요코하마의 재발견과 더불어 문화적 도심부 강화사업으로 부두의 일대를 재정비했다. 특히 도시재생 프로젝트인 6대사업의 하나인 도심부 강화사업은 요코하마시가 지향하는 자립적인 도시구조의 확립을 목적으로 시행한 것으로 미나토미라이21 사업[33]이 해당된다. 요코하마시는 이 6대사업으로 요코하마에 누구나 살고 싶어 하는 도시로 만들겠다는 취지가 강했다. 따라서 그 기본목표였던 항만도시, 공업도시, 주택도시가 각각의 기능에 충실히 해서 삶의 질이 향상되고 요코하마 독자적인 기능을 살려서 국제문화도시로 만들어나갔다. 그리고 이와 같은 6대 사업을 통한 문화적 특징에 대해서 분석했고, 또 요코하마항의 역사적 배경을 바탕으로 항구문화와 도시발전의 상관성에 관한 특징 6가지를 도출했다.

---

[33] 이 글에서는 미나토미라이21 사업에 관한 목적, 추진계획 및 방향, 내용, 결과 등에 관한 구체적인 것은 언급하지 않고, 향후 후속연구로서 '21세기 글로벌화 진행' 부분에서 세부적인 분석을 하고자 한다.

한편 요코하마 개항장에서 「하이칼라문화」를 수용해야 된다는 정부의 강압적인 제도가 있었지만 일본인들은 이문화 교류 공간에서 서양문화가 자연스럽게 수용되었다. 이것은 요코하마가 특히 다른 도시들보다 가장 먼저 근대적 도시를 형성하는 데 디딤돌이 되었던 것이다. 아울러 이 근대적 사고방식이 항도港都요코하마라고 불릴 정도로 정치·경제·문화의 중심축에 설 수 있도록 했으며 또 이를 바탕으로 요코하마는 미나토문화로서 독점적인 위치를 구축할 수 있었다. 즉 요코하마는 서양의 근대적 사고방식과 건축물 등을 모방하는 과정에서 국제적 감각이 생겼고 이 감각을 다시 자국의 발전에 응용함으로써 또다시 일본다움의 항구도시로 성장·발전시켰던 것이다.

이 글은 요코하마항구가 상업무역의 개항장에서 문화·국제도시 요코하마로 변모해 가는 양상을 시대적·공간적 특성과 이동에 주목해서 분석했다는데 의의가 있다. 특히 기존의 연구에서 부족했던 요코하마항구가 변천해가는 과정을 시계열적으로 분석했다는 점과 그리고 전후에서 미나토미라이21 지구개발1983년까지, 미분석한 요코하마항구와 도시와의 발전과정에 대해서 고찰했다는데 의미가 있다. 또한 한국의 도시발전과 연관시켰을 때 부산항 북항 재개발 중인 현재 시점에서, 항구재정비와 도시개발에 성공한 요코하마항구 분석을 동해 성공전략을 도출할 수 있다는 데 시사성이 크다고 할 수 있다.

참고문헌

송대호, 「도시경관형성을 위한 공공디자인 선진사례 고찰-일본 요코하마시의 미나토미라이 21 (Minatomirai21)을 중심으로」, 『동북아 문화연구』 25, 2010.

이금진, 「산업항만지역의 재생을 통한 워터프론트 문화도시 통합계획」, 『Journal of the Korea Society of Disaster Information』 15(2), 2019.

荒川和広・秋本福雄, 「港北ニュータウンの土地区画整理事業の開発プロセスに関する考察」 第30回, 土木学会関東支部技術研究発表会, 2003.

安藤栄, 「地下鉄建設の計画と実際」; 「特集6大事業の経過と今後の方向」, 『調査季報』 28, 横浜市都市経営局政策課, 1971.

池沢利明, 「高速道路のネットワーク」; 「特集6大事業の経過と今後の方向」, 『調査季報』 28, 横浜市都市経営局政策課, 1971.

入江昭明, 「都心部再開発(1)三菱重工移転と跡地の利用」; 「特集6大事業の経過と今後の方向」, 『調査季報』 28号, 横浜市都市経営局政策課, 1971.

金田孝之・遠藤包嗣・前原康博, 「水面利用計画の方向性」〈上〉, 『調査季報』 52号, 横浜市都市経営局政策課, 1976.

北見俊郎, 「「都市と港」の基礎課題-横浜における「都市と港」をめぐって」, 『調査季報』 52号, 横浜市都市経営局政策課, 1976.

小林照夫, 「横浜港の港湾機能と横浜経済-第一次世界大戦から関東大震災を中心に」, 『関東学院大学文学部 紀要』 第109号, 2006.

_____, 「港湾横浜の復興-関東大震災と帝都復興計画」, 『関東学院大学文学部 紀要』 第110号, 2007.

_____・澤喜司郎・帆苅猛, 『港都横浜の文化論』, 関東学院大学出版会, 2009.

斉藤正勝, 「港湾と都市の融合-都心臨海部の再開発をとおして」, 『調査季報』 52号, 横浜市都市経営局政策課, 1976.

西脇巌, 「ベイブリッジ計画」; 「特集6大事業の経過と今後の方向」, 『調査季報』 28, 横浜市都市経営局政策課, 1971.

野地博, 「都心部再開発(3)都心部の中小工場の移転と協業化」; 「特集6大事業の経過と今後の方向」, 『調査季報』 28, 横浜市都市経営局政策課, 1971.

野澤秀樹, 「都市と港湾-都市地理学的視点から」, 『人文地理』 第30巻 第5号, 1978.

林上, 『都市と港湾の地理学』, 風媒社, 2017.

林太郎, 「港北ニュータウン(1)ニュータウンの開発」; 「特集6大事業の経過と今後の方向」, 『調査季報』 28, 横浜市都市経営局政策課, 1971.

三木馨, 「都心部再開発(4)都心部のなかの緑の軸線」; 「特集6大事業の経過と今後の方向」, 『調査季報』 28, 横浜市都市経営局政策課, 1971.

村上武, 「金沢地先埋立事業」; 「特集6大事業の経過と今後の方向」, 『調査季報』 28, 横浜市都市経営局政策課, 1971.

紅野敏郎, 「春陽堂版「文壇新人叢書」の実体」, 『国文学解釈と教材の研究』 15(5), 1970.

宮腰繁樹, 「6大事業の基本理念」; 「特集6大事業の経過と今後の方向」, 『調査季報』 28号, 横浜市都市

経営局政策課, 1971.

森忠彦, 「第二次大戦後の日本の政府系機関における都市基盤整備の計画－日本における社会基盤整備計画の理念の確立とその実現化に関する一考察」, 『都市計画報告集』3, 2005.

근대 일본 항만 도시의 아포리아

쓰루가 사례를 중심으로

이나요시 아키라

1. 들어가며

이 글은 근대 일본의 항만 도시가 직면한 난제아포리아(aporia)를 그 정치체제의 관점에서 밝히는 데 목적이 있다. 일본에서는 항만 도시의 역사 연구는 활발하지만 대상 시기의 종점終点을 19세기 중반으로 두는 경우가 압도적으로 많다.[1] 가장 큰 이유는 19세기 중반에 동아시아에서 일어난 정치체제의 변동에서 찾을 수 있을 것이다. 1840년 아편전쟁이 하나의 계기가 되어 동아시아에도 점차 국민국가 체제가 도입되었고, 그것은 오늘날

---

[1] 대표적인 연구로는 역사학연구회(歷史学硏究会)의『시리즈 항구 도시 세계사(シリーズ港町の世界史)』 간행을 들 수 있다. 이 시리즈는 36명의 집필자가 참여한 대규모 프로젝트로, 대상 지역은 일본·아시아·유럽으로 확대되었고, 대상 시기도 14~19세기에 걸쳐 있다. 그러나 이 논문집에는 19세기 중반 이후를 주요 대상으로 한 논문은 수록되지 않았다. 아오키서점(青木書店)에서 2005년부터 2006년에 걸쳐 출판한『시리즈 항구 도시 세계사』의 1권부터 3권까지를 참고할 수 있다(『항구 도시와 해역 세계(港町と海域世界)』,『항구 도시의 지형학(港町のトポグラフィ), 』,『항구 도시를 산다(港町を生きる)』) 또한 항만도시사 연구와 밀접한 관계에 있는 해역사(海域史) 연구도 19세기 이전을 주요 대상으로 삼고 있다. 이와 관련해서는 고바야시 쇼지(小林昌二)가 감수하여 2005년부터 2006년에 걸쳐 출판한『일본 해역 역사 대계(日本海域歷史大系)』 1권부터 5권까지(모두 세이분도출판(清文堂出版))를 참고 가능하다.

의 동아시아 국제사회를 구성하게 된다. 그러나 일본의 항구 도시 역사 연구의 주류는 이러한 국민국가 역사관으로부터 벗어나기 위한 것이며, 따라서 국민국가 성립 이후의 항구 도시는 그 관심 밖에 있다.

국민국가 역사관으로부터의 탈피를 원하던 여러 연구에 있어서 항만 도시는 적합한 연구대상이었다. 왜냐하면 근세까지의 항만 도시의 큰 특징은 상대적으로 내륙의 정치권력으로부터 독립되어 있었기 때문이다. 그것은 동서양을 가리지 않는다. 예를 들어 프랑스 근세사 연구자인 후카사와 가쓰미深澤克己는 프랑스 내륙부파리에 위치한 중앙정부와 지중해 쪽에 위치한 마르세유 등의 항구 도시는 서로 다른 문화권에 속해 있어서 상호 이해와 이해조정이 어려웠다고 지적한다.[2] 일본도 마찬가지로 일본 근세사 연구자인 사이토 요시유키斎藤善之는 전쟁이 계속되었던 중세에는 군사적 요소를 지녔던 일본 항구 도시가 평화로운 근세가 되니 경제적 기능을 전면에 내세우게 되었다고 지적했다.[3] 실제로 근세에 발달할 일본의 주요 항구 중 상당수는 봉건영주의 군사 거점인 조카마치城下町와는 떨어진 곳에 놓이게 된다. 이러한 정치권력으로부터의 거리는 일본의 각 항구 도시에 독자적인 문화를 양성하는 토양이 되었다. 따라서 일본 전국에 천 여 개 있었다고 하는 근세의 항구 도시를 단순화시켜 일반화할 수는 없지만, 그럼에도 정치권력으로부터 거리를 두고 상대적으로 자유로운 경제활동이 가능했던 공간이었다고 정리할 수는 있을 것이다.

그러나 19세기 중반 동아시아의 국제질서는 전통적인 것에서부터 서

---

2   深沢克己, 『海港と文明 - 近世フランスの港町』, 山川出版社, 2022, 66쪽.
3   斎藤善之, 「塩竃津と石巻港 - 港町空間の発展と類型論によせて」, 歴史学研究会 編, 『シリーズ港町の 世界史 2 港町のトポグラフィ』, 青木書店, 2006, 122쪽.

양을 규범으로 삼는 국제사회로 전환되었으며, 또한 일본의 정치체제가 봉건제에서 중앙집권체제로 전환되면서 정치권력으로부터 거리를 둔 항구 도시는 새로운 난제에 직면하게 된다. 과연 그것은 어떤 난제인지, 특히 지방 정치체제에 주목하면서 검토하는 것이 이 글의 과제가 되겠다.

이때 검토 대상이 되는 것은 일본의 중앙부 와카사만若狹灣의 한편에 위치한 쓰루가敦賀가 되겠다. 근세에 있어서 쓰루가는 주위 항구 도시에 비해 특출하게 크지는 않았다. 그러나 근대 이후 철도가 조속히 개통되고, 일본 정부가 해외 무역항으로 지정한 것을 계기로 쓰루가는 일본에서도 유수의 항만 도시로 성장해 간다. 반면, 쓰루가항을 소관하는 지방정부후쿠이현(福井縣)는 쓰루가항 정비에 적극적이지 않았다. 왜냐하면 후쿠이현 내에서 큰 영향력을 지닌 도시는 미쿠니항三国港을 외항外港으로 하는 후쿠이시와, 오바마항小浜港이 있는 오바마시로, 두 곳 모두 쓰루가항이 형성하는 배후지에는 포함되지 않았기 때문이다. 결론을 미리 말하자면 근대 일본의 항구 도시가 직면한 과제란 그 항구 도시가 형성하는 경제권과 그 항구 도시가 위치하는 행정구획의 불일치에 있다. 항만의 배후지가 형성하는 경제권과 인프라 정비를 위한 공비公費부담의 단위인 행정구역이 합치되지 않을 경우 그 정비나 유지는 어려워진다. 국가적 역할을 수행하면서 지방정부의 적극적인 지원을 받지 못한 쓰루가항은 근대 항구 도시가 직면한 난제를 상징하는 항만이었다고 할 수 있다.

이 글의 구성은 다음과 같다. 제1장에서는 근세 일본과 근대 일본의 항구 도시의 차이를 정치체제와 교통네트워크 측면에서 정리했다. 제2장에서는 20세기 초 쓰루가항의 과제였던 제2차 항만 건설공사를 대상으로, 항만 건설공사의 비용 마련이 지방정부 입장에서는 난제였다는 점과 이를 극복하기 위해 지역 리더들이 어떤 대응을 시도했는지에 대해 밝힌다.

국민국가화는 20세기 동아시아 국가들에게 공통되는 사건이며, 20세기 초 일본쓰루가의 항구 도시 경험은 다른 동아시아 국가들의 항구 도시에게도 중요한 시사점을, 적어도 비교의 시야를 제공할 것이다. 이 글은 이를 위한 하나의 시도라 할 수 있다.

2. 근세 근대 이행기의 항구 도시 변화

1) 정치체제의 변화

일본의 전국 교통망은 일단 17세기에 완성된다. 그 배경에는 17세기 초 도쿠가와德川 씨에 의해 전국정권이 성립된 것을 들 수 있다. 이 전국정권은 에도江戶, 현재의 도쿄의 도쿠가와 정권과 교토京都의 천황을 두개의 중심으로 삼으며, 이들의 직할지 외의 영역은 모두 도쿠가와 정권과 주종 관계에 있는 각 지역의 영주다이묘(大名)가 통치하는 '쌍두·연방'국가[4]였다. 각 지역의 영주는 도쿠가와 정권으로부터 독립된 존재였으며, 도쿠가와 정권은 각 소령所領의 내정에 개입할 수 없었다. 한편, 영내에는 영주로부터 독립된 존재는 없으며, 사원이나 신사도 영주의 지배를 받아들이는 한, 존속이 허용되었다는 점이 중세 일본 정치체제와의 큰 차이점이다. 근세 일본 정치체제의 큰 특징 중 하나는 도쿠가와 쇼군將軍·

4　三谷博, 『維新史再考 － 公儀・王政から集権・脱身分化へ』, NHK出版, 2017, 50쪽.

천황·영주가 일본 전국을 분할해서 통치하고 있었으며, 그 외 정치권력은 존재하지 않았다는 점에 있다고 할 수 있다.

근세 일본 정치체제의 또 다른 특징은, 이 소령이 공간적으로 반드시 일원적이지 않았다는 점이다. 장군·천황·영주의 소령에는 '비지飛地'도 많이 있었으며, 이들의 소령은 모자이크 형태로 분포되고 있었다. 그 큰 이유는 도쿠가와 정권 하에서는 각 영주들이 새로운 소령을 취득하는 일이 있었기 때문이다. 특히 도쿠가와 정권의 일익을 맡고 있는 영주후다 이 다이묘(譜代大名), 또는 하타모토(旗本)라 불린다의 경우, 도쿠가와 정권에 대한 공헌도에 따라 새로운 소령이 주어지기도 하고, 또 재해 등 구제사업에 대한 보전 등의 이유로 각 영주들에게 새로운 소령이 주어지기도 했다. 하지만 그들의 소령에 인접한 토지에 새로 주어지는 소령 예정지가 늘 자리하고 있는 것은 아니다. 그들의 본래 소령에서 떨어진 토지를 새로운 소령으로 제공받은 결과, 시간이 지나갈수록 영주들의 소령은 점점 모자이크 형태가 되어 갔던 것이다.[5]

이런 상황에 변화가 생기는 것이 19세기 중반이다.

1868년 도쿠가와 정권이 몰락함에 따라 일본은 '쌍두·연방'국가에서 중앙집권 국가로 이행한다. 새로 탄생한 중앙정부는 도쿠가와 정권의 소령 대부분을 물려받았지만, 그것만으로는 재정·군사 양면에서 서구 열강에 대항하는 것이 불가능했다. 재정적·군사적 기반을 확립하기 위해 신정부는 집권체제로의 이행을 목표로 한다. 1871년 8월 새로운 중앙정부에 의해 각 영주의 소령번, 藩이 폐지되고, 중앙정부의 파견기관

---

5   荒木田岳,『村の日本近代史』, 筑摩書房, 2020, 107쪽.

인 '현縣'이 신설된다. 이런 '비지'는 집권국가인 새로운 일본 정부 입장에서는 통치를 비효율적으로 하는 것으로 간주됐다. 이듬해 72년 1월까지 신정부는 부현府縣 통합을 반복하면서 '비지'를 없앴다. 이후에도 부현 통합을 반복하면서, 처음엔 3개 부府와 302개 현縣으로 나뉘었던 일본은, 1888년에는 3개 부와 43개 현으로 재편되었다.

이렇게 만들어진 부현은 현대 일본의 지방자치의 부현과는 달리, 어디까지나 중앙정부의 파견기관이었다. 하지만, 지역주민이 부현정치에 참여하는 구조가 점차 형성되게 된다. 1878년에는 각 부현에 부현회府縣会가 신설되었으며, 주로 지방세 사용용도에 대한 논의가 이뤄지게 된다. 부현회 의원을 뽑는 선거제도는, 제2차 세계대전 후 지방제도가 근본적으로 개정되기까지 약 70년 동안 여러 차례 개정되었지만 기본적으로는 일정액의 지조地租, 토지에 부과되는 세금를 납부하는 부현내 유력자가 선출되었다.

이렇게 해서 일본의 지방정치제도는 중앙의 정치권력으로부터는 상대적으로 독립된 소령이 모자이크 형태로 만들어진 제도쌍두 · 연방국가에서, 일정 지역을 일원적으로 통치하는 정치제도중앙집권국가로 전환된다. 새로운 부현제府縣制에서는 중앙정부에서 파견된 현지사와 지역사회 대표자의 집합체인 부현회의 협조를 통해 부현이 운영되는 제도가 정비되었다.

2) 국내 물류망의 전환

항구 도시 또한 이러한 정치제도 전환의 영향을 받았다. 먼저 19세기 중반까지의 항구 도시의 모습을 확인해보도록 하겠다.

기본적으로 도쿠가와 정권하에서 각 소령에 대한 세금은 쌀로 납부되었다. 때문에 영주는, 세금으로 거둬들인 쌀연공미을 대도시오사카에서 환금

할 필요가 있었기 때문에, 각지에서 오사카로 이어지는 물류망이 정비되었다. 그 중심이 된 곳은 연안해운으로, 17세기 후반에는 에조치蝦夷地, 현재 홋카이도에서 혼슈 서안本州西岸·세토나이카이瀬戸内海를 지나 오사카로 이어지는 서회전 항로, 그리고 도호쿠東北지방에서 에도로 이어지는 동회전 항로가 각각 정비되었다. 이 연안해운망은 내륙으로 연결되는 하천수운망과 연결되어 전국적인 유통망 역할로서 기능하게 되었다.[6] 이런 전국적인 유통망의 중계지점으로 인해 많은 항구 도시들이 번영하게 된 것이다.

이미 말했듯이 근세의 소령은 공간적인 구분이라기보다는 기능적인 구분이며,[7] 반드시 일원적이었던 것은 아니다. 따라서 각 영주들이 반드시 하나의 항구 도시만을 가지고 있었던 것은 아니며, 그 소령의 형태와 입지에 따라 여러 개의 선적항을 소유한 영주도 있었다. 반면에 바다에 접해 있지 않은 소령을 소유한 영주는 인근 항구 도시를 이용할 수밖에 없어, 주요 항구 도시에는 복수의 영주들이 창고蔵屋敷, 구라야시키라고 부른다를 차렸다.[8] 항구 도시에 다이칸代官을 파견할 여력이 없었던 영주들은 현지 상인들에게 화물취급을 위탁했다. 이러한 배경 때문에 각 항구 도시는 기본적으로 상인 자치自治로 운영되었으며, 상대적으로 자유로운 공간이었다.

19세기 말에는 국내 물류망에도 큰 변화가 생겼다.

그중 하나는 선박의 대형화다. 근세에는 다른 동아시아 국가들과 마

---

6 深井甚三,「水運と陸運」,『岩波講座日本歴史第12巻 近世3』, 岩波書店, 2014, 144~148쪽.

7 松沢裕作,『町村合併から生れた日本近代 –明治の経験』, 吉川弘文館, 2013, 26~33쪽.

8 예를 들어 니가타(新潟)에는 니가타항의 영주였던 나가오카번(長岡藩)뿐만 아니라 도쿠가와 막부·아이즈번(會津藩)·무라카미번(村上藩)·무라마쓰번(村松藩)·다카다번(高田藩)·미네야마번(三根山藩) 등이 곳간을 차렸다. 新潟市,『新潟歴史双書1 新潟湊の繁栄』, 1998, 75쪽.

찬가지로 도쿠가와 정권도 해금정책海禁政策을 펼쳤으며, 그 일환으로 대형 선박 건조를 금지했었다. 시대가 변하면서 제약도 느슨해졌지만 그래도 허용되는 크기적재량는 기껏해야 150톤 정도였다. 그러나 19세기 이후 세계적으로 선박의 대형화가 진행되면서 19세기 말에는 일본 상선도 총 톤수로 3,000~6,000톤급 선박이 보편화되었으며, 20세기에는 10,000톤을 넘는 선박도 흔해지기 시작했다.

또 하나는 철도의 등장이다. 일본 정부는 경제 근대화를 추진하는 과정에서 물류망 정비에도 힘을 쏟았으며, 1890년대에는 주요 간선철도가 완성되기 시작했다. 도쿄와 고베神戸를 잇는 동해도선東海道線이 전선 개통全通된 것은 1889년이었다. 1888년에는 고베에서 시모노세키下関를 잇는 산요철도山陽鉄道가 착공됐고 이 철도는 1901년에 개통됐다. 또 도쿄에서 북쪽으로 향하는 일본철도선日本鉄道線도 1890년에 개통되어 20세기 초에 혼슈本州를 종단하는 철도망이 완성됐다. 이에 따라 일본 내 물류는 연안 해운망에서 내륙을 달리는 철도망으로 전환되었고, 근세에 번성했던 각 지역의 항구 도시들은 점차 쇠퇴되기 시작했다.[9]

이런 상황에서 각 지역의 항구 도시들이 쇠퇴를 면하기 위해서는 첫째로 선박의 대형화에 대응할 필요가 있었다. 선박이 그리 크지 않았던 근세에는 대규모 항만 공사가 그다지 필요하지 않았다. 그러나 20세기에는 일반화된 6,000톤급 선박이 입항하기 위해서는 10~12미터 정도의 수심이 필요했다.[10] 두 번째로는 많은 화물을 모으기 위해서는 철도와 연계할 필요가 있었다. 미야기현宮城県의 이시노마키石巻나 후쿠시마현

9   柳田國男, 『明治大正史 世相篇「新装版」』, 講談社, 1993, 215~216쪽.
10   鈴木雅次, 『港湾』, 岩波書店, 1933, 139쪽.

福島県의 오나하마小名浜처럼 철도가 경유하지 않아 쇠퇴한 항구 도시는 적지 않다.[11]

항구 도시에 사는 지역 주민들에게 특히 문제였던 것은 항만 공사다. 민간기업도 실현 가능한 철도부설에 비해 항만 공사의 경우 많은 비용과 고도의 기술이 필요했다. 그럼에도 불구하고, 혹은 이런 까닭으로, 일본 정부는 요코하마나 고베 등 소수의 대항만大港湾 정비에만 주력하고, 그 밖의 많은 항만 정비는 지방정부에 맡겼다. 메이지 유신 이후 새로 출범된 지방정부는 이 난제를 해결해야 했던 것이다. 다음 절에서는 후쿠이현 쓰루가의 사례를 대상으로 그 과정을 살펴보고자 한다.

3. 쓰루가 사례

1) 쓰루가항의 성장

쓰루가는 와카사만 동쪽 끝에 위치한 항구 도시이다. 근세에는 전국적인 물류망인 서회전 항로의 중계지점 중 하나로서 번창했다. 범선 시대의 연안해운망에는 순풍 및 순조의 때를 기다리기 위해 많은 중계지점이 필요했고, 쓰루가도 그중 하나였다. 주변 항구 도시와 비교하면 쓰루가가 특별히 컸던 것은 아니다. 그것은 메이지 이후에도 마찬가지로 예를 들어 1878년 조사에서는 쓰루가항의 이출입액은 32만5000엔이었다. 이것은 주변의 미쿠니항68만 엔이나 오바마항43만 1,000엔과 비교해도

---

11 稲吉晃, 『港町巡礼 – 海洋国家日本の近代』, 吉田書店, 2022, 第2·第12章.

적은 액수였다 [12]. 그런데 1906년 조사에서 쓰루가항의 이출입액은 2,176만 1,299엔으로 급격히 늘어난 반면, 미쿠니항229만 7,611엔과 오바마항163만 9,062엔은 큰 증가율을 보이지 않아 쓰루가항과 미쿠니항·오바마항의 규모 차이는 확연해 졌다.[13]

쓰루가항이 급성장한 가장 큰 요인은 철도였다. 1884년 일본해 연안 도시로는 최초로 쓰루가에 철도가 개통되었다. 민간기업이 아니라 중앙정부가 진행한 것이었다. 중앙정부가 쓰루가를 철도 기점으로 선정한 이유는 비와호琵琶湖 수운을 이용하면 짧은 거리의 철도로 교토나 오사카뿐만 아니라 나고야에도 접속할 수 있기 때문이었다. 철도 개통 이후의 쓰루가는 중앙정부의 기대에 부응해, 이들 도시와 홋카이도와의 연락항구로서 번창하게 된다. 홋카이도에는 쌀을 비롯한 식량과 생활용품을 보냈고, 홋카이도에서는 다시마 등 해산물을 이입했다.

상황이 이렇다 보니 중앙정부에서 바라본 쓰루가항의 위상은 달라졌다. 1896년에 중앙정부는 쓰루가항을 개항 외 무역항開港外貿易港으로 지정, 외국과의 무역이 가능하게 되었다. 이때 개항 외 무역항으로 지정된 곳은 후쿠이현 내에서는 쓰루가항뿐이었다.[14] 1906년에는 러시아 의용함대가 블라디보스토크와 정기 직행 항로를 열었다.

항만의 수축修築에 있어서도, 쓰루가항은 중앙정부로부터 편의를 제공받았다. 중앙정부는 1908년에 전국의 항만을 그 중요도에 따라 제1종·제2종·기타 3종으로 분류했는데, 쓰루가항은 요코하마横浜·고베神戸·

---

12 中西聡, 『海の富豪の資本主義』, 名古屋大学出版会, 2009, 384쪽.
13 『大日本帝国港湾統計 明治 39·40年』.
14 敦賀市史編さん委員会, 『敦賀市史 通史編下卷』, 1988, 177쪽.

간몬해협關門海峽과 함께 제1종 중요항으로 지정되었다. 제1종 중요항의 수축공사는 국가사업으로 여겨졌기 때문에 우선적으로 착수되었다. 1909년에는 전액 국고 부담으로 제1차 쓰루가 축항築港 공사가 착수되어 항내를 평안하게 유지하기 위한 방파제, 3,000톤급 선박이 접안할 수 있는 부두, 또한 화물을 풀기 위한 매립지가 조성되었다.

2) 쓰루가항 정비의 난제

다만, 이러한 쓰루가항에 대한 중앙정부의 기대와 지방정부후쿠이현의 쓰루가항에 대한 기대와는 큰 차이가 있었다. 후술하듯이 후쿠이현은 쓰루가항 정비에 열을 올리지 않았다. 이 차이는 근세와 근대 정치체제의 차이에서 비롯된다.

후쿠이현에 해당하는 영역은 근세에는 후쿠이번福井藩과 오바마번小浜藩이라는 두 번藩 외에도, 구旧도쿠가와 쇼군 가령과 구죠郡上·니시오西尾 등 다른 지역의 번藩의 '비지飛地'가 산재해 있었다. 현재의 현県 구역이 정해진 것은 1881년이지만, 그 전까지는 분할과 통합이 반복되었다. 그 결과 후쿠이현 내부에서는 북부와 남부 사이에서 정체성 분열이 생기게 된다. 즉, 이전 후쿠이 번령을 중심으로 하는 레이호쿠嶺北지역과, 이전 오바마 번령을 중심으로 하는 레이난嶺南 지역이다.[15] 후쿠이와 오바마라는 구旧번령에는 미쿠니항과 오바마항이 있었으며, 이 두 영역 협간에 위치하고 있는 쓰루가항에 우선적으로 현비県費가 투입된다는 것은 후쿠이현 내에서는 이해하기 어려운 것이었다. 게다가 쓰루가의 후방지역은 후쿠이현이 아

---

15 福井県編,『福井県史 通史編』5, 1994, 146쪽.

니라 교토·오사카·나고야 등의 현외縣外 대도시였던 것이다. 때문에 쓰루가항 정비의 필요성은 후쿠이현 내에서 공감되기 어려웠다.

따라서 전액 국비로 제1차 축항 공사가 실행된 것은 쓰루가에 사는 사람들에게 좋은 전례가 되었다고 할 수 없다. 이후의 쓰루가 축항의 경우에도 중앙정부에 대한 의존도가 높아졌기 때문이다. 근현대 선박의 대형화는 그칠 기미가 보이지 않고, 항만은 끊임없이 그 대형화에 대응해야 한다. 그런데 애초에 일본정부가 축항 공사 전액을 국고부담으로 진행한 사례는 그리 많지 않다. 제1종 중요항인 요코하마항이나 고베항의 경우도 공사비 총액의 3분의 1정도는 지역 부담이었다. 이 때문에 쓰루가 지역의 유지들이 더욱 커져가는 대형화 선박에 대응하기 위해 제2차 축항을 실현시키려 했을 때 직면한 가장 큰 장벽은, 후쿠이현 내 쓰루가 축항에 대한 부정적 태도 혹은 무관심이었다.

3) 난제 해결을 위한 대처

이 난제에 대처한 사람은 쓰루가 경제계의 리더 중 한 명이었던 오와다 쇼시치大和田荘七이다. 1857년 쓰루가에서 태어난 오와다는 1890년대 은행오와다 은행, 大和田銀行과 무역상사쓰루가무역기선 주식회사, 敦賀貿易汽船株式会社를 설립하는 등 청년 사업가로 부상한 인물이다. 이곳의 상업회의소 설립을 주도한 것도 오와다이며, 1907년 쓰루가 상업회의소가 설립되었을 때엔 초대 회장 자리에 올랐다.

이렇게 지역 리더의 한 사람이 된 오와다이지만, 그의 활동의 특징은 중앙정부 관료들과 관계를 맺으면서 다양한 지원을 이끌어냈다는 점에 있다. 예를 들어, 쓰루가항에 있어서 러시아 다음으로 중요한 무역 상대는 한반도였다. 오와다는 한반도에서 생우生牛를 수입하려고 시도하였으나 수입을 위해선 수역검역소 설치가 필요했다. 오와다는 수역을 관할하는 농상무성農商務省과의 관계를 이용해 1915년에 수역검역소 유치에 성공했다.[16] 이러한 시설 정비의 결과로서 쓰루가항에는 블라디보스토크 뿐만 아니라 청진과의 정기 항로도 취항하게 되었다. 무역항으로서의 쓰루가항의 성공 배경에는 블라디보스토크나 청진 등의 무역상대항과의 관계형성뿐만 아니라 오와다가 일본 중앙정부의 지원을 이끌어내온 경위도 있었건 것이다.

제2차 쓰루가 축항에 있어서 문제가 된 것은 역시 지방정부 차원에서의 합의 형성이었다. 후쿠이현 내에서는 쓰루가 축항을 둘러싼 기운이 고조되지 않았다. 이때 오와다가 생각해낸 방안은 여론단체를 결성하는 것이었다. 오와다는 후쿠이현 지사와의 논의를 거쳐 1919년 5월 블라디보스토크 및 한반도 상황을 조사연구하고 후쿠이산 제품의 판로 확장을 목표로 하는 조직 '대안실업협회対岸実業協会'를 설립한다. 이 협회 설립 목적은 후쿠이현 내의 융화를 도모하고, 쓰루가 축항에 대한 전현적全県的 지지를 얻는 것이었다. 이를 위해 오와다는 후쿠이현 정계의 요직을 맡고 있는 사람들에게 협회에 참여하도록 설득에 나섰다. 그 결과 회장 자리에 후쿠이현 지사, 부회장에는 후쿠이현 내무부장과 후쿠이현회 의장 두 명이, 고문에는 후쿠이현 선출 제국의회의원, 또 후쿠이현 출신의 기업인이 자리하게 되었다. 오와다 자신은 쓰루가 지부장 자리에 올랐다. 협회 발회식은 후쿠이시와 쓰루가시 두 곳에서 개최되었다.[17]

---

16 中安信三郎, 『北陸の偉人大和田荘七翁 増補改訂版』, 日出新聞社, 1928, 223~230쪽.
17 위의 책, 240~247쪽.

또한 쓰루가 축항에 대한 지지를 널리 얻기 위해 협회 기관지 "대안시보対岸時報"를 발간하였고, 쓰루가항을 통한 '대안対岸' 무역이 후쿠이현 전체 이익이 될 것임을 강조하였다. "대안시보" 창간호 표지에는 쓰루가를 기점으로 블라디보스토크와 한반도 각 지역의 항구 도시를 잇는 항로망航路網 그림을 그렸으며, 본문 내용도 대안 각 도시와 무역 발전을 촉진하는 것으로 '쓰루가항을 위해 사람과의 화합을 얻다敦賀港の為に人の和を得る'[18] 라며 그 중요성을 호소했다.

그러나 결국 오와다의 활동은 성공하지 못했다. 중앙정부내무성가 설계한 제2차 쓰루가 축항 안의 총 공사비는 350만 엔으로 추산됐다. 같은 제1종 중요 항인 요코하마나 고베의 항만 공사비도 지역 부담이 있었던 가운데, 쓰루가항 공사비만을 전액 국고 지출로 할 수가 없어, 중앙정부는 50만 엔의 지역 부담금의 갹출을 후쿠이현 및 쓰루가쵸敦賀町에 요구했다. 다른 항만의 경우 총 공사비의 2분의 1에서 3분의 1만큼 지역 부담이 있었던 것과 비교하면 파격적인 대우였으나 후쿠이현은 이를 거절했다. 오와다는 대안실업협회에서 부담금 지출을 해줄 것을 협회 회장인 후쿠이현 지사에게 요청하였으나 받아들여지지 않았다. 한편 쓰루가의 재정규모로는 10만 엔 갹출이 한계였으며, 오와다는 남은 40만 엔을 개인적으로 지출함으로써 지역부담금을 마련했다.[19] 오와다의 노력에도 불구하고 후쿠이현 사람들은 쓰루가 축항에 대해 자금을 부담할 만큼의 이점을 보지 못했던 것이었다.

이상과 같이 제2차 쓰루가 축항 공사는 오와다 개인의 노력으로 실현

18 『対岸時報』 創刊号, 1920, 2쪽.
19 中安信三郎, 앞의 책, 256~261쪽.

된 것이지, 지방정부가 긍정적인 역할을 했던 것은 아니었다. 그 가장 큰 요인은 후쿠이현이라는 인공적인 행정구역과 쓰루가항이 형성하는 경제적 후방지역이 일치하지 않았다는 데서 찾을 수 있을 것이다.

4. 나가며

본 장에서는 근대 항만정비의 어려움에 대해 일본 쓰루가를 대상으로 검토하였다. 근세 일본에는 연안부에 수많은 항구 도시가 산재되어 있었다. 이들 항구 도시는 각 지역 영주들이 물류 중계지점으로 이용한 곳이며, 마을 주민들의 자치에 맡겨지는 경우도 많았다. 그런데 근대에 들어서면서 국내 물류망이 철도로 대체되고 선박 또한 대형화됨으로써 항만 정비에 국가가 관여할 수밖에 없게 되었다.

이때 중앙정부가 소수의 대규모 항구에만 자원을 집중 투하할 수 있었다면 문제는 그리 크지 않다. 제1차 쓰루가 축항은 일본 내 철도와 아시아 대륙으로 연결되는 지점에 위치한다는 지리적 요청에 의해, 중앙정부가 거의 일방적으로 실행한 것이어서 지역 부담금이 필요하지 않았다.

그러나 일본 정부로서는 특정 항만에만 국가적 자원을 집중적으로 투자하기는 어려웠다. 요코하마나 고베 같은 대항만조차 일정액의 지역 부담금이 부과되고 있어, 쓰루가항이 선박 대형화에 대응하려면 지방정부후쿠이현의 부담이 불가피했다. 상황이 이런데도 후쿠이현과 후쿠이현회는 쓰루가항에 대한 지역 지출을 검토조차 하지 않았다. 그리고 그 원인은 후쿠이현이라는 영역이 역사적·경제적 일체성을 갖지 못한 데서 찾을 수 있다.

　근세 소령과는 대조적으로 행정구역인 부현은 기능적 구분이 아닌 공간적 구분이 되었다. 인위적으로 그어진 행정구역의 영역은 대개 연안 해운과 하천주운으로 구성된 경제권과는 어긋나게 되었다. 한편, 근대 세계에서는 교통 인프라의 중요성은 높아지고, 나아가 그 비용 부담은 새로운 행정 구역 내부 의사결정에 맡겨진다. 그 결과, 그 행정구획 내 모든 영역에 이익을 가져다주는 교통 인프라예를 들면 철도의 정비 비용 부담에 대해서는 이해를 얻기 쉽지만, 행정구획 내 일부에만 이익이 발생하는 인프라예를 들면 항만의 정비 비용 부담에 대해서는 이해를 얻기 어렵다는 상황이 생겨난다. 쓰루가 축항의 사례는 그러한 상황의 전형적인 예라고 할 수 있겠다.

　이러한 상황을 타개하기 위해서는 두 가지 방안을 생각할 수 있을 것이다. 하나는 행정구역과 경제권을 일체화시키는 방안이다. 오와다가 제창한 환동해구상은, 바로 이런 방안의 일환이다. 그러나 행정구역이 고정적인 이상, 실현은 쉽지 않다. 또 하나의 방안은 항만 정비 비용 부담의 대상을 행정 구역에서 분리하는 것이다. 현대 세계에서 일반화된 포트 오소리티port authority 제도는 이상과 같은 항만 정비의 아포리아를 해결하기 위한 방안의 일환이라고 말할 수 있을 것이다.

참고문헌

荒木田岳, 『村のの日本近代史』, 筑摩書房, 2020.

稲吉晃, 『港町巡礼―海洋国家日本の近代』, 吉田書店, 2022.

斎藤善之, 「塩竃津と石巻港―港町空間の発展と類型論によせて」, 歴史学研究会編, 『シリーズ港町の
　　　世界史2 港町のトポグラフィ』, 青木書店, 2006.

鈴木雅次, 『港湾』, 岩波書店, 1933.

敦賀市史編さん委員会, 『敦賀市史 通史編下巻』, 1988.

中西聡, 『海の富豪の資本主義』, 名古屋大学出版会, 2009.

中安信三郎, 『北陸の偉人大和田荘七翁 増補改訂版』, 日出新聞社, 1928.

新潟市, 『新潟歴史双書1 新潟湊の繁栄』, 1998.

深井甚三, 「水運と陸運」, 『岩波講座 日本歴史第12巻 近世3』, 岩波書店, 2014.

深沢克巳, 『海港と文明―近世フランスの港町』, 山川出版社, 2002.

福井県編, 『福井県史 通史編』5, 1994.

松沢裕作, 『町村合併から生まれた日本近代―明治の経験』, 吉川弘文館, 2013.

三谷博, 『維新史再考―公儀・王政から集権・脱身分化へ』, NHK出版, 2017.

柳田國男, 『明治大正史 世相編「新装版」』, 講談社, 1993.

『対岸時報』, 創刊号, 1920.

『大日本帝国港湾統計 明治39・40年』.

제2부

원조

개혁개방 이후, 푸젠성 마조신앙媽祖信仰의 부흥과 중국 전통문화의 재건

김경아

1. 신중국 성립과 마조신앙의 단절

마조신앙은 중국 푸젠성福建省 메이저우따오湄洲島에서 발원한 해양 신앙이다. 마조신앙이 숭배하는 여신 마조는 송대 실존했던 인물이다. 무속인 임묵林黙은 생전에 여러 차례 이적異蹟을 보였다고 한다. 사후 지역민들에 의해 사당에 모셔졌는데, 시간이 지나면서 점차 푸젠성과 인근 동남해 연해 지역에서 뱃사람들의 안전과 순조로운 항해를 기원하는 수호신으로 받들어졌다. 원래 마조신앙은 푸젠을 중심으로 한 인근 연안 지역에 영향을 미쳤던 지역적 성격의 해양신에 불과했으나, 여러 왕조를 거치면서 조정에 의해 신격이 격상되었고, 동남해 거주민들의 인적 이동에 따라 영향 범위도 점차 홍콩, 마카오, 타이완, 말레이시아, 일본 등 20여 개국으로 넓혀졌다. 급기야 "바다 인접한 지역에는 화교가 있고, 화교가 있는 곳에는 마조가 있다[有海水的地方就有华人, 有华人的地方就有妈祖]"는 말이 생겨날 정도로 마조신앙은 중국 연해 지역뿐만 아니라 해외 화교의 영역권까지 그 영향력을 확대해 나갔고, 현재 세계 각지에 5,000여 개 이상의 마조묘媽祖廟가 있는 것으로 알려져 있다.

하지만 신앙의 전승적 측면에서 보자면, 마조신앙은 신중국 성립 후 개혁개방 정책이 시행되기까지, 그사이에 명확한 결절지점이 존재한다. 1949년 중화인민공화국이 성립된 후, 중국 공산당은 종교를 계급소멸 과 함께 사라질 반동적 의식 형태로 규정했고, 이는 민간에서 자생적으 로 생겨나고 뿌리내린 토속신앙 역시 예외가 아니었다. 특히 문화대혁 명 기간 공산당은 '사구타파'를 명분으로 내세워 구문물과 명승고적을 파괴했다. 이 기간 대부분의 마조 신상이 파괴되었고, 신상을 모신 묘우 또한 훼손되었다. 무신론의 확산과 종교 재산의 국유화가 이루어지면서 민간신앙 역시 경제적 존립 기반을 잃었다. 종교적 제의 활동은 사라졌 고, 신도의 참배는 사라졌으며, 신도 조직은 와해되었다.

그러다 1978년 제11대 3중전회에서 경제건설 제일주의 원칙을 내세 운 개혁개방을 선포하면서 마조신앙은 새로운 국면을 맞이한다. 중국 정부는 개혁개방의 추진과 함께 화교가 모국에 경제적 투자를 할 수 있 도록 경제 우대조치를 연이어 발표한다. 또한 중앙과 지방의 재정체재 를 분리하는 '분조흘반分灶吃饭'을 채택해 시장 경제 체제의 작용이 확대 될 수 있도록 조치했다. 이는 과거 공산당이 집단농장에서 '한솥밥'을 먹던 체재에서 '부뚜막을 나누어 따로 밥을 먹는' 체재로의 전환을 의미 한 것이었다. 중앙과 지방의 재정 체제가 분리되면서 지방정부의 권력 과 결정권에 힘이 실리게 되었으나, 다른 한편으로는 지방정부가 스스 로 경제발전을 적극적으로 모색해야 하는 새로운 환경이 조성되었다. 이러한 시대적 배경 아래 푸젠성 정부는 타이완해협을 사이에 두고 타이완, 홍콩, 마카오 등지와 인접해 있다는 지리적 이점과 타이완 및 화교권에 깊이 뿌리내린 마조신앙을 매개로 화교 자본을 유치하는 데 주력하게 된다.

그동안 마조신앙에 관한 연구는 중국과 타이완, 일본, 싱가폴 등에서 활발히 이루어졌다. 마조신앙의 기원이나 역사적 변천 과정을 분석한 문헌 연구도 있고, 마조신앙과 양안관계, 혹은 지역 네트워크와의 관계성에 주목한 사회학적 연구 성과도 있었다. 마조신앙의 제의나 도상图像, 혹은 조묘에 관한 민속학 연구, 마조신앙과 축제 혹은 문화산업, 관광산업과 연계해 분석한 연구 등 다방면으로 매우 활발한 연구가 진행되었다. 2009년 9월 마조신앙과 관련한 제의와 풍습중국명 : 妈祖信俗이 유네스코 UNESCO 인류무형문화유산으로 지정된 후, 마조신앙과 관련한 관광상품, 먹거리, 굿즈 등 다양한 상품이 개발되고, 대규모 마조관광지구가 조성되는 등, 이제는 국가 차원에서 마조는 신앙의 영역에서 문화산업으로의 도약을 꾀하고 있다. 과거 타파해야 할 구습 중 하나였던 마조신앙이 다시 부흥을 맞이할 수 있었던 것은 오롯이 종교적 역량만으로 이룬 성과가 아니다. 이는 개혁개방이라는 대변혁의 시기에 푸젠성 정부와 신앙권역의 민간 조직 네트워크가 긴밀히 공조해 이루어낸 성과이다.

따라서 아래 본문에서는 과거 훼손되어 진승이 단절되었던 마조신앙이 개혁개방 이후 신앙권역의 네트워크를 이용해 인적, 물적 지원을 얻어 부흥하게 된 과정을 추적해 살펴보고, 과거 신앙의 영역에 속했던 마조신앙이 어떻게 전통문화의 영역으로 흡수되었는가를 살펴보고자 한다.

2. 개혁개방 이후, 마조신앙의 부흥 전략

마조신앙은 푸젠성에서 발원했다. 기록에 따르면, 여신 마조는 송 건륭 원년960 푸젠성 푸톈蒲田 메이저우따오에서 출생했는데, 성은 임씨林氏이고 이름은 묵默인데, 태어나서 한 달이 될 때까지 울지 않아서 붙여진 이름이라고 한다. 마조에 관한 최초의 기록은 송대 소흥 20년1150 요붕비廖鵬飛가 쓴 「성돈조묘중건순제묘기聖墩祖庙重建顺济庙记」에 보인다. 원래 그녀는 사람의 길흉화복을 예언하던 무녀였다고 한다. 사후에 여러 차례 이적을 보였기에, 지역 사람들이 그녀를 신격화해 사묘에 모셨다. 수해나 한해旱害, 역병 등 곤경에 처할 때마다 그녀에게 기도하면 응답이 빨랐다고 한다. 장삿배는 거친 바다를 나갈 때 항상 그녀에게 의지해 점을 쳤는데, 점괘에 따라 의지하면 아무리 거센 파도가 쳐도 무사히 항해를 마칠 수 있었다고 한다. 이후 마조는 바닷길을 수호하는 해양신으로 사람들에게 추앙받았고, 송, 원, 명, 청대를 거치면서 여러 차례 조정으로부터 묘액과 봉호를 하사받았고, 마침내 '천후성모天后聖母'의 칭호를 획득하기에 이른다.[1] 여신 마조는 고기잡이 어선과 항해하는 선박의 안전과 무사 귀환을 보호하는 해양신으로 푸젠, 광둥, 홍콩, 마카오 등 남동해에 인접한 지역에서 민간신앙으로 뿌리내렸다. 일설에 따르면 마카오를 포르투칼어로 'Macau'라 하는데, 바로 광둥어 '妈阁庙'의 발음에서

---

[1] 여신 마조는 송대부터 청대에 이르기까지 여러 차례 조정으로부터 봉호를 하사받았는데, 청 함풍 7년(1857)에 받음 봉호는 '護國庇民妙靈昭應宏仁普濟福佑群生誠感咸孚顯神贊順垂慈篤祜安瀾利運澤覃海宇恬波宣惠道流衍慶靖洋錫恩周德溥衛漕保泰振武綏疆天后之神'로 무려 64자에 이른다. 마조의 국가공인화 과정에 대해서는 다음의 글 참조. 이유진, 「마조신앙의 국가공인화 과정과 그 의미」, 『중국어문학논집』 70, 중국어문학연구회, 2011, 461~480쪽.

변이한 것이라고 한다. 이후 중국인들의 대외 무역 활동이나 인적 이동에 따라 마조신앙은 푸젠을 벗어나 세계 각지로 전파되었고, 중국인들은 이주한 지역에 마조묘를 건립해 그곳에서의 제의 활동을 통해 지역공동체의 결속을 다지기도 했다. 여신 마조는 해양신으로 확고한 정체성을 가지고 있으나, 시간이 흐르면서 점차 신적 이능異能이 출산, 질병의 치료, 재물의 축적 등 기복의 영역으로 확대되었다.

하지만 신중국이 성립되면서 마조신앙의 종교활동은 전반적으로 위축되었다. 중국 공산당은 종교란 언젠가는 계급소멸과 함께 사라질 반동적 의식 형태로 규정했으나, 종교가 가진 장기성과 통일전선의 구축에 미치는 영향력 등 그 정치적 효용성을 감안해 인민들의 신앙의 자유와 종교활동을 소극적으로 용인했다. 하지만 문화대혁명 시기 공산당은 극단적인 종교소멸운동을 전개한다.[2] 이는 민간에서 자생적으로 생겨나고 뿌리내린 토속신앙도 마찬가지였다. 이 기간 공산당은 홍위병을 내세워 '사구타파'[3] 운동을 벌였고, 그 과정에서 구문물과 명승고적이 파괴되었다. 이때 마조 신상과 마조를 모신 크고 작은 묘우廟宇들도 모두 훼손되었다.

그러다가 1978년 제11대 3중전회에서 경제건설 제일주의 원칙을 내세운 개혁개방을 선포하면서 마조신앙은 새로운 국면을 맞게 된다. 신중국 성립 이후, 중국의 재정 제도는 줄곧 '통수통지체제统收统支体制'로 운영되었다. 이는 중앙정부가 지방의 모든 조세수입과 국영기업의 이윤을

---

2   강경구·김경아, 「중국특색사회주의 종교이론의 고찰」, 『중국학』 61, 대한중국학회, 2017, 4쪽.
3   1966년 8월 18일 마오쩌둥, 린뱌오(林彪) 등은 천안문에서 군중과 홍위병들을 만나, '사구(四舊)' 타파를 주장한다. 소위 '사구'란, 구사상, 구문화, 구풍속, 구습관을 가리키는 것으로, 이를 타파한다는 명분을 내세워 고전문헌을 불태우고, 고문물을 훼손시키고, 명승고적을 파괴했다.

상납받고, 중앙에서 승인된 지출 필요와 세출의 우선순위에 따라 다시 각 지방정부에 재원을 분배하는 방식이었다. 이러한 제도는 중앙에 재정 권한을 집중시켜 국가 전반의 수입과 지출을 효과적으로 통제할 수 있다는 강점이 있었으나, 상대적으로 지방정부는 예산 운영의 자율성과 독자성을 가지지 못했다. 하지만, 제11대 3중전회를 계기로 중국의 재정 제도는 전환기적 변혁을 맞이한다. 대약진운동과 문화대혁명을 거치며 심각한 재정 적자에 처한 중앙정부가 과거 중앙집권적 재정 제도에서 벗어나 지방분권적 체제로의 전환을 선포한 것이다.[4] 중국 정부는 1980년 2월 국무원령 「关于实行"划分收支, 分级包干"财政体制的暂行规定」[5]을 반포하는데, 이는 중앙정부와 지방정부 간 수입과 지출 범위를 명확히 구분한 것으로, 과거 중앙정부가 행사했던 권한을 지방정부에 이양해 그들 스스로 더 많은 세원을 확보할 수 있도록 한 조치였다.[6] 중앙과 지방의 재정분권화는 지방정부에 더 많은 권력을 주어 이익을 취할 수 있도록 하되, 그에 대한 재정적 책임도 부담시키는 구조였다. 이는 결과적으로 각 지방정부가 재정 확충을 위해 전례 없이 기민하게 움직이도록 만들었고, 지역 경제의 발전 방안을 적극적으로 모색할 수밖에 없는 환경을 조성하게 되었다.

---

4 중국의 중앙과 지방정부 간 재정 관계의 변화에 대해서는 다음의 글 참조. 김의섭, 「중국의 재정 분권화와 중앙 - 지방 재정관계의 변화」, 『한국지방재정논집』 11(1), 한국지방재정학회, 2006, 121~133쪽; 성시일, 「중국재정정책의 변화가 경제에 미치는 영향」, 『중국학논총』 22, 한국중국문화학회, 2006, 1~22쪽.

5 이 문건은 중국의 현대화 실현에 필요한 '조정(调整), 개혁(改革), 정돈(整顿), 제고(提高)'의 4가지 방침을 관철하기 위한 재정관리체제 규정을 담고 있다. 中国改革信息库, 「国务院关于实行"划分收支, 分级包干"财政管理体制的暂行规定」, 『国发』 33号, 1980.
http://www.reformdata.org/1980/0201/6138.shtml(검색일 : 2022.10.21)

6 左春台·宋新中(主编), 『中国社会主义财政简史』, 北京 : 中国财政经济出版社, 1988, 431~452쪽.

1) 신연神緣 네트워크의 활용

중국 정부는 개혁개방 정책을 추진하면서 외자 유치, 특히 화교 자본의
자국 내 투자를 유인하기 위한 적극적인 행보를 보인다. 먼저 중국 정부는
국내에 거주하는 화교에 대한 16자 방침[7]을 발표하는데, 이는 과거 화교
를 차별하던 정책에서 선회해, 화교를 중국 인민과 평등하게 대우하고 해
외 경험이 있는 화교의 특징을 고려해 배려하는 내용을 담고 있다. 이어
1990년 9월 7일 제7차 전국인민대표대회 상무위원회 제15차 회의에서
「中华人民共和国归侨侨眷权益保护法」을 통과시켰고, 1993년 7월 관련
판법을 제정했다. 중국은 화교들이 모국에 투자할 수 있는 환경을 조성하
기 위해 여러 경제적 우대조치를 시행하고, 우수한 화교 인력의 유입을
위한 제반 정책을 마련했다.

해외 화교들은 과거에도 송금이나 기부 등의 방식으로 중국의 경제발
전에 기여했으나, 개혁개방 이후 화교들의 경제적 투자를 유인하기 위
한 경제적 우대조치가 시행되자, 각 지방정부에 직접 투자하는 화교의
비율이 점차 증가하기 시작한다. 아래 표를 살펴보자.

〈표 1〉 1979~1997 중국에 직접 투자한 외자 중 화교자본이 차지하는 비율(단위 : %)

구분	1979~1994	1994	1995	1996	1997
외자총계	100.00	100.00	100.00	100.00	100.00
해외화교자본(홍콩, 마카오, 타이완 포함)	69.64	75.30	70.00	66.85	64.20
홍콩, 마카오, 타이완	64.61	69.80	63.10	59.30	57.70

출처 : 张秀明(2008)[8]

---

7 1978년 12월 전국교무공작회의(全國僑務工作會議) 제2차전국귀교대표대회(第二次全國歸僑代表
大會)에서 "一視同仁 不得歧視 根据特点 适当照顾"의 16자를 국내 교무업무의 기본 방침으로 채택
했다. 이는 1957년 저우언라이가 제시한 "一視同仁 适当照顾"의 8자 방침을 수정 보완한 것이다.
8 张秀明, 「改革开放以来侨务政策的演变及华侨华人与中国的互动」, 『华侨华人历史研究』, 3, 中国华
侨历史学会, 2008, 6쪽.

위의 표는 1979년부터 1997년까지 중국에 직접 투자한 외자 중 화교 자본이 차지하는 비율을 정리한 것이다. 전체 외자 총계를 100으로 상정했을 때, 해외 화교 자본이 차지하는 비중이 압도적으로 높다. 개혁 개방 직후인 1979~1994년까지 중국에 직접 투자한 화교 자본은 69.64%를 차지한다. 그리고 전체 해외 화교 자본 중 홍콩, 마카오, 타이완 국적의 화교 자본이 차지하는 비율은 64.61%로 그야말로 압도적인 비중을 차지한다. 따라서 개혁개방 이후 각 지방정부는 해외 화교 네트워크에 접근하기 위한 다양한 방안을 모색할 수밖에 없었다.

그런 점에서 푸젠성은 매우 유리한 위치에 있었다. 푸젠성은 지정학적으로 타이완해협을 사이에 두고 타이완과 마주해 있었고, 가까이에는 홍콩과 마카오가 있었기 때문이다. 냉전 시기 양안 관계의 최전선이었던 이곳이 개혁개방 정책이 시행되고 난 이후에는 타이완, 홍콩, 마카오 등 화교 자본을 유치하기 위한 전략적 요충지로 변한 것이다. 푸젠 출신 학자 린치탄林其錟은 화교 네트워크에 접근하기 위한 방법론으로써 이른바 '오연문화설五緣文化說'을 제기한 바 있다. '오연'은 중국 내륙과 해외 화교를 연결하는 5가지 관계망을 일컫는데, 친연親緣, 지연地緣, 업연業緣, 신연神緣, 물연物緣으로 나눌 수 있다.[9] 친연親緣, Kinship은 혈연이나 혼인의형제 포함으로 맺어진 친족 관계를 뜻하고, 지연地緣, Geographical relationship은 동향 관계를, 신연神緣, Religous relationship은 관우나 마조 등과 같은 종교 신앙을 공유하는 관계를, 업연業緣, Business relationship은 동학이나 같은 업종에 종사하며 공동의 이익이나 업무로 맺어진 관계를, 물연物緣, Product

---

9   呂庆华,「五缘文化说与福建旅游业的开发」,『北方经贸』, 9, 黑龙江省经济管理干部学院, 2003, 102쪽.

relationship은 협회나 연구회처럼 어떤 물자를 매개로 맺어진 조직 관계를 뜻한다. 푸젠성은 위의 '오연' 중 '신연'이 매우 강한 역량을 발휘하는 곳이었다. 왜냐하면 푸젠성에 소재한 메이저우따오이하 메이저우가 바로 마조신앙의 발원지이기 때문이다.[10]

개혁개방의 바람이 불자, 먼저 민간에서 마조신앙의 부흥 움직임이 일기 시작한다. 1978년 마조신앙의 전승인 린충즈林聰治를 중심으로 파괴된 신상을 다시 만들고 훼손된 조묘를 중건하기 위한 임시관리기구가 조직된다. 그리고 1983년 푸젠성 정부에 메이저우조묘의 중건과 제의 활동을 복원하기 위한 논의가 정식으로 제기되었고, 이를 두고 당정기관 내부에서 논쟁이 일었다. 하지만 결국 푸젠성위원회 서기의 동의로 마조조묘의 중건이 허가되었다. 1986년 메이저우 마조조묘에 제1차이사회가 설립되었고, 정협 주석 린원하오林文豪가 초대 이사장을 맡고, 린충즈가 상무 이사장을 맡았다. 이듬해부터 본격적으로 마조조묘의 중건이 시작되었다. 하지만 국내 재정적 여력이 충분치 않은 상황에서 오롯이 이사회의 자금만으로 조묘를 중건하기에는 어려웠다. 이때 화교권, 특히 타이완의 신연 네트워크가 적극적으로 활용되었다.[11]

메이저우 마조조묘의 중건과 관련된 내용을 정리하면 다음과 같다.

1987년 필리핀 서하 린씨林氏 종친회 진향단進香團 방문

---

10 중국학자 钟杏云은 화교 자본을 유입하기 위해서는 '오연설'을 적극 활용해야 한다고 주장했다. 그러면서 푸젠성은 특히 마조신앙을 매개로 한 신연 네트워크를 잘 활용해 지역 경제발전을 견인했다고 분석했다. 钟杏云, 「加强研究并充分利用好海外华人资本」, 『中国软科学』, 6, 中国软科学研究会, 1996, 112~116쪽.

11 郑振满, 「眉州妈祖与度尾龙井宫 – 兴化民间妈祖崇拜的建构」, 『民俗艺曲』, 3, 2010, 123~150쪽.

1988년 5월, 타이중 첸쇼우인陈守阴 선생의 기부로 종고루钟鼓楼 재건

1988년 10월, 타이완 다자大甲 전란궁镇澜宫이 의문仪门 기증

1989년 8월, 소장루梳妆楼 중건 개축식

1990년 4월, 타이완 완리苑里 츠허궁慈和宫 기부로 관음전觀音殿 재건

1990년 9월, 타이완 송산松山 츠요우궁慈祐宫 기부로 향객산장香客山庄 재건

1991년 9월, 타이완 번강커우笨港口 강커우궁港口宫 기부로 산문山门 재건[12]

위에서 보다시피, 메이저우 마조조묘이사회가 설립되고 난 이듬해부터 본격적으로 필리핀, 타이완 등과의 인적교류가 시작되었다. 특히 타이완과의 교류가 많은데 이는 지리적으로 인접해 있기도 했지만, 타이완인의 80%가 푸젠성 출신이거나 푸젠성 출신인 조상을 두고 있다는 사실과 깊은 관계가 있다. 실제로 타이완에는 약 1,400만여 명에 이르는 마조신도가 있는 것으로 추정하는데, 이는 타이완 인구의 70%에 해당한다.[13] 그래서인지 초기 메이저우 마조조묘를 중건하는 데 타이완의 궁묘宫廟들이 적극적으로 지원에 참여했다.

신연 네트워크는 궁묘의 재건뿐만 아니라 인적 교류를 추진하는 데에도 적극적으로 활용되었다. 마조조묘이사회는 1987년 대규모 마조천년제妈祖千年祭를 기획하면서 타이완의 신도들을 초청한다. 타이중臺中 다자 전란궁을 대표하는 200여 명의 신도들은 이 행사에 참여하기 위해 일본을 거쳐 메이저우로 건너갔다. 당시에는 타이완에서 푸젠으로 가는

---

12 莆田侨乡时报,「追忆 - 新时代妈祖文化的开拓者 - 林聪治」, 2021.
    https://baijiahao.baidu.com/s?id=1717366629649008933&wfr=spider&for=pc

13 蔡泰山・彭文宇(主编),「台湾妈祖文化创意观光产业经济价值之研究」,『妈祖文化研究论丛』, 北京 : 人民出版社, 2012, 266~274쪽.

직항이 없었다. 이들의 행보는 신중국 성립 후 양안兩岸의 정치적 결빙을 녹이는 계기를 제공하게 된다. 이후 1989년 타이완 이란현宜르現 난톈궁南天宮은 20척의 어선에 395명의 신도를 싣고 메이저우조묘를 방문해 진향했다. 이는 민간 조직으로는 최초로 바닷길 직항 항로를 이용한 것이었다.[14] 1991년 타이완 자이嘉义 성언궁圣恩宫은 신도 327명을 조직해 가오슝에서 일본을 우회해 메이저우로 가서 진향했다. 또 1996년에는 메이저우조묘이사회가 타이완 베이강北港 차오톈궁朝天宮의 초청으로 타이완을 방문해 마조석상 개관 축제에 참가하고, 일부 마조 분령묘를 방문하기도 했다. 1997년 1월 24일~5월 5일, 메이저우 마조조묘의 금신金神이 최초로 102일간 타이완 순행을 했다. 이때 21개 현을 거치면서 36곳의 궁묘를 경유했는데, 천만여 명의 타이완 신도들이 금신을 맞이했다. 이 순시 행사는 양안 교류사상 "최장 시간, 최대 거리, 최다 인원 참여" 등 다수의 기록을 만들어냈다.[15] 마조천년제는 당해 11월 타이완이 중국 대륙으로 친척 방문을 허가하는 계기가 되었고, 이듬해 마조 탄신일음력 3월 23일을 기해 타이완 신도 13,400여 명이 메이저우 마조조묘를 순례하기도 했다.[16]

이처럼 1986년 메이저우 마조조묘이사회가 성립되고 난 후, 꾸준히 중국 내륙과 타이완 및 해외 마조 신도 조직 간에 활발한 교류활동이 있었다. 푸젠 소재 다른 마조조묘들도 마조신앙을 공유하는 신연 네트워크를 활용해 훼손된 묘우廟宇를 중건했고, 묘우의 중건이 완공되자 해외

14 福建广电網絡集团莆田分公司, 「天下妈祖回娘家, 越回越亲」, 2022.,
     https://www.fjgdwl.com/putian/news/show-22347.aspx(검색일 : 2022.11.8.)
15 郭阿娥·范正义, 「论庙际網絡, 社会资本与两岸关系」, 『莆田学院学报』21(1), 莆田学院, 2014, 15쪽.
16 李凌霞, 「从天上圣母到中华妈祖 - 福建莆田湄洲妈祖信仰文化的展演」, 『台湾源流』41, 2007, 132쪽.

의 진향단이나 마조 신도들의 순례가 이어졌다.[17] 신연 네트워크를 이용한 해외 마조 신도들의 푸젠 방문은 결과적으로 지역 경제 발전과 마조 신앙을 이용한 관광업의 발전으로 이어졌다.

2) 마조신앙의 묘제 관계

개혁개방 이후, 타이완을 포함한 해외 마조 신도들이 메이저우 마조 조묘를 잇달아 방문하기 시작한 것은 단순히 이곳이 마조신앙의 발원지이자, 성지라는 이유만은 아니었다. 마조신앙에는 궁묘 사이에 상당히 특수한 관계가 형성되어 있는데, 이는 인간사회의 계보와 유사한 성격을 띤다. 타이완에 소재한 마조궁묘는 대부분 푸젠의 메이저우, 통안同安, 취안저우泉州, 창딩長汀, 싱화興化 등지에 있는 마조궁묘에서 분리되어 나와 세워진 것이다. 타 지역에 마조궁묘를 세우려면 새로운 신상神像과 신력神力이 필요한데, 이때 모母궁묘에서 분양받아 나오거나 향을 태운 재를 가지고 나온다. 이것을 '분신分身', '분향分香'이라고 하고, 이 두 가지를 포괄해 '분령分靈'이라고 한다. 이때 신상을 분양해 준 궁묘는 조묘祖廟가 되고, 분양받은 궁묘는 '분령묘分靈廟'가 되는데, 인간의 계보에 대입하면 부모-자식의 관계가 정립되는 셈이다.[18] 매년 분령묘는 반드시 조묘를 방문해 진향進香, 예화刈火 의식을 치러야 하는데, 이를 '알조진향謁祖進香'이라고 한다. 이 종교 의례를 통해 분령묘는 약해진 영력을 강화시키고,

---

17 취안저우 마조궁묘와 타이완의 신연 네트워크에 대해서는 다음의 글 참조. 郭阿娥·范正义,「论庙际網络, 社会资本与两岸关系－以泉州天后宫为例」,『莆田学院学报』1, 莆田学院, 2014, 16쪽.

18 매년 마조의 탄신일이 있는 3월에 세계 각지의 마조궁묘에서 분령마조를 모시고 메이저우조묘를 방문해 알조진향하는데, 이를 '천하의 마조가 친정으로 돌아 왔다(天下媽祖回娘家)'라고 표현한다. 메이저우 마조조묘의 홈페이지 참조.「祖廟活動簡介」.
http://www.mzmz.org.cn/txmzzmz/695.jhtml(검색일 : 2022.11.9.)

조묘와의 관계성을 공고히 한다. 일반적으로 분령묘는 마조의 탄신일인 음력 3월 23일이 되기 전 길일을 선택해 조묘에 진향하므로, 매년 이 시기가 되면 마조조묘를 방문하는 진향단과 신도들로 북적인다. 타이완을 포함해 해외 마조궁묘와 신도들이 푸젠을 방문하는 것은 이곳에 해외 분령묘의 조묘들이 있기 때문이다.[19]

마조궁묘 간의 관계는 크게 세 가지로 분류할 수 있다.[20]

첫째는 A궁묘가 B궁묘를 참배해 진향하는 관계이다. 1987년 푸젠의 마조조묘가 중건되기 이전으로까지 타이중의 다자 전란궁의 신도들은 매년 베이강 차오톈궁北港 朝天宮으로 가서 진향했다. 베이강 사람들은 이를 두고 '친정으로 돌아왔다回娘家'고 표현했고, 다자 전란궁의 마조를 '시고모姑婆'라고 불렀다. 베이강 마조와 다자 마조 사이에는 이처럼 서로 '분향–진향'하는 유사 모녀 관계가 형성되었다.

둘째는 나란히 제사를 모시는 관계同祀宮廟이다. 이들 궁묘끼리는 '진향'하는 관계가 아니고, 동일한 조묘를 모시므로 의자매 관계로 칭한다. 타이완 바이사툰白沙屯의 마조와 퉁샤오通霄 츠허우궁慈后宮의 마조가 이에 해당한다. 바이사툰 마조는 진향하고 집으로 돌아갈 때, 도중에 츠허우궁을 들러 하루를 머물다 가는데, 신도들은 두 궁묘를 자매관계로 인식한다.[21]

셋째는 제사를 함께 지내지 않는 관계非同祀宮廟이다. 이들 궁묘는 가족

---

19 臺灣大百科全書,「分靈」, 1998.
　　https://nrch.culture.tw/twpedia.aspx?id=12038(검색일 : 2022.11.9.)
20 마조궁묘의 묘제관계에 관해서는 다음의 글 참조. 郭阿娥·范正义,「论庙际網络, 社会资本与两岸关系－以泉州天后宫为例」,『莆田学院学报』1, 莆田学院, 2014, 17쪽.
21 太報,「白沙屯媽祖姊妹情 通霄鎮慈后宮慈淨媽祖」, 2021.
　　https://www.taisounds.com/Culture/Religion/uid4111112712(검색일 : 2022.11.8.)

의 계보에 편입된 관계가 아니라, 지연으로 묶인 이웃의 일종으로 서로 대등한 관계라 할 수 있다.

위의 마조궁의 묘제 관계는 인간사회와 유사한 혈연, 지연의 관계가 투영된 것으로, 마조신앙이 가진 독특한 계보를 보여준다. 마조궁묘들은 인간사회가 혈연과 지연을 매개로 관계성을 확장하듯이, 마조의 탄신일과 승천일에 거행되는 제전과 종교활동을 통해 묘제관계를 공고히 하고 있다. 여기서 주목할 점은 타이완을 포함한 해외 마조궁묘의 대부분이 푸젠의 메이저우, 취안저우, 통안의 궁묘에서 분령한 것이라는 점이다. 마조신앙이 지닌 독특한 묘제 관계에 따라 해외 마조궁묘의 '알조진향'은 자발적이고, 지속성을 가질 수밖에 없다. 분령묘의 진향은 선택의 문제가 아니라, 자신들의 종교적 정체성과 영력의 유지와 직결된 문제이기 때문이다. 타이완의 다자 전란궁의 신도들이 중국과 왕래가 없었을 때는 베이강 차오톈궁北港 朝天宮을 찾아가 진향했으나, 1987년 중국과의 왕래가 가능해지자 자발적으로 메이저우 마조조묘의 제전에 참가해 진향한 사례는 마조 분령묘와 조묘 간의 관계성을 잘 드러내 준다.

3) 관방과 민간신앙조직의 공조

80년대 이후 중국 각 지역에서 전통적으로 숭배했던 민간신앙이 부흥의 움직임을 보이기 시작했으나, 정부는 이를 통제하거나 관리할 규정이 존재하지 않았다. 그 결과 전국적으로 민간신앙의 신상과 사묘祠廟가 난립하게 된다. 중국에서 민간신앙은 엄밀히 말하면 종교 관리의 영역에 속하지 않았다. 중국 정부가 공식적으로 인정한 종교는 불교, 도교, 이슬람교, 기독교, 천주교 뿐이고, 종교관리정책 또한 5대 종교에만 국한해 적용되었다. 중국의 민간신앙은 엄밀히 말하면 종교관리정책에 있어 일종의 사각지대에 놓인 셈이다. 사실상, 정부 조직 내 민간신앙관리부처는 여전히 소속이 명확히 정리되지 않아, 각 성과 자치구마다 상이하게 관리하고 있는 실정이다.

상대적으로 푸젠성 정부는 상당히 이른 시기부터 민간신앙을 관리하는 데 주의를 기울였다. 초기 마조신앙의 부흥 움직임은 민간에서부터 시작되었다. 린충즈를 중심으로 한 메이저우 마조조묘이사회가 마조궁묘의 중건에 앞장섰다. 각 궁묘에서 선출된 민간인 대표로 이루어진 이 사회는 메이저우 마조조묘의 중건사업뿐만 아니라, 매년 개최되는 마조탄신일 춘제대전春祭大典, 마조문화관광절妈祖文化旅游节, 마조우화승천일妈祖羽化升天日, 해협논단海峡论坛, 기념전례祈年典礼 등 마조신앙과 관련된 제반 종교활동을 이끌어 나갔다. 또한 신연 네트워크를 통해 해외 진향단과 신도의 방문을 유치했고, 언론 매체에 마조문화를 적극적으로 알리기도 했다. 마조신앙이 부흥하기까지 신도들로 이루어진 민간 조직의 노력도 컸지만, 보다 근본적으로는 푸젠성인민정부나 푸텐시 관방조직 등과의 긴밀한 공조가 있었기에 가능했다.

앞서 말했다시피, 민간신앙은 관리부처의 모호성 때문에 종교활동이 쉽지 않았다. 민간신앙은 종교가 아니었지만, 종교직 제의 활동을 하려면 5대 종교와 마찬가지로 관련 규정을 준수해야 한다. 종교활동장소 내에서 종교활동을 하거나 해외 신도들과 교류하기 위해서는 반드시 사전에 지역 정부가 승인한 협회를 통해 비준을 받아야만 했다. 하지만 민간신앙은 종교협회 자체가 설립되지 않았고, 정부 관리부처도 불명확했다. 그러니 각 성과 자치구마다 관리부서와 관리지침이 다를 수밖에 없었다. 민간신앙은 종교국이 관리하는 지역도 있었으나, 어떤 지역은 문화국이, 또 어떤 지역은 민정국이 관리했고, 심지어는 역사박물관이나 문물국이 관리하는 지역도 있었다. 관할 부서와 관리지침에 따라 지역의 민간신앙 활동은 활발하기도 하고, 방해받기도 했다. 푸젠성의 경우, 민간신앙 관리의 가장 모범적 사례로 손꼽히는데, 이곳에서는 마조신앙의 부흥을 위한 관민 간 협력적 거버넌스governance가 이루어지고 있었다.[22] 마조신앙의 종교활동에 관한 제반 사항을 관리하고 계획을 추진하는 마조조묘이사회는 기본적으로 관민 공조체제였다. 이사회의 실무를 담당하는 상무이사는 마조신앙의 전승인인 린충즈였으나, 이사장은 정협 주석 린원하오였다. 1997년에 마조조묘에 설치된 관리처정식명 : 湄洲媽祖祖廟景區管理處도 마찬가지였다. 마조조묘의 관광과 관리를 담당하는 이 조직은 이사회에서 운영하고, 이사회 구성원은 모두 신도 대표대회에서 선출하지만, 이사장은 정부측 인사가 임명되었다.

또한 푸젠성관광국福建省旅游局은 타이완, 홍콩 등을 주요 타겟으로 마조성지순례 관광을 홍보하고 조직했다. 푸젠성관광국은 1980년 6월 대외개방과 관광업 발전의 수요에 부응하기 위해 설립된 부서로 주로 타이완의 본토 관광을 유도하기 위한 중장기계획을 수립하고 다양한 여행상품을 개발했다. 푸젠성관광국은 더 많은 해외 마조성지순례단을 유치하기 위해 1989년 '마조성지순례관광연토회媽祖朝圣旅游研讨会', '마조천년제妈

---

22 현재 민간종교는 국가종교사무국이 관할하는 것으로 어느 정도 합의가 이루어졌다. 하지만 민간신앙을 종교의 범주로 인정할 것인가에 대한 문제는 아직 해결되지 않았고, 민간신앙 관리의 법제화 문제는 여전히 논의 단계에 있다. 지방정부 중 현재까지 민간신앙 문제를 가장 체계적으로 관리한 모범사례로 푸젠성을 들고 있다. 푸젠성 민족종교사무청은 1992년부터 일부 지역에 한정되긴 했으나 민간신앙 업무를 체계적으로 관리하기 시작했다. 赵翠翠・李尚平, 「被"社会政策"悬置起来的民间信仰」, 『西北民族大学学报』 1, 西北民族大学, 2014, 8~9쪽.

祖千年祭' 등을 개최했고, 1990년 홍콩국제박람회에서 '마조성지순례' 관광상품을 선보이기도 했다. 이 시기 해외 진향단과 신도들이 마조조묘를 방문하려면 반드시 푸젠성과 푸젠시 관련 부서의 비준을 얻어야만 했음을 감안하면, 마조신앙의 부흥이 관민의 긴밀한 공조 아래 이루어졌음을 알 수 있다. 그리고 해외 마조신도를 타겟으로 한 다양한 관광상품의 개발과 판매는 신도들의 푸젠 방문을 유도했고, 결과적으로 마조신앙의 부흥과 지역 경제발전을 견인했다.

3. 마조신앙의 복원과 중국 전통문화의 재건

1) 마조의례의 재건

중국의 마조신앙은 문화대혁명을 거치면서 종교 구조물과 기물器物들이 대부분 파손되었고, 종교 의례의 전승 또한 단절되었다. 개혁개방 이후, 마조신앙을 부흥시키려는 움직임이 재개되었고, 푸젠성 정부는 마조조묘이사회 등 신앙조직과의 긴밀히 공조를 통해 단절된 마조신앙의 면모를 회복시키려 노력했다. 이 과정에서 신연 네트워크를 통해 해외 마조궁묘들과 활발한 교류 활동을 진행하며 다방면의 지원을 받았다. 마조신앙을 재건하는 과정에서 가장 큰 문제는 과거 행해졌던 제전祭典, 첨시籤詩,[23] 과의科儀[24] 및 기타 종교의식의 절차 등 의례에 관한 제반지식

---

23 주로 마조묘에서 행해지는 종교활동이다. 60갑자 첨시가 있는데, 3개의 금전(金錢)으로 상, 하괘를 점친다.
24 마조의 공덕을 송양하고, 인간의 재앙을 물리치고 복을 기원하기 위해 행해지는 종교 의례이다.

에 커다란 공백이 생긴 것이었다. 종교의례를 이끌어갈 주제자主祭者나 배제자陪祭者가 없었고, 의례용 기물, 의장儀仗도 마련되지 않았으며, 종교 의례 세부 절차나 의식에 쓸 제례악무 등도 실전되었다.

마조신앙 의례의 복원은 먼저 타이완 마조궁묘와의 교류를 통해 이루어졌다. 타이완의 마조궁묘는 푸젠의 마조조묘를 방문해 진향할 때, 제대로 된 종교적 제의를 치를 수 있기를 희망했다. 제의를 제대로 치르려면 전문 인력과 종교 의장, 기물 등이 필요했는데, 중국은 전반적으로 민간신앙 활동이 위축되었던 데다 문화대혁명을 거치면서 종교제의를 전혀 치르지 못했으므로, 제의에 필요한 세부 물품이나 제의 순서, 활동 등에 대해 제대로 숙지하지 못했다. 따라서, 타이와의 진향단은 푸젠의 마조조묘에 방문하기에 앞서 제전의식에 필요한 물품 목록을 먼저 문서로 보냈다. 예를 들어, 신강新港 펑텐궁奉天宮은 취안저우泉州 텐후궁天后宮에 보내는 문건에 제수품으로 '1접시에 5종류의 과일, 꽃을 꽂은 화병 1쌍, 홍귀紅龜 12개, 떡 12개'를 요구했다. 또 장화彰化 난야오궁南瑤宮은 취안저우 텐후궁에 보내는 문서에 '① 제수품으로 가축 5종과 과일 5종, 본회에서 별도 지불인민폐 1300위안 ② 개로고開路鼓 등 민속 예술 진두 인력 약 205인 준비, 비용은 본회에서 별도 지불인민폐 1만 위안 (…중략…) ⑦ 끝에 대나무 잎이 달린 16척 길이의 죽간 1개, 7척 길이의 죽간 44개, 비용은 본회에서 별도 지불' 등을 요구했다. 의례에 사용할 제수품의 종류와 수량, 제전에 동원될 인력, 악기, 기물 등의 세부 사항이 타이완 궁묘의 요구에 맞추어 갖춰지기 시작했다. 푸젠의 마조궁묘들은 타이완 진향단과의 교류를 통해 점차 마조제의, 알조진향, 요경채기繞境踩街 등 종교 의례의 절차, 내용, 제례악무 등을 복원해 나갔다. 그 외 추첨의식抽籤儀式처

럼 중국에서 사라진 종교활동은 타이완 궁묘 측에 직접 첨시籤詩를 요청
해 복원하기도 했다.[25] 다만, 위의 경우는 마조조묘와 분령묘 간의 사적
교류로 인한 복원으로, 마조신앙의 전체 제전 체계를 계통적으로 수립
하기에는 무리가 있었다.

정부 차원에서 마조신앙을 재건하려는 움직임은 90년대에 들어서면
서 본격화되었다. 1994년 푸젠성관광국과 푸텐시인민정부가 연합해
'마조문화관광절'을 지정했는데, 이 기간에 주요 행사 중 하나로 메이저
우 조묘제전이 열렸다. 푸젠성 정부는 이 기간에 역사학자, 유물전문가,
민속학 전문가 등을 모아 마조제전에 필요한 문헌 자료를 정리, 수집하
고, 제전에 필요한 도구 기물 등을 제작했다. 그리고 이들 전문가집단의
공동연구를 통해 마침내 '메이저우 조묘제전의주湄洲祖庙祭典仪注'와 '제전
의정명세표祭典仪程明細表'가 완성되었다. 이에 따라 복원된 마조제전 순서
는 다음과 같다.[26]

① 북과 폭죽 ② 의장仪仗, 의위대仪衛队 정렬, 악생乐生 정렬, 무생舞生 정렬 ③
주제인主祭人과 배제인陪祭人 정렬 ④ 영신상향迎身上香 ⑤ 전백奠帛 ⑥ 송독축문诵
读祝文 ⑦ 궤배고수跪拜叩首 ⑧ 행초헌지례行初献之礼, 〈화평지악和平之乐〉 연주 ⑨
행아헌지례行亚献之礼, 〈해평시악海平之乐〉 연주 ⑩ 행종헌지례行终献之礼, 〈함평지
악咸平之乐〉 연주 ⑪ 분축문焚祝文, 분백焚帛 ⑫ 삼궤구고三跪九叩 ⑬ 송신送神, 예성
礼成(퇴장)

25 俞黎媛·彭文字, 「妈祖文化的精神内核和海峡西岸经济区建设」, 『莆田学院学报』 14(1), 莆田学院,
2007, 6쪽.
26 中国非物质文化遗产網, 「妈祖祭典」, 2006.
https://www.ihchina.cn/project_details/14984/(검색일 : 2022.11.8.)

푸젠성 인민정부의 주도로 이루어진 마조문화의 재건은 상당히 체계적이고, 계통적으로 이루어졌다. 제전이 거행되는 장소, 일자, 소요 시간, 규모, 제전 의례 절차뿐만 아니라, 제전에 참여하는 인력 수, 제연祭筵, 제기, 제품, 의장, 복식, 악기, 도구, 축문, 악무, 음악 등을 복원했으며, 또 제전 규모의 크기에 따라 다시 필요 인력과 기물의 수량 등을 세분화하였다. 마조신앙의 제전의례는 바로 이 시기를 기점으로 비로소 규범화된 형태를 갖추게 된다.

2) 민간신앙에서 전통문화의 영역으로

신중국 성립 이후, 중국의 마조신앙은 봉건미신으로 치부되며 철저히 탄압의 대상이 되었으나, 개혁개방 이후 푸젠성 정부의 정책적 관리 아래 번영의 길을 걸었다. 80년대 이후 메이저우 마조조묘가 타이완으로 분령한 신상이 현재까지 무려 10,600존尊에 이르고, 성지순례로 푸젠을 방문한 신도의 수는 300만 명을 넘어섰으며, 양안경제문화교류 프로젝트만 해도 100여 건에 관련자 수는 2만여 명에 이른다. 푸톈시에서도 신도단체 200여 개를 조직해 타이완을 방문하는 등, 마조신앙을 매개로 양안이 매우 활발하게 교류하고 있다.[27]

생각해볼 점은 마조신앙이 재건되고 부흥하는 과정에서 과연 토속종교로써의 정체성을 그대로 유지하고 있는가 하는 점이다. 중국 마조신앙의 종교적 속성은 점차 전통문화의 영역으로 전이되어 가는 추세이다. 이러한 성격의 전환은 어쩌면 당연한 것이, 신중국 성립 후 현재까

---

27 程强, 「妈祖文化 - 海上丝绸之路的精神家园」, 『中国共产党新闻網』, 2015.
   http://dangjian.people.com.cn/n/2015/0316/c117092-26699036.html(검색일 : 2022.11.8.)

지 중국 정부는 종교정책에서 민간신앙을 종교로 인정하지 않기 때문이다. 물론 푸젠성 정부는 1992년부터 민족종교사무청에서 민간신앙을 부분적으로 관리하기 시작했고, 1998년 시진핑 성장省長은 지방 정부 중 처음으로 종교사무부처에 민간신앙관리판법을 모색할 것을 명하며, 성 내 민간신앙의 '중앙집중관리扣口管治' 원칙을 확립하기도 했다.[28] 하지만, 이러한 조치는 민간신앙을 효과적으로 관리하기 위한 책임 부서의 지정과 관리원칙에 대한 것이지, 결코 민간신앙을 종교로 인정해서가 아니었다. 푸젠성 정부는 마조신앙에서 점차 종교적 색채를 휘발시키는 방향으로 움직이고 있다. 1997년 메이저우 조묘이사회는 독립된 법인기구를 설치했는데, 이로 인해 과거 종교국 관할이던 것이 민정국 관할로 변경되었다. 이는 행정적으로 민간신앙조직이 사단법인 형태로 나아가고 있음을 의미한다. 그리고 각 궁묘와 신도들로 이루어진 '마조신앙조직媽祖信仰組織'이란 명칭을 '마조문화기구媽祖文化機構'로 개칭하였다.[29]

중국 정부는 민간신앙이 종교와 마찬가지로 유신론을 공유하지만, 종교와 달리 굿이나 점술 등을 이용해 인민을 미혹시키거나, 접신, 부적, 관상, 풍수, 치료 등을 들어 금전을 갈취해 사회질서를 파괴하고 민심을 어지럽힌다고 보았다. 과거 중국 정부는 민간신앙의 부정적 측면을 내세워 국가발전을 저해할 것이라고 판단했으나, 마조신앙의 실례를 통해 민간종교의 긍정적 측면을 인지하게 된다. 마조신앙이 가진 '알조진향'

---

28 陈进国, 「中国民间信仰如何走向善治」, 『中国民俗学網』, 2020. https://www.chinafolklore.org/web/index.php?Page=1&NewsID=18545(검색일: 2022.11.8.)

29 梁曦, 「莆田妈祖信俗动态研究 – 以2018年的最新普查为对象」, 『東アア文化交涉研究』 13, Kansai University, 2020, 685쪽.

김경아 | 개혁개방 이후, 푸젠성 마조신앙(媽祖信仰)의 부흥과 중국 전통문화의 재건   221

의 특징은 전 세계 마조신앙권의 신도들을 중국으로 불러들였고, 화교
진향단과 성지순례단의 중국 방문은 곧 지역의 경제발전으로 이어졌다.
또한 마조신앙을 매개로 한 푸젠과 타이완 신앙조직 간의 교류는 정치
적으로 불안정했던 양안관계의 회복과 안정화에 크게 기여하는 바가 있
었다. 문제는 중국은 기본적으로 종교를 법에 의거해 관리해야 할 대상
으로 본다는 것이다. 물론 종교적 역량을 국가발전과 사회 안정화의 동
력으로 삼고자 하는 의도를 노골적으로 드러내긴 하지만, 그렇다고 교
세가 확장되거나 그 영향력이 확대되는 것을 원하지는 않는다. 심지어
민간신앙은 국가에서 인정한 5대 종교에 포함되지 않아, 관리 부처나
규정 또한 정비되지 않은 상태이다.

그런 점에서 우리는 현재 중국에서 사용하고 있는 '마조문화'란 용어
에 주목할 필요가 있다. 마조신앙에 '문화'를 덧씌운 이 용어를 처음 제
시한 것은 상하이사범대학 린원진林文金 교수였다. 1987년 10월 31일
마조천년제 기간에 거행된 제1차 학술토론회에서 린 교수는 마조문화
연구의 중요성을 강조하면서, 마조신앙이 내포한 봉건 미신의 색채를
지우기 위해 '마조문화'란 용어를 사용할 것을 제의했다.[30] 마조학술연
구에서 시작된 이 용어는 점차 마조신앙을 대체하는 방향으로 발전한
다. 중국학자 장주핑張祝平은 개혁개방 이후, 중국 민간신앙 40년을 개괄
하면서 과거 봉건미신의 영역에 있던 민간신앙이 점차 문화자원과 문화
유산으로 변화했다고 지적했다.[31] 이러한 변화의 뒷 배경에는 중국 정부

30 梁曦, 「莆田妈祖信俗动态研究 : 以2018年的最新普查为对象」, 『東アジア文化交渉研究』 13, Kansai
    University, 2020, 689쪽; 莆田文化網, 「林文豪先生的"妈祖缘"」, 2012.
    http://www.ptwhw.com/?post=4911(검색일 : 2022.11.8.)
31 張祝平, 「中国民间信仰40年 – 回顾与前瞻」, 『西北农村科技大学学报』 6, 西北农村科技大学, 2018, 1쪽.

가 자리하고 있다. 첸충陳瓊은 개혁개방 이후 민간신앙이 '미신'에서 '전통문화'로 변화한 모범적인 케이스가 바로 마조신앙이며, 마조신앙의 부흥은 경제문화 발전을 위한 정부의 정책적 보호가 있었기 때문이라고 분석했다.[32] 즉, 중국 정부는 종교의 범주 안에서 발견되는 민간신앙의 부정적 속성을 '전통문화'란 프레임 안으로 포용해, 이를 지역경제 발전과 중국 전통문화 재건에 도움이 되는 전략으로 활용한 것이다.[33] 마조신앙은 전통문화의 프레임 안에서 매우 훌륭한 '문화자본'이 되어 중국에 막대한 정치적, 경제적 이익을 가져다주고 있다. 마조신앙의 성공사례로 인해 중국 정부는 이러한 전략을 민간신앙 전체에 확대해 적용하려 하고 있다. 자오췌이췌이趙翠翠는 현재 중국 정부가 '문화'라는 이름으로 민간신앙을 부흥시키고, 지역경제와 문화건설에 도움이 될 수 있도록 '비종교화' 관리방법을 전략적으로 채택하고 있다고 지적했다.[34] 개혁개방 이후, 마조신앙은 과거 타파해야 할 봉건미신에서 이제는 지키고 발전시켜야 할 전통문화의 영역으로 편입되어, 정부의 정책적 보호 아래 새로운 부흥기를 맞이하고 있다.

---

32 陳瓊, 「閩南妈祖信仰复兴之历程与逻辑」, 『莆田学院学报』 24(3), 莆田学院, 2017, 19~23쪽.

33 俞黎媛 · 彭文宇, 「妈祖文化的精神内核和海峡西岸经济区建设」, 『莆田学院学报』, 14(1), 莆田学院, 2007, 94~97쪽.

34 赵翠翠 · 李尚平, 「被"社会政策"悬置起来的民间信仰」, 『西北民族大学学报』 1, 西北民族大学, 2014, 9쪽.

4. 다시 마조신앙으로

개혁개방 정책이 실시된 이후, 푸젠성 정부의 경제발전 모색과 중국의 종교정책이 온건한 방향으로 전환[35]되는 등 변화한 환경 속에서 마조신앙은 새로운 전환기를 맞이한다. 푸젠성 정부와 신도조직 간의 긴밀한 공조하에 마조신앙을 재건하려는 움직임이 시작된 것이다. 1980년대 후반부터 푸젠의 마조신앙의 신도들은 마조신앙의 복원을 위해 이사회를 설립하고, 푸젠성 정부에 궁묘의 중원 계획을 승인받았다. 그 후, 해외 마조궁묘와의 신연 네트워크를 활용해 해외 화교들의 자본을 끌어들였다. 푸젠에 소재한 메이저우, 취안저우, 통안의 마조궁묘 등은 대부분 초기 화교 자본의 지원과 기증을 통해 중건되었다. 또한 해외 마조궁묘 진향단, 성지순례단과의 지속적인 교류를 통해 전승이 단절되었던 마조제전, 알조진향, 요경채가 등의 종교 의례를 차츰 복원해 나갔다.

푸젠성 정부도 마조신앙의 부흥에 지원을 아끼지 않았다. 푸젠성 정부는 마조궁묘의 중건과 궁묘의 관리, 종교활동, 해외 궁묘와의 교류 등을 원활히 지속할 수 있도록 종교사무부처에서 민간신앙 업무를 전담해 관련 행정적 문제를 처리하도록 했다. 그리고 푸젠성 관광국과 푸텐시 관련 부처는 타이완과 홍콩인을 주요 타켓으로 마조성지순례 관광상품을 개발했고, 신도들이 제전이나 성지순례 후 현지에서 관광이나 경제 소비를 유인할 수 있도록 관광설비 시설을 정비했다. 이러한 민-관의

---

35 중국 당 지도부는 과거 종교에 대한 인위적 소멸 운동의 오류를 지적하고, 종교의 생성, 변화, 발전이라는 고유의 원리를 인정하면서 비교적 온건한 종교관리정책으로 선회했다. 개혁개방 전후 종교관리정책의 변화에 대해서는 다음의 글 참조. 강경구·김경아, 「중국특색사회주의 종교 이론의 고찰」, 『중국학』 61, 대한중국학회, 2017, 4~7쪽.

긴밀한 공조 아래 마조신앙은 다시 부흥을 맞이하게 되었다.

2009년 '마조신속媽祖信俗'이 유네스코 세계무형문화유산에 등재된 후, 마조신앙의 발원지를 찾는 신도와 관광객의 수가 날로 증가하고, 관광특구가 개발되었으며, 마조 관련 관광상품과 먹거리, 굿즈도 대량으로 생산, 판매되고 있다. 현재 마조신앙의 부흥은 오롯이 종교적 역량만으로 이룬 성과가 아니라, 개혁개방이라는 대변혁의 시기에 관방과의 전략적 공조가 있었기에 가능했다. 다만 마조신앙의 부흥에 중국 정부가 개입하면서 마조신앙은 종교의 범주에서 벗어나 점차 전통문화의 프레임 안으로 흡수되었다. 이는 중국의 종교정책의 특수성으로 인한 것일 수도 있고, 중국의 우수한 전통문화를 강조한 정치적 요소가 작용한 것일 수도 있다. 다만, 확실한 것은 마조신앙은 중국 전통문화의 프레임 안에서 재건되었고, 점차 관광산업이나 창의문화산업으로 무게 중심이 옮겨가고 있다는 점이다. 현재 마조신앙은 중국 정부에 의해서 지역경제의 발전, 양안통합이라는 정치적 역할, 그리고 중국 전통문화의 발양이라는 도구로 활용되고 있다. 마조신앙이 종교적 정체성을 잃지 않으려면 외적 성장이나 발전보다는 기층 민중들에게 종교가 가지는 의미를 돌아볼 필요가 있다.

참고문헌

강경구·김경아, 「중국특색사회주의 종교이론의 고찰」, 『중국학』 61, 대한중국학회, 2017.

김의섭, 「중국의 재정분권화와 중앙-지방 재정관계의 변화」, 『한국지방재정논집』 11(1), 한국지방
　　　재정학회, 2006.

성시일, 「중국재정정책의 변화가 경제에 미치는 영향」, 『중국학논총』 22, 한국중국문화학회, 2006.

이유진, 「마조신앙의 국가공인화 과정과 그 의미」, 『중국어문학논집』 70, 중국어문학연구회, 2011.

郭阿娥·范正义, 「论庙际網絡, 社会资本与两岸关系-以泉州天后宫为例」, 『莆田学院学报』 1, 莆田
　　　学院, 2014.

_____, 「论庙际網絡, 社会资本与两岸关系」, 『莆田学院学报』 21(1), 莆田学院, 2014.

梁曦, 「莆田妈祖信俗动态研究-以2018年的最新普查为对象」, 『東アジア文化交涉研究』 13, Kansai
　　　University, 2020.

吕庆华, 「五缘文化说与福建旅游业的开发」, 『北方经贸』 9, 黑龙江省经济管理干部学院, 2003.

李凌霞, 「从天上圣母到中华妈祖-福建莆田湄洲妈祖信仰文化的展演」, 『台湾源流』 41, 2007.

俞黎媛·彭文宇, 「妈祖文化的精神内核和海峡西岸经济区建设」, 『莆田学院学报』 14(1), 莆田学院, 2007.

张秀明, 「改革开放以来侨务政策的演变与华侨华人与中国的互动」, 『华侨华人历史研究』 3, 中国华侨
　　　历史学会, 2008.

赵翠翠·李尚平, 「"被"社会政策"悬置起来的民间信仰」, 『西北民族大学学报』 1, 西北民族大学, 2014.

钟杏云, 「加强研究并充分利用好海外华人资本」, 『中国软科学』 6, 中国软科学研究会, 1996.

左春台·宋新中(主编), 『中国社会主义财政简史』, 北京 : 中国财政经济出版社, 1988.

陈琼, 「闽南妈祖信仰复兴之历程与逻辑」, 『莆田学院学报』 24(3), 莆田学院, 2017.

蔡泰山·彭文宇(主编), 「台湾妈祖文化创意观光产业经济价值之研究」, 『妈祖文化研究论丛』, 北京 :
　　　人民出版社, 2012.

臺灣大百科全書, 「分靈」, 1998.
　　　https://nrch.culture.tw/twpedia.aspx?id=12038(검색일 : 2022.11.9.)

莆田文化網, 「林文豪先生的"妈祖缘"」, 2012.
　　　http://www.ptwhw.com/?post=4911(검색일 : 2022.11.8.)

福建广电網络集团莆田分公司, 「天下妈祖回娘家, 越回越亲」, 2022.
　　　https://www.fjgdwl.com/putian/news/show-22347.aspx(검색일 : 2022.11.8.)

中国改革信息库, 「国务院关于实行"划分收支, 分级包干"财政管理体制的暂行规定」, 『国發』 33号, 1980.
　　　http://www.reformdata.org/1980/0201/6138.shtml(검색일 : 2022.10.21.)

陈进国, 「中国民间信仰如何走向善治」, 『中国民俗学網』, 2020.
　　　https://www.chinafolklore.org/web/index.php?Page=1&NewsID=18545(검색일 :
　　　2022.11.8.)

中国非物质文化遗产網, 「妈祖祭典」, 2006.
　　　https://www.ihchina.cn/project_details/14984/(검색일 : 2022.11.8.)

太报, 「白沙屯妈祖姊妹情 通霄镇慈后宫慈净妈祖」, 2021.
　　　https://www.taisounds.com/Culture/Religion/uid4111112712(검색일 : 2022.11.8.)

程强, 「妈祖文化－海上丝绸之路的精神家园」, 『中国共产党新闻網』, 2015.
http://dangjian.people.com.cn/n/2015/0316/c117092-26699036.html(검색일 :
2022.11.8.)

1960~1970년대 영국의 대한對韓기술지원

울산공과대학 사례를 중심으로

권의석

1. 들어가며

2022년, 울산대학교는 개교 52주년을 맞이하였다. 울산대학교는 울산공과대학으로 1970년에 처음 개교한 이후 2007년 4년제 이공계 국립대학인 울산과학원이 생기기 전까지, 울산 지역의 유일한 4년제 종합대학으로서 오랜 시간 동안 울산 지역의 인재 양성에 큰 역할을 해왔다. 울산공과대학, 현 울산대학교는 1960년대 말과 1970년대 초 영국의 기술원조를 통해 건설되었는데, 냉전 시기 한국이 해외로부터 받은 원조 대부분이 미국과 일본으로부터 제공되었던 점을 생각하면 흥미로운 부분이다. 한국은 1945년 해방 이후 미군의 점령과 군정이 시작된 당시부터 미국의 원조를 받아왔다. 미 군정기였던 1945~1948년 사이에는 "미군 점령지역 행정구호 원조Government Appropriations for Relief in Occupied Areas", 1948년 대한민국 정부수립 이후부터 1953년 한국전쟁 중에는 미국 경제협력처Economic Cooperation Agency가 제공하는 비료, 의복 연료, 식량 등의 긴급물자 무상원조를 받았다. 1950년대에는 미국 국제협력처 International Cooperation Agency와 한국민간구호계획Civil Relief in Korea, UN한국재건단UN Korea Reconstruction Agency 등이 제공하는 긴급물자와 재건물자 원조에 의존하여야 했다.[1]

미국의 한국에 대한 원조는 1950년대 말부터 점차 줄어들지만, 냉전 초기 시기의 대규모 원조와 냉전 기간 동맹관계로 인한 경제적, 정치적 이해관계가 깊어 미국의 대한국 원조에 관한 연구는 상대적으로 많은 편이다.[2] 여기에 1965년 한일 국교 정상화가 이뤄지고, 이후 일본으로부터 차관 제공 형식으로 한국에 대규모 경제 원조가 이뤄지게 되면서 일본의 대한국 원조와 해외 원조에 관한 연구 역시 상대적으로 많은 편이다.[3] 이에 비하면 영국을 비롯한 서유럽 국가들의 한국에 대한 원조는 상대적으로 학술적 관심을 적게 받았다. 이는 미국과 일본으로부터의 경제 원조가 전체 원조액의 90%를 넘을 정도로 양국의 원조 비중이 압

---

1 Jiyoung Kim, "Foreign Aid and Economic Development : The Success Story of South Korea", *Pacific Focus* 26, 2011, pp. 266~273.
2 미국 원조의 경우 1950년대 말까지 대규모의 무상원조가 각 분야에 이루어져 이 시기 다양한 성격의 미국 원조를 다루는 연구들이 최근에도 꾸준히 이어지고 있다. 김지연, 「전후 미국의 한국 교육원조, 1956~1962 – 피바디프로젝트 사례 분석」, 서울대 박사논문, 2012; 김필호, 「한국의 전쟁 후 경제 재건에 미친 미 군사원조의 효과에 대한 연구」, 『국제개발협력연구』 9, 2017; 박광명, 「해방이후~한국전쟁기 미국의 대한원조와 ECA·SEC 원조의 성격」, 『동국사학』 68, 2020; 양준석, 「6·25 전쟁 이후 한국과 미국의 한국 재건프로그램은 왜 균열했는가?」, 『국제정치논총』 59(1), 2019; 오선실, 「한국 전기기술자 집단의 형성과 1950년대 전원개발계획의 재구성 – 식민지의 유산과 미국의 대외경제원조 정책 사이에서」, 『人文科學硏究』 45, 2022; 이순진, 「1950년대 한국 영화산업과 미국의 원조 – 아시아재단의 정릉 촬영소 조성을 중심으로」, 『한국학연구』 43, 2016; 이휘현, 「1960년대 초반 미국의 대외원조정책 조정과 대한원조의 정상화」, 『한국문화』 92, 2020 등.
3 강철구·홍진이, 「일본 국제원조정책의 배경과 특징에 대한 고찰」, 『행정논총』 47, 2009; 김석수 「일본 정부개발원조(ODA)와 국익의 연계」, 『문화와 정치』 3(1), 2016; 손기섭, 「한일 안보경협 외교의 정책결정 – 1981~1983년 일본의 대한국 정부차관」, 『국제정치논총』 49(1), 2009; 손기섭, 「80년대 일본의 한국과 중국에 대한 원조외교 – '정치원조'의 공여내용과 정책결정」, 『한국정치외교사논총』 35(2), 2014.

도적이라는 점을 고려하면 충분히 이해할 수 있다.[4] 하지만 영국, 벨기에, 독일과 같은 서유럽 국가들은 자국의 선진 기술력을 바탕으로 직업기술 교육을 위한 한국 원조사업에 적극적으로 참여하여 괄목한 성과를 거두기도 하였다.[5] 영국의 대외원조에 초점을 맞춘 연구는 있지만 대한원조에 관한 연구가 부족한 상황에서, 울산공과대학을 통해 이루어진 영국 기술 지원의 성공적인 사례는 학술적으로 조명을 받을 만하다.[6]

이번 연구에서는 울산공과대학이 영국의 원조를 통해 설립되는 과정을 살펴보면서 영국과 한국이 영국의 기술원조에 대해 가지고 있던 이해관계를 분석하고, 그 영향력에 대해 고민해보고자 한다. 이를 논의하기 위해 우선 영국의 대한국 기술원조가 가능하게 한 두 다자간 국제협력 기구, 콜롬보 플랜과 대한국제경제협의체의 구성 과정을 살펴본다. 그리고 영국이 어떻게 이 두 기구를 통해 울산공과대학 건설을 통한 기술원조를 논의하였는지 살펴보고자 한다. 마지막으로는 울산공과대학 설립 협정이 1975년 연장과 1979년 물적, 인적 원조 중단을 거치게 된 배경을 이해하면서 영국의 원조로 설립되었던 울산공과대학이 어떻게

---

4 Jiyoung Kim, op.cit., pp.263~264.
5 이경구, 『한국에 대한 개발원조와 협력 – 우리나라의 수원 규모와 분야 효과사례 등에 관한 조사연구』, 한국국제협력단, 2004, 103쪽; 특히 독일의 원조에 관한 연구가 많은 편이다. 나혜심, 「독일의 대한개발원조사 연구 – 미제레오를 중심으로」, 『독일연구 – 역사·사회·문화』 35, 2017; 막스, 「서독 정부의 대한 기술원조 – 호만애암·한독고등기술학교 프로젝트를 중심으로」, 『역사비평』 127, 2019; 막스, 「서독 정부의 대한민국에 대한 기술원조」(서울대 박사논문, 2019); 유나연·박환보, 「1970~80년대 독일의 교육원조를 통한 공업계 교원양성 교육에 관한 연구 – 충남대 사례를 중심으로」, 『교육연구논총』 39(3), 2018; 유진영·정기섭, 「독일 기술교육 지원의 교육사적 의의 – 인천 한독실업학교 설립과 의미를 중심으로(1960~1970)」, 『한국교육사학』 38(2), 2016.
6 영국의 대외원조에 관한 연구로는 손혁상, 「원조집행기관의 자율성과 제도적 변화 – 영국 DFID 사례를 중심으로」, 『유럽연구』 28(1), 2010; 신상협, 「영국의 공적개발원조(ODA)에 대한 연구」, 『아태연구』 18(2), 2011; 문경연, 「영국 대외원조 정책 및 추진체계 변화에 대한 연구」, 『국제개발협력연구』 5(1), 2013 등이 있다.

지역에 정착하고 성장하였는지를 살펴본다. 이러한 접근을 통해 국제관계와 국제정치가 지역에 미치는 영향에 대해서도 고민하고, 울산이라는 지역에 대한 이해도 깊이 할 수 있게 되길 기대한다.

2. 영국의 대한국 원조 채널

울산공과대학 건립을 통한 영국의 대한국 원조를 가능하게 했던 국제 원조 및 개발 채널은 크게 두 가지이다. 하나는 아시아·태평양 지역 영연방 국가들이 주도적으로 참여한 자본·기술 협력 기구인 콜롬보 플랜 The Colombo Plan으로, 이 국제 협력기구는 울산공과대학을 운영하는 데 필요한 기술 인력을 지원하는 데에 핵심적인 역할을 하였다. 다른 하나는 대한국제경제협의체International Economic Consultive Organization for Korea, IECOK라는 국제 자문 기구로, 이 기구는 영국의 대한국 원조를 직접적으로 논의하는 계기를 마련해주었다.

1) 콜롬보 플랜

영국이 한국에 대한 기술 원조가 가능하도록 만들어준 콜롬보 플랜은 제2차 세계대전 이후 동남아시아 지역 각국의 경제 발전과 협력 강화를 이루기 위해 출범한 국제기구다. 제2차 세계대전 이후 냉전이 아시아로 확대되고, 동남아시아와 태평양 지역에 있는 영연방 국가 사이에서 공산주의 확산에 대한 우려가 퍼지게 되었다. 당시 서유럽은 미국이 추진한 유럽 부흥 계획인 "마셜 플랜Marshall Plan"을 통한 경제적, 기술적 지원으로 전후 복구에 박차를 가하면서 공산주의에 대한 경제적 저항력을 키우고 있었기에, 동남아시아 지역 영연방 국가의 반공 정권 역시 마셜 플랜과 유사한 경제개발 및 기술지원 계획에 관심을 가지게 되었다.[7] 특히 1948년에 들어서면서 버마현 미얀마, 영국령 말라야 연방현 말레이시아이 공산주의 봉기를 겪고, 중국 국공내전에서도 중국공산당이 승기를 잡고 중국을 장악하면서 영국령 홍콩의 안전을 위협하는 안보 문제로 부상하게 되었다.[8]

결국 1949년 10월 1일, 국공전쟁에서 승리한 중국공산당이 중화인민공화국의 건국을 선언하자, 중국 주변 영연방 회원국에 끼칠 안보 위협을 우려한 영국이 아시아 지역의 정치적, 경제적 문제를 논의하기 위한 문제를 서두르게 되었다. 1950년 1월, 실론현 스리랑카 수도 콜롬보에서 열린 영연방 8개국영국, 캐나다, 인도, 호주, 실론, 파키스탄, 뉴질랜드, 남아프리카공화국 외무장관 회의에서 영국 외무장관 어니스트 베빈Ernest Bevin은 공산주의 확산을 막기 위한 지역 내 경제협력 기구 창설을 제안하였다. 이는 1950년 5월 호주 시드니, 동년 9월 영국 런던에서의 총회를 거치면서 발전되어 결국 1951년 7월, 처음 문제를 논의한 8개국 가운데 남아공을 제외한 영연방 7개국이 연간 2억 6천 5백만 파운드를 투입하여 6년간 개발계획을 추진하는 것을 골자로 하는 콜롬보 플랜이 정식으로 출범하였다.[9] 이후 공산주의의 아시아 확산을 저지하는 데에 관심이 있던 미국이 1951년 공여국 자격으로 참여하게 되었고, 이후 1950년대에

---

7 Daniel Oakman, *Facing Asia : A History of the Colombo Plan*, Canberra : ANU Press, 2010, p.20.
8 Ibid., p.20.
9 Peter Lowe, *Contending with Nationalism and Communism : British Policy towards Southeast Asia : 1945~1965*, London : Palgrave Macmillan, 2009, pp.73~74.

라오스, 캄보디아, 베트남, 미얀마, 네팔, 인도네시아, 일본공여국, 필리핀, 태국, 말레이시아 등이 참여하며 동남아시아 지역 국가 간의 경제협력과 발전을 지원하는 단체로 자리 잡게 되었다. 이는 1954년에 수립되는 안보 기구인 동남아시아 조약기구The South East Asia Treaty Organization, SEATO와 함께 동남아시아 지역 내 공산주의 침투를 저지하기 위한 미·영 주도 국제 협력 체제를 지탱하였다.[10]

이처럼 동남아시아를 중심으로 만들어진 콜롬보 플랜에 한국이 가입하면서 영국과의 기술협력을 위한 다리를 놓게 되었다. 한국은 1957년, 처음으로 콜롬보 플랜 가입 가능성을 타진하기 위해 영국 측에 접근하였다. 당시 조정환 외무부장관은 H. J. 에반스Evans 주한영국대사와의 회견에서 "캐나다와 파키스탄도 회원이 되는 상황"에서 지역적 제한은 처음부터 의미가 없는 것이 아니냐면서 한국의 콜롬보 플랜 가입 가능성을 문의하였다.[11] 이승만 정부가 콜롬보 플랜을 추진한 이유는 국제적 고립을 타파한다는 외교적 목적이 더 강했던 것으로 보이는데, 실제로 해럴드 카치아Herold Caccia 주미영국대사를 만난 양유찬 주미한국대사는 한국이 콜롬보 플랜에 가입한다면 "한국인이 자유세계 진영의 일원이 된 느낌을 얻을 수 있을 것"이라며 국제사회와의 교류 측면을 강조하였다.[12] 이와 같은 이유로 미국이 한국의 참여를 긍정적으로 보았고, 영국 역시 이에 동의하였다.[13]

10 Lord Birdwood, "The Defence of South East Asia", *International Affairs* 31(1), 1955, p.24.
11 Ademola Adeleke, "The Diplomacy of Programme Boundaries : The Republic of Korea and the Colombo Plan," *International Journal of Developing Societies* 2(2), 2013, p.74.
12 British Embassy Washington, (1957). British Embassy,Washington to Foreign Office, (26 August), FO 371/129554, DK14/20, TNA-PRO. Ademola Adeleke, "The Diplomacy of Programme Boundaries", p.74에서 재인용.

1957년 당시 한국의 정식 수교국은 대만, 미국, 영국, 프랑스, 필리핀, 스페인, 독일, 베트남, 이탈리아, 튀르키예 총 10개국에 불과하고 이 가운데 아시아 국가는 2개국뿐이었기에, 콜롬보 플랜 참여는 아시아 주요 국가와의 교류를 강화할 기회가 될 수 있었다. 하지만 일본과 달리 한국은 여전히 수원국受援國이었고,[14] 아시아 주요 회원국 역시 한국이 동남아시아 국가가 아니라는 점, 한국전쟁 이후 아시아 냉전의 중심지가 된 한국의 가입이 다른 회원국에 이념적 부담을 줄 수 있다는 점 등을 들어 반대 의사를 밝혔다.[15] 결국 1957년 이승만 정권의 콜롬보 플랜 가입 시도는 회원국의 반대로 좌절되었다.

하지만 1961년에 5·18 군사정변을 통해 박정희 정권이 들어서면서 한국 정부는 다시 한번 콜롬보 플랜 가입에 도전하게 된다. 박정희 정권은 아시아 반공 국가의 경제 협력체인 콜롬보 플랜에 가입하여 정치 협력 관계를 강화하고, 콜롬보 플랜의 전체적 방향을 설정하는 자문위원회Consultive Committee를 통해 한국의 수출 주도적 경제성장에 유리한 역내 환경을 조성하고자 하는 의지가 강하였다. 또한 1957년과 달리, 한국은 1958년 태국, 1960년 말라야 연방, 1961년 호주 등 콜롬보 플랜 내 주요 국가와 외교 관계를 맺으면서 기존의 외교적 고립을 탈피한 상황이었다. 이처럼 우호적인 외교 환경을 이용하여 한국 정부는 1961년 말레이시아 쿠알라룸푸르 총회에 옵저버Observer로 처음 참석하였고, 이

13 Ademola Adeleke, op.cit., pp.74~75.
14 일본의 콜롬보 플랜 참여에 관한 연구로는 원태준, 「Commonwealth Manoeuvres Behind Japan's 1954 Inclusion in the Colombo Plan : The Case of Australia and Canada」, 『영미연구』 53, 2021이 있다.
15 Ademola Adeleke, op.cit., pp.75~76.

듬해인 1962년에는 총회 개최국인 호주의 지원을 등에 업고 한국 가입에 비관적이던 인도네시아와 스리랑카 대표단을 성공적으로 설득하여 콜롬보 자문위원회에 성공적으로 가입하게 되었다.[16]

한국은 다자협력 기구인 콜롬보 플랜을 통해 특히 기술협력과 관련된 지원을 상당한 규모로 받게 되는데, 1962년부터 1985년까지 콜롬보 플랜을 통해 지원받은 기술 원조 규모는 총 3천 9백 60만 달러에 이르며, 이는 같은 기간 한국에 제공된 기술 원조액 가운데 총 12.9%를 차지하는 액수이다.[17] 또한 1968년에는 서울에서 콜롬보 플랜 자문위원회 총회를 유치하고 이를 박정희 정권의 치적으로 적극적으로 홍보하면서, 콜롬보 플랜은 한국이 해외 원조를 받아들이고 국제 관계를 강화하는 데에 중요한 역할을 하였다.

2) 대한국제경제협의체

International Economic Consultive Organization for Korea, IECOK

경제협력과 기술지원을 강조하던 콜롬보 플랜이 영국이 한국에 기술 원조를 제공하고 관련 프로그램을 운영하기 위한 발판을 마련하였다면, IECOK는 영국의 대한국 지원에 관한 논의가 직접적으로 이뤄질 기회를 마련해주었다. 1966년 IECOK가 창설된 배경에는 1960년대 국제 협력 경향의 변화가 있다. 1950년대, 특히 한국전쟁 이후 한국에 대한 원조는 미국이 전후 복구와 인도주의적 재난 해결을 위해 제공하던 무상원조였다. 하지만 1961년, 존 F. 케네디 행정부가 새롭게 국제개발처Agency for

---

16 Ademola Adeleke, op.cit., pp.76~77.
17 이경구, 『한국에 대한 개발원조와 협력』, 103쪽.

International Development를 설립하고, 기존의 무상원조 방식에서 유상원조 방식으로 전환하여 개발도상국이 해외로부터 얻은 차관을 바탕으로 산업화와 개발계획을 추진한 뒤 여기서 수익으로 차관을 갚으면서 책임을 지게 하였다. 또한 국제부흥개발은행International Bank for Reconstruction and Development, 국제개발협회International Development Association, 아시아개발은행Asia Development Bank 등의 다양한 국제기구가 설립되면서 다자간 협력을 기반으로 한 원조가 대세를 이루게 되었다.[18]

이처럼 국제적인 원조의 경향이 변하고, 1950년대 후반부터 미국이 한국에 대한 원조를 줄이면서 미국을 대체할 공여국을 연결해 줄 새로운 다자간 기구 설립을 모색하게 되었다. 특히 한국은 박정희 정권의 주도로 제1차 경제개발 5개년을 시작한 시점이었기에, 자본 부족과 기술 격차를 극복하기 위한 선진국의 원조가 필요한 상황이었다. 이러한 시대적 상황을 고려하여, 1962년 5월 미국 국제개발처 극동담당 차관보 세이모어 야노우Seymour J. Janow가 한국에 원조를 제공할 수 있는 다자간 컨소시엄 설립을 제안하였고, 1964년 4월 주한미국대사관 부대사로 있던 에드워드 W. 도허티Edward W. Doherty가 차후 한일 관계를 정상화할 때 도입될 일본 자본을 중립적으로 사용하기 위해 경제협력개발기구Organisation for Economic Co-operation and Development의 개발원조위원회Development Assistance Committee 를 중심으로 한 자문 기구 설립을 제안하면서 본격적으로 IECOK 설립을 추진하기 시작하였다.[19]

---

18 위의 책, 55~56쪽.
19 「대한국제경제협의기구 (가칭)의 구성」, 1A0061417495156이-외교업무-국제회의, 박정희 대통령비서실, 대한민국 세종시 : 대통령기록관, 1966.4.1.
   https://www.pa.go.kr/research/contents/policy/index03.jsp?poMode=view&gubun=

이와 같은 제안을 수용한 한국 정부는 1965년 8월 국무회의를 통해 대한국제협의기구가칭를 설립하기로 하고 미국, 영국, 프랑스, 이태리, 독일, 일본, 캐나다 등 주요 선진국에 직접 기관의 성격을 설명하고 참여를 설득하였다. 1966년 3월 말 기준으로 5월 19일 영국 런던에서 열리기로 예정된 예비회담에 참여 의사를 명확히 밝힌 국가는 미국, 이태리 정도이며, 독일, 프랑스는 소극적이었고 특히 영국은 관망하는 태도를 보이고 있었다.[20] 1960년대에 서유럽 국가들은 성공적인 전후 복구를 이루어 대다수가 전쟁 이전의 경제 수준을 회복하여 국제개발을 지원할 여력을 확보한 상태였다.[21] 그런데도 주요 선진국이 상대적으로 소극적이었던 데에는, 선진국 사이에서 한국 경제성장과 차관 회수 가능성에 대한 부정적인 인식이 있었기 때문으로 보인다.[22]

하지만 1966년 5월 19일 영국 런던 예비대회에서 세계은행과 국제통화기금 측 대표가 한국의 최근 10년간 1차 5개년 계획의 결과로 실질소득, 제조업, 수출 등 각 분야에서 괄목할 만한 성장을 거두었고, 한국이 수출과 저축을 중심으로 적절한 재정 정책을 펼치고 있어 발전 가능성이 큰 국가임을 강조하면서 여러 선진국의 참여를 끌어낼 수 있었고, 결국 1966년 12월, 프랑스 파리에서 창립총회를 열면서 IECOK가 정식으로 설립되었다.[23] IECOK에 정식으로 참여한 국가는 미국, 일본, 프

01&policySeq=1229(접속일 : 2022.10.1.)
20 위의 글.
21 이경구,『한국에 대한 개발원조와 협력』, 56쪽.
22 대한국제경제협의처를 처음으로 제한했던 야노우 차관보 역시 1950년대 미국의 무상원조에도 불구하고 1960년대 초 한국의 경제성장이 기대에 못 미치는 상황에 대해 실망감을 표한 바 있다. 국가기록원,『해외수집기록물 번역집1 - 1960년대 초반 한미관계 - 1961~1963』상, 행정자치부 국가기록원, 2006, 284~285쪽.
23 「Dr.Gulhati 및 Savkar씨의 런던회의 연설내용」, 1A00614174951586-외교업무-기타, 박정

랑스, 이탈리아, 캐나다, 호주, 독일, 대만 등 총 8개국이었으며, 여기에 국제통화기금MF, 유엔개발계획UNDP, OECD, ADB 등 주요 국제기구 역시 옵저버로 참여하였다. 영국의 경우 처음에는 옵저버 자격으로 참여하였으나, 2차 총회부터 정식 회원국으로 전환되면서 영국과 한국이 IECOK에서 경제협력과 기술지원을 논의할 수 있게 되었다.

3. 영국 원조에 의한 기술학교 설립 동의

1) 울산공과대학 건설을 위한 한·영 간 사전 논의

이후 울산공과대학 설립의 결정적인 기반이 되는 영국의 대한국 기술원조 논의 역시 앞에서 언급한 IECOK를 통해 시작되었다. 1968년 4월, 미국 워싱턴에서 IECOK 2차 총회가 열리게 되는데, 동년 6월 IECOK 총회에서의 합의 사항 이행을 위한 추가 논의를 위해 한국의 IECOK 회원국 순회사절단이 각국을 방문하게 되었다. 당시 순회사절단은 6월 3일 런던에 도착하여 영국 측과 대한국 지원에 대해 논의하게 되었는데, 영국 무역부는 재정 차관 공여에 대해서는 부정적인 태도를 보이고 있었다. 1960년대 말 영국은 1967년 제3차 중동전쟁으로 인해 영국의 무역 역시 큰 타격을 입은 데다, 재정 적자도 계속되어 결국 1967년 11월엔 파운드를 14% 절하해야 할 정도였다. 실제로 1967년

희 대통령비서실, 대한민국 세종시 : 대통령기록관, 1966.7.12.
https://www.pa.go.kr/research/contents/policy/index03.jsp?poMode=view&gubun=
01&policySeq=1230(접속일 : 2022.10.1)

영국이 인천항 제2독 건설을 위해 411만 달러 규모의 공공차관 공여를 제의했다는 국내 언론의 보도에 대해 외교부가 영국 정부에 진위를 문의하였을 때, 영국 정부는 1963년 이후 이어진 국제수지 적자와 긴축조치로 인해 해외 투자를 고려치 않고 있다고 확인해주기도 하였다.[24] 1960년대에 들어서 영국과 차관 도입을 관해 논의가 오간 적은 있었지만, 위와 같은 이유로 울산공과대학 이전에 양국 간의 경제·기술 협력 사업은 전혀 이뤄지지 않은 상황이었다.

한국 측이 영국의 원조를 통해 한국에 초급 대학 수준의 기술학교를 설립하는 방안을 제시한 것은, 당시 산업화를 하는 과정에서 기술 격차를 해소하기 위해 서구 선진국의 기술 도입이 절실하였기 때문이었다. 한국은 1965년부터 서독, 프랑스, 일본의 원조를 기반으로 건립된 기술학교들이 성공적으로 운영되고 있었기에, 영국의 기술원조를 통해 지은 기술학교를 통해 영국이 강점을 가지고 있는 선진 기술 도입을 기대할 수 있었다. 또한 국내에 기술학교를 건립하면 해외 인력 파견에 비해 적은 비용을 들이면서도 한국 실정에 맞는 훈련을 할 수 있다는 장점이 있었다.[25] 이처럼 영국의 대규모 차관 제공을 기대할 수 없는 상황에서, 이와 비교하여 기술학교 건립의 경우 비용이 더 적게 드는 만큼 영국을 설득하기 위해 현실적으로 내놓은 타협안이었다.

영국의 기술원조를 통한 한국 내 대학 건립은 영국에게도 충분히 매력적인 제안이었다. 1964년 "인도주의적인 대규모 원조 제공"을 공약

---

24 「영국의 공공차관 도입」, 분류번호 761.74-롤번호 M-0024-파일번호 31,대한민국 서울 : 외교사료관, 1967(공개년도 2004).

25 「기술교육의 새 방향」, 『조선일보』, 1970.5.28, 5쪽.

으로 내걸었던 노동당이 총선에서 승리하자, 새로 출범한 정부에 해외 개발부The Ministry of Overseas Development를 설치하고 기존의 일방적이고 단순한 대외원조의 틀을 벗어나 수원국 개발에 궁극적인 목적을 둬야 함을 강조하였다. 실제로 1965년에 해외개발부가 펴낸 백서에서도 "원 조 프로그램의 기본은 도덕적 의무"여야 함을 명시하기도 하였다.[26] 하 지만 같은 백서에서 "영국의 장기적인 이해관계" 역시 언급한 점은 영 국 대외원조가 여전히 "대외정책"의 성격을 지니고 있음을 보여준다.

　1960년대 영국의 대외원조는 식민지의 독립이 이어지는 상황에서 영국이 기존에 제국을 통해 행사하던 영향력을 유지하기 위해 영국으로 부터 독립한 신생국을 최우선으로 지원하였다. 하지만 동시에 비식민지 출신 국가에 대한 대외 지원도 꾸준히 하였는데, 이 경우 공산주의 진영 에 대한 선택적인 적대감을 보이기도 하였고, 다당제를 운영하는 민주 주의 국가에 대한 지원을 선호하는 모습을 보였다.[27] 당시 한국의 박정 희 정권이 1961년 군사정변으로 집권한 이후 반공주의를 전면에 내세 운 점, 군사정권으로 출범하였지만 1963년 민정 이양을 하면서 한국이 다당제 민주주의를 운영하고 있던 점이 이와 같은 조건에 들어맞으면 서, 동시에 동남아시아 지역 반공 정권의 개발을 통해 안보 목표를 달성 하려 하였던 콜롬보 플랜의 목적과도 상통하고 있다. 여기에 IECOK 런 던 예비대회에서 언급된 것처럼 한국의 경제성장 가능성이 컸던 점 등 이 한국을 영국의 이상적인 대외원조 대상국으로 만들었을 것이고, 원

26　문경연, 「영국 대외원조 정책 및 추진체계 변화에 대한 연구」, 『국제개발협력연구』 5(1), 2013, 84~85쪽.
27　Robert D. McKinlay and Richard Little. "A Foreign-policy Model of the Distribution of British Bilateral Aid, 1960~70." *British Journal of Political Science* 8(3), 1978, p.329.

금 회수를 기대할 수 없는 무상원조 성격이지만 대형 차관보다 부담이 적으면서 양국 관계를 개선할 수 있음을 고려할 때 합리적인 선택이었을 것으로 보인다.

기술학교 건설을 두고 양측이 합의한 큰 틀을 살펴보면, 영국 측은 6명의 영국인 교육 인력을 제공하는 한편 교육 장비 및 교재를 10만 파운드당시 환율 기준 약 25만 불 범위 내에서 3~4년간 제공하고, 한국 측은 초급대학에 필요한 시설 및 운영비용을 부담하는 것으로 하였으며, 초급 대학 건축 계획을 구체화하기 위하여 영국 정부가 기술 담당 전문가를 파견하는 데에 합의하였다.[28] 영국 측의 기술자 파견 및 기술학교 건설로 합의가 되자, 원조의 규모나 성격이 콜롬보 플랜을 통한 기술협력에 부합하였기에 양측은 콜롬보 플랜을 통해 원조를 진행하기로 하고 외교부는 당시 콜롬보 플랜 원조를 담당하던 관계 부처인 과학기술처, 대학교육을 담당하는 문교부와 협의하며 추진하게 된다.[29] 이미 한국은 1962년 콜롬보 플랜 자문위원회, 이듬해인 1963년에는 콜롬보 플랜 기술협력위원회에 가입하여 일본, 호주, 캐나다 등 주요 회원국과 기술협력을 해온 경험이 있었다.[30] 그런 만큼 양측 모두 익숙하고 경제협력의 경험이 있는 콜롬보 플랜을 이용해 울산공과대학 지원 사업을 진행하기로 한 것으로 보인다.

---

28 「한·영국간의 울산공과대학 설립에 관한 협정(전2권) 교섭철」 V1, 분류번호 741.91-롤번호 J-0072-파일번호 7, 대한민국 서울 : 외교사료관, 1968~1971(공개년도 2002), 4~5쪽.

29 위의 글, 13쪽.

30 최대식, 「韓國工業開發을 위한 技術導入政策」, 『社會科學研究』 5(2), 1998, 58쪽.

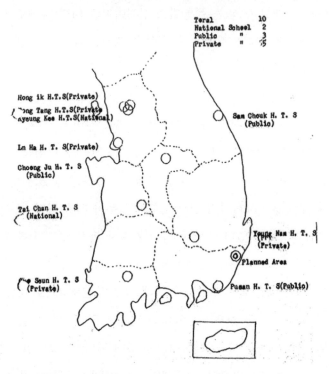

Distribution of Higher Technical School

Toral   10
National School 2
Public   "   3
Private   "   5

Hong ik H.T.S(Private)
Jong Tang H.T.S(Private)
ayeung Kee H.T.S(National)

Sam Chouk H. T. S
(Public)

Ln Ha H. T. S(Private)

Choeng Ju H. T. S
(Public)

Tai Chan H. T. S
(National)

Young Nam H. T. S
(Private)

Planned Area

Seun H. T. S
(Private)

Pusan H. T. S(Public)

〈그림 1〉 공업전문학교 전국 분포도

출처 : 『한·영국간의 울산공과대학 설립에 관한 협정(전2권) 교섭철』 V1, 65쪽

이와 같은 합의 사항에 따라 1968년 7월 중순, 영국 측 전문가인 J. W. 게일러Gailer는 울산 일대를 방문하였다. 울산은 1962년 1월 공업 지구가 설정된 뒤 1960년대 말까지 한국비료, 대한석유, 한국정유, 삼양설탕, 대한동철, 현대자동차, 한국알미늄, 동양가스터빈, 현대 울산 조선소 등 다양한 중화학 공장이 입주했거나 건설 중이지만, 〈그림 1〉과 같이 울산 인근에 인력을 공급할 공업전문학교가 부재한 상황이었기에, 한국 정부는 산업체에서 일할 기술자 인력을 육성할 초급 대학이 울산에 설치되길 희망하고 있었다. 게일러는 울산공업고등학교, 한국

비료 공장과 울산 산업단지 전반을 둘러본 뒤, 1968년 9월 시찰 보고서를 제출하여 울산공과대학의 학제, 신입생 규모, 예상 비용 등을 구체화하였다.[31]

9월 보고서에서, 게일러는 1967년부터 시작된 제2차 경제개발 5개년 계획 과정에서 2만 4천 390명 정도의 기술자 인력이 부족할 것으로 예상되는 만큼 울산공과대학이 산업현장에 필요한 기술자를 공급하는 데에 중요한 역할을 할 것으로 보인다고 하였다.[32] 그리고 인력 배출을 위해 울산공과대학은 "샌드위치 코스"방식으로 구성하여 우선 2년제 과정을 이수한 뒤에 1년간 산업현장에서 실습하게 한 뒤, 2년제 과정에서 상위 성적을 받은 학생들은 3학년으로 진학하여 다시 2년의 추가 과정을 마친 뒤 4년제 학위를 취득하는 방식으로 운영할 것을 제안하였다. 게일러는 울산에 이미 다수의 사업체가 자리 잡은 만큼, 이들 사업체와의 협력을 통해 6개월은 학교에서, 나머지 6개월은 산업체에서 하는 방식으로 실습 과정을 운영하고자 하였다.[33] 또한 울산 지역 공업단지의 수요를 반영하여 기계공학, 전기공학, 화학공학, 재료금속학 등과 관련된 학과를 개설할 것을 추천하였다.[34]

---

31 「한·영국간의 울산공과대학 설립에 관한 협정(전2권) 교섭철」 V1, 16쪽.
32 위의 글, 17쪽.
33 위의 글, 18~19쪽.
34 위의 글, 18쪽.

	인구	고등학교 수	고등학교 학생 수
울산	131,801	3	1,235
울산 반경 20km 이내	290,257	7	1,879
울산 반경 50km 이내	-	10	3,658
부산	1,430,000	22	22,595
대구	840,000	20	24,025

출처: 『한·영국간의 울산공과대학 설립에 관한 협정(전2권) 교섭철』 V1, 85쪽.

〈표 1〉 울산 인근 인구 및 학생 수

이후 1969년 4월, 게일러는 울산을 재차 방문하여 울산공과대학 설립 계획을 더욱 구체화하는 방안에 대한 2차 보고서를 제출하였다. 울산공과대학의 규모와 학생 수급 등에 대한 구체적인 논의도 담겼는데, 1차 보고서에서는 입학 정원을 100명으로 하고, 2학년 정원은 80명, 3~4학년 과정의 학년별 정원을 55명으로 제안했던 것과 달리, 이번에는 1~2학년 학년별 정원을 150명으로, 3~4학년 과정의 학년별 정원은 75명으로 늘릴 것을 제안하였다.[35] 특히 이번에는 울산뿐만 아니라 인근 지역과 대구, 부산의 고등학생과 기술학교까지 조사하여 〈표 1〉과 같이 정리한 뒤, 울산과 인근 영남 지역에서 배출되는 대학 진학 가능 고등학생의 수가 충분하고 유사한 성격을 갖추고 경쟁할 기술학교 역시 적은 편인만큼 울산공과대학의 "영국적 특징"을 잘 살려 양질의 교육을 제공할 수 있다면 충분히 경쟁력이 있는 대학으로 자리 잡을 수 있다고 강조하였다.[36] 또한 이번 조사에서는 울산 지역의 산업체를 전수 조사한 뒤 지역 수요에 맞게 기계공학과, 전기공학과, 화학공학과, 재료금속학과, 토목공학과와 교양학부 등 총 6개 학과를 설치하고, 이후 경영학과,

---

35 위의 글, 83~84쪽.
36 위의 글, 85쪽.

섬유공학과, 과학 및 수학과 등을 설치할 것을 제안하였다.[37]

　이번 보고서에서는 울산공과대학의 운영 주체에 대해서도 논의하였는데, 게일러는 한국 정부 측 제안인 학원재단 설립을 통한 민간 운영 계획에 지지를 표하였다. 1969년 초 울산공과대학 운영을 목적으로 현대건설·현대자동차주식회사 정주영 회장이 울산공업학원 재단을 건립하였는데, 게일러는 산업체가 지원하는 학원재단이 운영을 맡으면 한국 정부의 지원 이외에도 연관 산업체가 충분한 투자를 할 것으로 기대하였다.[38] 또한 국립대를 더 선호할 실력 있는 교수들을 울산공과대학으로 데려오기 위해서는 정부 규제로부터 자유로운 연구와 근무 환경을 제공할 수 있는 사립대 환경이 더 적합할 것이라는 평가 또한 내놓았다.[39]

　이렇게 울산공과대학 운영에 대한 틀이 확정되고, 한국 정부가 게일러의 보고서를 정식 채택하면서 이를 기반으로 한 대학 설립을 준비하기 시작하였다. 1970년 3월로 예정된 개교일에 맞춰 영국인 전문 인력이 국내에 들어오도록 하고자, 한국 정부는 1969년 9월 22일, 과학기술처를 통해 콜롬보 플랜에 울산공과대학에서 근무할 영국인 전문 인력의 파견을 신청하였다. 콜롬보 플랜에 요청한 전문가는 울산공과대학 학장 자문관 1명, 그리고 5개 학과장의 자문관 5명 등 총 6명으로, 학장 자문관의 경우 "기계공학 학위, 고등교육기관에서의 강의 경력, 35~50세 연령 선호"라는 조건을 붙였고, 각 학과장 자문관의 경우에는 전공학위, 강의 경력뿐만 아니라 실무 경력 역시 선호한다는 조건을 추가하

37　위의 글, 87쪽.
38　위의 글, 119쪽.
39　위의 글, 89~90쪽.

였다.[40] 이는 "샌드위치 코스"로 운영되어 반드시 실습 기간이 필요한 울산공과대학의 교과과정 특성상 실무를 교육할 인력 또한 필요하기 때문으로 보인다.

대학 정책을 관할하는 문교부 역시 1969년 9월 23일, 울산공업학원이 신청한 울산공과대학 설립을 인가하고 대학 내 교원과 제반 소요 시설을 1970년 1월 말까지 확보하고, 이를 이행한 후 1970학년도 신입생 모집을 시행할 것을 명령하였다. 울산공과대학 내에는 기계공학과, 전기공학과, 금속공학과, 토목공학과, 공업화학과 등 총 5개 전공 학과가 개설되기로 하였고, 각 학과 별 40명 씩 총 200명의 신입생 모집이 예정되었다.[41]

2) 울산공과대학 설립 협정 협상 및 체결

게일러의 보고서가 한국 정부에 의해 공식적으로 채택되고 이를 바탕으로 울산공과대학의 설립이 시작되자, 1969년 11월 21일 주한영국대사관은 게일러 보고서에 담긴 울산공과대학 운영 원칙을 바탕으로 작성한 양해각서 초안을 한국 정부 측에 보내어 이를 정식으로 논의하고자 하였다. 주한영국대사관의 양해각서 초안은 울산공과대학의 설립 취지, 전공 분야, 학과 및 학제 구성, 교육 과정에 관한 주요 내용1~4조, 영국 측의 콜롬보 플랜을 통한 기술자 파견, 10만 파운드에 달하는 기자재 지원, 영국 측 기술자에 대한 영국의 임금 지급 의무, 영국 대학과의 교

---

40 위의 글, 160~183쪽.
41 문교부 대학정책실 대학행정과, 「울산공과대학」, BA0231621, 대한민국 성남 : 나라기록관, 1972, 1~5쪽.

류 주선 등 영국 측의 책임5~11조, 한국 측의 대학 시설 건립, 향후 대학 운영 지원, 한국 정부 인사의 학원재단 이사 참여, 영국 측 기술 인력에 대한 대우, 영국인 기술 인력의 요구에 대한 한국 정부의 성실 대응 등 한국 측의 책임12~15조, 양국의 합의를 통한 기술 인력 철수 허용16조, 합의는 4년간 유효하며 양측의 이해에 따라 연장 가능17조 등의 내용을 담고 있었다.[42]

한국 정부는 영국 측의 제안에 따라 대학을 설립하면서, 울산공과대학의 초기 설립 구상이 2년제 초급대학과정과 이후 정규대학으로의 진학 과정이 혼재된 제도인데 현행법상 가능한 방식인지, 그리고 사립재단 이사회에 정부 대표를 이사로써 참여시킬 수 있는지에 대한 법적 근거를 검토할 것을 각 부서에 지시하였다.[43] 문교부는 혼용 방식의 대학 운영과 정부 인사의 이사진 참여가 모두 가능하다는 답변을 해주었지만, 한국 정부 측은 양해각서 교환 형식으로 합의가 이루어지는 방식에 불만을 표하였고, 영국인 자문가에 대한 면책 특권 역시 삭제를 요구하였다. 이를 반영하여 한국 측은 기존 한국이 독일, 네덜란드, 일본 등과의 기술 협정을 맺을 당시의 전례에 따라 양해각서 대신 정식 협정을 맺을 것을 요구하였고, 영국인 자문관의 임무를 자문과 협조로 국한시키는 한편, 영국인 기술자에 대한 대우를 영국안에 비해 축소하고 면책 조항은 삭제할 것을 요구하였다.[44]

영국 측은 자국이 제안한 양해각서 교환이 1970년 3월 16일로 예정

---

42 「한·영국간의 울산공과대학 설립에 관한 협정(전2권) 교섭철」 V1, 187~195쪽.
43 위의 글, 201~204쪽.
44 위의 글, 208~221쪽.

되었던 개교 이전에 완료되길 바랐고, 실제로 개교가 1달 남짓 남은 2월에는 영국 대사가 한국 정부 측과 연석회의를 가지면서 양측의 입장을 조율하고자 하였다. 하지만 한국 측에서 양해각서가 아닌 협정 Agreement으로 변경할 것, 그리고 영국인 기술자 면책 조항 삭제를 요구하면서 교착 상태에 빠지게 되었다.[45] 여기에 1970년 3월 5일, 재무부 역시 본 협정이 규정하고 있는 면세 대상이 "외국인"이고 원조로 반입되는 기자재 역시 면세 혜택을 받더라도 국내 판매가 불가함을 명기하여야 한다는 이유로 수정을 권고하였다.[46] 이 면세 대상 문제가 길어지면서 결국 협정 논의는 1970년 3월 개교를 넘겨 계속 이어지게 되었고, 7월에 들어서야 공식 협정을 체결하고 영국 측 기술 인력이 고의나 중과실로 인한 피해를 주면 이에 대한 법적 책임을 부담해야 한다는 한국 측 안을 인정하는 대신, 영국 인력에 대한 한국 측 지원을 늘리고, 영국 전문 인력의 법적 책임에 대한 범위는 별도 합의로 규정하는 양보를 하면서 합의를 이룰 공통의 기반을 찾게 되었다.[47]

하지만 기존 2년제와 4년제 교육기관의 혼합 운영이 가능하다고 했던 문교부가 기존의 견해를 뒤집고 4년제 대학 외에 2년제 전문학교가 병설되어야 하며, 전문학교는 초급 기술자를 양성하고 이들 졸업자 중 우수한 자는 법령에 따라 대학의 3학년에 편입하도록 하는 것으로 방침을 바꾸었다. 대신 울산공과대학은 4년간 고급 기술자를 양성하고 3~4학년에 학교 교육과 현장 실습을 병행하도록 한 뒤, 졸업할 때 공학사

---

45 「한·영국간의 울산공과대학 설립에 관한 협정(전2권) 체결철」 V2, 분류번호 741.91-롤번호 J-0072-파일번호 8, 대한민국 서울: 외교사료관, 28~29쪽.
46 위의 글, 31~32쪽.
47 위의 글, 36~46쪽.

학위를 수여하도록 규정해야 한다고 요구하였다.[48] 외무부는 문교부에 대해 합의 내용을 일방적으로 번복한 것은 "외교 관례상 없는 예이며, 심히 국위를 손상시키는 처사"라고 노골적인 불만을 표하였고, 문교부 측이 1970년 9월 이 문제를 가지고 주한영국대사관과 협상을 하면서 다시 한 번 체결이 지체되었다.[49] 결국 가장 쟁점이 되던 14조의 면책 특권 문제에서 영국 측 문구를 인정하되, 별도의 문서를 통해 영국 측이 기술자에 의해 피해가 발생하면 한국 정부의 구상권 행사가 실현되도록 영국 정부가 "실질적practical"이고 "적절한appropriate" 협조를 보장하는 조건으로 10월에 양측이 합의에 이르렀다.[50]

이를 바탕으로 12월 1일, 외무부는 한영 간의 울산공과대학 설립 협정에 대한 심사를 법제처에 요청하면서, 울산공과대학에 대한 영국 정부의 원조 물자와 전문가가 이미 한국에 도착한 상황이므로 이들이 협정의 혜택을 받게 하기 위해서라도 연내 통과가 가능하게 조치해달라고 주문하였다.[51] 법제처는 협정안 가운데 한국 측의 의무와 관련된 내용이 대한민국에 재정적 부담을 지울 것으로 예상된다는 의견을 피력하였고,[52] 한영 협정 내 국내 부담 사항은 재단인 울산공업학원이 부담하겠다는 재단 측 각서를 제출하며 정부의 추가 지출이 아님을 강조하였다.[53] 또한 협정 내용이 규정하고 있는 면세 혜택 역시 현행법이 보장하는 수준에서 벗어나지 않으며 유사한 수준의 면세 규정 역시 기존에 한

48　위의 글, 52~53쪽.
49　위의 글, 68~70쪽.
50　위의 글, 76~82쪽.
51　위의 글, 118~121쪽.
52　위의 글, 122쪽.
53　위의 글, 155~160쪽.

국이 다른 국가와 맺은 기술 협정과 다르지 않음을 강조하였다.[54] 이와 같은 설득 끝에 제96회 국무회의의 심의를 거친 「대한민국 정부와 영국 정부 간의 울산공과대학 설립에 관한 협정」은 1970년 12월 22일 국무회의의 심의를 거친 후 12월 31일 대통령 재가를 거쳐 1971년 1월 12일 정식으로 발효되었다. 최종 협정을 통해 울산공과대학은 기계·전기·토목·공업화학과 등 5개 학부와 1개 교양학부가 개설된 4년제 공과대학으로 운영하면서 2년제 전문학교를 병설하도록 하였다. 또한 영국 측은 4년간 영국 수석기술고문 포함 총 6명의 기술자를 한국에 파견하고, 이들의 급여와 항공 운임을 부담하며, 총 10만 파운드에 상당하는 기자재를 지원하게 되었다.[55]

오랜 협상 끝에 협정이 정식으로 발효되자, 협상을 담당했던 최규하 외무부장관은 보도 자료와 연설을 통해 울산공과대학 설립을 위한 이번 협정이 한국의 "공업화에 필요로 하는 공업기술"을 향상시키고, 산업화 과정에서 요구되는 "기술 인력 확보에 이바지"할 뿐만 아니라, 나아가 "양국 간의 기존 우호 관계를 더욱 긴밀히 하는 데 기여"할 것이라고 평가하며 이번 협정의 체결을 축하하였다.[56]

54 위의 글, 165~171쪽.
55 「대한민국 정부와 영국 정부 간의 울산공과대학 설립에 관한 협정 - 조약제361호」, 『관보』 제 5748호, 대한민국 성남 : 나라기록관, 1971.1.14, 4~5쪽.
56 「한·영국간의 울산공과대학 설립에 관한 협정(전2권) 체결철」 V2, 199~200쪽.

4. 울산공과대학 설립 협정 개정 및 연장

1) 1972년 울산공과대학 설립 협정 개정

1971년 1월 12일 대한민국 정부와 영국 정부 간에 울산공과대학 설립을 위한 협정이 발효된 지 채 1년도 지나지 않아, 양측은 기존 협정의 일부분을 개정하고자 하는 논의를 시작하게 되었다. 개정 이유는 크게 세 가지로, ① 영국 측의 지원금 증액, ② 영국 측 전문가 추가 제공, ③ 영국인 전문가의 공무 중 입은 손해 및 배상에 대한 책임 규정 보완이었다.

울산공과대학에 대한 영국 측 지원액의 증액은 영국이 먼저 제안한 것으로, 주한영국대사관이 1971년 11월 17일, 기존 협정 6항에 규정되어 있던 영국 정부 원조액을 10만 파운드에서 32만 파운드로 증액할 것을 통보하고, 이를 11월 24일 울산공과대학에 방문하여 공식적으로 발표하였다.[57] 여기에 1971년 9월 24일 한국 측이 영국 측에 추가로 6명의 전문가를 파견해 달라고 요청한 데에 대해 1971년 11월 24일 영국 측이 이에 동의하면서, 영국 측이 공식적으로 기존 울산공과대학 설립 협정을 개정할 것을 요청해왔다.[58]

영국 측의 지원액 증액과 전문가 파견 동의는 게일러의 보고서에서 예정되어있던 울산공과대학의 확장 계획과 연관이 있다. 게일러는 이미 기존 보고서에서 공과대학 운영 1단계에는 기계・전기・금속・토목공학, 공업화학 등 5개 전공학부 및 1개 교양학부를 운영하고, 2단계에는 추가로 경영학과, 섬유공학과, 과학 및 수학과의 개설을 제안한 바 있

---

57 위의 글, 276~278쪽.
58 위의 글, 283~284쪽.

NUMBER OF STUDENTS - NOMINAL

APPENDIX 1

		1970		1971		1972		1973		1974		1975	
		YEAR 1 " 2* " 3 " 4	TOTAL	YEAR 1 " 2* " 3 " 4	TOTAL	YEAR 1 " 2* " 3 " 4	TOTAL	YEAR 1 " 2* " 3 " 4	TOTAL	YEAR 1 " 2* " 3 " 4	TOTAL	YEAR 1 " 2* " 3 " 4	TOTAL
MAIN COURSES	INDUSTRIAL CHEMISTRY	40	40	4040	80	404040	120	40404040	160	40404040	160	40404040	160
	CIVIL ENGINEERING	40	40	4040	80	404040	120	40404040	160	40404040	160	40404040	160
	MECHANICAL ENGINEERING	40	40	4040	80	404040	120	40404040	160	40404040	160	40404040	160
	ELECTRICAL ENGINEERING	40	40	4040	80	404040	120	40404040	160	40404040	160	40404040	160
	METALLURGICAL ENGINEERING	40	40	4040	80	404040	120	40404040	160	40404040	160	40404040	160
	APPLIED PHYSICS					30	30	3030	60	303030	90	30303030	120
	ARCHITECTURE					30	30	3030	60	303030	90	30303030	120
	APPLIED MATHEMATICS	(DATE OF START OF COURSE NOT KNOWN)											
JUNIOR COURSES	HEATING & VENTILATION							40	40	4040	80	4040	80
	SECRETARIAL							40	40	4040	80	4040	80
	INDUSTRIAL DESIGN							40	40	4040	80	4040	80
	CHEMICAL ANALYSIS							40	40	4040	80	4040	80
	SURVEYING							40	40	4040	80	4040	80
	ELECTRONICS							40	40	4040	80	4040	80
TOTALS (EXCL. APPLIED MATHS)			200		400		660		1160		1460		1520

* As third year is a sandwich course for one semester and vacation only the effective number of students is not allowed.

41

〈그림 2〉 1972년 울산공과대학 운영 보고서에 수록된 초기 울산공과대학 학과 및 정원 배치. 1972년부터 학과를 증설하려 했음을 알 수 있다.

출처 : 『한 · 영국간의 울산공과대학 설립에 관한 협정 개정』, 41.

다.[59] 그런 만큼 영국 측의 원조액 증액은 울산공과대학이 기존 청사진에 따라 2단계로 확장하는 것을 돕기 위한 목적이었을 가능성이 크다. 실제로 울산공과대학은 1971년 5월, 2년제 병설 과정과 4년제 과정 초반 2년이 끝나고 새로운 학기가 시작되는 1972년도부터 건축공학과, 응용물리학과, 공업경영학과 등 3개 학과의 신설을 문교부에 요청하였고, 이 가운데 건축공학과와 응용물리학과 개설을 허가받으며 학교의 규모를 확장하였다.[60] 1972년에도 1973년도 적용을 목표로 대규모 증원을 신청하였으며, 문교부는 조선공학 전공 20명 증원, 전자계산학 전공 20명 증원, 건축학과 10명 증원을 허락하였다.[61]

59 『한 · 영국간의 울산공과대학 설립에 관한 협정(전2권) 교섭철』 V1, 87쪽.
60 문교부 대학정책실 대학행정과, 앞의 글, 276~278쪽.
61 위의 글, 297~299쪽.

영국인 전문가의 공무 중 입은 손해 및 배상에 대한 책임 규정 보완은 한국 정부 측의 문제 제기로 논의가 시작되었다. 1971년 11월 26일, 한국 과학기술처에서 영국 전문가를 초빙할 당시 콜롬보 플랜에 제출한 지원서 A1 Form에 "전문가가 공무 수행상 입게 될지도 모르는 상해에 대한 초청국 측 부담" 항목이 "No"라고 되어 있어, 고의나 부주의로 전문가가 입은 부상이 아니라면 이들이 입는 상해에 대한 보상을 한국 정부가 하도록 조처를 할 것을 요청하였다.[62]

한국과 영국이 각종 문제로 충돌하면서 협상 체결이 울산공과대학의 공식 개교보다 늦어졌던 것과 달리, 이번 협정 개정의 경우 지원액 증액은 영국 측의 선제안이었고, 한국 측의 전문가 추가 파견 요청에 영국이 바로 응하면서 크게 갈등을 빚을 일이 없었다. 게다가 한국 측이 제안한 영국인 전문가의 공무 중 상해에 대한 보상은 협정에 규정된 보상 내용이 콜롬보 플랜 측 지원서에 누락된 경우이기 때문에, 공무 중 부상에 대한 3개월까지의 요양비와 각종 상해에 대한 보상금을 규정하고, 한영 협정의 유효기간 동안 이들에 대한 상해 배상을 울산공과대학 측에서 부담하도록 규정을 만드는 것으로 해결할 수 있었다.[63] 지원액 증액 문제는 "주요 기기의 물자 원조의 제공을 32만 파운드로 증가한다"라는 내용으로, 전문가 파견에 대해서는 "대한민국 정부와 영국 정부 간에 공동으로 합의하는 기간 동안 양국 정부가 합의하는 기타 전문가"를 추가로 파견할 수 있도록 협정 내용을 개정하고 이를 공표하면서 해결하였다.[64]

---

62 위의 글, 291~293쪽.
63 『한·영국간의 울산공과대학 설립에 관한 협정 개정』, 분류번호 741.91 - 롤번호 J-0081 - 파일 번호 15, 대한민국 서울 : 외교사료관, 1972(공개년도 2003), 7~9쪽.
64 앞의 글, 『관보』 제5748호, 3~4쪽.

이처럼 영국 정부와 중장기 계획에 따라 원조액 증액과 전문가 추가 파견하면서 울산공과대학이 성공적으로 정착하고 고등교육기관으로의 역할을 하는 것을 적극적으로 도왔다.

2) 1975년 울산공과대학 설립 협정 연장 및 1979년 교류사업으로의 전환

1975년 1월 12일, 1971년 발효되었던 울산공과대학 설립 협정의 유효 기간이 만료되는 날, 한국 외무부는 주영한국대사관에 기존 협약을 추가로 4년 연장하겠다는 제안을 하였다.[65] 한국 측이 영국 측에 설립 협정의 연장을 제안한 데에는, 영국 측의 원조를 통해 운영되고 있는 울산공과대학과 병설전문학교가 영국 출신의 전문가를 초빙하여 양질의 장비를 지원받고 학생들을 교육하면서 단기간 내에 상당한 발전을 거듭해온 데대한 만족이 큰 역할을 차지하였을 것으로 보인다. 게다가 72년 협정이 개정되면서 32만 파운드 상당의 기자재를 영국 측으로부터 받기로 되어 있었는데, 4만 2천 파운드 가량의 미도입분이 아직 남아있었기에 이를 계속 인도받기 위해서는 협정의 연장이 필요하다는 현실적인 이유도 배경에 자리 잡고 있었다. 또한 해외개발국Overseas Development Administration의 기술 자문 자격으로 1974년 2월 울산공과대학을 방문하였던 게일러 씨가 신설된 조선공학 전공에 필요한 5만 파운드 상당의 기자재를 영국 측이 제공하겠다고 제안한 상황이었기에, 이를 받기 위한 협정이 여전히 필요하였다.[66] 게다가 1975년 1월 12일에 조약이 사실상 만료된 상태였기에,

---

65 「한·영국간의 울산공과대학의 설립에 관한 협정을 연장하는 협정」, 분류번호 741.91-롤번호 J-0098-파일번호 11, 대한민국 서울 : 외교사료관, 5쪽.
66 위의 글, 27쪽.

울산공과대학으로 향하는 기자재가 면세 통관이 되지 않아 곤란을 겪는 경우도 생기게 되면서,[67] 한국 정부와 영국 정부 모두 협정 연장에 동의하게 되었다. 이번에도 별다른 쟁점이 없던 양측은, 기존 울산공과대학의 설립에 관한 협정 16조에 따라 협정의 유효기간을 "1975년 1월 13일로부터 4년간 연장"하는 협정을 맺었다.[68]

이처럼 조약상으로는 1971년 설립 협정 체결부터 1979년까지 8년, 1970년 3월 울산공과대학 개교로부터는 9년 동안 이어져 오던 영국 측의 울산공과대학 기술 원조는 1979년 1월 13일 자로 협정 효력이 상실되면서 다시 한 번 갈림길에 서게 되었다. 영국 측이 먼저 울산공과대학과 관련된 협정 연장을 제안하게 되는데, 영국 측은 더 이상 물적, 인적 자원에 대한 원조가 아닌 대학과의 민간 차원 교류를 지원하는 방향으로 선회하면서 ① 1973년 건립된 주한영국문화원의 방문 프로그램을 통한 울산공과대학 교수진의 영국 방문 주선, ② 울산공과대학에서 추천한 학생에 대한 영국문화원의 장학금 지급, ③ 울산공과대학 내 교육과 기자재와 관련된 조언이 필요할 경우 영국인 전문가 방문, ④ 울산공과대학 내에서 사용되는 기자재의 영국 측 제작사와 울산공과대학의 교류 주선 등을 제안하였다.[69] 한국 측 역시 울산공과대학이 지역에 안정적으로 자리 잡고 성장하는 상황이었기에, 영국 측이 제안한 교수·전문가와 장학생 교환 계획의 지속적인 수행에 만족감을 표하면서 영국 측

---

67 위의 글, 16쪽.
68 「대한민국 정부와 영국 정부 간의 울산공과대학 설립에 관한 협정을 연장하는 협정 [조약 제551호]」, 『관보』 제7220호, 대한민국 성남 : 나라기록관, 1975.12.11, 3~4쪽.
69 『한·영국간의 울산공과대학 지원사업 연장에 관한 각서 교환, 1979.6.5 서울에서 각서 교환-발효 (외무부고시 39호)』, 분류번호 741.91-롤번호 2009-61-파일번호 15, 대한민국 서울 : 외교사료관, 1979(공개년도 2010), 5쪽.

이 제안한 각서를 사실상 그대로 수용하여 1979년 6월 9일 『관보』를 통하여 울산공과대학에 대한 양국의 새로운 협력관계를 공표하였다.[70]

영국 측이 울산공과대학에 대한 지원을 교류·협력 차원으로 낮춘 데에는 70년대 울산공과대학과 영국 대학 사이의 교류가 성공적으로 진행되어서 얻은 경험도 영향을 끼친 것으로 보인다. 1970년대 중반부터 울산공과대학은 영국 러프보로 공과대학교Loughborough University of Technology와 기계·전자·재료·토목·화학공학 분야에서 교류를 진행하는 한편, 방문교수 프로그램을 통해 해당 대학의 교수를 방문교수로 초빙하기도 하였다.[71] 이외에도 영국 뉴캐슬대학교University of Newcastle와는 조선공학 분야에서, 리즈 공과대학Leeds Polytechnics과는 건축 분야에서 상호 교류와 학자 방문을 진행하였다.[72] 여기에 울산공과대학의 학생들이 영국에서 대학원에 진학하는 등, 70년대 전반에 걸쳐 꾸준히 진행해온 영국과 울산공과대학의 교류 경험을 바탕으로 차후에도 꾸준히 이를 진행시킬 수 있을 거란 신뢰가 있었다고 봐야 할 것이다.

이처럼 영국의 성공적인 기술지원을 통해 울산공과대학은 안정적인 성장과 발전을 할 수 있었다. 1970년 3월 16일 처음으로 개교한 울산공과대학은 1974년 1회 졸업생을 시작으로 지역 내 산업단지에서 필요로 하는 전문 인력을 배출하기 시작하였다. 이후 울산공과대학은 1977년 조선공학과, 1978년 산업공학과·전자계산학과·건축공학과, 1979년 물리

---

70 「대한민국 정부와 영국 정부 간의 울산공과대학 설립에 관한 협정을 연장하기(외무부고시제39호)」, 『관보』제8268호, 대한민국 성남 : 나라기록관, 1979.6.9, 6~7쪽.
71 러프보로 공과대학교는 도서관 개선, 직원 교육 등 다양한 분야에 대한 조언을 제공하여 울산공과대학 행정 전반을 개선하는 데에 큰 역할을 하였다. 영국 국가기록원, 「Loughborough 대학 - 울산공대와 결연」, DTA0001926, 대한민국 성남 : 나라기록관, 1974, 33~39쪽.
72 『한주·영국간의 울산공과대학의 설립에 관한 협정을 연장하는 협정』, 28쪽.

학과와 경영학과를 신설하며 대학의 규모를 늘려갔고, 결국 1985년에는 종합대학교인 울산대학교로 승격하였다. 이처럼 울산대학교가 꾸준히 대학 규모를 확장하고 시대의 변화에 맞게 학제를 개편하였지만, 타 대학의 장기현장실습이 6개월 정도인 것과 달리 여전히 3학년 수료 이후 1년에 걸친 "샌드위치형 산학협동교육과정"을 운영하는 등, 울산의 산업적 수요와 "영국적 특성"을 고려하여 운영하였던 울산공과대학의 유산을 발견할 수 있다.

제조 분야에서 앞서 있던 영국으로부터 받은 기술원조를 통해 건립된 울산공과대학에서 교육받은 인재들은 이후 울산 지역 기업의 경제 발전에 이바지하게 되었다. 중화학 공업화에 박차를 가하고 있던 1970년대 초반, 조선업은 국가가 외화 획득을 목적으로 집중적으로 육성하던 전략 사업 가운데 하나였기에 울산을 비롯한 각지에 증설되는 조선소의 수요를 기술자 공급이 따라가지 못하고 있었다.[73] 울산공과대학은 이처럼 단시간에 울산 내에서 급격히 늘어가던 중화학 공업 산업체에서 절실하게 필요로 하던 "공업센터의 역군"을 배출하면서, 70년대 도시 규모, 산업체 수, 수출액 등 모든 지표에서 빠른 성장을 이루며 한국의 고속 경제성장을 견인하던 울산의 팽창에 기여하였다.[74]

또한 당시 울산공과대학 건립과 운영을 맡은 재단법인 울산공업학원과 정주영 이사장이 영국과 긴밀한 관계를 맺게 되면서 대학뿐만 아니라 정주영 회장이 추진하던 현대의 다양한 사업에 영국인의 인력이 참

---

73 「시급한 기술인력 개발 (5) 업계 실정 〈2〉」, 『매일경제』, 1973.5.18, 5쪽.
74 「길따라 사람따라 새 국토 풍물지 ㉟ "영성 신라"를 재현한 공업요람 15년」, 『조선일보』, 1977.9.27, 3쪽.

여하게 되었다. 일례로, 정주영 회장은 1970년대 초반 영국 오스틴 모리스Austin Morris사와 브리티시 레이랜드British Leyland의 이사로 있던 조지 턴벌George Turnbull을 영입하여 현대자동차의 첫 자체 모델인 "포니the Pony"를 1975년 생산하고, 현대중공업을 건설하고 운영하는 과정에서 A&P 애플도어 인터내셔널Appledore International, 스콧 리스고 리미티드 Scott Lithgow Limited와 같은 영국 기업의 도움을 받는 등,[75] 현대그룹을 비롯한 울산 지역 산업체의 성장을 도모할 수 있었다.

5. 나가며

이처럼 1960년대 말, 1970년대 초 울산공과대학 설립 방식으로 제공된 영국의 기술 원조를 통해 한국은 확실한 이득을 얻을 수 있었다. 우선 위에서 언급한 바와 같이 울산 공업지구 내 중화학공업이 필요로 하는 고급인력을 확보하는 데에 새롭게 설립된 울산공과대학이 지대한 역할을 하였다. 또한 영국이 인력과 물자를 제공하여 기술을 이전하면서 유럽의 선진 기술을 습득하는 효과도 누릴 수 있었다. 또한 영국의 기술원조가 성공적이었기에, 이를 시작으로 한국과 영국 사이의 우호적인 협력관계 역시 강화되기 시작하여 70년대 중반에 들어서면 영국이 한국에 대해 본격적으로 차관을 제공하기도 하고, 1985년에는 한영과

---

75 J. Y. Kang · Song Kim · Hugh Murphy · Stig Tenold, "British Financial, Managerial and Technical Assistance in Establishing the Global Shipbuilding Giant, Hyundai Heavy Industries", *International Journal of Maritime History* 28(1), 2016, pp.81~101.

학기술협력협정이 체결될 정도로 협력의 폭도 넓어지게 되었다.

하지만 영국의 대한국 원조가 한국에게 일방적인 수혜인 것은 아니었으며, 영국 역시 한국에 대한 원조를 통해 얻은 바가 있다. 우선 전술한 바와 같이, 영국이 콜롬보 플랜을 통해 아시아 일대에 경제, 개발 원조를 제공하고자 한 의도는 단순히 개발도상국의 경제성장이라는 표면적 이유뿐만 아니라, 냉전 시기 아시아 일대를 압박하고 있던 공산주의 확장의 위협에 대응해야 한다는 전략적 이유가 있었고, 공산주의 세력이 아시아 내 반공 국가로 침투하는 것을 막기 위해 경제 성장이 필요한 상황이었다. 한국에 대한 기술 원조가 성공적으로 자리 잡아 한국의 인력 자원 개발과 인프라 건설을 도우면서 결과적으로 한국의 고속 경제성장에 이바지하였고, 이후 1991년 "역사적 소명을 다했다"는 이유로 영국이 콜롬보 플랜에서 탈퇴한 뒤에는 한국이 더 이상 수원국이 아닌 공여국의 위치에서 콜롬보 플랜에 참여하는 개발도상국을 지원하게 되면서 영국의 국제원조 부담을 대체하고 국제 개발 분야에서 영국과의 협력이 가능한 상대국으로 성장하게 되었다는 점을 보더라도 영국의 대한국 지원은 성공적으로 평가해야 할 것이다.

영국의 지원 방식 또한 한국에 시사하는 바가 크다. 영국은 1960년 대 말 경제적인 도전에 직면하여 대규모 재정 차관을 직접적으로 제공하는 데에 부담을 느끼는 상황이었다. 이러한 상황에서 상대적으로 작은 규모의 물적 원조를 제공하는 한편, 영국이 확실히 가지고 있던 기술적인 우위를 활용하는 방식으로 대한국 원조를 통해 얻을 수 있는 최대의 효과를 누릴 수 있었다. 공여국이 가진 기술적 우위를 적절히 활용하여 수원국에 긍정적인 효과를 가져온 사례라는 점에서, 이제 공여국으로서의 역할과 책임이 요구되는 한국의 대외 원조 정책을 고민하기에도 좋은 사례라고 생각된다.

참고문헌

1차사료

국가기록원,『해외수집기록물 번역집 1 – 1960년대 초반 한미관계 – 1961~1963』상, 행정자치부 국가기록원, 2006.

『관보』

「대한민국 정부와 영국 정부 간의 울산공과대학 설립에 관한 협정 [조약제361호]」,『관보』제5748호, 대한민국 성남 : 나라기록관, 1971.1.14.

「대한민국 정부와 영국 정부 간의 울산공과대학 설립에 관한 협정 개정 [조약제418호]」,『관보』제6197호, 1대한민국 성남 : 나라기록관, 1972.3.21.

「대한민국 정부와 영국 정부 간의 울산공과대학 설립에 관한 협정을 연장하는 협정 [조약제551호]」,『관보』제7220호, 대한민국 성남 : 나라기록관, 1975.12.11.

「대한민국 정부와 영국 정부 간의 울산공과대학 설립에 관한 협정을 연장하기(외무부고시제39호)」,『관보』제8268호, 대한민국 성남 : 나라기록관, 1979.6.9.

대통령기록관

「대한국제경제협의기구 (가칭)의 구성」, 1A00614174951569l-외교업무-국제회의, 박정희 대통령 비서실, 대한민국 세종시 : 대통령기록관, 1966.4.1.
https://www.pa.go.kr/research/contents/policy/index03.jsp?poMode=view&gubun=01&policySeq=1229(접속일 : 2022.10.1.)

「Dr.Gulhati 및 Savkar씨의 런던회의 연설내용」, 1A00614174951586-외교업무-기타, 박정희 대통령비서실, 대한민국 세종시 : 대통령기록관, 1966.7.12.
https://www.pa.go.kr/research/contents/policy/index03.jsp?poMode=view&gubun=01&policySeq=1230(접속일 : 2022.10.1.)

나라기록관

문교부 대학정책실 대학행정과,「울산공과대학」, BA0231621, 대한민국 성남 : 나라기록관, 1972.

영국 국가기록원,「Loughborough 대학-울산공대와 결연」, DTA0001926, 대한민국 성남 : 나라기록관, 1974.

외교사료관

「영국의 공공차관 도입」, 분류번호 761.74- 롤번호 M-0024- 파일번호 31,대한민국 서울 : 외교사료관, 1967(공개년도 2004).

「한·영국간의 울산공과대학 설립에 관한 협정(전2권) 교섭철」 V1, 분류번호 741.91-롤번호 J-0072-파일번호 7, 대한민국 서울 : 외교사료관, 1968~1971(공개년도 2002).

「한·영국간의 울산공과대학 설립에 관한 협정(전2권) 체결철」 V2, 분류번호 741.91-롤번호

J-0072-파일번호 8, 대한민국 서울 : 외교사료관, 1968~1971(공개년도 2002).

「한·영국간의 울산공과대학 설립에 관한 협정(개정)」, 분류번호 741.91-롤번호 J-0081-파일번호 15, 대한민국 서울 : 외교사료관, 1972(공개년도 2003).

「한·영국간의 울산공과대학의 설립에 관한 협정을 연장하는 협정」, 분류번호 741.91-롤번호 J-0098-파일번호 11, 대한민국 서울 : 외교사료관, 1975(공개년도 2006).

「한·영국 간의 울산공과대학 지원사업 연장에 관한 각서 교환—1979.6.5 서울에서 각서 교환—발효 (외무부고시 39호)」, 분류번호 741.91-롤번호 2009-61-파일번호 15, 대한민국 서울 : 외교사료관, 1979(공개년도 2010).

연구논문

강철구·홍진이, 「일본 국제원조정책의 배경과 특징에 대한 고찰」, 『행정논총』 47, 2009.

김석수, 「일본 정부개발원조(ODA)와 국익의 연계」 『문화와 정치』 3(1), 2016.

김필호, 「한국의 전쟁 후 경제 재건에 미친 미 군사원조의 효과에 대한 연구」, 『국제개발협력연구』 9, 2017.

나혜심, 「독일의 대한개발원조사 연구—미제레오를 중심으로」, 『독일연구—역사·사회·문화』 35, 2017.

막스, 「서독 정부의 대한 기술원조—호만애암·한독고등기술학교 프로젝트를 중심으로」, 『역사비평』 127, 2019.

문경연, 「영국 대외원조 정책 및 추진체계 변화에 대한 연구」, 『국제개발협력연구』 5(1), 2013.

박광명, 「해방이후—한국전쟁기 미국의 대한원조와 ECA·SEC 원조의 성격」, 『동국사학』 68 , 2020.

손기섭, 「한일 안보경협 외교의 정책결정—1981~1983년 일본의 대한국 정부차관」, 『국제정치논총』 49(1), 2009.

_____, 「80년대 일본의 한국과 중국에 대한 원조외교—'정치원조'의 공여내용과 정책결정」, 『한국정치외교사논총』 35(2), 2014.

손혁상, 「원조집행기관의 자율성과 제도적 변화—영국 DFID 사례를 중심으로」, 『유럽연구』 28(1), 2010.

신상협, 「영국의 공적개발원조(ODA)에 대한 연구」, 『아태연구』 18(2), 2011.

양준석, 「6·25 전쟁 이후 한국과 미국의 한국 재건프로그램은 왜 균열했는가?」, 『국제정치논총』 59(1), 2019.

오선실, 「한국 전기기술자 집단의 형성과 1950년대 전원개발계획의 재구성—식민지의 유산과 미국의 대외경제원조 정책 사이에서」, 『人文科學硏究』 45, 2022.

유나연·박환보, 「1970~80년대 독일의 교육원조를 통한 공업계 교원양성 교육에 관한 연구—충남대 사례를 중심으로」, 『교육연구논총』 39(3), 2018.

_____·정기섭, 「독일 기술교육 지원의 교육사적 의의—인천 한독실업학교 설립과 의미를 중심으로(1960~1970)」, 『한국교육사학』 38(2), 2016.

이순진, 「1950년대 한국 영화산업과 미국의 원조—아시아재단의 정릉 촬영소 조성을 중심으로」, 『한국학연구』 43, 2016.

이휘현, 「1960년대 초반 미국의 대외원조정책 조정과 대한원조의 정상화」, 『한국문화』 92, 2020.

원태준, 「Commonwealth Manoeuvres Behind Japan's 1954 Inclusion in the Colombo Plan : The Case of Australia and Canada」, 『영미연구』 53, 2021.

최대식, 「韓國工業開發을 위한 技術導入政策」, 『社會科學研究』 5(2), 1998.

번역서 및 외국논저

Adeleke · Ademola, "The Diplomacy of Programme Boundaries : The Republic of Korea and the Colombo Plan", *International Journal of Developing Societies* 2(2), 2013.

Kang, J. Y. · Song Kim · Hugh Murphy · Stig Tenold, "British Financial, Managerial and Technical Assistance in Establishing the Global Shipbuilding Giant, Hyundai Heavy Industries", *International Journal of Maritime History* 28(1), 2016.

Kim, Jiyoung. "Foreign Aid and Economic Development : The Success Story of South Korea", *Pacific Focus*, 26, 2011.

Lord Birdwood, "The Defence of South East Asia", International Affairs, 31(1), 1955.

Lowe, Peter, *Contending with Nationalism and Communism : British Policy towards Southeast Asia*, 1945~1965, London : Palgrave Macmillan, 2009.

McKinlay, Robert D. · Richard Little, "A Foreign-policy Model of the Distribution of British Bilateral Aid, 1960~70", *British Journal of Political Science* 8(3), 1978.

Oakman, Daniel, *Facing Asia : A History of the Colombo Plan,* Canberra : ANU Press, 2010.

기타자료

김지연, 「전후 미국의 한국 교육원조, 1956~1962 – 피바디프로젝트 사례 분석」, 서울대 박사논문, 2012.

막스, 「서독 정부의 대한민국에 대한 기술원조」, 서울대 박사논문, 2019.

「기술교육의 새 방향」, 『조선일보』, 1970.5.28.

「길따라 사람따라 새 국토 풍물지 ㉟ "영성 신라"를 재현한 공업요람 15년」, 『조선일보』, 1977. 9.27.

「시급한 기술인력 개발 (5) 업계 실정 〈2〉」, 『매일경제』, 1973.5.18.

타이완에 대한 미국의 문화원조

1950~1969년까지 타이완 해양도시 가오슝高雄의 서민문화를 중심으로

왕매향

이 연구는 1950년부터 1969년까지 미국이 타이완에 어떤 방식으로 문화원조를 했는지, 미국의 문화원조는 타이완 가오슝시의 서민문화에 어떤 변화를 일으켰는지에 대해 고찰한다. 타이완의 사례를 통하여 기존의 문화냉전 연구의 틀과 미국의 문화 원조US-Aid Culture, 국가와 개인의 네트워크nation-private network에 대해서 재검토해 본다.

타이완 역사 연구에 있어 타이완에 대한 미국의 경제지원 기간1951~1965과 군사지원 기간1950~1975은 학계에서 공통된 인식을 갖고 있으나 유독 문화적 지원의 시작과 종료 시점에 대해서는 여전히 일치된 견해를 갖고 있지 못한 실정이다. 이는 아마도 우리가 "문화"라고 부르는 것에 대한 정의와도 관련이 있는 것 같다. 2006년 미국학자 로라 데스포 에들스Laura Desfor Edles는 일찍이 "문화"를 아래와 같이 세 가지로 구분했다.

첫째, 높은 문화적 성취와 미학적 감수성을 지닌 고급문화

둘째, 삶의 총체로서 신념과 도덕, 관습 등

셋째, 종교 내지 사람 사이 상호작용의 네트워크를 포함하여 공유된 의미 시스템[1]

이를 통해 우리는 '문화'라는 말은 학문분야, 학술적 맥락 및 역사적 단계에 따라 다르게 쓰이고 있음을 알 수 있다. 이에 문화라는 말의 의미를 새롭게 이해하고, 이에 따라 이 글도 '미국의 문화원조'라는 표현에 대해 새롭게 접근하고자 한다. 만약 문화를 일상생활의 총체로 본다면 이른바 미국의 문화원조라는 말의 의미는 미국 측의 자금 원조에 의한 문화 발전, 즉 협의의 의미에서 '미국이 지원한 문화'로서의 책, 잡지, 영상, 방송 등을 포함한 미국의 공식적 자금원조에 의한 선전물은 물론, 나아가 경제원조, 군사원조에서 기인한 '토대문화Base Culture'조차 문화원조의 범주에 추가되어야 할 것이다.

이 글은 미국의 국립 문서기록 관리청National Archives and Records Administration, NARA, 스탠포드대학의 후버연구소 자료Hoover Institution Administration, HIA 및 타이완 국사관 당안사료臺灣國史館檔案史料 등 다양한 자료를 이용하고 반구조화된 인터뷰Semi-structured interview 방법을 활용하여 심층인터뷰를 진행하여2016~2021 타이완문화에 대한 미국의 문화적 원조를 아래의 세 가지 유형으로 나누어 검토한다.

---

1   Edles, Laura Defor, in L. D. Edles, 『文化社會學的實踐』, 台北 : 韋伯文化, 2006, 1~13쪽.

1. 미국공보원United States Information Service, USIS의 문화적 지원

2. 자유아시아소사이어티自由亞洲協會, CFA 및 아시아재단亞洲基金會, TAF과 같
   은 미국 비정부기구의 문화협력

3. 타이완에서 민간의 미국문화 흡수

　그동안 학계에서는 문화원조의 의미를 좁은 의미로 간주했다. 그래서
타이완 학계에서는 미국의 공적자금을 받은 최초의 선전물을 '미국원조
문화[美援文化]'라 칭했고, 홍콩학계에서는 '그린백Greenback 문화'[2]라는 용어
를 사용했다. 그러나 이 글에서는 비록 미국의 정치, 경제, 군사적 영향
으로부터 수반된 미국문화라 할지라도 미국 원조문화의 범주로 보고자
한다. 정치, 경제, 군사적 영향으로부터 기인한 문화를 보다 정확히 표
현하자면 '토대문화'라고 부르는 것이 적절할 것이다. 바꾸어 말하면 미
국원조문화의 의미를 단순히 미국으로부터의 문화수출이나 문화선전뿐
아니라 수용국에서 미국문화를 수용한 후에 자체적으로 발전시켜서 지
역적 특성을 지닌 문화현상으로 나타나는 것을 포함하는 데까지 의미를
확장할 필요가 있는 것이다.

2　역자주 : '그린백문화'란 미국 달러의 뒷면이 녹색임에 따라 미국의 지폐를 은유적으로 표현한
　것으로 자본주의를 뜻함.

1. 미국공보원United State Information Service을 통한문화수입

미국정부의 타이완에 대한 문화원조를 살펴봄에 있어 미국공보원USIS
은 무엇보다 중요한 관찰대상이 될 수 있다. 미국공보원이 취한 문화원
조 방식을 냉전체제 하에서 문화선전이라는 틀에서 살펴보아야 한다.
즉 타이완을 넘어 동남아시아 화인華人이라는 큰 맥락 하에서 이 문제를
다루어야 한다는 말이다. 타이완학자 천젠중陳建忠, 2012은 이를 "미국의
문예원조체제美援文藝體制, US-Aid Literary Institution"라는 말로 개념화하였다.
그는 1950년대에 외부에서 유입되어 작가의 의식형태와 문화적 상상력
의 방향을 통제한다는 의미로 이 용어를 사용했다. 미국의 문예원조체
제는 국민당의 강성剛性 문예체제와 비교할 때 상대적으로 소프트한 문
예체제라 할 수 있다. 이에 따라 미국의 문예원조체제는 타이완문학으
로 하여금 미국이나 서방세계의 세계관 내지 미학에 우호적 자세를 취
하게 하여 순수미학적 사고와 글쓰기 방식을 유도하였다.[3]

홍콩은 중국어로 된 미국의 동남아시아 선전물의 중심지였으며, 타이
완은 홍콩과 밀접한 관계를 맺고 있었기 때문에 미국문화 지원에 있어
홍콩과 타이완 두 지역 간에 활발한 상호 합작과 협력이 있었다.

구체적으로 이들은 아래와 같이 4가지 미디어 서비스를 통해서 목표
를 실행했다. 첫째, 방송서비스The Broadcasting Service, 둘째, 정보센터서
비스The Information Center Service, 이하 ICS로 약칭, 셋째, 영화 및 텔레비전 서

---

3   陳建忠, 「美新處 – USIS 與台灣文學史重寫 – 以美援文藝體制下的台, 港雜誌出版為考察中心」, 『島
    嶼風聲 – 冷戰氛圍下的臺灣文學及其外』, 新北市 : 南十字星文化工作室, 2018, 35쪽.

비스The Motion Picture and Television Service, 넷째, 신문 및 출판서비스The Press and Publications Service, 이하 PPS로 약칭가 이것이다.[4] 이 4가지 미디어어 비스 매체는 허무맹랑한 상상에서 출발한 것이 아닌, 격돌하는 냉전체 제의 산물이었다. 이를테면 공산진영에서 영화, 화보, 신문보도 등을 이 용하여 영향력을 발휘하면 자유진영은 이를 그대로 따라했다. 한편 미 국이 사람 대 사람people-to-people작전을 구사하자 공산당은 당시 홍콩의 좌익성향의 지식분자들과 공산당에 동조하는 사람들을 통하여 주변 사 람들을 향한 대면 구두 선전활동conveyed verbally을 전개했다. 이상의 사 례를 통해서 공산진영과 자유진영 사이의 상호 학습과 모방 사례를 확 인할 수 있다.

필자가 연구한 바에 의하면, 당시 미국이 지원한 문학예술 시스템 중 방송서비스 방면으로는 '미국의 소리the Voice of America, VoA'를 들 수 있 다. '미국의 소리'는 영어 또는 다른 외국어로 다양한 프로그램을 제작 하고 방송했다. 미국과 뉴질랜드 사무소 입장에서는 공산화된 중국, 즉 철의 장막 안에 있는 중국인들이 방송을 들을 수 있을지가 최고의 관심 사항이었다. 이 때문에 홍콩에서 방송을 송출할 때 하루 16시간을 중국 어로 방송하고 11시간만 영어로 방송했다. 정보 서비스 측면에서 미국 과 뉴질랜드 각지의 미국공보원 사무소는 미국도서보급, 영어교육활동, 미국음악, 미국미술, 미국드라마 및 전시회를 통한 해외 보급을 촉진하 기 위해 전문적인 지침과 자료를 제공했다. 영화 및 텔레비전 서비스에 서 영화는 해외 극장이나 미국 사무소에서 사용하기 위해 적절한 언어

4　王梅香, 『隱蔽權力－美援文藝體制下的台港文學 1950~1962』, 新竹 : 清華大學社會學研究所博士論文, 2015, 50쪽.

로 제작되었다. 저널리즘 및 출판, 사설, 보도자료, 보도사진, 잡지, 포스터, 브로셔, 지역신문용 만화책 등으로 제작했다.[5] 예를 들어 홍콩의 미국공보원에서는 2종의 대중잡지를 발행했는데, 이 두 잡지는 홍콩 미국공보원에서 발행하는 출간물의 자매품이었다. 이 가운데 하나는 *World Today*1952~1980라는 잡지로, 워싱턴에서 발행하는 영어로 된 기사, 단편소설, 서평을 담은 *America Today*를 중국어 번역가 및 편집자들이 대중이 읽기에 적합한 형식으로 가공해서 실었다. 이 밖에 미국의 *Life* 매거진과 유사한 화보집 『사해*Four Seas, 四海*』1951~1954도 있었는데 이 잡지의 편집진은 주로 상하이 출신들이었다. 다만 『사해』의 경우 잡지 발행 기간이 길지 못해서 연구자들이 간과하는 경향이 있다. 이상의 두 잡지는 주로 타이완과 동남아시아의 중국인 독자를 겨냥하여 제작되었다.[6] 타이베이 미국공보원에서는 『학생영문잡지*學生英文雜誌, Student Review*』와 『자유세계화보*自由世界畫報, Free World Pictorial*』를 발행했다. 앞의 것은 당시 타이완학생들이 영어공부를 하도록 이끄는 매개자 역할을 했다. 잡지 내용은 주로 미국의 교육, 문화, 생활, 과학 등을 위주로 다루었다. 타이완대학 외국어학과의 샤지안*夏濟安* 교수도 일찍이 해당 잡지에 글을 실은 적이 있다고 한다. 『자유세계화보』는 타이베이 미국공보원의 선전 잡지였으며, 주로 미국정부의 정치 이데올로기를 전달하고 미국 정부와 타이완 독자 간의 소통을 위한 채널의 하나로 기능했다.

한편, 도서번역 프로젝트와 관련해서는 미국정부의 힘이 문학에 개입

---

5 위의 글, 47쪽.
6 Cross, Charles T, 1999, *Born a Foreigner : A Memoir of the American Presence in Asia*, Boulder Colo : Rowman & Littlefield Publishers, p.102.

하는 세 가지 주요 방식을 구체적으로 나누어 다루어 보겠다. 세 가지 방식이란 각각 문학작품의 번역, 문학작품의 각색, 공동창작을 말한다. 미국공보원의 도서번역 프로젝트 중 선집의 편찬은 가장 흔한 사례였다. 이 방법은 세계 다른 지역의 미국공보원에서 하는 방식과 공통된 것으로, 문학을 통해 문화를 선전하는 것이었다. 이는 미국의 파워를 문학에 개입시키기 위한 편리하고 신속한 방법이다. 미국공보원에서는 학자 개인이 독립적으로 이러한 프로젝트에 참여하기를 바랐다. 선집 편찬 사업은 이를 간행하는 측의 입장으로 보면 편집하기에 용이한 면이 있었다. 왜냐하면 저본을 결정하고 이 저본에서 문장만 가려 뽑으면 되었기 때문이다. 독자의 입장에서 보자면 개인이 단독으로 쓴 문장을 단계별로 읽어나가는 것이 더 편리했다. 타이완과 홍콩의 지식인들이 힘을 합쳐 만든 『미국문학선집美國文學選集, an anthology of American Literature』이 이런 경우라 할 수 있겠다.

이처럼 선집본이라는 방식을 통하여 가장 저렴한 자본을 투자하여 시리즈로 출판되었다. 이러한 프로젝트가 진행된 이유는 1950년대까지만 해도 타이완과 홍콩의 문학 분야 출판물 중 미국문학 작품을 중국어로 완역한 것이 없었다는 데에 있다. 당시 출판 환경 속에서는 이런 책을 편집하고 출판하는 모험을 할 출판사가 없었던 것이다. 이에 따라 타이완과 홍콩의 미국공보원에서는 이러한 프로젝트는 필히 미국정부가 주도해야 한다고 보았다. 이에 공보원에서 해당 사업을 진행함에 있어 미국문학 선집의 완전한 중국어번역을 일차적 목표로 삼았다.

단더싱單德興[7]은 당시 『미국문학선집美國文學選集』 편찬 사업에 타이완과 홍콩의 우수 번역 인력이 총집결했다고 말한다. 사업 참여인력 중 대다

수는 대학교수들이었으며, 선집 번역본이 완성된 후에는 교육시스템을 통하여 미국문학이 타이완과 홍콩의 학교기관에 깊숙이 침투하게 되었다. 이 시리즈물이 나온 후에 작가의 작품 속에 등장하는 과거를 회상하는 표현 중 이를 모방하는 사례가 매우 많아서져 이들 작품들이 당시 청년 학생들에게 얼마나 지대한 영향을 미쳤는지를 짐작할 수 있다. 예를 들어 작가 리진원李進文은 당시를 다음과 같이 회상했다.

> 내가 가장 처음 가졌던 번역본 시선집『미국시선美國詩選』은 린이량林以亮 선생이 편역한 것이었다. 당시 미국 시 번역자들은 모두 같은 시기에 참여했다. 이들 번역자 중에는 린이량 본인을 포함하여 량스추梁實秋, 샤징夏菁, 장아이링張愛玲, 위광중余光中, 싱광주邢光祖 등이 있었다. 이들은 모두 함께 총 17명의 미국의 주요 시인을 뽑아서 선별하고 번역했다. 각 미국시인의 작품을 소개함에 있어 앞부분에는 번역자들이 심혈을 기울여 해당 시인의 생애와 저작물에 대한 소개를 붙였다. (…중략…) 이러한 번역시집들은 내가 마주한 최초의 미국의 시선집 번역물들이었다.[8]

미국문화가 문학에 개입한 두 번째 방식인 '개작'에 대해서는 아래의 대표적 세 가지 사례를 통해 살펴볼 수 있다.

첫 번째 사례는 동화를 개작한 것이다. 남래극작가南來劇作家[9] 야오커姚克,

---

7 역자주 : 單德興(1955~)은 현재 中央硏究院 歐美硏究所의 연구원임.
8 王梅香, 앞의 글, 134~135쪽.
9 역자주 : '남래(南來)'는 중국 본토와 홍콩을 벗어나 다문화적 대화의 장에 살고 있던 다중적 정체성을 가진 이중주변인 집단을 말한다. 이런 사람들 중 극작가로 활동하던 사람을 '남래극작가'라 칭했다.

1905~1991는 『*The Adventures of Pinocchio*』를 『행복의 나라快樂國』로 개작했다. 또 Huang Chun-Sin가 『*Alice's Adventures in Wonderland*』를 『*Alice in Manialand*』로 개작한 사례가 이것이다.

두 번째 사례는 보도문학을 개작한 것이다. 원래 옌궤이라이燕歸來, 영문명 Maria Yen가 중문으로 썼던 『紅旗下的大學生活』을 홍콩의 미국공보원 처장 리차드 맥카시Richard McCarthy와 옌궤이라이가 공동 작업을 거쳐 『*The Umbrella Garden*』이라는 제목의 영문책으로 개작한 것이 그 예이다.

세 번째 사례는 반공소설을 개작한 것이다. 장아이링張愛玲이 천지잉陳紀瀅의 중국어본 『적촌전荻村傳』을 개작하여 영문으로 번역한 『*Fool in the Reeds*』가 그 예이다.

이처럼 『*Alice in Manialand*』와 『*The Umbrella Garden*』에서부터 장아이링이 개작·영역한 『*Fool in the Reeds*』까지 종합해 볼 때, 이 세 권의 책은 모두 중국 보고문학 사업China Reporting Program, CRP하에 나온 도서였다. 따라서 이 세 권의 도서가 지향하는 정치 이데올로기는 매우 분명한데, 그 이유는 본래 중국 보고문학 사업이 정치에 관심이 많은 지식인들을 독자 타겟으로 삼고 있었기 때문이다. 이 때문에 이들 서적들은 애초에 개작 과정에서부터 정치적 이데올로기를 직접적이고 노골적으로 표출하였다. 마지막으로, 이처럼 개작이라는 수단을 선택한 이유는 미국공보원에서 선전하고자 하는 것을 독자들이 더욱 용이하게 받아들이도록 하려는 의도 때문이었음을 밝히고자 한다.

미국의 힘이 문학에 개입할 때 사용한 세 번째 방법은 '협업' 즉 '콜라보'이다. 이런 사례는 장아이링과 난궁보南宮搏의 경우가 가장 대표적이라 하겠다. 이른바 '공동창작'이라는 용어는 필자가 임의로 만든 것이 아닌, NARA 아카이브에서 사용한 용어를 활용한 것이다. 그 의미는 미국의 도움을 받은 문학예술시스템 하에서 미국공보원이 영감과 아이디어를 제공하고, 작가와 미국공보원이 창작 과정과 작업 세부사항에 대해서 협업 활동으로 창작한 것을 말한다. 이런 대표적인 예로『적지지련赤地之戀』,『분노의 강憤怒的江』등을 들 수 있다.

"번역translation"이나 "각색adaptation"과 비교할 때 "공동창작"은 미국권력이 문학에 개입하는 가장 심층적인 방법이다. 이 중 장아이링의『앙가秧歌』와『적지지련赤地之戀』등이 가장 대표적 사례라 볼 수 있다. 이 두 책 모두 미국공보원 번역 프로젝트의 하나로 출간되었지만, 두 책이 나오게 된 과정과 이후의 전개과정은 다르다.『앙가秧歌』는 처음 구상할 때 작가의 개인적 의지로부터 나왔다. 그런데 나중에 미국 문학작품 지원 시스템 하에 들어가게 되면서 "국가-민간 네트워크"를 통해 미국 출판사와 협력하게 되었다. 결국 미국 출판계의 상업주의 입김하에서 내용을 늘이고 상업출판 통로를 통해 판매되었다.『적지지련赤地之戀』은 처음부터 작가와 미국공보원이 공동 구상했고, 미국공보원은 처음부터 미국공보원의 의지를 소설 속에 집어넣겠다는 마음을 갖고 작가와 합작하여 작품을 만들었다. 이 책은 종국에 가서 결국 중국보고문학 사업에 동참하게 되었고, 정치 선전물로 활용되어 전 세계로 퍼졌다.『적지지련』를 통해서 우리는 미국공보원이 국가를 대표하는 기관으로서 문학작품에 매우 강력히 개입했음을 확인할 수 있다. 작품의 목적과 텍스트 구성 요소 결정에 미국공보원의 입김이 작용했을 뿐 아니라 작품 착안 단계로서 영감을 얻을 때조차 미국공보원에서 관여했던 것이다. 이는 곧 미국의 파워가 더욱 깊고 더욱 은밀하게 개입했음을 의미한다.

2. 비정부기구의 문화협력

미국정부의 공식전인 문화원조 외에도 미국의 "국가-민간 네트워크" 문예원조 시스템 하에서 미국 비정부기구는 경비후원자, 정책지원자 등과 같은 다양한 역할을 맡아 참여했고, 시간이 지날수록 자유라는 가치의 수호자, 선전 네트워크 구축자 등의 역할을 통해서 적극적으로 문화원조 사업에 개입하기 시작했다. 타이완에서 미국의 비정부기구가 경비를 후원한 사례를 살펴보자.

1. 컨퍼런스, 세미나 및 연구조사에 참여하기 위해 해외로 나가는 인력의 경비 지원
2. 해외 심화 연구 혹은 단기 연구를 위한 경비 지원
3. 연구 프로젝트 경비 지원
4. 연구센터 설립 및 센터 운영비 지원
5. 도서 및 간행물 출판 보조금 지원
6. 세미나 조직 및 실무 보조금 지원
7. 타이완에 초빙하는 외국인 전문가의 경비 지원
8. 기타

1954년 이래 아시아재단은 타이완에 3,000건 이상의 보조금을 제공했다官有垣, 2004 : 87 · 274. 이 가운데 이 글에서는 타이완 지식인의 미국 유학을 후원하고 타이완의 민간 출판사에 자금을 지원한 사례를 살펴보겠다. 전자의 경우, 예를 들어 1958년 아시아재단은 타이완 작가 위광중余

光中이 미국 아이오와대학에서 공부할 수 있도록 전액 장학금을 지원하여 문학 창작, 미국 문학 및 현대 미술을 공부할 수 있도록 했다. 1959년에 그는 아이오와대학에서 미술 석사학위를 받았다. 위광중은 당시 그에게 제공된 해외 유학자금이 자신의 미래 학력과 문학 창작에 지대한 영향을 미쳤다고 생각하고 있다官有垣, 2004 : 69~70. 귀국 후 위광중은 미국 록 음악 진흥에 전념하고 각지에서 강연과 록 음악을 소개했으며 심지어 현대시와 록 음악의 결합을 주장했다. 예를 들어 위광중의 시 「향수鄕愁」는 밥 딜런Bob Dylan의 가장 유명한 노래인 〈Blowin' in the Wind〉에서 영감을 받았다. 타이완에서 아시아재단AFIT, 1997년 설립 시기 동안 첸푸錢復, 렌잔連戰, 뤼시우롄呂秀蓮, 쑹추위宋楚瑜, 캉닝샹康寧祥, 린위슝林義雄, 린화이민林懷民, 지정紀政, 황춘밍黃春明 등이 유학길에 후원을 받았다. 아시아재단은 이들 지식인들에게 해외유학의 기회를 제공하였으며, 유학을 마친 후 이들은 타이완에서 다양한 분야의 리더가 되었다. 이상의 사례를 통해 각 지역의 지식인에 대한 미국 비정부기구의 인센티브가 이들 지식인들의 인생에 큰 영향을 미쳤음을 알 수 있다.

도서출판의 측면에서 미국 비정부기구의 문화협력 또한 전쟁 후 타이완의 출판 산업에 중요한 영향을 미쳤다. 전후에 나온 타이완 인문도서들은 서구 근대사조를 쫓았다. 이 과정에서 미국공보원, 미국아시아협회The Association for Asian Studies, AAS, 1941~, 자유아시아협회Committee of Free Asia, CFA, 1951~1954, 아시아재단The Asia Foundation, TAF, 1954~이 불을 지피는 역할을 했는데, 책을 기부하고 출판사가 저작권을 획득하도록 지원했다. 도서기부 면에서 아시아재단은 "아시아를 위한 책 프로그램Books for Asia Program"을 운영했으며, 1954년부터 2003년까지 미국의 기관이나 개인이 기증한 도서, 잡지, CD 등을 아시아 국가에 기증했는데, 그 분량은 3천6백만 권이 넘는다.

미국아시아소사이어티는 도서 기증 외에도 전후 타이완의 인문학서적의 출판을 지원했다. 타이완의 성문출판사成文出版社, 1946와 남천서국南天書局, 1976 등이 수혜를 얻은 예이다. 성문출판사는 외부에 중국고적을 판매하는 출판사이고, 남천서국은 중국 고대 유물이나 중국 전통 한약 관련 전문서적 및 타이완 역사와 타이완 원주민 연구 방면의 책을 출판하는 출판사이다. 1960년대 미국 하버드대 페어뱅크 교수John King Fairbank, 1907~1991가 중국학연구에 불을 지펴 미국 학계에 중국연구의 붐을 일으켰지만 당시 서양 학자들은 중국에 쉽게 들어갈 수 없었기 때문에 타이완에 대한 연구를 중국을 이해하는 연구의 방편으로 생각했다. 1961년, 페어뱅크의 학생이자 청나라 외교사를 공부하던 미국 박사과정생 로버트 아이릭Robert Irick은 미국 학계에서 중국어 간행물을 입수하는 것이 어렵다는 이유로 아시아재단이 중문연구자료센터를 설립해 줄 것을 제안했다. 이에 따라 1962년에 자료수집 작업이 미국과 타이완에서 각각 진행되었다. 당시 타이완의 자료수집 책임자는 황청주黃成助였는데, 이렇게 '황청주가 수집한 타이완출판물 총목록과 출판소식을 타자기로 타이핑하여 원고 형태로 미국의 하버드 동아시아연구소로 부치면 하버드 동아시아연구소는 이를 인쇄하여 월간통신이라는 이름으로 제작하여 미국의 아시아학회회원과 미국도서관협회 회원에게 배포했다. 그 결과 이 해 한 해 공식 집계 추산 도합 6만여 권의 타이완 출간물이 해외에서 판매되었다'. 1963년 미국아시아학회는 미시간대학에 '중문연구자료센터'를 설립했으며, 동시에 타이베이에 사무소를 설립했다. 이때 로버트 아이릭이 주임을, 황청주가 부주임을 맡았다. 황청주가 로버트 아이릭의 조수를 맡아 두 사람은 문화수출 분야에 처음으로 착수하여 중문서적을 유럽과 미국 등의 학술계에 수출했다. 이 안에는 세계 각 대학의 한학센터와 동아시아도서관 등도 포함된다. 로버트 아이릭과 황청주의 밑에서 일했던 웨이더원魏德文은 이 일을 하면서 학술적으로 좋은 영감을 얻었을 뿐 아니라 서양인과의 응대 방법이나 사무 처리 방법에 대한 노하우를 얻게 되었다. 이에 그는 남천서국을 세우고, 미국아시아재단에 '중문자료센터'를 설립하게 했다. 남천서국은 타이완서적을 구입하여 미국과 유럽에 보내주는 중문서적의 전파자 역할을 톡톡히 해냈다. 2000년경 미국의 국회도서관이 매년 미화 25,000달러820,000타이완 달러를 할당하여 남천서국의 타이완학 연구서적을 구입한 것을 보면 남천서국이 출간한 타이완학 서적이 미국 정부의 인정을 받고 있었음을 알 수 있다.

미국의 비정부기구는 미국의 타이완 지원 과정에서 다양한 역할을 수행하며 미국 학계와 타이완 출판계 사이에 중재 역할도 했다. 이들 미국 비정부기구는 경비의 후원자 역할을 했을 뿐만 아니라 인재양성, 도서 출판, 인문서적 출판 산업의 발전을 위한 중요한 동력이 되었다.

3. 민간의 미국문화 흡수-가오슝高雄의 사례

문화흡수의 개념은 그람시Antonio Gramsci, 1971의 헤게모니 이론으로까지 거슬러 올라갈 수 있다. 이는 지배계급이 의식형태의 주도권을 점유하여 피지배자의 문화를 흡수한 후 헤게모니 장악을 위해 이들의 문화를 재구성하는 것을 의미한다. 마이클 애플Michael Apple, 2004은 더 나아가 교육적 메커니즘을 통해 패권주의가 피식민자의 문화와 정체성에 어떤 영향을 미치는지 설명하기 위해 영국 식민지 교육을 예로 들고 있다. 황팅캉黃庭康은 마이클 애플의 가설을 심화시켜 영국정부가 홍콩과 싱가포르에서 진행한 교육을 분석하여 영국이 어떻게 고등교육을 독점하여 현지인들의 정체성과 상상력을 재형성시켰는지에 대해 분석했다. 다만 아쉬운 점은 전반적으로 헤게모니적 관점의 문화 흡수와 관련한 학계의 연구는 지금도 여전히 지배계급과 권력자의 직간접적 권력에 초점을 맞추고 있다는 것이다. 그러나 필자는 이 글을 통해서 타이완인들이 미국이 구상한 원조의 틀 안에서 자신의 경제적 이익 등을 따져가며 미국문화를 주동적으로 현지에 맞게 발전시켜 나갔음을 확인할 수 있었다.

마지막으로 미국의 타이완에 대한 '문화원조'는 주로 서민의 일상생활과 관계가 있다. 이 글에서 현상의 배후에 대해 이와 같은 구분을 시도하는 이유는 미국의 정부와 비정부기구의 문화지원이 주로 방송, 출판, 지식인 후원 등의 형태로 이루어진 것은 사실이지만 문화의 세 번째 층차의 의의를 돌이켜 보면 문화란 일상생활의 총체임을 자각해야 한다는 점에 있다. 미국 각계의 지원을 통하여 전후 타이완 서민들의 일상에 있어 음식, 의복, 음악 등 다양한 방면에서 변화가 발생했던 것이다. 이러한 변화는 미국 정부나 비정부기구가 일부러 촉진시킨 것이 아니라 양측의 교류 과정에서 발생한 지역문화현상이었다. 필자는 가오슝高雄이라는 항구도시를 고찰함으로써 문화원조의 의미를 일방적인 외래문화의 수입으로만 이해하지 말고 수혜국의 능동적 흡수라는 측면도 고려되어야 한다는 점을 언급하고자 한다. 이 밖에 외래문화를 수용하는 개인의 출신지, 계층, 성별에 따라 차이가 있음도 주의를 기울여야 할 것이다.

전반적으로 타이완의 다른 도시에 비해 가오슝항高雄港과 지롱항基隆港은 미국문화를 일찍 접한 항구들이다. 1951년 5월 1일 미군고문단美軍顧問團, MAAG이 타이완에 상륙한 후 미해군과 관련 인사들이 지롱항과 가오슝항에 나타나기 시작했고, 그에 수반되는 미국문화도 출현했다. 예를 들어 1950년대 미 7함대는 지롱항과 가오슝항에 정박해 있었고, 크리스마스 시즌에는 미군이 타이완 현지 유치원에서 아이들과 함께 명절을 보내고 아이들에게 크리스마스 선물을 전달했다.[10] 미국의 크리스마스와 같은 축제문화는 타이완의 기독교 교회 단체, 자정 미사, 크리스마스 무도회, 칠면조 만찬, 선물 문화 등과 결합하여 타이완의 민간인들 사이에 퍼지기 시작했다.[11] 1965년 11월 25일 미군의 휴식과 회복Rest and Recuperation, R&R 프로그램이 월남전에 참전한 미군들에게 정서적, 육체적으로 도움을 주고자 하는 목적에서 시작되었다. 이에 타이완, 방콕, 홍콩, 싱가포르, 페낭, 마닐라, 쿠알라룸푸르, 호주와 하와이 등이 미군 휴양지로 지정되었다. 미국 타임지 보도에 따르면 이른바 'R&R'은 미군에게 매년 30일의 정기휴가 외에 5일간의 휴가를 추가로 주는 것으로, 미국 정부는 해당 군인이 이들 도시 중 어느 도시든 자유롭게 선택하게 했으며, 왕복 항공권을 제공했다.[12]

---

10 基隆訊, 「美軍艦兩艘 駛抵基隆 歡渡聖誕 託購禮物贈孤兒 並將在兩艦上招待午餐」, 『聯合報』第5版, 1951.12.25; 本報訊, 「歌舞歡渡聖誕夜 首先義賣紅羽毛 基高兩地美艦招待兒童 桃園美軍人員贈禮空小」, 『聯合報』第5版, 1958.12.25.
11 本報訊, 「慶祝聖誕前夕 各地歡樂通宵 處處熱舞努力加餐 台北天主教 舉行大彌撒」, 『聯合報』第5版, 1958.12.24.
12 本報訊, 「駐越美軍的「休息復原」計畫」, 『聯合報』第3版, 1967.12.27; 原載, 『時代雜誌』.

이 프로그램에 따라 점점 더 많은 미군이 가오슝항을 통해 도시 지역으로 들어왔다. 이 경우는 앞의 두 가지 문화원조와 달리 군대와 함께 들어온 미국문화라 할 수 있다. 즉 이러한 미국문화는 '현대적' 이미지로 가오슝에 들어와 가오슝항의 지하경제를 발전시키기 시작했다. 일상생활문화 측면에서 살펴보자면, 음식문화에서 가장 먼저 변화가 일어났다. 가오슝항 근처의 칠현삼로七賢三路에 미국식 레스토랑미국식 스테이크, 샌드위치 및 코카콜라 제공이 증가하고 미국정부가 밀을 원조해 주고 타이완정부도 면류 섭취를 장려했을 뿐 아니라 미군의 면류 음식 수요에 따라 가오슝의 제빵 산업도 일어나기 시작했다. 『타이완 남부 미국인의 발자취美國人在南臺灣的足跡』라는 책에는 다음과 같은 내용이 적혀 있다.

> 베트남전이 한창일 때 베트남에는 무려 54만 명의 미군이 주둔하고 있었고, 가오슝高雄, 타이중台中, 타이난台南 등 해군기지와 공군기지 주변 도시들이 미군의 주요 휴양지가 되었다. 가오슝의 칠현삼로七賢三路, 오복사로五福四路 입구에서 가오슝 항구까지는 수백 미터의 짧은 거리에 불과했지만 온통 미군으로 넘쳐났다. 혹자는 쇼핑을 하고 혹자는 술을 마시러 다녔다. 길 양편에는 각양각색의 바bar와 서양 유행음악을 판매하는 레코드 가게가 가득했다. 더욱이 이곳에서 멀지 않은 대구정大溝頂과 굴강상장崛江商場은 각국 박래품의 집결지였다.[13]

다음으로 의복 방면에 대해서 살펴보자. 미군이 출입하는 바bar 문화

---

13 辛翠玲 編, 『美國人在南臺灣的足跡專刊』, 高雄 : 國立中山大學美國中心, 2010, 40쪽.

가 흥기함에 따라 칠현삼로 일대는 전성기 시절 도합 42개의 술집이 있었다. 또한 바에서 일하는 여성들의 복장 및 머리손질과 관련된 업종, 미군들이 구입하는 서양 노래와 관련된 음반판매점도 흥성했다.

이러한 현상은 모두 미군이 오면서 현지의 경제 형태를 변화시킨 사례에 해당한다. 예를 들면 '일찍이 칠현삼로와 오복사로가 만나는 지점에 삼각형 모양의 창문을 한 상하이양복점[上海西裝社]이라는 이름의 가게가 있었다. 당시 미군들이 바에 와서 술을 마시고 즐긴 후에 돈이 남아 있으면 이들은 상하이양복점에 가서 양복을 맞추곤 했다. 1960년대에 미국인들이 양복 한 벌을 맞추려면 몇 달치 월급을 쏟아부어야 할 만큼 고가였을 뿐 아니라 양복점에서 양복을 짓는 시간도 오래 걸렸다. 그런데 상하이양복점 사장 팡方씨는 기가 막힌 아이디어를 생각해냈다. 즉 오늘 양복을 맞추면 내일 옷을 완성해 주는 방식이었는데, 특별히 미군들에게만 제공되는 서비스였다.[14]

이러한 사례는 모두 미군이 들어오면서 생겨난 현지 산업계의 변화이다. 어떤 의미에서 미군의 타이완 상륙은 당시 타이완인들에게 장기적인 미래 계획을 설계하도록 해 주었고, 현지 사람들로 하여금 미국 음식, 의류, 음악을 받아들이도록 변화시켰으며, 이러한 수용 과정을 통하여 미국문화는 더 높고 더 현대적인 문화로 여겨졌다. 한편, 가오슝 옌청鹽埕의 구제시장[賊仔市]과 보따리장수[跑單幫]들에 의한 지하경제 활동은 미군들로 인해 들어온 미국 주류와 스타킹, 코카콜라, 폰즈비누 등 미국 상품을 통하여 활발한 지하경제 네트워크를 형성시켰으며, 이러한 것들

---

14 高雄市文獻委員會, 『港都酒吧街』, 高雄 : 高市文獻會, 2007.

이 당시 가오슝이라는 항구도시의 문화적 면모였다.

위에서 언급한 바와 같이 미국원조문화의 다양한 형태가 존재했음에도 불구하고 미국원조문화에 대한 학계의 연구는 여전히 엘리트, 지식인 및 출판물 연구에 편중되어 있다. 이 글에서는 미국이 타이완에 제공한 문화원조가 단순히 엘리트들의 지적, 문화적 생산물만이 아니었다는 점을 지적하고자 했다. 우리가 문화원조의 의미를 어떻게 정의할 것인지에 대해서는 무엇보다 문화라는 말의 정의부터 재고해야 할 것이며, 이것이 제대로 된 후에 비로소 이른바 미국의 원조문화에 대해서 새로운 개념화가 가능할 것이다. 지금까지 학계에서는 미국의 문화원조에 대한 연구와 논의가 있어 왔는데, 이 과정에서 '국가-민간 네트워크'라는 말은 국내외 학자들이 공통적으로 사용하는 개념어이다. 미국정부조직 외에 비정부조직이 문화원조 과정에서 행해 온 후원금 제공 등과 같은 역할은 문화원조 과정을 잘 보여주는 사례이다. 이를 통하여 미국정부와 비정부기구간의 협력관계를 잘 살펴볼 수 있다. 마지막 세 번째 문화유형은 앞의 두 가지 유형과 차이를 보인다. 세 번째 유형에서는 미국이 해외에서 군사행동을 취하면서 각국에 군인이 들어가면서 일어난 현상이다. 예를 들어 타이완 현지에서는 미국문화를 추구하고 모방하고 재창조하였으니, 바bar문화, 성탄절 축제문화 등이 이것이다. 이 세 번째 유형을 통해서 우리는 문화라는 것이 단방향으로 유입되는 것이 아니며, 문화를 수용하는 당사국의 주동적이고 자주적인 면도 고려해야 한다는 점을 알 수 있고 문화가 전파되고 이것을 수용하는 과정에서 새로 유입된 문화가 풍부한 다양성을 생산한다는 것을 기억해야 한다.

이 글을 통해서 우리는 '문화냉전' 연구를 위한 기존 연구의 틀을 다시 한 번 새롭게 돌이켜 볼 수 있을 것이다. 이른바 '문화냉전'은 미국과 소련이 패권을 확립하고 세계의 '영혼과 정신'을 사로잡으려 했던 노력을 의미한다. 우리는 정치·경제·군사 분야는 물론 예술·교육 분야에서도 동일하게 그 의미를 적용해 볼 수 있다.[15] 문화냉전에 대한 연구는 엔터테인먼트, 라이프스타일, 문화, 지성, 미디어 전략 등을 포함한다. 선행연구는 미·소 문화냉전을 중심으로 한 연구에 치중하면서 장기적이고 대단위 연구 방식을 취하는 경향이 있었다. 하지만 이런 식으로 지배와 피지배의, 경직된 1차원적one-dimensional 기존의 연구 방식은 문제가 있다. 우리는 미국과 소련이라는 대립적 틀을 넘어서서 문화 냉전을 논할 수도 있고, 두 강대국 외에 다른 나라들이 어떻게 냉전과 권력을 경험했는지 생각해 볼 수도 있을 것이다. 문화원조의 서사를 위해, 그리고 기존의 문화 냉전 연구를 위해 행위자의 기억과 서사적 측면을 보완해 볼 필요가 있는 것이다.

---

15 貴志俊彦·土屋由香·林鴻亦編, 李啟彰等譯, 『美國在亞洲的文化冷戰』, 台北 : 稻鄉出版社.

참고문헌

王梅香, 『隱蔽權力－美援文藝體制下的台港文學(1950~1962)』, 新竹：清華大學社會學研究所博士論文, 2015.

_____, 「冷戰時期非政府組織的中介與介入－自由亞洲協會, 亞洲基金會的東南亞文化宣傳(1950~1959)」, 『人文及社會科學集刊』 32(1), 台北：中央研究院人文社會科學研究中心, 2020.

本報訊, 「慶祝聖誕前夕 各地歡樂通宵 處處熱舞努力加餐 台北天主教舉行大彌撒」, 『聯合報』第5版, 1958.

_____, 「歌舞歡渡聖誕夜 首先義賣紅羽毛 基高兩地美艦招待兒童 桃園美軍人員贈禮空小」, 『聯合報』第5版, 1958.

_____, 「駐越美軍的「休息復原」計畫」, 『聯合報』第3版; 原載『時代雜誌』, 1967.

_____, 「詩人余光中 講演搖滾樂」, 『聯合報』第7版, 1971.

_____, 「余光中昨主張讓現代詩搖滾樂結合」, 『聯合報』第7版, 1971.

吳翎君, 「冷戰初期洛克菲勒基金會對台灣的援助」, 收錄於貴志俊彦.

土屋由香・林鴻亦編・李啟彰等譯, 『美國在亞洲的文化冷戰』, 台北：稻鄉出版社, 2012.

辛翠玲 編, 『美國人在南臺灣的足跡專刊』, 高雄：國立中山大學美國中心, 2010.

官有垣, 『半世紀耕耘－美國亞洲基金會與台灣社會發展』, 台北市：台灣亞洲基金會發行, 2004.

高雄市文獻委員會, 『港都酒吧街』, 高雄：高市文獻會, 2007.

陳建忠, 「美新處－USIS 與台灣文學史重寫－以美援文藝體制下的台, 港雜誌出版為考察中心」, 『島嶼風聲－冷戰氛圍下的臺灣文學及其外』, 新北市：南十字星文化工作室, 2018.

黃庭康・李宗義 譯, 『比較霸權－戰後新加坡及香港華文學校政治』, 台北：群學, 2008.

_____, 「余光中和巴布・狄倫－「在茫茫的風裡」」, 『聯合報』第7版, 2016.

基隆訊, 「美軍艦兩艘 駛抵基隆 歡渡聖誕 託購禮物贈孤兒 並將在兩艦上招待午餐」, 『聯合報』第5版, 1951.

貴志俊彦・土屋由香・林鴻亦 編, 李啟彰等 譯, 『美國在亞洲的文化冷戰』, 台北：稻鄉出版社, 2011.

Apple, Michael, "Ideology and curriculum", London：Routledge, 2004.

Cross, Charles T, *Born a Foreigner : A Memoir of the American Presence in Asia*, Boulder Colo：Rowman & Littlefield Publishers, 1999.

Edles, Laura Defor, in L. D. Edles, 『文化社會學的實踐』, 台北：韋伯文化, 2006.

Gramsci, Antonio, 『獄中札記』, 台北市：谷風出版社, 1988.

_____, *Prison Notebooks,* NY：Columbia University Press, 2007.

_____, Hegemony. Na. (Naples), 1971.

Rubin, Andrew N., 言于馨 譯, 『帝國權威的檔案－帝國, 文化與冷戰』, 北京：商務印書館, 2014.

Edles, Laura Defor, in L. D. Edles, 『文化社會學的實踐』, 台北：韋伯文化, 2006.

군항도시 사세보佐世保와 시민 저항

1968년 미국의 '엔터프라이즈 호' 입항 문제를 중심으로

이상원

1. 들어가며

1968년 1월 19일 오전 9시 10분, 미국의 원자력 항공모함 '엔터프라이즈 호'가 사세보항에 입항하였다. 사세보佐世保를 중심으로 일어난 반反요요기파代々木派[1] 계열의 3파 전학련이하 전학련들의 소동은 1968년의 격동의 서막으로 기억되고 있다. 이어 같은 해 2월 나리타成田공항 건설에 반대하는 학생들과 기동대가 충돌한 산리즈카三里塚 투쟁[2]이 일어났고, 같은 해 6월에는 규슈九州대학의 하코자키箱崎 캠퍼스에 미군기 팬텀이 추락하는 사건이 발생하면서 학생들의 항의 운동이 일어나기도 했다. 또한 10월에는 학생들에 의해 도쿄의 신주쿠新宿역을 중심으로 점거와 방화사건이 일어났고, 이듬해인 1969년 1월 18일 도쿄東京대학 의학부 학생들이 야스

---

1 요요기파(代々木派)는 주로 1960년대부터 70년대의 일본 정치 분야에서 사용된 호칭이고 일본 공산당과 그 집행부를 칭하며 반(反)요요기파는 일본의 신좌익 등을 지칭한다.
2 치바(千葉)현 나리타시 농촌지구인 산리즈카(三里塚)와 그 주변에서 발생하였고, 나리타(成田)시 지역주민 및 신좌익 운동가들에 의해 나리타 공항의 건설을 반대하는 투쟁을 말한다.

다安田 강당을 점거하면서 일명 '도쿄대학 야스다 강당 공방전攻防戦'으로 불리는 투쟁이 일어났다. 하지만 이러한 투쟁과 시위에 학생들뿐만 아니라 시민들도 가담하는 경우도 발생했다. 이는 미국의 원자력 항공모함 '엔터프라이즈 호'가 사세보항으로 입항하기 하루 전날인 1968년 1월 18일의 사건으로, 미국 정부에 의해 입항이 정식으로 통달되면서였다. 이로 인해 사회당과 공산당에 의한 집회가 사세보 시민구장에서 개최되었고 전학련 학생들뿐만 아니라 사세보 시민들도 함께 입항 반대 시위에 동참하였다.[3] 이처럼 1968년과 1969년은 일본이 격하게 흔들렸던 해이기도 했지만, 세계적으로도 비슷한 동향의 운동이 일어난 해이기도 하다. 1968년 3월 프랑스 파리에서는 미국의 베트남 참전에 대해 항의 차원에서 시작된 8명의 청년들의 운동이 프랑스 전역으로 퍼져 전례 없는 반체제와 반문화 운동이 일어난 시기이고 체코슬로바키아의 민주화 시기를 일컫는 '프라하의 봄'도 이 시기에 일어난 일이다.

1968년은 일본 국내뿐 아니라 세계적으로 학생들과 청년들의 혁명운동이 빈번하게 일어난 시기였고 이와 관련된 연구들도 많이 진행되었다. 하지만 기존의 '엔터프라이즈 호' 입항 문제를 다룬 선행연구는 단순히 격동의 시기인 1968년에 일본 국내에서 일어난 첫 번째 사건으로만 다루고 있다. 물론 전 세계적으로 일어난 반체제 혁명운동과 학생운동의 흐름 속에서 일본 국내의 동향을 분석한다는 점에서 연구적 의미가 있다고 볼 수 있다. 하지만 이 글에서는 '엔터프라이즈 호'의 입항 문제에 대해 연구적 관점을 바꿔보고자 한다. 즉, 격동의 시기에 일어난

---

3   宮地英敏 外, 「一九六八 - エンタープライズ事件の再定置」, 『軍港都市史研究Ⅴ佐世保篇』, 清文堂出版株式会社, 2018, 293쪽.

하나의 사건으로 다루는 기존의 연구 관점에서 벗어나 전전과 전후, '엔터프라이즈 호'의 입항 시기까지를 중심으로 군항도시 사세보를 중심으로 일어난 사건을 통해 사세보의 사회적 상황과 사세보 시민들의 저항의식의 원인에 대하여 살펴보고자 한다.

원자력 잠수함은 1964년부터 1967년까지 12차례에 걸쳐 사세보항에 기항해온 전적이 있다. 하지만 일부 사세보 시민들을 제외하고는 큰 관심을 갖지 않았다. 그럼에도 불구하고 유독 1968년 '엔터프라이즈 호' 입항에 대해서는 학생들과 시민들의 저항이 격렬했던 이유는 무엇이었을까? 이 문제에 접근하기 위해서는 일본 국내와 전 세계적 동향에서 살펴온 기존의 연구 관점에서 탈피하여 사세보라는 군항돗에 국한하여 분석할 필요가 있다. 첫째, 사세보 지역 경제의 상황, 둘째, 베트남전쟁과 얽힌 정치·사회적 상황 속에서 바라본 '엔터프라이즈 호'의 입항 문제, 셋째, '엔터프라이즈'라는 함명이 가지는 의미를 분석한다. 즉, 전후 사세보 시민들이 꿈꿨던 상업항으로의 전환과 '평화산업항만도시' 건설이 무산되고 살아남기 위해서는 '군항도시'에 의존할 수밖에 없는 지역경제의 상황, 그리고 베트남전쟁과 얽힌 정치·사회적 상황과 현실, '엔터프라이즈'라는 함명의 의미가 복잡하게 얽힌 사세보 문제로의 분석은 사세보 시민들의 저항의 원인을 규명하는데 있어 유효한 연구방법이 될 것으로 본다.

2. 일본 구舊 4군항과 사세보 군항

1) 일본 구舊 4군항

사방이 바다로 둘러싸인 일본의 해상 방위는 늘 큰 과제였다. 1872년메이지 5년 일본제국해군이 창설되면서 군사시설을 보유하는 항, 즉 군항의 정비가 급선무였다. 당시 일본 해상 방위의 가장 중요한 거점항으로는 가나가와神奈川현의 '요코스카橫須賀'와 히로시마広島현의 '구레吳', 교토京都부의 '마이즈루舞鶴'와 나가사키長崎현의 '사세보佐世保'였는데, 이는 지역별로 구舊해군 조직을 통괄하는 '진수부鎮守府'가 있었기 때문이다. 1876년 요코하마橫浜에 동해 진수부가 먼저 설치되었고 이후 1884년에는 요코스카橫須賀로 이전했다. 이어 1889년에 구레 진수부와 사세보 진수부가 설치되었고, 1901년에는 마이즈루 진수부가 설치되었다. 각 진수부의 관할로는 요코스카는 가라후토樺太 · 홋카이도北海道에서 미에三重까지의 태평양측, 구레는 긴키近畿, 세토우치瀬戸内, 시코쿠四国, 규슈九州의 태평양측, 마이즈루는 야마가타山形에서 시마네島根까지의 일본해 측, 사세보는 규슈의 서측, 오키나와沖縄, 조선, 대만을 포함한 동중국해를 관할하였다.[4]

4군항 외에 아오모리青森현의 오미나토大湊, 야마구치山口현의 도쿠야마德山 등지에도 군항이 구축되었다. 특히, 오미나토는 진수부에 준하는 경비부로 이후에 승격되었다. 진수부가 만들어진 군항은 군함의 모항이 됨과 동시에 조선소와 해군병원, 수병의 교육 및 훈련기관, 무기와 탄약

---

4 吉田秀樹, 歴史とみなと研究会, 『港の日本史』, 祥伝社, 2018, 228~229쪽.

등을 제조하는 공창 등이 병설되면서 일대 임해부의 주요 산업이 되었다. 이러한 시설들로 군항도시에는 많은 고용이 생겨나고 경제적 발전도 가져왔으며 관광거점으로도 발전하였다. 단, 군에 의해 민간인들의 활동이 제한되기도 하였고 군기軍機 보호법에 의해 허가 없이 군사시설과 군함을 사진으로 찍는 행위도 금지되었다. 또한 군항의 주변에는 민간인에 의한 잔교棧橋의 가설과 부두의 제조, 해면의 매립과 부표설치, 교량의 가설 등에 있어서도 진수부 장관의 허가를 받아야 했다.[5]

2) 사세보佐世保 군항

구레와 동시에 진수부가 설치된 사세보는 군항이 들어서기에 적합한 입지였다. 항만의 입구는 좁고 주위가 섬으로 둘러싸여 있기 때문에 방어에 적합했으며, 수심은 최대 50미터로 대형선 정박에 이상적인 입지였던 것이다. 특히 사세보 군항의 가장 큰 특징으로는 중국과 한반도에 근접해 있었다는 점으로 청일전쟁과 러일전쟁 중에는 연합함대의 출격기지가 되어 군함의 수리와 탄약, 석탄, 식료 등의 보급에 활용되었다. 또한 군항의 수리, 정비용의 시설로는 길이 576미터, 폭 364미터나 되는 거대한 계선繫船시설인 다테가미立神 계선지로 유명하다. 1898년에는 사세보-나가사키長崎 간 철도가 개통되었는데 군항도시 사세보는 무역항인 나가사키長崎, 상업도시인 후쿠오카福岡와 더불어 선박과 공창에서 연료로 사용되는 석탄을 공급하는 규슈九州 서부의 탄광지대로 발전해 나갔다.[6]

---

5   위의 책, 229~230쪽.
6   위의 책, 236쪽.

전후 사세보에 진주한 미군연합국군 제6군 제5 해병군단은 사세보 진수부를 시작으로 해병단, 공창, 군수부, 공무工務부 및 그 부속 시설, 아이노우라相浦 해병단, 사세보 항공대, 그리고 사세보 군항이라는 해군 주요 시설을 접수하여 사용하기 시작했다. 공작물, 건물, 공작기계 등, 국유재산은 일단 미군 소속으로 접수하여 불필요한 물건은 내무성을 거쳐 대장大藏성에 반환되었다.[7]

하지만 1946년 8월 21일, 나카타 마사스케中田正輔가 사세보 시장으로 취임하여 사세보항은 상업항으로의 전환과 '평화산업항만도시' 건설을 모색한다. 본래 사세보항은 천연항구였으나 그 동안 군항의 역할을 해왔기 때문에 상업항으로써의 기능을 발휘하지 못했다. 1948년 1월, 사세보는 무역항으로 지정되었고 8월에는 상업항으로 전환 후 첫 외국화물선이 입항하면서, 필리핀으로 시멘트를 수출하기도 했다. 같은 해 10월에는 저유貯有항, 식량수입항으로 지정되어 사세보에 입항하는 화물선도 조금씩 눈에 띄기 시작했다. 1949년 5월 24일, 사세보를 방문한 쇼와昭和천황은 SSK사세보 선박공업조선소 등을 돌아보며 나카타 시장으로부터 시의 연혁과 장래 방침에 대해 설명을 듣고 난 후, "평화산업으로 전환이 잘 되었네요"라는 말을 전했다고 한다. 사세보에서 천황을 맞이하게 된 이후부터 나카타 시장은 부흥의 결의를 다지며 '평화산업항만도시' 건설의 현실화를 위해 '구군항시舊軍港市전환법'의 제정과 '사이카이西海국립공원' 지정을 위해 최선의 노력을 다한다.[8]

---

7 谷沢毅, 「軍港都市佐世保の戦中・戦後－ドイツ・キールとの比較を念頭に－」, 『長崎県立大学経済学部論集』第45券 第4号, 2012, 194쪽.
8 위의 책, 195~196쪽.

하지만, 1950년 6월 25일 한국전쟁 발발이 되고, 6월 29일에 사세보에도 공습경보가 발령되었다. 개전 당시 재일 미군기지의 기능은 요코스카 기지에 집중이 되어 있었으나 전쟁 수행을 위한 책원지策源地로써 사세보의 역할의 필요성 대두와 함께 기지기능이 급속히 강화되었고, 1951년 9월 8일 샌프란시스코 강화조약과 함께 미일안보조약이 조인되어 미군의 주둔이 결정되었다.[9]

사세보는 이후 상업항과 '평화산업항만도시' 건설을 통해 재출발을 도모했으나 미국에 의해서 아시아 전략의 요충지화가 됨으로써 결국 군항의 이미지를 탈피하지 못했다. 특히 1950년대의 한국전쟁과 1960년대의 베트남전쟁에서 미군의 기지 역할과 함께 '휴지에서 전차까지'라고 불릴 정도로 전투기재와 군수물자를 생산·수리하여 베트남으로 운반하는 역할을 수행했다. 현재도 사세보항내 약 83% 수역은 미군의 사용이 우선시되어 일본의 선박은 상황에 따라 항해가 제한되기도 한다.[10]

3. '엔터프라이즈 호' 입항과 사세보 시민의 저항

1) 사세보佐世保의 경제적 피해

전전戰前 사세보 주변은 강을 중심으로 서안西岸에 해군용지, 동안東岸에는 시가지市街地가 펼쳐진 공간구조를 갖추고 있었다. 단, 전후戰後는 군의 주체가 해군에서 미군으로 바뀌게 된다.[11]

---

9   위의 책, 199~200쪽.
10 吉田秀樹, 앞의 책, 237쪽.

사세보의 특징 중 하나는 산탄지產炭地에 인접한 군항이었다는 점이다. 1889년 사세보 진수부가 설치된 그 무렵부터 사세보에는 주요 민간공장들이 생겨나고 주요 에너지는 석탄이 중심이었다. 하지만 〈표 1〉에서 알 수 있듯이 1920년대에 접어들면서 석탄 소비량이 가장 많은 해인 1923년에도 1만 톤 정도에 지나지 않았고 점점 석탄의 소비가 다른 에너지 자원보다 줄어들고 있음을 알 수 있다.

〈표 1〉 사세보시의 공장 연료와 전력소비량[12]

년도	석탄(t)	코크스(t)	석유(말)	가스(f)	목탄(t)	전력(kW)	공장수(개)
1923	10,350	103	4	171,000	86	241,015	48
1924	8,128	1,171	38	1,293,400	76	140,237	60
1925	8,318	1,252	69	2,672,903	74	244,740	70

출처 : 사세보시『산업방침조사서』 1929년, 상공 91항

다음 〈표 2〉에서는 1919년부터 1923년까지 사세보 해군공창에 도착한 석탄 수량을 확인할 수 있다. 도착량이 소비량과 동일할 수는 없지만 사세보에서 민간의 석탄 총 소비량보다 많은 석탄이 이 시기에 사세보의 해군 공창에서 사용된 것을 알 수 있다.

〈표 2〉 사세보 해군공창 도착 석탄 수량(단위 : t)[13]

년도	철도	선박	합계
1919	17,590	40,886	58,476
1920	27,736	26,717	54,453
1921	16,239	29,364	45,603
1922	1,995	43,871	45,866
1923	426	48,464	48,890
1924	0	34,273	34,273

출처 : 모지(門司) 철도국운송과『산물과 이동·상』1925년, 531항

---

11 山本理佳, 「戰後佐世保における「米軍」の景観－佐世保川周辺の変容－」; 「軍港都市」の近現代－社会·文化·経済の連続と非連続－, 日本地理学会 2011年秋季学術大会シンポジウム, 2011, 105쪽.
12 北沢満 외, 「軍港都市佐世保におけるエネルギー需給一石炭を中心として一」, 『軍港都市史研究V佐世保篇』, 清文堂出版株式会社, 2018, 135쪽. 〈표 3-1〉 재인용 및 재구성.
13 위의 책, 142쪽. 〈표 3-7〉 재인용.

전술한 바와 같이 사세보의 특징 중 한 가지는 산탄지에 인접한 군항이었다는 점이다. 하지만 전후 사세보는 고탄가 문제를 배경으로 석탄에서 석유로 바뀐 에너지 전환의 흐름을 받아들일 수밖에 없는 도시로 바뀐다.

〈표 3-1〉 호쿠쇼(北松) 탄전(炭田)의 추이[14]

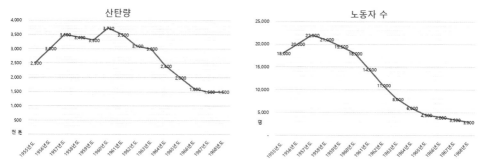

출처 : 나가사키현편 『나가사키현 산탄지역진흥 보고서』, 나가사키현 상공부 기업진흥과, 1967년, 5항 및 외부수 「나가사키현 산탄지의 쇠퇴와 인구감소」(『리쓰메이칸대학』 313호, 1971년) 50항부터 작성.

나가사키현 호꾸쇼北松 지방의 산탄량은 1960년도 373만 톤에 달했으나 생산량이 급감하면서 3년 후 1963년에는 300만 톤, 1965년에는 200만 톤으로 감소하였다. 이후 '엔터프라이즈 호'가 입항하기 전년도인 1967년에는 150만 톤까지 감소하며, 1960년도 최고 생산량의 40% 정도밖에 미치지 못했다. 한편 노동자 수는 산탄량에 비해 더 큰 감소를 보인다. 1957년은 약 2만 2천 명의 노동자 수가 1960년은 1만 8천 명, 1963년은 8천 명 남짓, 1965년에는 4천 5백 명 정도까지 감소한다. 노동자 수는 15%까지 떨어지면서 노동생산성이 높은 탄광만 살아남고 대량의 실업자가 발생하였다. 그 결과 남겨진 몇 군데의 탄광마저도 급격한

---

14 위의 책, 303쪽. 〈그림 6-1〉 재인용 및 재구성.

인구 유출로 인해 노동력 확보에 한계를 드러낸다. '엔터프라이즈 호'가 입항하는 1968년 초, 구舊사세보시에는 야마즈미山住탄광150명 고용, 유노키柚木탄광430명 고용, 이후 사세보시로 합병된 신사세보시에는 마쓰우라松浦탄광730명 고용을 비롯하여 몇 군데의 탄광만 남게 되었다. 사세보시보다 약 10킬로미터 북부에 위치한 마쓰우라시의 토비지마飛島탄광370명 고용과 신호쿠쇼新北松 탄광320명 고용, 그리고 마쓰우라시 근해 후쿠시마福島에 위치한 후쿠시마 탄광을 남겨둘 뿐이었다. 하지만 이렇게 남겨진 탄광과 산탄지 진흥 사업만으로는 노동력을 사세보에 확보해 둘 수 없었고, 이로 인해 급격한 인구유출로 이어졌다.[15]

'엔터프라이즈 호'가 입항하기 반년 전, 1967년 7월 9일에는 엎친 데 덮친 격으로 사세보에 대수해가 발생하는데, 해당 일 이틀 전부터 내린 3일간의 강우량이 354밀리리터에 달했고, 7월 9일 1시간 만에 내린 최고 강우량은 126밀리리터를 기록했다. 대수해로 인해 29명의 사망자가 발생했고 75억 엔이라는 막대한 피해액이 발생했다.[16] 1960년 373만 톤이라는 산탄량을 기록하던 사세보는 에너지 전환이라는 흐름을 거스르지 못하고 탄광 폐광과 함께 탄광 노동자들의 해고가 진행되었다. 군항과 탄광이라는 두 축으로 발전해 온 사세보에 탄광은 점차 사라져 갔고, 그나마 보조적 역할을 했던 농림업 또한 자연재해로 인해 큰 피해를 입게 되면서 사세보는 매우 어려운 상황에 직면하게 된다.

---

15 宮地英敏 외, 앞의 책, 303~306쪽.
16 中本昭夫, 『続佐世保の戦後史』, 芸文堂, 1985, 222~224쪽.

2) 정치적 상황과 사회적 현실

탄광 폐광으로 인한 노동인구 감소와 더불어 소비인구의 급감으로 인해 경제적 위기에 봉착한 사세보에 미국의 원자력 항공모함 '엔테프라이즈 호' 입항 문제를 둘러싸고 사세보시의회에서 '청원 25호' '원자력 함정 사세보항 기항 반대결의'가 토의에 부쳐졌다. 이 청원의 채결에 있어 민주사회당은 '베트남전쟁에 참가한 비행기를 쌓은 항공모함'이라는 것을 문제시하여 '일소어업협정, 일중우호협정에도 금이 갈 수도 있다'는 취지의 발언을 했다. 일본사회당의 우라 하치로浦八朗는 미국이 '공산주의 봉쇄'를 위해 일본의 항을 핵 기지로 만들려고 하는 의도라고 지적했다. 또한 공명당의 다지마 요시히토田島義人는 미국의 목적은 '공산당에 대한 핵전략으로 봐야한다'라고 하며 일본이 간접적으로 베트남전쟁에 가담하고 있음을 주장했다. 일본공산당의 나가사키 요시하루長崎善治는 '원자력 항공모함이 핵무장으로 베트남 침략전쟁에 가담하는 것은 세계가 알고 있는 상식이며, 100억, 200억 달러가 떨어져도 전화戰火가 덮치면 말도 안 되는 일'이라고 주장했다.[17]

결국 위원장 채결採決이 부결되면서 반대와 찬성으로 대립했고 찬성과 반대의 대립의 이유는 2가지이다. 첫 번째는 전술의 내용과 같이 미국과 공산주의의 대립에 사세보가 전쟁에 관여하게 될 수도 있다는 우려이다. 이는 종래의 연구에서도 알 수 있듯이 일본은 베트남전쟁에 직접

---

17 당시 사세보시의회 구성원 정수는 44명이고, 자유민주당 7명, 보수계 농수회 7명, 신정회 7명, 정우클럽 5명, 민주사회당 6명, 일본사회당 6명, 공명당 4명, 일본공산당 1명, 결원이 1명이었다. 반대결의에 찬성('엔터프라이즈 호' 입항에 반대)하는 것은 민주사회당, 일본사회당, 공명당, 일본공산당원 이었고, 반대결의에 반대('엔터프라이즈 호' 입항에 찬성)하는 것은 자유민주당, 농수회, 신정회, 정우클럽이었다. 결국 위원장 채결(採決)문제로 자유민주당 다하라 나가이치(田原長市)가 반대함으로써 가까스로 부결되었다.(위의 책, 307~308쪽)

적 전쟁 관여가 아니라 미군기지의 역할과 함께 전차, 항공기, 함선의 수리, 전투원들의 피복과 의료 장비품 제조, 식량 연료수송 등, '휴지에서 전차까지'라고 불릴 정도로 전투기재 및 군수물자를 일본에서 생산·수리하여 베트남으로 운반함으로써 간접적으로 전쟁에 관여한 사실을 알 수 있다. 베트남 주변의 동남아시아 각국에는 공업화가 이루어지지 않아 가장 베트남에 가까운 나라이면서 보급과 수송체제를 가진 나라는 일본 이외에는 없었다. 이로써 일본의 미군기지와 더불어 여러 제조업도 베트남전쟁에 깊이 관여하게 된다.[18] 또 한 가지는 미군이 사세보에서 소비하는 인바운드 소비도 무시할 수 없다는 것이다. 즉, 미군이 사세보에서 소비하는 달러의 중요성 여부에 관한 논점이었다. 베트남전쟁은 이 점이 중요시되었는데 호쿠쇼 탄전의 쇠퇴와 함께 사세보항이 군항으로의 측면이 두드러졌고 그 곳에서 발생하는 외화벌이라는 경제적 측면에 대해서도 무시할 수 없다는 것이었다.[19]

아래는 당시 사세보 거리의 모습을 상상할 수 있는 기사 내용이다.

다음은, 사세보시의 현실문제를 다뤄보자. "안보에 따라, 일본에 미군의 함대가 기항하게 되면 1척이라도 2척이라도 많이 우리 항으로 들어오도록 하는 것이 선결과제이지 않을까? 지금은 우리의 왕성한 소비생활을 만족시키기 위해서는 미군들이 들어오지 않으면 안 된다"라고 바텐씨는 말한다.[20]

18 篠崎正人, 「作られた'海軍の街·佐世保'の虛構」 第35回地方自治研究全国集会, 『第9分 科会発表論文』, 2014, 4쪽.
19 宮地英敏 외, 앞의 책, 309쪽.
20 「原子力空母歡迎の"欲の皮" - エンタープライズを待ち望む夜の佐世保 - 'たった三分で一万円なり'」, 『週刊文春』, 1968.1.22(昭和 43年), 124쪽.

이처럼 미군이 사세보 지역 경제와 시민들의 생활에 미치는 영향과 얼마만큼 많은 이익을 가져다주었는지도 쉽게 상상해 볼 수 있다. 아래의 기사 역시 미군기지로 인해 사세보 시내로 유출되는 엄청난 금액과 미군 수병들에 의해 지출되는 '위안과 휴양비' 지출에 대해서도 알 수 있는 내용이다.

쇼와41년1966도 미군백서에 의하면, '기지종업원을 포함하여 **연간 8십 6억 엔이 사세보 시내로 흘러들어간다.**' 이 중 대부분이 미군 수병의 '위안과 휴양비'로 **지출**되면서 대부분이 외국인 바를 운영하는 관계자의 호주머니 속으로 들어간다.[21]

황색언론인 『주간문춘週刊文春』 기사의 경우, 약간의 과장된 내용도 예상할 수 있지만, '배 한 척이 오면 5일 만에 50만 엔을 버는 여성도 적지 않다'라고 하며, '하룻밤에 100만 엔 이상의 매상을 자랑하는 외국인 바Bar도 있다'라는 내용으로 사세보뿐만 아니라 일본 전역에 알려지게 되었다. 당시 『주간문춘』이 한 권 60엔의 시대의 이야기이다. 이처럼 사세보의 경제적 메리트로 선전된 내용의 중심에는 '외국인 바Bar'가 있었고, 그 실태를 알게 된 일본 국민과 사세보 시민들은 '엔터프라이즈 호'의 입항에 대해 긍정적 시각을 갖게 되는 요인이 되기도 하였다.[22]

---

21 위의 글, 125쪽.
22 宮地英敏 외, 앞의 책, 311~312쪽.

3) '엔터프라이즈 호' 함명의 의미

1968년 사세보 입항으로 유명세를 떨친 '엔터프라이즈 호'는 사세보에 입항한 원자력 항모가 처음이 아니라 미국 독립전쟁에 즈음하여 1775년 영국에서 노획鹵獲한 스루프Sloop 함에 처음으로 사용되었다. 같은 해 퀘백Quebec전쟁과 이듬해 카구카 섬 전쟁에서 활약하였고 이후 많은 함선에 같은 명칭이 붙여진 것이 계기가 되었다. 실제로 원자력 항공모함으로 8대째 '엔터프라이즈'이며, 'USS ENTERPRISE[CVN65]'가 정식명칭이다. 이러한 '엔터프라이즈'를 본 장에서는 제7대째 '엔터프라이즈'로 거슬러 올라가 살펴보고자 한다. 제7대 '엔터프라이즈 호'는 통칭 '빅-E'로도 잘 알려져 있는데 1938년에 취역하여 이듬해 4월 태평양 함대에 편입된다. 1941년 12월 7일 일본의 진주만 공격이 행해졌을 당시 진주만 근처로 귀항을 하는 중이라 간신히 일본군의 공격을 면할 수 있었다. 하지만 같은 해 12월 10일 사세보 해군 공창에서 건조된 이고伊号 제70 잠수함을 침몰시켰다. 이처럼 '엔터프라이즈'라는 이름을 가진 항공모함은 미국인에게는 진주만 공격에 대한 보복을 치룬 영예의 함선으로 기억되었다. 덧붙여 빅-E의 전력활동 중 1945년 3월에서 5월까지 규슈九州와 시코쿠四国지역에 소규모 공습이 포함되어 있다. 그중, 4월 8일 공습에서 사세보 해군공창과 주변가옥에 피해가 발생하여 100명가량의 사상자가 발생하기도 했다.[23]

이 같은 이유로 일본 국민에게 '엔터프라이즈'라는 함명은 '무차별 폭격'이라는 공습과 직결된 함명이었기에 일본인들에게는 공습의 기억으

---

23 위의 책, 313~316쪽.

로 트라우마가 남았음에 틀림없다. 또한 베트남전쟁이 격화됨에 따라 미군의 기지 역할을 수행하는 사세보로 '엔터프라이즈 호'가 입항하게 된 상황은 더더욱 사세보 시민들의 저항의식을 고조시켰음에 틀림없다. 사세보 학생운동의 리더였던 3파 전학련에 출석한 시마타이조島泰三는 이러한 점에 대해 다음과 같이 이야기 한다.

> 항공모함의 함명이 엔터프라이즈였다. 미합중국해군이 태평양 전쟁 개전 전부터 보유했던 7정규 항공모함 중, 엔터프라이즈만이 조금 손상을 받았을 뿐, **미드웨이 해전에서 결정적인 승리를 올리는 주역이 되어 종전까지 일본공격의 선두에 서 있었다.** 이러한 숙적인 엔터프라이즈는 가압수식 원자로 8기를 추진력으로 하여, 전투기 등 70~100기를 탑재하는 7만 5천 7백 톤의 거대한 원자력항공모함으로 태어났다.[24]

이처럼 '엔터프라이즈'라는 함명이 당시의 일본인들에게는 상징적인 트라우마를 가지고 있었을 것이고 숙적인 '엔터프라이즈'가 원자력 항공모함으로 다시 태어나 일본으로 돌아왔다고 생각했을 것이다. 〈표 4〉에서 알 수 있듯이 1968년 이전의 시드래곤과 스누크 등의 원자력 잠수함의 기항 일람인데 특히 '엔터프라이즈 호' 입항문제에 민감했던 이유를 쉽게 짐작할 수 있다.

베트남전쟁이 장기화되면서 1966년부터 1967년 사이에 미국 병사의 사망자가 증가하였고, 미국에서는 베트남 반전운동이 확대되어 나갔

---

24 위의 책, 315~316쪽.
25 위의 책, 294쪽. 〈표 6-1〉 재인용.

〈표 4〉 일본으로의 원자력 잠수함의 기항 일람[25]

회	년	월	일	사세보	요코스카
제1회	1964	11	12	시드래곤	
제2회	1965	2	2	시드래곤	
제3회	1965	5	25	스누크	
제4회	1965	8	24	퍼미트	
제5회	1965	11	24	시드래곤	
제6회	1965	12	14	사고	
제7회	1965	12	20	프랜져	
제8회	1966	1	18	사고	
제9회	1966	5	30		스누크
제10회	1966	8	1	스누크	
제11회	1966	8	22	스누크	
제12회	1966	9	5		시드래곤
제13회	1966	12	20	스칼핀	
제14회	1967	2	10	시드래곤	
제15회	1967	2	23		스칼핀
제16회	1967	6	20		밥
제17회	1967	8	15		스킵
제18회	1967	8	19		밥
제19회	1967	12	22		시드래곤

다. 학생, 시민, 급진파, 온건파들이 손을 잡고 베트남전쟁의 종결동원
위원회가 결성되어 1967년 4월에는 뉴욕에서 25만 명, 샌프란시스코
에서 7만 명의 반전집회가 열렸고, 같은 해 10월에는 수도 워싱턴에서
도 10만 명 규모의 반전집회가 열렸다. 하지만 존슨 대통령은 북베트남
북폭 방침을 철회하지 않았고 남베트남 캄란 기지에 들러 병사들을 격
려하며 자신의 베트남 정책에 변함이 없음을 재차 강조한다.[26]

이러한 상황 속에서 베트남전쟁에 참가한 것이 미국 제7함대 소속의

원자력 항공모함 '엔터프라이즈 호'였던 것이다. 역대 '엔터프라이즈'가 쌓아올린 전적에 의해 미국과 그 국민들에게 있어 '엔터프라이즈'는 행운의 상징이었을 것이다. 이것은 제2차 세계대전 중 대 일본전에서 승리한 것과 같은 행운이 다시 찾아올 것이라는 기대감을 주기에 충분했고 그 행운의 상징은 베트남전쟁에서 고경에 처한 미군들의 사기를 높이기 위해 불가피한 존재였던 것이다.

4. 나가며

사방이 바다인 일본의 해상방위는 1872년 일본제국의 해군창설과 함께 가나와神奈川현의 요코스카横須賀와 히로시마廣島현의 구레, 교토京都부의 마이즈루舞鶴, 나가사키長崎현의 사세보佐世保에 각각 구舊해군 조직을 통괄하는 진수부鎭守府가 설치되었다. 진부수가 만들어진 군항은 조선소와 해군병원, 수병의 교육 및 훈련기관, 그리고 공창 등이 병설되어 임해부의 주요 산업이 되면서 많은 고용이 생겨날 뿐 아니라 지역경제의 발전도 가져왔다. 특히 구레와 동시에 진수부가 설치된 사세보는 항만의 입지와 수심의 깊이가 대형선 선박의 정박에 이상적이었다. 특히 중국과 한반도에 근접한 위치는 청일전쟁, 러일전쟁, 그리고 한국전쟁과 베트남전쟁 중에 연합함대의 출격기지로 활용되어 군함의 수리, 탄약과 석탄 등의 보급에 활용되었다.

---

26 위의 책, 316~317쪽.

전후 사세보 군항과 해군의 주요 시설 등이 미군연합국군 제6군 제5 해병군단에 의해 접수되어 사용되었다. 이후 1946년 나카타 마사스케中田正輔가 사세보 시장에 취임하며 군항에서 상업항으로의 전환과 평화산업항만 도시 건설을 모색했지만 1950년 6월 25일 한국전쟁 발발로 인해 요코스카에 집중된 미군기지의 역할이 전쟁수행을 위한 책원지策源地로써 사세보항의 기지기능이 급속히 강화되었다. 이후 사세보항은 1960년대의 베트남전쟁에도 미군기지 역할과 함께 '휴지에서 전차까지'라고 불릴 정도로 전투기재 및 군수물자를 생산·수리하여 베트남으로 운반하는 역할을 수행했다.

사세보는 상업항과 '평화산업항만도시'로 재출발을 도모했지만 미국에 의한 아시아 전략의 요충지가 됨으로써 군항의 이미지를 탈피하지 못했다. 이러한 정세 속에서 1968년 1월 19일 미국의 원자력 항공모함 '엔터프라이즈 호'가 사세보항에 입항을 하게 된다. 하지만 1964년부터 12차례에 걸쳐 미국의 원자력 잠수함이 기항했을 때와는 전혀 다른 대 소동으로 발전했다. 그동안 일부를 제외하고 큰 관심을 갖지 않았던 사세보 시민들도 전학련 학생들의 항의 운동을 옹호하며 그들 역시 항의 운동에 참가하기 시작했다. 1968년은 나리타 공항의 건설에 반대하는 산리즈카三里塚 투쟁을 시작으로 규슈九州대학의 하코자키箱崎 캠퍼스에 미군기 팬텀이 추락하는 사건으로 인해 학생들의 항의운동이 일어났고, 1969년에는 도쿄東京대학 의학부 학생들이 야스다安田강당을 점거하면서 '도쿄대학 야스다 강당 공방전攻防戦' 투쟁이 전개되기도 했다. 하지만 이는 단순히 산리즈카 투쟁에서 기세를 탄 전학련 학생들이 사세보 문제로 갈아타면서 벌어진 항의 운동으로만 볼 문제가 아니었다.

사세보는 1889년 진수부가 설치되면서 오랫동안 구舊 군항과 산탄지의 역할을 양립해 왔지만 에너지 전환의 흐름을 거스르지 못하고 탄광 폐광이 잇달아 일어났다. 이로써 많은 탄광 노동자들이 해고를 당하고 다른 지역으로의 심각한 인구 유출 현상을 겪었다. 그나마 보조적 역할을 했던 농림업도 1967년 대수해로 인해 큰 자연재해를 입게 되었고, 사세보는 군항돗의 측면만 부각되면서 지역경제를 군항에만 의존할 수밖에 없는 양상을 보였던 것이다. 미군들의 소비에 의한 군항의 경제적 메리트가 있었기에 '엔터프라이즈 호'의 입항문제에 대해 대한 긍정적인 시선도 있었지만, 그 중심에는 미군을 대상으로 하는 외국인 바Bar가 성행하고 있는 실태가 『週刊文春』 기사에 의해 세상에 드러나기도 했다. 또한 1968년에 입항한 '엔터프라이즈 호'의 1세대 전 항공모함이 제2차 세계대전에서 일본군을 격멸시키고 규슈 공습을 행했던 항공모함과 같은 이름을 가진 함명이라는 것은 일본 국민과 사세보 주민들에게 더더욱 입항을 용납할 수 없는 사건이었을 것이다.

　이처럼 1968년 1월 19일 미국의 원자력 항공모함 '엔터프라이즈 호'의 입항 문제에서 비롯된 시민들의 저항의 원인은 상업항으로의 전환과 '평화산업항만도시'로의 건설을 꿈꿨던 사세보가 군항에 의존할 수밖에 없게 된 지역경제의 상황과, 미국의 베트남전쟁과 얽힌 정치·사회적 상황과 현실, 그리고 '엔터프라이즈'라는 함명이 가지는 의미가 복잡하게 얽힌 문제에서 비롯된 것으로 보아야 할 것이다.

참고문헌

北沢満 외, 「軍港都市佐世保におけるエネルギー需給ー石炭を中心としてー」, 『軍港都市史研究V佐世保篇』, 清文堂出版株式会社, 2018.

篠崎正人, 「作られた'海軍の街・佐世保'の虚構」 第35回 地方自治研究全国集会, 第9分科会 発表論文, 2014.

谷沢毅, 「軍港都市佐世保の戦中・戦後ードイツ・キールとの比較を念頭にー」, 『長崎県立大学経済学部論集』 第45券 第4号, 2012.

中本昭夫, 『続・佐世保の戦後史』, 芸文堂, 1985.

宮地英敏 외, 「一九六八ーエンタープライズ事件の再定置」, 『軍港都市史研究V佐世保篇』, 清文堂出版株式会社, 2018.

山本理佳, 「戦後佐世保における「米軍」の景観ー佐世保川周辺の変容ー」; 「軍港都市」の近現代ー社会・文化・経済の連続と非連続ー', 日本地理学会 2011年秋季学術大会シンポジウム, 2011.

吉田秀樹, 歴史とみなと研究会, 『港の日本史』, 祥伝社, 2018.

「原子力空母歓迎の"欲の皮"ーエンタープライズを待ち望む夜の佐世保ー'たった三分で一万円なり'」, 『週刊文春』, 1968(昭和 43年).

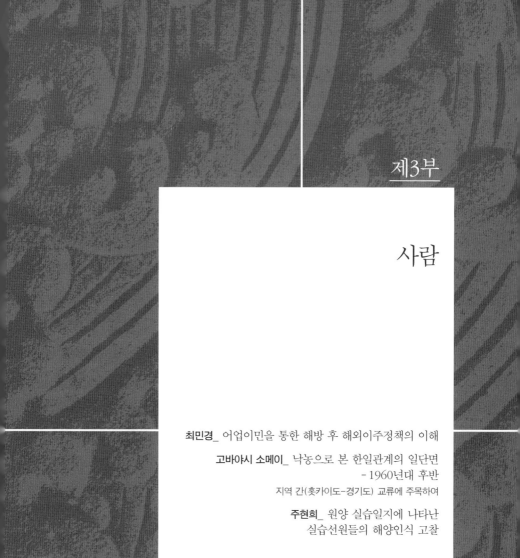

제3부

사람

어업이민을 통한 해방 후 해외이주정책의 이해

최민경

1. 들어가며

1962년 3월 9일 제정된 해외이주법은 해방 후 대한민국 정부가 처음으로 수립한 이주 관련법이다. 이 법의 목적은 제1조에 명시되어 있듯이 "국민의 해외 진출을 장려함으로써 인구 정책의 적정과 국민 경제의 안정을 기함과 동시에 국위를 선양"하는 것으로,[1] 풀어서 말하자면 "잉여 인구를 외국으로 내보냄으로서 인구 압력을 줄이고 재외동포들이 송금하는 외화를 벌기 위한 것"이었다.[2] 그리고 이 해외이주법에 근거하여 서유럽, 중동, 미주지역을 중심으로 출이민emigration이 일어났으며 서독으로의 광부와 간호사, 사우디아라비아 등으로의 건설노동자 송출이 비교적 잘 알려진 예이다. 이와 같은 노동자 송출은 기본적으로 일정 기간

---

[1] 대한민국 법원, '대한민국 법원 종합법률정보 : 해외이주법', 1962.3.9.
https://glaw.scourt.go.kr/wsjo/lawod/sjo190.do?contId=1670111#1665450203526
(검색일 : 2023.06.19.)

[2] 윤인진, 「재외동포와 재외동포정책」, 이혜경 외, 『이민정책론』, 박영사, 2016, 401쪽.

이 지나면 귀국하는 것을 전제로 하였다.

한편, 영주를 목적으로 하는 이민 송출도 이뤄졌는데, 이는 미주지역, 특히 중남미지역을 대상으로 하였다.[3] 초반에는 민간단체 간 계약에 의해계약이민, 1965년 해외개발공사[4] 창립 이후에는 이를 통해 정부가 개입하여집단이민 송출되었다. 이들은 토지를 분양 받아 개간하고 농업을 통해 생계를 꾸려 영주 정착하는 것을 목적으로 하였으며, 이와 같은 형태는 광활한 국토의 농지 개척이 시급했던 브라질 등 수용국의 의향과도 부합하였다. 다만 중남미지역으로의 농업이민 송출이 '실패'하였다는 사실이 드러나는 데는 그리 오래 걸리지 않았다. 이민 송출 및 수용 목적과는 다르게 대부분의 이민들이 농지를 이탈하여 도시로 향해 상업에 종사했기 때문이다.[5]

문제는 이와 같은 '실패'의 경험에도 불구하고 영주 정착을 목적으로 한 중남미지역으로의 이민 송출이 1970년대 후반 또 한 차례 추진되었다는 사실이다. 바로 어업이민[6]이다. 어업이민은 아르헨티나를 송출 대상지로 하였으며 원양어선사의 진출에 동반하여 선원과 그 가족을 송출

---

3 1960년대 중반 이후, 대한민국으로부터의 영주이민 흐름 중 미국으로의 출이민도 그 규모에 있어서 간과할 수 없는 것이 사실이다. 특히 1965년 미국의 이민법이 유색인종 쿼터를 철폐하는 형태로 개정되면서 한국인 이민이 늘어나는데, 이 경우는 정부가 송출 과정에 개입하는 것이 아니므로 본 연구의 논의에서는 제외한다.

4 1965년 보건사회부 산하 국영기업체로 창립되어 이민 송출 업무를 담당하였다. 이후 1975년 「한국해외개발공사법」을 제정하면서 정부 출자 특수법인인 한국해외개발공사로 다시 발족하였다. 현재의 한국국제협력단(KOICA)(1991년 개편)의 전신이다.

5 국사편찬위원회에서 편찬한 재외동포사총서 제6권에서 그 경위를 구체적으로 알 수 있다. 국사편찬위원회, 『중남미 한인의 역사』, 국사편찬위원회, 2007.

6 대한민국 근현대사에서 어업과 이민이 교차하는 움직임은 일제강점기에도 있었다. 일본이 조선 연해로 일본인 어민 진출을 적극 장려하면서 곳곳에 일본인 이주어촌이 형성되었다. 이와 같은 현상에 대해서도 어업이민이라고 칭하는 경우가 있으나 이 글에서는 이 용어를 해방 후 해외이주 정책의 하나로 추진된 사업에 국한하여 사용한다.

하는 형태였다. 이는 기존에 이루어졌던 중남미지역으로의 농업이민이 지녔던 한계를 보완하여, 기업 진출을 통해 보다 확실한 생계수단을 확보한 상태에서 이민을 송출하는 시도이기도 했다. 하지만 어업이민 또한 당초 계획한 바에 한참 못 미치는 인원만 송출하였고 이민 중 일부는 여전히 어업을 그만두고 도시로 이탈했다. 어업이민은 어떠한 배경과 과정 속에서 이와 같이 귀결되었을까. 이 글에서는 이 질문의 답을 모색하기 위하여 1970년대 후반부터 1980년대 후반까지 어업이민이 전개되어 온 양상을 구체적으로 살펴보고자 한다. 이는 해방 후 해외이주정책에 대한 보다 종합적인 이해를 시도하는 작업이라고 할 수 있겠다.

2. 선행연구 검토

해방 후 해외이주정책에 따른 출이민에 대해서는 아직까지 제한적인 연구성과만 축적되어 있는 실정이다. 서론에서도 설명하였듯이 1962년 해외이주법이 제정된 이후 이루어진 이민 송출은 크게 단기이민과 영주이민 송출로 나뉘는데, 이 중 그나마 상대적으로 연구가 축적된 것은 전자에 관해서이다. 1차 자료를 바탕으로 송출 정책의 성격을 규명하고자 한 연구와 함께[7] 최근 들어 눈에 띄는 경향은 현상에 대한 검토를 넘어서 적극적인 해외이주정책을 뒷받침했던 경제발전담론을 실제 송출된

---

7 윤용선, 「1960~70년대 파독 인력송출과 차관 – 원조인가 거래인가?」, 『독일연구』 26, 한국독일사학회, 2013, 377~409쪽; 이영조・이옥남, 「1960년대 초 서독의 대한상업차관에 대한 파독근로자의 임금 담보설의 진실」, 『한국정치외교사논총』 34(2), 한국정치외교사학회, 2013, 171~194쪽.

이민들이 어떻게 해석하였는지 분석한 연구들의 등장이다. 예를 들어 윤용선, 이효선·김혜진, 김보현은 인터뷰, 각종 회고 글을 통해 파독 광부와 간호사 그리고 중동 건설노동자가 구축한 미시세계를 이해하고자 하였으며 이를 통해 경제발전담론에 가려진 이민의 주체성, 합리성, 실천성 등을 밝혔다.[8]

한편, 영주이민에 대한 연구는 양적, 질적으로 매우 부족하다. 여기서 중요한 점은 영주이민뿐만 아니라 영주이민의 주요 송출 대상 지역이었던 중남미지역 한인에 관한 전반적인 연구 자체가 그러하다는 것이다. 기존 관련 연구의 특징은 중남미지역을 연구대상으로 삼는 지역연구 Area Studies의 하나로 진행되었다는 점으로. 이는 중남미지역 연구자들의 경우 언어장벽을 넘어 연구를 진행할 수 있었기 때문일 것이다. 다만 그 결과 중남미지역 한인 관련 연구는 아직까지 기초연구에 머무르며 사회문화라는 제한적인 측면에만 주목한다는 한계를 지닌다.[9] 바꾸어 말하자면 중남미지역 한인에 대해서는 이들이 수용국 사회와 어떠한 관계를 형성하고 있는지를 정체성, 종교, 식문화 등에 초점을 맞춰 살펴보는 연구가 주를 이뤄왔다고 할 수 있다.

결과적으로 기존연구에서는 중남미지역으로의 한인 이주의 과정 자체는 논의의 배경 정도로만 간략하게 언급하는 경우가 대부분이다. 특

---

8 윤용선, 「1960~70년대 파독 인력송출의 미시사 – 동원인가, 선택인가?」, 『史叢』 81, 역사연구소, 2014, 421~450쪽; 이효선·김혜진, 「생애사 연구를 통한 이주여성노동자의 삶의 재구성 – 파독간호사 단일사례 연구」, 『한국여성학』 30(1), 한국여성학회, 2014, 253~288쪽; 김보현, 「개발연대 중동건설현장 취업자의 경제와 정치 – 돈과 노동, 조국과 가정」, 『사회와 역사』 114, 한국사회사학회, 2017, 245~284쪽.
9 임수진, 「중남미 이민과 한국의 재외동포정책」, 『민족연구』 72, 사단법인 한국민족연구원, 2018, 70쪽.

히 해방 후 해외이주정책에 따라 송출된 영주이민에 대해서 1차 자료에 의거하여 검토하고자 한 연구는 매우 드물어 송출 배경, 경위, 결과를 종합적으로 이해하는 것은 결코 쉽지 않다. 예를 들어 송지영의 연구는 1965년 1차 아르헨티나 계약이민에 국한된 것이기는 하지만 외무부 문서자료를 중심으로 송출의 역사를 재구성하는데, 이는 기존연구의 한계를 인식하고 보완하고자 하는 거의 유일한 시도이다. 송지영은 이 연구에서 민간에 의해 기획된 계약이민이 인구문제 해결과 경제개발이라는 대의 아래 이민의 속성이나 수용국의 현지 조건에 대한 고려 없이 대한민국 정부에 의해 졸속으로 승인, 추진된 결과, 실패할 수밖에 없었다고 분석했다.[10]

이에 이 글에서는 해방 후 해외이주정책에 대한 이해를 심화하기 위하여 추가 사례의 분석을 진행하고자 한다. 특히 1960년대 후반부터 1970년대 초반 걸쳐 이미 중남미지역을 대상으로 한 영주이민 송출의 실패가 기정사실화하였음에도 불구하고 이후 또 한 차례 원양어선사의 진출과 함께 어업이민이 추진된 배경과 전개 양상 그리고 결과를 살펴보도록 하겠다. 원양어업과 이민이 교차하는 연구로는 안미정의 연구를 참고할 수 있다. 이 연구에서는 스페인 라스팔마스에서 선원을 중심으로 한인사회가 형성, 지속한 요인으로 국가정책과 긴밀하게 연동, 확보되었던 원양어업기지가 중요했음을 밝혔다. 즉, "국가의 산업정책이 주효하게 작용하였고 여기에 개인의 경제적 동기가 작용"한 결과로서 스페인 라스팔마스의 한인사회를 자리매김하는 것인데,[11] 이 글은 아르헨

---

10 송지영, 「1965년 아르헨티나 1차 계약이민 연구 – 외무부 문서자료를 중심으로」, 『한국민족문화』 72, 한국민족문화연구소, 2019, 3~39쪽.

티나로의 어업이민 또한 이와 같은 배경을 공유하지만 한 발 더 나아가 '이민사업'이라는 형태로 국가에서 사람의 이동 자체를 유발한 부분, 즉 해외이주정책으로서의 측면도 아울러 주목하고자 한다.

어업이민에 대해서는 해양수산부가 대한민국 원양어업 발전사를 정리하면서 간략하게 언급하고는 있으나[12] 해방 후 해외이주정책의 하나로 자리매김한 분석은 아직까지 이루어지지 않았으며 이 글에서는 이러한 '공백'을 보완할 것이다. 이 글의 주요 분석 자료는 국가기록원에서 보관 중인 수산청[13]과 외무부 문서철로 어업이민 사업계획이 수립, 조정되고 실제 시행되는 과정에서 관련 기관들이 송수신한 것으로 상세 정보는 아래와 같다.[14]

〈표 1〉 국가기록원 소장 어업이민 관련 문서

생산기관 및 연도	문서 제목	관리번호
수산청 어업진흥관(원양개발담당)실/1979	1979 아르헨티나 어업이민 계획	DA1000658
외무부 영사교민국/1981	아르헨티나 어업이민, 1981	DA1531139
외무부 국제경제국/1982	아르헨티나 어업이민, 1982	DA1335969
외무부 경제국/1983	아르헨티나 어업이민, 1983	CA0362254

11 안미정, 「한국 선원과 해외 한인 사회 형성 – 스페인 라스팔마스 한인들의 구술사적 접근」, 『역사와 경계』 119, 부산경남사학회, 2021, 93~94쪽.

12 흥미로운 사실은 해양수산부가 2018년에 발간한 자료(해양수산부, 『원양산업 60년 발전사』, 해양수산부, 2018)에서는 어업이민을 '제6장 원양어업 어선 및 선원'에서 다루고 있는 반면, 2008년 농림수산식품부 원양산업과에서 발간한 자료(농림수산식품부 원양산업과, 『원양어업 50년 발전사』, 농림수산식품부, 2008)에서는 '제4장 국제어업협력'에 포함된다는 점이다. 이는 어업이민의 역사에 부여된 의미가 변했음을 말해주며 구체적으로 어떠한 배경에서 그러한 변화가 일어났는지는 앞으로 관련 연구를 보완, 진행하면서 주목해야 할 부분일 것이다.

13 1948년 상공부 수산국에서 농림수산부 수산국으로 변경되었다가 1966년 독립하여 만들어졌다. 1996년 해양수산부가 발족할 때까지 수산 관련 정책 및 계획 전반을 수립하고 시행하였던 관청이다.

14 대부분이 외무부 문서철이라는 형식으로 남아있으나 세부 자료를 보면 다양한 정부 부처(외무부, 수산청, 보건사회부 등), 재외공관(주 아르헨티나 대한민국 대사관), 관련 원양어선사가 작성한 문서를 모두 포함하고 있음을 알 수 있다.

생산기관 및 연도	문서 제목	관리번호
외무부 경제국/1984	아르헨티나 어업이민, 1984	DA1439864
외무부 경제국/1985	아르헨티나 어업이민, 1985	DA1441290
외무부 영사교민국/1986	아르헨티나 어업이민, 1986	DA1530864

3. 어업이민의 등장과 계획 – 1977~1982년

1) 국제해양질서의 변화와 '어업이민'

'어업이민'이라는 발상이 언론 등을 통해 공식적으로 등장한 것은 1977년 6월 아르헨티나의 해무장관 방한 이후였다. 이는 대한민국 수산청의 초청으로 이루어져 양국 간 어업협력 방안을 협의하는 자리였는데, 여기에서 대한민국의 원양어선원을 아르헨티나에 어업이민으로 송출하는 것에 구두 합의를 본 것이다. 그런데 왜 이 시점에서 대한민국은 아르헨티나와 어업협력을 논의하게 된 것일까. 1970년대 중반은 국제해양질서가 크게 요동치던 시기로 특히 200해리까지의 배타적경제수역EEZ : Exclusive Economic Zone 선포가 본격화한 것은 근본적인 변화를 의미하였다.[15] 연안국이 200해리 내 수역에서 주권적 권리를 행사하여 해양생물자원의 개발·이용을 규제하기 시작했기 때문에 외국선박에 의한 어업활동은 크게 제약을 받을 수밖에 없었다. 1960년대 이후 원양어업을 국가산업으로 성장시키고자 했던 대한민국도 예외는 아니어서 타격이 컸고, 신규어장확보 등 대응방안이 필요한 실정이었다.[16]

---

15 1973년 시작된 제3차 유엔해양법회의에서 9년에 걸쳐 합의, 채택된 「유엔해양법협약」(1982년)을 배경으로 한다. 「유엔해양법협약」에서는 영해의 범위를 최대 12해리까지로 정하고 EEZ 제도를 도입하였으며 국제해양법재판소 설립을 규정하였다.

한편 아르헨티나는 1976년 EEZ를 선포하였으나 해당 수역의 대부분이 미개발 상태로 남아있는 실정이었다. 아르헨티나는 연안에 민대구를 비롯하여 오징어 등의 풍부한 어장을 가지고 있음에도 불구하고 수산물 수요가 적고 어업기술이 발달하지 못해 적정량의 조업조차 이뤄지지 않았다. 이에 아르헨티나 정부는 1976년 4월 어장 개발을 위한 국제어업입찰을 실시하는데 대한민국도 참가하였으나 일본과 서독에 밀려 낙찰되지 못했다. 비록 낙찰은 실패하였지만 풍부한 수산자원과 대규모 미개발 어장을 지닌 아르헨티나는 매력적인 대상이었고, 새로운 어업협력의 가능성을 계속해서 모색하는 과정에서 등장한 것이 원양어선사 진출을 동반한 어업이민이었다. 바꾸어 말하자면, 아르헨티나로의 어업이민은 국제적인 EEZ제도 도입에 대응하기 위한 원양어업정책의 하나로 시작된 것이다.

수산청은 어업이민 추진을 위하여 발 빠르게 움직여 1977년 10월 제1차 현지조사단을 아르헨티나로 파견하였다. 제1차 현지조사단은 이민 후보지로 산타크루즈Santa Cruz주 푼타퀴라Punta Quilla시를 결정하였으나 어디까지나 예비조사 수준에 그쳤던 것으로 보인다. 그 이유는 1978년 4월 제23차 경제장관협의회에서 추가조사 결과와 사업계획서를 검토한 후 어업이민에 대한 정부지원방안을 정하도록 결정했기 때문이다. 이에 같은 해 8월 제2차 현지조사단이 다시 아르헨티나로 파견되었다. 제2차 현지조사단은 수산청 어업심의관을 단장으로 보건사회부, 해외개발공사 직원 등 총 8명으로 구성되었으며, 보다 구체적인 협의 및 조

---

16 수산청, 『水産廳 三十年史』, 수산청, 1996, 465~466쪽.

사가 이뤄졌다. 아르헨티나 해무부 장관 및 이민청장과의 면담에서는 어업이민 사업계획서의 조속한 제출을 합의하였고 푼타퀴라시의 어업 및 주거 관련 기본 시설을 시찰하였다.[17]

한편, 어업이민은 어디까지나 원양어선사의 진출을 바탕으로 원양어 선원을 송출하는 것이었기 때문에 진출기업 선정이 필요했다. 제2차 현지조사단이 귀국한 직후인 1978년 12월 대림수산[18]이 진출기업으로 결정되어 사업계획서를 제출하였고 이를 1979년 1월 관계부처협의회[19]에서 검토 후 보완토록 하였다. 대림수산에서 제시한 계획은 5년간 400세대 2,000명의 이민 송출, 트롤선 및 빙장선 10척 투입 그리고 냉동가공공장과 선박수리소 건설이 포함된 방대한 것이었다. 총 사업비는 238억 원에 달했으나, 초기 투자를 집중적으로 한다면 아르헨티나 연안의 풍부한 수산자원을 바탕으로 대림수산의 기존 해외 판매망유럽, 일본 등, 국내 반입 등을 통해서 단기간에 수익을 창출하고 이민도 정착할 수 있을 것으로 전망했다.[20]

그러나 사업계획서 제출 직후, 대림수산은 어업이민을 포기한다. 대표가 급사하면서 경영진 및 재무구조 개편 작업에 들어갔고 이 과정에서 더 이상 추진이 어렵다고 판단했기 때문이었다. 여기에는 1979년 제2차 오일쇼크와 전반적인 불황 속 금융기관의 긴축정책으로의 전환도

---

17 농림수산부, 「아르헨티나 漁業移民事業 遂行을 위한 金融支援(案)」, 『1979 아르헨티나 어업이민 계획(국가기록원 관리번호 : DA1000658)』, 1979.2.10.
18 현재의 주식회사 사조대림의 전신으로 1964년 설립되었으며 1969년 라스팔마스에 어업기지를 설치하면서 원양어업에 진출하였다.
19 경제기획원, 외무부, 재무부, 보건사회부, 농림수산부, 한국수출입은행, 수산청으로 구성되었다.
20 농림수산부, 「아르헨티나 漁業移民事業 遂行을 위한 金融支援(案)」, 『1979 아르헨티나 어업이민 계획(국가기록원 관리번호 : DA1000658)』, 1979.2.10.

영향을 미쳤다고 보인다.[21] 결과적으로 어업이민의 추진은 다시 처음으로 돌아가 진출희망기업의 모집과 계획 재수립이 필요해졌다.

2) 어업이민의 기본 방침 전환 - 선 합작, 후 이민

1979년 11월 수산청은 한국원양어업협회[22]의 추천을 토대로 새로운 진출기업으로 한성기업[23]을 선정하였는데 이 시점에서 어업이민은 추진 방침이 변화하기 시작하고 있었다. 그것은 한성기업이 아르헨티나의 관련 기업과 1차적으로 합작사업을 진행한 결과를 바탕으로 어업이민을 송출한다는 방침으로 민간, 즉, 진출기업의 역할이 강해진 것이었다. 이와 같은 방침 전환에는 "현지공관의 신중론과 함께 사후관리 등에 문제점이 있다고 판단"했기 때문이었다.[24] 1979년에는 기존에 이뤄진 중남미지역으로의 농업이민의 문제점과 대책에 대한 보고서가 직접 대통령에게 제출되는 등[25] 해방 후 추진되었던 계약 및 집단이민의 부작용정착지 이탈, 불법 체류 및 사업 등이 정부 내외에서 널리 공유된 상태였다. 그리고 이와 같은 분위기는 어업이민의 추진에도 영향을 미쳐 이민의 정착 여부를 좌우하는 실제 어장 조건, 수익성 등을 검토하기 위해 '선 합작, 후 이민'의 방침으로 전환한다.

---

21 대림수산주식회사, 「알젠친 이민사업」, 『1979 아르헨티나 어업이민 계획(국가기록원 관리번호 : DA1000658)』, 1979.4.12.
22 1963년 설립된 한국원양참치어업협회를 전신으로 1964년 이름을 바꾸어 새롭게 설립되었다. 대한민국 원양어업의 발전과 회원인 원양어선사의 공동이익을 도모하는 것을 목적으로 한다. 해양수산부, 앞의 책, 148~149쪽.
23 1963년 설립되어 현재에 이른다. 1969년 국내에서는 최초로 제1한성호가 북태평양 베링해에서 조업을 시작하였다.
24 「『아르헨』漁業이민 漁業合作으로 전환」, 『매일경제』, 1979.11.16.
25 대통령기록실, 『남미농업이민 관계 보고(국가기록원 관리번호 : EA0000793)』.

그리고 이렇게 방침이 바뀌면서 한성기업에 의한 합작사업 계약 체결이 어업이민 송출의 전제 조건이 되었으며 여러 차례의 교섭 끝에 1981년 하반기에 이르러 윤곽이 들어났다. 합작사업은 아르헨티나 파트너사 Productos Del Mar S.A.가 소유어선트롤선 3척, 한성기업이 한국인 선원의 공급을 맡는 방식으로 한성기업이 파트너사의 주식을 인수하는 형태였다. 파트너사의 소유어선을 투입하는 것은 아르헨티나 국적선이 지니는 기득권어업권, 기지항 사용권 등을 이용하기 위함이었으며 여기에 어업이민 후보자인 한국인 선원을 승선시켜 조업토록 하는 내용이다. 그리고 합작사업의 사업성이 확인될 경우 1983년도부터 어업이민을 추진하고자 했는데, 이 시점에서 한성기업과 아르헨티나 수산청 간 합의에 따라 새로운 이민 후보지로 산타크루즈주 데세아도Deseado시가 정해진다. 합작사업은 1981년 12월부터 2,400톤급 트롤선이 출어를 하면서 시작됐고 이듬해 2월에도 추가 선박이 아르헨티나 연안에서 조업을 시작한다. 그리고 여기에 한국인 선원 100여 명이 투입되었다.[26]

한편 합작사업을 전제로 어업이민을 추진하는데 있어 주관 부처가 결정되지 않는 상황이 이어졌고, 이는 사업 지연의 원인 중 하나가 된다. 1982년 5월 수산청은 보건사회부에게 어업이민을 주관해서 추진해 줄 것을 요청한다. 이는 합작사업과는 별개로 이민 송출 자체는 보건사회부의 소관이었기 때문이었다. 수산청은 기존의 중남미지역으로의 농업이민이 기획은 농림수산부, 실행은 보건사회부에서 했듯이 이와 같은 방식을 취하고자 했다. 하지만 이에 대해 보건사회부는 다음과 같은 이

---

26 한성기업주식회사, 「민간 합작사업 계획」, 『아르헨티나 어업이민, 1981(국가기록원 관리번호 : DA1531139)』, 1981.7.

유로 사업 관장이 어려움을 통보했다. 어업이민은 수산자원, 어업전진기지 확보를 목적으로 하며 어업에 관한 고도의 전문성이 필요하다. 따라서 보건사회부가 어업이민의 입지, 자립기반합작사업 포함의 타당성 등을 판단하는 것이 불가능하다는 것이다.

결국 주관 부처가 정해지지 않은 애매한 상황 속에서 수산청은 1983년도 정부예산에 사업추진비를 계상하고 진행시킨다. 합작사업의 조업 결과, 순이익은 당초 계획에 미치지 못하나 총 어획량은 이를 상회했고 항차航次 수가 늘어나면 개선될 것이라는 판단에서였다.[27] 1982년 「유엔해양법협약」 채택과 함께 라스팔마스 등 대한민국 원양어업의 주요 기지가 외국선박의 조업에 각종 제한과다한 입어료, 조업구역 지정, 척수 제한 등을 두기 시작했다는 점을 고려했을 때[28] 수산청 입장에서는 아르헨티나로의 어업진출을 포기할 수 없었다고 보인다. 그리고 물론 원양어선사한성기업 입장에서도 생산량 감소와 채산성 악화를 타개하기 위해 반드시 성사시켜야 하는 사업이었다.[29]

---

27 수산청, 「아르헨티나 어업이민 추진을 위한 협조요청」, 『아르헨티나 어업이민, 1982(국가기록원 관리번호 : DA1335969)』, 1982.9.29.
28 당시 상황은 신문에서 빈번하게 기사화되었는데 대표적으로 소개하자면 다음과 같다.「遠洋漁業 대서양 基地 라스팔마스 喪失 우려」, 『조선일보』, 1982.5.1; 「遠洋漁業의 시련과 對應」, 『매일경제』, 1982.5.3; 「遠洋漁業界 沿岸國들 入漁料 해마다 올려」, 『매일경제』, 1982.8.11.
29 1982년 12월 당시 한성기업 사장의 기고문에서 이러한 부분을 명확히 확인할 수 있다. 임우근, 「南美 어업移民의 전망과 對策」, 『현대해양』 152, 1982, 52~54쪽.

4. 어업이민의 전개와 결과 – 1983~1987년

1) 어업이민의 규모 축소와 승인

1983년 정부예산에 사업추진비가 계상되었음에도 불구하고 아르헨티나로의 어업이민 송출은 또 다시 지연되었는데 여기에는 다음과 같은 배경이 작용했다. 우선 1983년 해당 사업과 관련하여 실제 확보한 예산은 당초 계상된 것의 약 4분의 1에 불과하여 계획 자체를 대폭 수정할수밖에 없게 되었다. 게다가 1983년 2월 경제기획원 산하에 해외협력위원회가 만들어지면서 처음부터 다시 어업이민을 검토하기 시작하였기 때문에 아르헨티나에서 요구하던 어업이민 사업계획서 제출은 연기되었다.[30]

이렇게 국내에서 어업이민 추진이 지연되는 가운데 아르헨티나의 정세 변화 속 새로운 문제가 대두한다. 1983년 2월 한성기업이 합작회사를 운영하면서 파트너사 소유어선에 승선시킨 한국인 선원들에 대한 승선허가가 갑자기 기한부로 부여된 것이다. 이는 아르헨티나 선원노조가 외국인 선원 승선을 강력하게 반대하고 나섰기 때문인데, 민정 이양을 앞두고 전통적으로 막강한 힘을 가져온 선원노조가 정치활동을 재개한 결과였다.[31] 수산청은 외무부와 주 아르헨티나 대한민국 대사관을 통해 아르헨티나 측에 해당 합작사업이 어업이민을 위한 시험조업에 해당하

---

30 수산청은 다음 문서를 통해 외무부에 계획서 제출 지연에 대한 양해를 구하고 주 아르헨티나 대한민국 대사에게 알려줄 것을 요청한다. 수산청, 「아르헨티나 어업진출 사업계획서 제출」, 『아르헨티나 어업이민, 1983(국가기록원 관리번호 : CA0362254)』, 1983.2.15.

31 주 알젠틴 대사, 「어업이민 사업」, 『아르헨티나 어업이민, 1983(국가기록원 관리번호 : CA0362254)』, 1983.2.15.

므로 예외적으로 조치해 달라고 요청하며, 어업이민 사업계획서는 해외협력위원회의 검토와 계획 수정을 거쳐 조기 제출할 것을 약속했다.[32]

그러나 사업계획서는 쉽게 완성되지 못했다. 1983년 3월 해외협력위원회가 기존 사업계획서의 검토 결과를 내 놓으며 대대적인 수정을 요구했기 때문이다. 해외협력위원회는 아르헨티나로의 어업이민은 기업이민이기 때문에 농업이민보다 수익성이 좋다고 판단하나 정부지원자금의 회수 가능성, 한성기업의 자체 자금 조달 능력 등에 대하여 수산청의 주관 아래 추가 검토가 필요하며 "남미 이민의 실패를 거울삼아 사업추진에 신중을 기해야" 한다고 결론지었다.[33] 이와 같은 해외협력위원회의 결론은 정부의 행정, 자금 지원은 축소하고 수산청의 책임 아래 원양어선사한성기업의 투자와 책임을 확대하는 방향이었다고 할 수 있다.

그리고 이렇게 방향성이 수정된 어업이민 최종사업계획서는 외무부를 경유하여 1983년 8월 아르헨티나 정부에게 제출되었으며 구체적인 내용은 다음과 같다. 122세대 610명의 이민을 송출하고 2,000톤급 트롤선 2척을 투입, 냉동가공공장 1동을 세운다는 점에서 규모는 대폭 줄어들었으나, 진출기업과 이민이 공동으로 참여하는 현지법인을 만들고 이를 운영하여 생활의 기반으로 삼는다는 점에서는 기존 계획과 같은 형식이었다.[34] 그리고 해외협력위원회의 검토 결과를 반영하여 정부 지원을 충분히 확보하지 못했을 경우, 그리고 어획 및 판매 감소 또는 이

---

32 수산청, 「어업이민 사업」, 『아르헨티나 어업이민, 1983(국가기록원 관리번호 : CA0362254)』, 1983.2.17.
33 해외협력위원회 기획부단장, 「아르헨티나 漁業移民 推進現況」, 『아르헨티나 어업이민, 1983(국가기록원 관리번호 : CA0362254)』, 1983.3.9.
34 한성기업주식회사, 「아르헨티나 어업 이주 사업 계획서」, 『아르헨티나 어업이민, 1983(국가기록원 관리번호 : CA0362254)』, 1983.6.

민 이탈 등으로 인해 사업이 부진할 경우에 대한 대책을 보완하는 내용을 포함하였다. 다만 이 부분에 대해서 한성기업 나아가 수산청은 낙관시하고 있었던 것으로 보인다. 아르헨티나 연안은 세계적인 황금어장이므로 어획 부진의 가능성이 매우 낮고 아울러 건오징어 등으로 가공 수출하는 방식을 통해 이민에게 충분한 생계비가 지급될 수 있을 것이라는 판단이었다.[35]

한편 어업이민 최종사업계획서에서는 아르헨티나 측과 향후 추가 협의가 필요한 부분으로 한국인 선원의 승선허가와 한국정부가 발행한 해기사 면허 인정을 언급하였다. 앞에서 설명한 한성기업 합작기업 선박에의 한국인 승선허가 기한부 조치는 여러 차례의 항의에도 불구하고 이행되어 결국 대부분의 선원들이 귀국할 수밖에 없었다. 어업이민의 경우도 아르헨티나 국적 취득까지는 외국인으로서 같은 문제를 직면할 것이므로 대책이 필요하다는 것이다. 아울러 장기적인 시각에서 한국정부에서 발행한 해기사 면허를 인정해 줄 것도 요구했다.[36]

그리고 1983년 11월 아르헨티나 측에서는 몇 가지 문제점을 제기하고 이에 대한 회신을 포함하여 소정 양식에 따라 계획서를 다시 제출할 것을 요구해 왔다. 제기된 문제점 중 가장 중요했던 것은 역시나 한국인 선원 승선허가와 한국정부 발행 해기사 면허 인정 문제였으나 아르헨티나 측에서는 기존 방침을 고수하였기 때문에 향후 외교교섭을 통해 해결한다는 내용으로 회신할 수밖에 없었다. 기타 문제, 즉, 투입선박의

---

35 한성기업주식회사, 「AR 어업 이주 사업 계획서 보충 자료」, 『아르헨티나 어업이민, 1983(국가 기록원 관리번호 : CA0362254)』, 1983.7.
36 한성기업주식회사, 「아르헨티나 어업 이주 사업 계획서」, 『아르헨티나 어업이민, 1983(국가기 록원 관리번호 : CA0362254)』, 1983.6.

선령, 조업수역 제한, 가공공장 설립 시기, 어획물 판로 등에 대해서는 구체적으로 조정이 이루어진 것과는 달리 이 문제는 계속해서 해결되지 못하고 어중간한 상태가 지속된 것이다. 수산청과 한성기업 입장에서는 조업의 효율을 높여 궁극적으로는 이민 정착을 이끌어 내는데 있어 양보할 수 없었던 조건이었을 것이다. 그리고 결국 1984년 8월 아르헨티나 정부는 한국인 선원 승선허가와 한국정부 발행 해기사 면허 인정 문제를 제외한 형태로 어업이민을 승인한다.

2) 어업이민 송출과 '실패'

1977년 아르헨티나 해무장관의 방한으로부터 계산하면 7년여 만에 승인이 난 어업이민이었으나 실제 이민 송출까지 남아 있는 문제들이 있었다. 우선 1985년 1월 이민 후보지였던 데세아도시가 있는 산타크루즈주에서 돌연 한국인 어업이민 수용을 거부한 것이다. 표면적인 이유는 공업용수 및 전력 부족이었는데 외무부는 아르헨티나 국내·국제 정치, 이익단체의 압력 등이 작용한 결과로 분석했다. 결과적으로 한성기업 회장이 직접 아르헨티나에 출장하여 교섭에 나섰고 최종적으로 어업이민 후보지는 다시 한번 바뀌어 츄붓Chubut주 마드린Madryn시로 결정된다. 한편 교섭 과정에서 마드린시는 이민들이 사용할 주택 부지로 시유지를 제공하는 대신 초등학교 1개 동 건립을 요청하였는데 이는 아르헨티나와의 관계 증진 차원에서 외교부가 지원하기로 결정하였다.[37]

---

37 해당 초등학교의 이름은 '한국 장미(무궁화) 초등학교(Escuela Rosa de Corea 162)'로 현재까지 남아있다. 외무부, 「한성기업(주)의 알젠틴 어업이주사업 정착지 변경」, 『아르헨티나 어업이민, 1985(국가기록원 관리번호 : DA1441290), 1985.6.

이민 후보지 변경 외에 여전히 문제가 된 것은 앞 절에서도 검토한 한국인 선원 승선허가와 한국 정부 발행 해기사 면허 인정 여부였다. 이는 추후 외교 교섭으로 처리한다고 유보해 둔 문제였는데 의외의 곳에서 해결의 실마리가 등장했다. 아르헨티나에서 민정 이양 후 탄생한 정권이 적극적인 경제정책을 펼치는 가운데 외국인이 아르헨티나에 새로운 산업을 도입하거나 유익한 투자로 정착할 경우 또는 식민집단을 형성할 경우 국적 취득을 허용하는 제도를 도입했기 때문이다. 이 제도 아래에서는 어업이민이 아르헨티나 국적을 취득하면 자연스레 승선허가문제가 해결되고 나아가 해기사 면허 인정 또한 과거보다 낙관시할 수 있는 분위기가 조성 된 것이다.[38]

특히 1985년 6월 수산청장의 아르헨티나 방문은 이 문제를 어느 정도 명확하게 정리하는 계기가 되었다. 귀국 후 작성된 보고서에 따르면 아르헨티나 농목수산부 장관과의 면담에서 한국인 이민이 아르헨티나 국적을 취득하는데 약 1개월이 소요되는데 이 기간 동안에는 조건부 임시승선허가를 가능케 한다는 약속을 받았으며 이는 실제 같은 해 10월 1일 승인된다. 한편 해기사 면허 인정과 관련해서는 해군부로부터 "필요한 자료가 보완되면 이를 인정해 주겠다는 언약을 받았음"이라고 되어 있으니 즉시 움직임이 있었던 것은 아니었다.[39] 아르헨티니 해군부 입장에 변화가 생긴 것은 1986년 말이 되어서였으며 어업이민이 국적을 취득한 후 아르헨티나의 시험에 응시하는 것을 원칙으로 하되, 양국

38 수산청, 「中南美地域 漁業協力交涉 結果報告書」, 『아르헨티나 어업이민, 1985(국가기록원 관리 번호 : DA1441290)』, 1985.7.4.
39 수산청, 「中南美地域 漁業協力交涉 結果報告書」, 『아르헨티나 어업이민, 1985(국가기록원 관리 번호 : DA1441290)』, 1985.7.4.

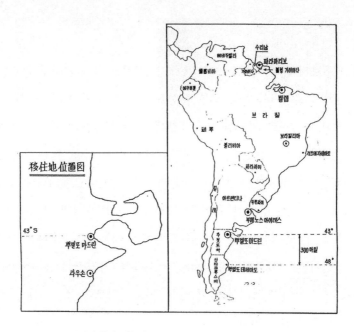

<그림 1> 어업이민 이주지 지도

의 공통교육과목은 면제키로 하고 이를 검토하기 위한 자료로서 국립부산수산대학교[40]의 교육과정을 스페인어로 제출할 것을 요청한다.[41]

　　그리고 1985년 7월 한성기업은 마드린시에 현지법인 설립등기를 취득하고 8월부터 이민 모집을 시작한다. 신문에 게재된 모집광고에 따르면 50세 이하의 사관, 준사관 및 일반선원(어선 승선 경력 1년 이상)이 대상으로, 적격자로 선발되면 이주수속 종료 후 출국하고 직계가족은 이주지에 주택 건립이 완료된 후 합류하도록 하였다. 다만 이민 모집은 순조롭지 않았던 것으로 보여 당초 계획했던 바[59]세대에 한참 못 미치는 11세대 34명만이 선발되어 이듬해 1986년 아르헨티나로 떠났다. 이후에도 예정

---

40 1941년 설립된 부산고등수산학교를 전신으로 한다. 1996년 부산공업대학교와 통합하여 현재의 국립부경대학교에 이른다.

41 아르헨티나대사관, 「어업이주사업」, 『아르헨티나 어업이민, 1986(국가기록원 관리번호 : DA1530864)』, 1986.12.12.

된 사업기간인 1987년 말까지 몇 차례에 걸쳐 추가 모집과 송출이 이뤄졌으나 어업이민 송출 총 수는 34세대 99명에 그쳤다. 게다가 이주 선원 중 일부는 부에노스아이레스의 한국인 의류가게에 취업하거나 무단으로 하선과 귀선을 반복하는 등의 문제를 일으켰기 때문에 주 아르헨티나 대한민국 대사관에서는 이민 선발 과정을 엄격하게 진행해 줄 것을 거듭 요청했다.[42] 어업이민은 왜 이와 같이 결코 성공적이라 할 수 없는 결과에 이르게 되었을까.

1차적인 원인은 이민으로 선발된 선원들이 이동과 정착을 위해 많은 비용을 부담해야 된다는 점이었다고 보인다. 어업이민은

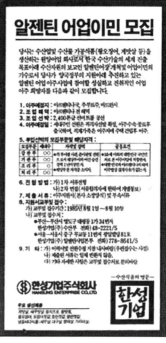

<그림 2> 어업이민 모집 광고
(『조선일보』, 1985.7.31.)

사업 진행 초기부터 중남미지역으로의 농업이민의 '실패'를 의식한 채 추진되었고, 그 결과 정부 지원의 비중은 줄고 원양어선사의 부담이 늘어났다. 그리고 이러한 원양어선사의 부담이 부분적으로 이민에게 전가되어 항공료, 이삿짐 운반비, 주택 건설비일부 등에 많은 경비가 소요되는 형태로 실행에 이르게 된 것이다. 다만 이와 같은 측면에 대해서는 첫 송출 직후, 문제를 인지하고 한성기업, 주 아르헨티나 대한민국 대사관, 수산청, 외무부 등이 협조하여 최초 부담 경비를 경감하는 조치를

---

42 주아르헨티나대사관, 「어업이주사업 추진 보고」, 『아르헨티나 어업이민, 1986(국가기록원 관리번호 : DA1530864)』, 1986.9.4.

취했다.[43]

한편 어업이민에 '실패'에는 보다 근본적으로 원양어업을 둘러싼 거시적 조건의 변화가 영향을 미쳤다. 지금까지 구체적인 전개 과정을 검토하였듯이 어업이민은 발상의 등장1977년에서 실제 이민 송출1986년까지 장기간이 소요되었다. 이는 주관 부처 미결정 문제, 진출기업 변경, 정부 방침 변화, 아르헨티나 내부 혼란, 조업조건 협의여장, 선원자격 등 등이 복합적으로 작용한 결과였는데, 그동안 원양어선 및 선원 수는 감소세로 돌아섰다.[44] 이는 국제적으로 해양관할문제가 중시되면서 어업환경이 변화하고 유류비·인건비가 상승한 결과로 특히 1980년대 중반 이후에는 본격적인 구조조정이 시작된다.[45] 예를 들어 1985년 5월 30일자 『매일경제신문』의 기사 「遠洋어업 소규모·零細化 현상」에 따르면 원양어업업계에서는 원양어선과 선원 수 감소를 국제적인 어업환경 변화에 따라 발생한 불가피하지만 바람직한 "규모의 적정화" 현상으로 해석하는 상황이었다.[46]

즉 어업이민은 원양어업의 황금기에 구상되었으나 불안한 재편기에 들어서 시행에 이르렀고, 어쩌면 '실패'는 자연스러운 결과였을지도 모른다. 정책으로서 어업이민은 원양어업의 국제적인 구조 재편을 극복하

---

43 외무부, 「알젠틴 어업이주 사업」, 『아르헨티나 어업이민, 1986(국가기록원 관리번호 : DA153086 4)』, 1986.9.17.

44 1977년 이후 일시적으로 어선 및 선원 수가 늘어나는 해가 있으나 이는 특정 어장 개척에 따른 것으로 전반적인 추세는 감소하는 것이었다. 참고로 2007년 한국원양어업협회에서는 대한민국 원양어업의 시대를 개척기(1957~1969), 도약·발전기(1970~1985), 정체·조정기(1986~2006) 이라고 구분했다. 한국원양어업협회, 『통계로 본 韓國遠洋漁業 50年』, 2007, 54~59쪽, 한국원양어업협회.

45 해양수산부, 앞의 책, 144쪽.

46 「遠洋어업 소규모·零細化 현상」, 『매일경제신문』, 1985.5.30.

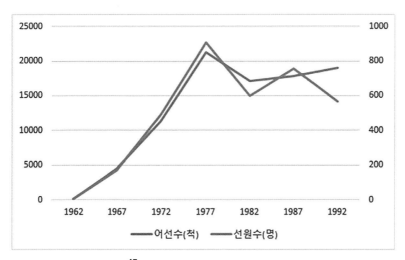

〈그림 3〉 원양어업 규모 변화[47]

는 방안으로 등장하였지만 개인 차원에서 보면 사업 구상에서 실행에 10년이라는 시간이 걸리는 동안 원양어선원으로서 해외에 이주하여 영주 정착하는 삶이라는 것은 더 이상 매력적이지 않게 되었다. 심지어 이동과 정착에 고비용이 요구되는 상황에서 출이민의 동력은 빠르게 사라졌다. 그럼에도 불구하고 어업이민은 해방 후 이뤄진 다른 이민송출사업과 마찬가지로 실제 이민의 이주 동기, 수용국 상황 및 정착 조건 등에 대한 이해는 뒷전인 채 경제발전담론에 압도되어 진행되었다. 특히 일반적으로 해외이주법이 강조하던 인구 압력 해소, 외화 획득이라는 목적을 넘어 EEZ제도 도입에 대한 대응, 해외어업기지 추가 확보라는 보다 구체적인 의의를 가지고 원양어업정책과의 교차 속에서 추진된 결과, 원양어선사가 동조하는 형태로 수산청의 낙관적인 전망과 '의지'가

---

47 다음 자료를 재구성하여 나타내었다. 수산청, 앞의 책, 162쪽.

계속해서 강력하게 작용하였고 결과적으로 송출 그 자체를 위한 이민사업이 되어버렸다고 할 수 있다.

5. 나가며

이 글에서는 1970년대 후반부터 약 10년간 어업이민이 어떠한 배경과 과정을 거쳐 추진되었는지를 국가기록원에 소장된 1차 자료를 바탕으로 재구성하였다. 어업이민은 원양어업정책의 하나로 등장, 진행되었으나 국제적인 해양질서의 변화 속에서 급격하게 동력을 잃었다. 수산청에게 어업이민은 당시 원양어업이 직면했던 여러 가지 문제들을 타개하기 위한 수단으로서 반드시 추진해야만 하는 사업이었으며 원양어선사 또한 이에 동조하는 형태였다. 어업이민은 등장부터 실행까지 아르헨티나 연안의 풍부한 어장에만 기대어 이루어졌고 다른 고려 요인들은 부수적인 것이 되어버렸다. 그러나 어업이민의 본질은 '사람'이 국경을 넘어 이동하여 새로운 삶의 터전을 꾸리는 것이다. 따라서 실제 이동하는 이민이 처한 거시적, 미시적 조건들을 충분히 고려하지 않은 채 진행된 결과는 본론에서 살펴보았듯이 당연하게도 영주 정착은 물론 송출 자체의 '실패'였다.[48]

이민 송출이 종료된 이후에도 아르헨티나 연안에서는 오징어 채낚기

---

48 이와 같은 이 글의 결론은 실제 아르헨티나로 이주했던 어업이민 당사자들의 '목소리'가 더해졌을 때 보다 의미를 지닐 것이다. 이 부분에 대해서는 추가 자료 발굴, 인터뷰 조사 등을 통해 보완해야 할 향후 과제로 삼고자 한다.

어업, 민대구 트롤어업 등을 통해 꾸준히 어장과 어획물 확보가 이뤄졌으며 당시 설립된 한성기업의 현지법인이 현재까지도 아르헨티나에서 사업을 진행 중이라는 점에서 본다면 어업이민은 대한민국 원양어업사에서 일정한 의미를 지니는 것은 확실하다. 하지만 이 글에서 살펴보았듯이 해방 후 해외이주정책의 성격, 특징이라는 측면에서 보면 어업이민 또한 그 이전에 이뤄진 중남미지역으로의 농업이민 송출 나아가 서독, 사우디아라비아 등으로의 단기이민 송출 전반이 그러하였듯이 이민의 당사자성은 부재한 채 국가의 경제발전담론에 회수되어 진행되었음을 알 수 있다.

참고문헌

1. 자료

국사편찬위원회, 『중남미 한인의 역사』, 국사편찬위원회, 2007.

대통령기록실, 『남미농업이민 관계 보고』(국가기록원 관리번호 : EA0000793), 1979.

수산청, 『水産廳 三十年史』, 수산청, 1996

수산청 어업진흥관(원양개발담당)실, 『1979 아르헨티나 어업이민 계획』(국가기록원 관리번호 : DA1000658), 1979.

외무부 영사교민국, 『아르헨티나 어업이민, 1981』(국가기록원 관리번호 : DA1531139), 1981.

외무부 국제경제국, 『아르헨티나 어업이민, 1982』(국가기록원 관리번호 : DA1335969), 1982.

외무부 경제국, 『아르헨티나 어업이민, 1983』(국가기록원 관리번호 : CA0362254), 1983.

외무부 경제국, 『아르헨티나 어업이민, 1984』(국가기록원 관리번호 : DA1439864), 1984.

외무부 경제국, 『아르헨티나 어업이민, 1985』(국가기록원 관리번호 : DA1441290), 1985.

외무부 영사교민국, 『아르헨티나 어업이민, 1986』(국가기록원 관리번호 : DA1530864), 1986.

임우근, 「南美 어업移民의 전망과 對策」, 『현대해양』 152, 1982, 52~54쪽.

한국원양어업협회, 『통계로 본 韓國遠洋漁業 50年』, 2007, 한국원양어업협회.

해양수산부, 『원양산업 60년 발전사』, 해양수산부, 2018.

대한민국 법원, '대한민국 법원 종합법률정보 - 해외이주법', 1962.
　　　　https://glaw.scourt.go.kr/wsjo/lawod/sjo190.do?contId=1670111#1665450203526 (검색일 : 2023.06.10.)

「『아르헨』漁業이민 漁業合作으로 전환」, 『매일경제』, 1979.11.16.

「遠洋漁業 대서양 基地 라스팔마스 喪失 우려」, 『조선일보』, 1982.5.1.

「遠洋漁業의 시련과 對應」, 『매일경제』, 1982.5.3.

「遠洋漁業界 沿岸國들 入漁料 해마다 올려」, 『매일경제』, 1982.8.11.

「遠洋어업 소규모 · 零細化 현상」, 『매일경제신문』, 1985.5.30.

2. 논저

김보현, 「개발연대 중동건설현장 취업자의 경제와 정치-돈과 노동, 조국과 가정」, 『사회와 역사』 114, 한국사회학회, 2017.

송지영, 「1965년 아르헨티나 1차 계약이민 연구-외무부 문서자료를 중심으로」, 『한국민족문화』 72, 2019.

안미정, 「한국 선원과 해외 한인 사회 형성-스페인 라스팔마스 한인들의 구술사적 접근」, 『역사와 경계』 119, 부산경남사학회, 2021.

윤용선, 「1960~70년대 파독 인력송출과 차관-원조인가 거래인가?」, 『독일연구』 26, 한국독일사학회, 2013.

_____, 「1960~70년대 파독 인력송출의 미시사-동원인가, 선택인가?」, 『史叢』 81, 역사연구소, 2014.

윤인진, 「재외포와 재외동포정책」, 이혜경 외, 『이민정책론』, 박영사, 2016.

이영조·이옥남, 「1960년대 초 서독의 대한상업차관에 대한 파독근로자의 임금 담보설의 진실」, 『한국정치외교사논총』 34(2), 한국정리외교사학회, 2013.

이효선·김혜진, 「생애사 연구를 통한 이주여성노동자의 삶의 재구성 – 파독간호사 단일사례 연구」, 『한국여성학』 30(1), 한국여성학회, 2014.

임수진, 「중남미 이민과 한국의 재외동포정책」, 『민족연구』 72, 사단법인 한국민족연구원, 2018.

낙농으로 본 한일관계의 일단면 - 1960년대 후반
- 1960년대 후반지역 간(홋카이도-경기도) 교류에 주목하여

고바야시 소메이

1. 들어가며

한일관계는 정부 간 관계나 정치적 측면으로만 설명할 수 있는 것이 아니라 관계를 뒷받침하는 다양한 주체와 여러 관심으로 구성된 중층적 구조를 지니고 있다. 즉 정부, 지방자치단체, 정재계, 시민 등 다양한 주체가 정치·경제·안보, 나아가 문화·역사 등에 다양한 관심을 가지고, 그 속에서 일본과 한국의 관계를 창출하고 발전시키고 있다. 이 글은 관계주체로 지방자치단체, 관심대상으로 낙농을 선택하여 한일관계의 중층적 구조의 한 면을 제시하고자 한다. 구체적으로는 한일 국교 정상화 직후 경기도에서 홋카이도로 파견된 한국인들을 대상으로 한 낙농기술연수에 관해 서술할 것이며, 후술할 1차 사료를 바탕으로 실태 규명과 그 의미를 밝힐 것이다.

1966년 9월 경기도에서 20명의 한국인 연수생이 홋카이도에 도착하여 홋카이도 낙농가에 13개월간 머물렀다. 낙농기술 습득이 연수의 목적이었다. 이 연수는 1966년 시작돼 1970년까지 장기·단기를 합쳐 세 차례 실시되었다.[1] 이후 낙농기술연수는 경기도에서 중앙정부로 실시 주체가 격상되어 한국정부와 홋카이도 간에 실시되게 되었다. 이러한 기술 연수는 한일 간 국경을 넘나들며 사육이나 가공 등 낙농에 관한 산업지식의 유통을 촉진시켰다. 이 글은 낙농기술연수에 주목하여 한일 간 산업지식 유통과 그에 따른 인적 네트워크 형성 과정을 규명하고, 그 것이 사람들에게 어떤 감정을 불러일으켰는지에 대해 검토한다. 말하자 면 1960년대 후반 한일관계를 지방간의 연계를 바탕으로, 지식혹은 기술 과 감정의 측면에서 검토하는 것이다.

이 글에서 분석에 사용하는 1차 사료는 홋카이도립문서관北海道立文書館 에 소장된 홋카이도청의 공문으로 지금까지 검토되지 않은 사료이다. 애초에 홋카이도와 경기도의 낙농기술연수가 어떻게 이루어졌는지, 그 것은 어떤 형식으로 이루어졌으며 어떤 기술이 전달되었는지, 또 한국 인 연수생과 일본인 관계자들은 낙농기술연수를 통해 무엇을 느꼈는지, 낙농기술연수를 통해 한일 양국 사람들이 어떠한 연결=인적 네트워크을 만 들어 냈는지 등의 중요한 문제가 아직 해명되지 못한 채 남아 있다. 이 글은 거의 고찰되지 않았던 경기도에서 홋카이도로 파견한 한국인 낙농 기술연수의 실태를 살펴봄으로써 한일관계사, 특히 한일 협력의 새로운 역사적 양상을 그려내려 한다. 그것은 다음과 같은 과제의 해명을 통해 서 밝힐 수 있을것이다.

첫째, 1967년 개시된 홋카이도 낙농기술연수가 어떠한 경위로 기획

---

1   1960년대에 이루어진 2번의 연수는 1년에 걸친 장기 연수였으나, 1970년 9월에 진행된 연수는 1개월의 단기 연수였다.

되고 실시되었는지 그 과정을 그려봄으로써 이후 확대 발전적으로 계속된 홋카이도 낙농기술연수의 역사적 기원을 부각시키는 것이다. 둘째, 1960년대 후반 홋카이도에서 여러 차례 실시된 낙농기술연수가 한국인 연수생들에게 무엇을 가져다주었고, 이들은 이 연수를 통해 무엇을 생각했는지, 또 연수생을 받아들인 홋카이도의 일본인 낙농가가 무엇을 느꼈는지 등 낙농기술연수에 종사한 한일 양국 사람들이 느낀 바를 읽어 냄으로써 양자 사이에 어떠한 유대감이 생겼는지 밝힐것이다. 홋카이도와 경기도에 사는 사람들이 낙농기술연수를 통해 어떻게 연결됐을까. 산업지식을 매개로 한 한일 지방 차원의 인적 네트워크 형성을 고찰하는 것이 여기서의 과제이다.

이 글의 특징은 다음과 같다.

첫째, 낙농 측면에서 한일관계를 분석하는 데 있다. 그동안 정치, 외교, 경제적 관점에서 한일관계에 관한 수많은 역사 연구가 이루어져 왔다. 하지만 중화학공업과 같은 제2차 산업에 주목하여 한국의 경제발전이나 그 과정에서 일본의 역할 등의 분석은 두터운 반면, 농업이나 수산업 등 제1차 산업 측면에서 한일관계의 역사적 전개를 고찰한 연구는 불충분한 수준에 머물러 왔다.[2] 이는 한일관계가 갖는 역동적인 역사적 전개와 그 구조를 그리는 데 큰 제약을 가하고 있다. 이 글은 낙농에 주목함으로써 이러한 기존 연구의 한계를 극복하고자 한다.

둘째, 지역 간 관계라는 관점에서 한일관계를 고찰하는 점이다. 한일

---

2   박정희 정권기의 '근대화'에 관한 정치적 연구로서, 기미야 다다시, 『박정희 정부의 선택 - 1960
년대 수출지향형 공업화와 냉전체제』, 후마니타스, 2008 등이 있다. 선행연구를 통해 박정희 정
권이 '근대화' 과정에서 농업 등 제1차산업 분야에서의 '근대화'를 시야에 넣고 있었지만, 중화
학공업을 우선하는 양상을 파악할 수 있다.

관계에 관한 역사 분석은 주로 국가혹은 중앙정부 간 관계에 초점을 맞추어 이루어져왔고 압도적으로 연구가 축적되어 있다. 하지만 이는 한일관계의 전체를 규명하는 것은 아니다. 그럼에도 불구하고 일본과 한국의 지방도시 간의 관계는 고찰의 대상으로 여겨지지 않았다. 이 글은 홋카이도-경기도라는 지역지방정부 간 관계에 주목함으로써 중층적인 한일관계의 의미 있는 한 면을 제시하고 한일관계의 역동적인 역사적 전개를 그려내기 위한 새로운 시각을 제공하고자 한다.

위와 같은 특징을 가진 이 글은 한국의 역사 연구 축적과도 연결되어 있다. 최근 한국에서는 낙농에 주목한 역사 연구가 축적되기 시작했다.[3] 이 글에서 논의하는 1960년대 후반 한국의 낙농 상황에 관한 검토도 이루어지고 있고, 한국 낙농의 근대화 실현 과정에서 '낙농 선진국' 뉴질랜드와 덴마크 등의 기술 전문가의 역할과 차관과 관련해서도 주목하고 있다. 그렇지만 아직 검토가 충분하지 못한 과제도 남아 있다. 이를테면 이 글에서 검토하는 한국 낙농의 근대화 과정에서의 일본의 관여에 관한 것이다. 따라서 홋카이도-경기도 간 낙농기술연수에 대한 분석은 이러한 근대화 과정의 '공백'을 메우는 작업이 될 것이다.

이상 살펴본 바와 같이 이 글은 1960년대 후반이라는 한정된 시대의 한일관계, 나아가 지역 간의 관계를 고찰한 것이다. 그리고 이는 한일관계에 대한 깊이 있는 서술을 지향하는 작지만 중요한 이정표가 될 것을 목표로 한다. 여기에 이 글의 가장 큰 목적이 있다.

---

3   주목할 만한 연구로 이은희, 「박정희 시대 낙농진흥정책과 낙농업의 발달」, 『동방학지』 183호, 연세대 국학연구원, 2018; 김성화, 「1950~70년대 한국에서의 초지조성과 낙농가의 성장」, 『한국과학사학회지』 43-1, 한국과학사학회, 2021이 있다.

2. 홋카이도 낙농 연수의 실시

1) 다양한 경로를 통한 자금과 기술 조달

1961년 5·16 군사 쿠데타로 실권을 잡은 박정희는 1963년 10월 대통령에 취임했다. 이후 1979년까지 계속되는 군사 독재 정권으로서의 박정희 정권이 개시되었다. 박정희 정권에서는 훗날 한강의 기적으로 불리는 고도 경제성장의 초석이 되는 농업 근대화를 포함한 다양한 경제정책이 나왔다. 1965년 농업 근대화의 일환으로 낙농 진흥 정책의 본격적인 추진에 착수했다. 제2차 경제개발 5개년계획1967~1971에는 침체된 농업부문 성장을 위한 대책으로 낙농진흥법 제정이 포함되었다. 1950년대와 60년대에 걸쳐 정부 간 양자원조나 국제기구에 의한 개발원조가 활발하게 이루어졌는데, 이는 자금원조capital assistance와 기술협력technical cooperation을 두 축으로 하는 것이었다.[4] 한국의 도시자본가들 사이에서 일시적으로나마 볼 수 있었던 '축산붐'은 박정희의 강력한 주창을 배경으로도 하지만, 이러한 개발원조의 맥락에서도 찾아볼 수 있다. 구체적으로 다음과 같은 경로로 자금과 기술이 조달되었다.

첫째, 「콜롬보 계획」아시아 및 태평양의 공동적 경제사회 개발을 위한 콜롬보 계획에 근거한 자금과 기술의 도입이었다. 콜롬보 계획이하 CP은 영英연방 국가들이 의한 남아시아·동남아시아를 대상으로 시행한 경제원조 계획으로, 1951년부터 기술협력을 위한 자금 제공이나 전문가 파견을 통해 해당 지역의 사회경제 발전과 생활수준 향상을 목표로 하는 국제기구였다. CP 설립

---

4   秋田茂, 『帝国から開発援助へ－戦後アジア国際秩序と工業化』, 名古屋大学出版会, 2017, 11~12쪽.

배경에는 중화인민공화국 성립으로 상징되는 것처럼 사회주의와 공산주의의 아시아 영향력을 억제하려는 의도가 깔려 있었다. CP는 아시아 냉전의 시작과 밀접한 관련이 있는 조직이었다.[5] CP의 정식 회원국은 당초 영연방 국가로 한정됐으나 캄보디아와 남베트남을 시작으로 1955년까지 버마, 네팔, 인도네시아, 필리핀, 태국, 라오스로 회원국이 확대되었다. 1954년에는 일본, 1959년에는 미국이 정식 회원국이 되었다. 반면 한국은 1963년 1월에야 가입했다. 서방 진영인 한국의 가입이 일본과 미국에 비해 늦어진 배경과 관련하여 한국 외무부가 작성한 문서에서는 다음과 같이 지적하고 있다.[6] 우선 박정희 이전 정권이 CP 가입에 소극적이었다는 점이다. 이 문서는 이렇게 설명한다.

콜롬보 계획 기술협력이사회 헌장 수락

과거 정부는 소극적인 반공을 외교정책으로 삼고 있었기 때문에 중립 내지 좌경 중립국으로 지목되던 국가들을 회원으로 하는 콜롬보 계획에의 참여를 주저하여 왔습니다. 그러나 5·16혁명 후 정부가 경제개발에 박차를 가하고 대외적으로 적극적인 반공정책을 추진하게 되자 콜롬보 계획에 참여 문제는 경제 외교의 한 표적이 되었습니다.

이 문서는 박정희가 강력한 반공정책을 내세워 권위주의 체제를 수립해 갔던 과정 속에서 CP 가입이 추진됐음을 보여준다.

---

5   위의 책, 41쪽.
6   콜롬보 계획 기술협력이사회 헌장 수락, 「콜롬보플랜(Colombo Plan)기술협력이사회 헌장 한국 가입」, 프레임 번호75 : J-0073-11, 서울 : 외교사료관, 1963.1.29.

다음으로 실론현 스리랑카과 인도네시아가 한국의 CP 가입에 반대하고 있었다는 점이다. 한국외무부는 1961년 개최된 쿠알라룸푸르 CP 자문회의 참관을 시도했다. 그러나 실론과 인도네시아는 한국이 지역 외 국가라는 이유로 옵서버 참가를 반대했고 외무부는 이들 두 나라에게 설득 공작을 개시했다. 우선 호주 정부에 실론, 인도네시아 정부와 협상하여 이들의 태도가 바뀌도록 힘써 줄 것을 요청했다. 아울러 1960년 6월 실론을 방문한 한국의 동남아시아 문화사절단과 같은 해 9월 인도네시아를 방문한 통상사절단이 옵서버 참여를 요구하며 해당 정부와 적극적인 협상을 벌였다.[7] 이 같은 외교적 노력으로 쿠알라룸푸르에서 열린 자문회의에서 한국의 옵서버 참여가 이뤄졌고, 유재여 태국 대사를 단장으로 하는 옵서버단이 파견되었다. 1962년에는 이동환 호주 대사가 제14차 CP 자문회의에 파견되었고 유재여는 실론에 파견되었다. 두 사람은 각각 한국의 참여를 요구하며 협상을 벌였다. 그 결과 한국의 CP 가입이 정식 승인되게 되었다. 이와 관련하여 외무부는 거의 불가능했던 가입을 가능하게 한 것은 대표단의 주도면밀하고 임기응변에 능한 외교수완 덕분이라며 자화자찬했다.[8]

자금과 기술이 조달된 두 번째 경로는 외국의 차관 공여였다. 낙농 진흥을 위한 차관은 우선 캐나다부터 시작되었다. 캐나다와의 차관 협상은 적어도 1965년 9월 13일 이전 주일 캐나다 공사가 한국을 방문했을 때 한국 측에서 낙농 분야의 대한 기술 원조 가능성을 타진한 데서 비롯되었다. 한국정부는 차관공여 및 기술 원조를 포함한 단일 프로젝트로

7   위의 글.
8   위의 글.

교섭을 추진하되, 우선 이를 조속히 실현할 효과적인 방침을 결정했다.[9] 같은 해 10월 한국 정부는 캐나다 정부에 재정 차관을 요청했고 1967년 9월 15일 낙농 차관에 관한 한·캐나다 간 협정이 조인되었다. 그러나 차관액이 당초 예정액보다 크게 줄었고 공여 시기도 1968년 및 69년으로 늦춰졌으며, 젖소 도입 두수도 예정보다 줄어들게 되었다.[10] 캐나다 차관은 한국 정부의 기대에 미치지 못하였다. 사실 한국 정부는 캐나다와의 협상이 부진하다고 판단하고 협상이 한창이던 1966년 서독과 차관 요청을 위한 협상을 시작했다. 서독의 차관 공여로 1969년 10월 경기도 안성에 시범 농장이 완공되었다. 게다가 뉴질랜드에서도 차관이 공여되었다. 1968년 9월 박정희는 뉴질랜드를 방문했을 때 낙농 지원을 요청했고, 농림부는 이를 계기로 낙농 차관 도입을 시도하였다.[11] 1969년 6월 한국과 뉴질랜드 간 '평택시 낙농목장 설치와 운영에 관한 대한민국 정부와 뉴질랜드 정부 간 협정'이 체결되어 CP로부터 26만 뉴질랜드 달러를 포함한 총 40만 뉴질랜드 달러의 차관 공여가 합의되었다. 이를 바탕으로 경기도 평택시에 시범목장이 설립되었다.

1960년대 중반부터 후반에 걸쳐 계속해서 캐나다, 서독, 뉴질랜드로부터 낙농 진흥을 위한 차관이 공여되었다. 하지만 차관 공여 시기는 지연되었고 규모도 축소되었다. 이러한 양국 간 협정에 기반해 이루어진 차관 공여에 따른 자금원조는 박정희 정권의 기대를 만족시키지 못했다. 이는 박정희가 뉴질랜드에서의 정상회담에서 "이러한 사업은 다른

---

9 전문타전의뢰, 경협총325-2257(72-6241), 「한·캐나다 간의 낙농차관에 관한 협정 1965-67」, 프레임번호6, : J-0043-06, 서울 : 외교사료관, 1965.9.13.
10 이은희, 앞의 글.
11 위의 글.

나라에도 시도해봤으나 별로 성공하지 못했다"고 말한 것에서도 잘 알 수 있다.[12]

양국 간 협정에 따른 차관 공여가 기대에 못 미치는 가운데 한국 정부는 국제기구의 원조로 눈을 돌리기 시작했다. 1968년 10월 한국 정부는 국제부흥개발은행IBRD에 낙농 차관을 신청했고 1971년 1월 IBRD의 그룹기관인 국제개발협회IDA와 차관계약을 체결했다. 한국의 낙농 진흥을 위한 자금은 양국 간 협정 및 국제기구에서 조달되었다.

세 번째 경로는 외국의 기술 지원이다. 낙농 기술의 도입은 주로 '낙농 선진국'에서 행해졌다. 1969년 12월부터는 덴마크와 뉴질랜드 등 외국인 낙농전문가와 기술지도원의 지도를 주축으로 하여 한국의 자연·사회적 환경에 적합한 초지 경영이 실시되었다.[13] 앞서 기술한 바와 같이 차관 공여국에서도 낙농 기술 전문가가 파견되었고 시범 농장 등에서 기술 지원 프로그램이 실시되었다. 이 글에서 분석대상으로 하는 일본의 기술지원도 여기에 포함된다.

20세기 중반 이전까지 한국에 사실상 존재하지 않았던 낙농 시스템은 단지 낙농 선진국 시스템을 한국에 이식한 것만이 아니라 1970년대와 80년대에 성공적으로 정착했다.[14] 비록 양국 간 또는 국제기구에 의해 여러 경로로 제공된 자금과 기술이 반드시 한국 측의 기대를 충족시키지는 못했다 하더라도 외국으로부터 유입된 자금과 기술이 한국의 낙농 발전에 일정한 역할을 했다고 보는 것이 합리적일 것이다.

---

12 위의 글.
13 김성화, 앞의 글.
14 위의 글.

2) 한국의 대일본 요청과 실현을 위한 검토 작업

캐나다, 서독과 협상을 벌이면서 한국 정부는 일본에게도 농업, 낙농, 수산업 등 1차 산업에 대한 관심을 표명했다. 배경에는 한일국교 정상화 타결이 있었다. 1965년 6월 한일기본조약이 체결되어 같은 해 12월 발효되었다. 1951년 10월 시작되어 오랜 시간동안 지지부진하던 한일 협상이 마침내 타결되어 한일 국교가 정상화되었다. 그것은 국경을 초월한 자본의 이동뿐만 아니라 사람과 기술이 서로 왕래할 수 있는 길이 열렸다는 것을 의미했다.

한일기본조약 체결 석 달 만인 1965년 9월, 경기도지사 박태원이 홋카이도를 방문했다. 마치무라 긴고町村金五 지사와 회담한 박태원은 한일 양국 농업연수생 교류와 상호 기술제휴를 통해 농업 발전과 양국 간 친선을 도모하고 싶다며, 한일 친선을 명제로 하여 농업을 통한 사람과 기술 교류에 관심을 표명했다.[15] 12월 14일 박태원은 앞서 표명한 관심을 구체화하기 위해 마치무라에게 서한을 보냈다. 서한에서는 '농업 근대화를 위해 낙농을 도입하는 것이 지름길이며 낙농 기술자를 훈련시키는 것이 현재 한국의 시급한 과제'라며, 상호 기술제휴와 협력을 목적으로 낙농을 전공하는 학생들을 홋카이도에 파견하고 싶다는 희망을 전달했다. 서한에 제시된 박태원의 파견안은 파견인원 20명 내외, 자격요건은 '근면성실, 중고등학교 졸업 이상의 자격을 갖춘 건강한 남자로 연령 30세 이하, 군필자에 한'하였다. 기간은 2년, 낙농기술 훈련은 홋카이도 지사가 선정한 목장으로 하고 왕복 여비는 한국 측이 부담하며 홋카

---

15 外務省中南米移住局長宛「表題」北海道知事町村金五, 『第1次韓国酪農研修生受入関係1』, A11-1, 7946, 北海道立文書館, 札幌, 昭和 41年 6月.

이도 체류 중 생활비와 안전은 목장 측이 책임지도록 하는 것이었다.[16]

훗카이도청은 경기도 측으로부터 정식 연수 요청을 받고 훗카이도친선협회와 대한민국거류민단 훗카이도본부, 훗카이도홀스테인농업협동조합, 낙농학원대학 등 관계기관과 낙농연수에 관하여 검토 작업을 시작했다.[17] 이 무렵 이미 다른 지방자치단체에서 비슷한 연수가 진행되고 있다는 소식이 훗카이도청에 전해졌다. 1966년 1월 27일 훗카이도청 농무부 낙농초지과장은 오사카부청 농림부장, 농림총무과장에게 한국 농업실습생 도입에 관해 문의하였다. 동년 2월 19일, 오사카부청 측으로부터 회답이 왔는데, 1965년 8월부터 1966년 1월까지 반년간 한국으로부터 14명의 농업실습생을 받아 한일농림수산기술교류협회와 대한민국거류민단 오사카부 본부의 협력 아래 오사카부 농림기술센터에서 '국제친선 및 기술교류의 견지'에서 농업기술연수가 진행되었다는 것이다. 아울러 실시요강과 연수수칙 등 관련 서류도 훗카이도청에 제공하였다.[18] 또 훗카이도청 낙농초지과는 치바현청 농림부 농업개량과에도 문의해 한국인을 대상으로 한 농업기술연수1965년 6월 11월 실시 관련 정보를 전달받았다. 치바현에서는 한일기본조약 체결 직후부터 한국인 실습생에 대한 농업기술 연수가 실시되고 있었다.[19] 훗카이도청은 오사카부와 치바현의 사례를 참고해 수용농가 선정과 수용체제, 방법 등을

---

16 大韓民国京畿道知事パクタエウォンから北海道知事北海道知事町村金五宛(1), 前掲『第1次韓国酪農研修生受入関係1』, 1965.12.14.

17 外務省中南米移住局長宛「表題」北海道知事町村金五, 前掲『第1次韓国酪農研修生受入関係1』, 昭和 41年 6月.

18 農林244号「韓国人農業実習生の受入について 回答」大阪府農林部農林総務課長から北海道酪農草地課長宛, 前掲『第1次韓国酪農研修生受入関係1』, 昭和 41年 2月19日.

19 農改第33号「韓国農業実習生の受入について 回答」千葉県農林部農業改良課長から北海道酪農草地課長宛, 前掲『第1次韓国酪農研修生受入関係1』, 昭和 41年 2月1日.

담은 「한국낙농연수생수입실시요령韓國酪農硏修生受入実施要領」이하 실시요령을 작성했다.[20]

실시요령에는 이 연수가 '한일 양국의 농업낙농 연수생을 교류하고 상호 기술 연계를 통해 농업 발전과 양국 간 친선을 도모하는 것을 목적으로 한다'면서, 1966년 6월 1일부터 1967년 6월 말까지 13개월간 실시하도록 명시하였다. 수용인원남자 20명 이내과 자격요건, 경비부담은 경기도 측이 제시한 파견안을 답습한 것이다. 이밖에 실습·연수 중인 한국인에게 국민건강보험 적용을 요구한 한국 측의 요청을 상당 정도 배려하여 실시요령을 책정하였다. 1966년 2월 25일 실시요령을 경기도에 전달하였고 아울러 파견 연수생 전형을 의뢰하였다.

1966년 4월 15일 경기도지사 및 경기도청 산업국장이 실시 요강의 수락과 파견 연수생 명부·인솔자 성명을 통지하였다. 파견 선발자 20명 중 대졸자가 5명, 고졸자가 15명이었다.[21] 당시 한국의 대학 진학률을 고려하면 상당수의 고학력자가 선발된 것이었다. 선발자 경력은 축산업 종사자가 4명, 농업 종사자가 16명이었다. 강신익 경기도 부지사와 산업국 축산과 박용서 계장이 연수생 20명을 인솔해 서울에서 부산, 오쿠라小倉, 도쿄를 거쳐 열차와 배를 갈아타고 홋카이도까지 가기로 했다. 아울러 경기도 측에서는 초청장과 재정보증서 송부를 홋카이도 측에 의뢰하였다.[22]

1966년 5월 7일 홋카이도일한친선협회이하 친선협회는 수용기관으로서

---

20 「韓国酪農硏修生受入実施要領」当初, 別紙2, 前掲『第1次韓国酪農硏修生受入関係1』.

21 나중에 병무 관련 이유로 선발자 1명이 교체되어 대졸자 6명, 고졸자 14명으로 변경되었다.

22 外務省中南米移住局長宛「表題」北海道知事町村金五, 前掲『第1次韓国酪農硏修生受入関係1』, 昭和 41年 6月.

정식으로 초청장 및 재정보증서를 발행하여 홋카이도청에 제출하였다. 친선협회는 1961년 12월 28일 한일 양국 국민의 우호 심화와 국교 정상화 촉진을 도모하고 경제, 문화 교류와 상호 번영을 기하며, 세계 평화에 기여할 목적으로 설립된 단체였다. 1965년 한일국교 정상화 이후에는 관광친선시찰단 파견과 부인단체 교류 등을 추진함으로써 한일 상호 간의 이해를 높였으며, '서민적인 교류를 통해 한일 양국 우호친선에 노력하는 것'을 활동목적으로 하였다. 친선협회는 구체적인 사업으로 '친선, 무역사절 교환', '양국 상호 문화 소개와 연구', '재일동포와의 융화제휴', '산업무역 교류 촉진', '한일어업의 합리적 발전', '문화사업 경영'을 내걸었다.[23] 친선협회가 낙농연수의 수용기관이 된 것은 상호 이해와 교류 확대라는 관점에서 설명할 수 있지만, 이 협회의 관심이 어업에서 낙농을 포함한 농업으로 확산되어 있었다는 점도 간과해서는 안 될 것이다. 이러한 관심의 확산은 친선협회가 한국인 연수생의 비자 취득을 위해 법무부 입국관리국에 제출한 입국이유설명서에서도 찾아볼 수 있다. 「한국 낙농연수생 초청 취지」에는 다음과 같이 기록되어 있다.[24]

한국의 기후풍토는 본도홋카이도와 유사하며, 본도의 선진적 농업기술에 대해 강한 관심을 가짐과 동시에 그 농업기술을 습득하고 한국의 농업, 특히 축산의 신장을 도모하고자 하는 현 상황을 감지하여, 일한 양국의 농업기술 교류를 촉진하고 그 실현을 도모하기 위함이다.

---

23 「入国理由説明書」北海道日韓親善協会会長黒沢酉藏から法務省入国管理局長八木正男宛, 前掲『第1次韓国酪農研修生受入関係1』, 昭和 41年.

24 「入国理由説明書」北海道日韓親善協会会長黒沢酉藏から法務省入国管理局長八木正男宛, 前掲『第1次韓国酪農研修生受入関係1』, 昭和 41年.

한국의 홋카이도 농업에 대한 관심이 친선협회의 관심에 영향을 미쳐 확산되고 있었다. 1966년 5월 10일 마치무라 지사는 박태원 지사에게 낙농연수생 수용을 공식 통보했다.[25] 이후 한국인 연수생의 비자 취득 절차가 시작되었고, 마치무라 지사는 법무부 입국관리국장과 외무성 중남미 이주국장에게 조속한 입국비자 교부를 촉구하였다. 하지만 비자 발급 외에도 홋카이도 측에서의 수용체제 정비 등 시간이 소요되어 한국인 연수생의 일본 방문은 당초 예정된 6월 1일에서 크게 늦춰지게 되었다.

3) 낙농연수의 계속

1966년 9월 13일 한국인 연수생 일행은 모지門司에 도착했다. 삿포로札幌에 도착한 것은 9월 16일이 되어서였다. 도착 후 환영 리셉션과 낙농 관련 시설 시찰이 이루어졌다. 이후 연수생들은 이시카리石狩, 소라치空知, 이부리胆振, 도마코마이苫小牧 등 홋카이도 각지의 낙농가에 배속되어 낙농 연수를 시작하였다.[26] 연수 방식은 기본적으로 농가 사람들과 함께 생활하면서 작업을 하고 기술을 습득하는 것이었다. 주요 연수내용은 착유, 사료 급여, 사료 조정, 목초 베기, 목초 운반, 건초적상, 퇴비처리, 퇴비 운반, 퇴비살포, 젖소 관리, 트랙터 운반 등으로 되어 있었다.[27]

1966년 9월 시작된 낙농 연수는 약 13개월에 걸쳐 진행되었다. 한국

---

25 「韓国農業研修生の受入れについて」北海道知事町村金五から大韓民国京畿道知事朴泰元宛, 酪第655号, 前揭『第1次韓国酪農研修生受入関係1』, 昭和 41年 5月10日.

26 「タイトルなし」, 『第1次韓国酪農研修生受入業務記録』 A11-1, 7947, 北海道立文書館, 札幌.

27 여기서는 지면 관계로 연수내용 자체의 검토나 기술면에서의 낙농 연수에 대한 평가는 별고로 넘긴다.

인 연수생 일행은 1967년 9월 18일 삿포로역을 출발, 고베神戸를 경유하여 23일 부산에 도착함으로써 낙농 연수는 종료되었다. 하지만 이는 홋카이도에서의 낙농 연수 사업 자체의 종료를 의미하는 것은 아니었다.

1968년 1월 8일 「경기도 제2차 낙농 연수생」 15명연수 중 사고로 1명이 사망하여 연수가 끝난 후 귀국한 사람은 14명이 다시 홋카이도를 방문하여 이듬해 1월 13일까지 약 1년간 연수를 받았다. 제2차 낙농 연수는 최초의 낙농 연수가 진행되는 가운데 1966년 12월 경기도지사로부터 새로운 연수생 파견 타진을 받은 것을 계기로 준비된 것으로서,[28] 여기에 낙농 기술 습득에 대한 경기도 측의 강한 기대감이 담겨 있었다.

경기도 식산국 축산과 구연유 축산계장은 1968년 9월 18일부터 20일까지 사흘간 홋카이도를 찾았다. 연수 중 사고를 당한 한국인 연수생에 관해서 영사관과 삿포로의대, 홋카이도청 관계자와의 협의를 목적으로 하고 있었지만, 한국인 낙농 연수생을 위문하고 낙농가 방문이나 모리나가森永 유업 에니와惠庭 공장, 홋카이도 낙농 개발 사업용 가축 인공 수정소 시찰을 실시하는 등 낙농 및 축산에 관한 기술에 높은 관심을 보였다. 주목할 만한 것은 구연유 계장의 홋카이도 방문이 CP에 의한 한국 연수원의 입장으로 진행되었으며, 방문에 관한 경비가 일본 정부의 CP 관련 예산에서 지출되었다는 점이다.[29] 그것은 한일국교기본조약에 의거한 무상 원조 2억 달러, 정부 차관 8억 달러, 민간차관 3억 달러 등 총 13억 달러로 구성된 경제원조와는 별도의 예산이며, IBRD 등의 차

---

28 「第二次酪農研修生受入れの経過」, 『韓国酪農研修生受入 第二次 1』A11-1, 7948, 北海道立公文書館, 札幌.
29 「復命書」, 『第二次韓国酪農研修生受入2』 A11-1, 7949, 北海道立文書館, 札幌, 昭和 43年 9月 23日.

관과도 다른 재원에 의한 낙농기술의 한국 제공이라는 측면을 갖는 것이었다. CP에 근거한 한국 낙농에 대한 기술협력은 향후 더욱 검토할 필요가 있지만, 현시점에서는 한국 낙농발전사가 갖는 새로운 측면을 조명할 가능성이 있음을 지적하는데 참고하고자 한다.

홋카이도 측도 한국과의 낙농기술 교류에 큰 기대를 걸고 있었다. 홋카이도 낙농협회는 1970년 6월 16일부터 20일까지 한국 낙농 지도자 초빙 사업을 실시했다. 그 이유에 관해 홋카이도 낙농협회는 홋카이도에게 '낙농 생산지대로서, 미래의 수출지역으로서 한국과의 접점을 갖는 것은 매우 의미 있는 일'이며, 초빙 사업의 실시가 '장래의 홋카이도 농업발전을 위해서, 또 홋카이도 낙농 진흥에도 절호의 기회'라고 파악하였다. 여기에는 '향후 교류의 실마리로 삼겠다'는 한일 우호나 친선, 세계 평화를 내건 이념적 동기뿐만 아니라, 시장 확보라는 경제적인 이점에 근거한 판단도 있었다.[30] 초빙된 사람은 농림부 장관, 경기지사전임 박태원이 아닌 신임 남봉진, 농림부 축산국장, 경기도 농림국장, 경상남도 농림국장, 농림진흥청 시험국장, 한국농업진흥공사 부총재, 농림부 농정국 산업경제과장, 농림부 홍보관이었으며, 주일 한국대사관 농무관 외에 기자 3명서울경제신문, 도요(東洋)통신, 신아(神亞)일보도 동행했다. 같은 해 6월 26일에는 권용식 제주도지사와 엄병길 강원도지사가 홋카이도를 방문해 홋카이도 지사 외 홋카이도청 관계자들과 모임을 가졌으며, 유키지루시雪印유업 삿포로공장, 마치무라町村농장, 홀스타인농업협동조합 인공수정소 등 낙농 관련 시설을 시찰했다. 홋카이도 낙농에 대한 관심은 경기도

---

30 「韓国酪農指導者招聘事業について」北海道酪農協会, 『韓国酪農指導招聘事業No.2』A11-1, 7950, 昭和45年 4月 28日.

에서 제주도, 강원도로 지역적으로 확산되기 시작했다.[31] 더 나아가 홋카이도 낙농협회에서는 1970년 9월부터 10월까지 홋카이도 내 연구기관에서 연수사업을 실시하였는데, 한국에서 농림진흥청 작물시험장연구관과 호남작물시험장연구관, 축산시험장연구관, 국립종축장연구관 등 4명이 여기에 참여하였다.[32]

1965년 한일 국교 정상화 이후 5년간 일본과 한국 사이에 유통된 낙농기술은 양적인 확대뿐만 아니라 경기도에서 제주도, 강원도, 나아가 중앙정부 차원에 이르는 유통범위의 확대도 보이고 있었다. 홋카이도에서의 낙농 연수는 오사카부나 치바현에서 실시되고 있던 농업 연수를 참고해 책정된 것이었다. 그것은 한일국교 정상화 직후부터 일본과 한국 사이에서 1차 산업에 대한 지식이 지역 간 유통되기 시작했음을 보여준다.

다음 3장에서는 1967년 9월부터 실시된 첫 낙농연수와 관련하여 일본인과 한국인이 보인 반응에 대해 한국인 연수생이 남긴 증언과 메모 외에 수용처인 일본인 낙농가가 응답한 설문조사 결과를 통해 고찰함으로써 낙농기술을 매개로 형성된 한일 인적 네트워크에 내장된 '감정'의 일단을 살펴보고자 한다.

---

31 「韓国知事来道日程」『韓国酪農指導[者]招聘事業No.2』A11-1, 7950, 「韓国酪農指導者招聘事業実績報告書」, 『韓国酪農指導[者]招聘事業』A11-1, 7951, 北海道立文書館, 札幌, 昭和45年12月17日.
32 「韓国酪農指導者招聘事業について」, 北海道酪農協会, 前掲『韓国酪農指導[者]招聘事業No.2』, 昭和45年4月28日.

3. 낙농연수에 대한 당사자들의 반응

1) 한국인 연수생의 반응

1967년 9월 17일 한국 낙농연수생 좌담회가 개최되었으며, 12명의
한국인 연수생과『홋카이도타임즈』협동위원장, 홋카이도청 농무부 낙
농초지진흥과 진흥계장 및 동 주사, 홋카이도 한일친선협회 사무국 차
장이 참석하였다. 좌담회에서는 '1년간의 연수 생활, 연수의 감상과 배
움이 된 사항', '홋카이도 농업의 상태, 고충, 주문', '홋카이도에서 연수
한 것을 귀국 후 어떻게 살려 나갈 것인가', '향후 홋카이도와 한국의 기
술 교류와 연계를 어떻게 생각하는가', '한일 친선을 어떻게 추진해야
하는가' 등 5가지 점이 화제가 되었다.[33]

(1) '1년간의 연수 생활, 연수의 감상과 배움이 된 사항'

한국인 연수생이 꼽은 것은 우선 '초지' 문제였다. 한국인 연수생 김
모 씨는 '낙농을 위해서는 무엇보다 풀이 소중하다는 것을 몸소 배웠다'
라고 말했다. 지모 씨도 '내가 낙농 비슷한 것을 한국에서 하고 있고 소
만 있으면 낙농을 할 수 있다고 생각했는데 홋카이도에서 실습하면서
풀이 얼마나 소중한지 배웠'고 말했다.[34] 같은 한국인 연수생이었던
정모 씨도 잡지『홋카이도젖소경제검정통신北海道乳牛経済検定通信』1948년 1월호
에 게재한 수기「1년 동안의 낙농연수를 마치고서」에서 '뼈저리게 목초

---

33 「決定書－北海タイムス新聞社主催による韓国酪農研修生座談会の概要について」第832号, 前掲『第
   1次韓国酪農研修生受入関係1』, 昭和42年9月19日.
34 「北海タイムス新聞社取材による韓国酪農研修生座談会の概要」, 前掲『第1次韓国酪農研修生受入関係1』.

의 진가'를 알게 되었다며, '한국 목초는 정말로 빈약하고 오로지 야생초에 의존하는 원시 낙농에 불과하다'고 기술하였다.[35] 한국인 연수생들은 낙농연수를 통해 초지의 중요성을 강하게 인식했다. 이는 1970년대 이후 발전 궤도에 접어든 한국 낙농이 초지 조성을 중시하던 모습과 밀접한 관련이 있었다.

둘째로 일본인 낙농가의 근면함에 관한 것이다. 김모 씨는 '낙농가들이 지극히 근면한 것은 정말 놀랐다'며, '이 점에 관해서는 나도 따라 열심히 일하고 싶다'고 말했다. 조모 씨도 '아침 일찍부터 밤늦게까지 정말 열심히 일한다'고 소감을 밝혔다. 그중에서도 주목할 만한 것은 근면함을 칭찬하면서 여성에 관해 언급했다는 점이다. 예를 들어 이모 씨는 '나는 홋카이도 낙농에서 가장 감탄한 것은 여성들이 아침 일찍부터 밤늦게까지 정말로 열심히 일한다'는 것이라고 했고, 김모 씨는 '부인들이 부지런함을 넘어설 정도로 부지런하다, 정말 일을 잘한다'고 말했다.[36] 앞서 말한 정모 씨는 홋카이도청에 제출한 메모에 '여성이 부지런한 점은 저의 뇌리에 강하게 박혀 있습니다'라고 하며 다음과 같이 적었다.[37]

가정주부라면 가사뿐인 것으로 알고 있던 나로서 또 실제 그렇게 보고 자란 나에게는 큰 감명을 받았으며 존경합니다. 그들 여성들이 집 밖에서 작업을 하게 되는 것이 그 나라 전통에 의해서거나 풍습에 의한 관례이거나 또는 생활환경에 기인된 것인지는 모르겠으나 근면하면서도 낙농에 열의와 애정을

---

35 「一年の酪農研修を終えて」,『北海道乳牛経済検定通信』, 前掲『第1次韓国酪農研修生受入関係1』所収, 昭和43年1月号.
36 「北海タイムス新聞社取材による韓国酪農研修生座談会の概要」, 前掲『第1次韓国酪農研修生受入関係1』.
37 「タイトルなし」, 前掲『第1次韓国酪農研修生受入関係1』.

가진 마음씨만은 높이 사고 싶습니다.

한국인 연수생들은 낙농기술을 배우는 과정에서 '일하는 여성'의 모습을 목격했다. 그것은 그들이 갖고 있던 전통적 가치관에 기초한 여성상에 쇄신을 강요할 정도의 충격을 주었을 가능성이 있다. 몇몇 연수생의 발언에서는 젠더 인식의 변화를 느끼게 한다. 반면 변하지 않은 연수생의 존재도 엿보인다. 실제로 에니와초惠庭町 농협에서 올라온 보고에는 한국인 연수생들이 '한국에는 부창부수, 남존여비라는 것이 있기 때문에 일본에서 여성이 작업에 대한 명령을 하면 달가워하지 않았다'는 기재도 볼 수 있었다.[38]

(2) '홋카이도 농업의 상태, 고충, 주문'

첫째, 바쁜 것에 대한 불만이 있었다. 정모 씨는 '일본 낙농가들은 쉴 틈이 없다'고 지적했고 김모 씨도 '일본 낙농가들은 정말 1년 내내 바쁘다'며, '집 주변 청소가 충분하지 않다', '만년 이불인 곳도 있다'고 서술하였다.

둘째, 일본인 낙농가의 태도에 불만이 있었다. 지모 씨는 '일본인들은 좀 더 대륙적인 포옹력이 있어도 좋을 것이라고 생각했다'고 서술하였다. 조모 씨는 '오랜만에 친구 집에 놀러 나갔다가 조금 늦게 귀가해도 다음날 작업에 지장이 없다면 용서해 줬으면 한다'고 한 것으로 미뤄볼 때, 한국인 연수생들의 눈에는 일본인 낙농가의 태도가 융통성이 없어

---

38 「恵庭町」, 前掲『第1次韓国酪農研修生受入関係1』.

보였을 것이다. 이 밖에 한국인 연수생 측에서는 '일하는 와중에도 의식적으로 너희 한국인은 교양이 없다는 고정관념을 가지고 있었다'거나, '아무리 생각해 봐도 주인 측이 나쁘다는 것을 알면서도 말이 통하지 않아 반박을 할 수 없었다'는 성토도 있었다.

셋째, 일본인 낙농가의 지식 부족을 지적하고 있었다. 남모 씨는 '낙농가들에게도 지식의 상하가 있다'고 지적하며, '물어봐도 적절한 답을 얻지 못하는 경우도 많다', 지식이 낮은 낙농가에 들어간 사람은 그 정도 공부밖에 되지 않는 것은 아닐까'라는 신랄한 의견을 서술하였다.[39]

(3) '홋카이도에서 연수한 것을 귀국 후 어떻게 살려 나갈 것인가'

여기서는 초지 조성에 대한 노력을 이야기하였다. '캐나다 등에서 소를 구입하여 현재 10마리 정도 기르고 있는데, 귀국 후에는 풀을 가꾸는 일을 가장 먼저 하고 싶다'이모 씨, '현재 젖소 8마리를 사육하고 있는데, 경지가 협소하여 초지개발을 제일로 시작하고 싶다'정모 씨, '한국은 홋카이도와 기상 조건이 꽤 다르기 때문에 잘 연구하여 양질의 풀을 기르고 싶다'지모 씨 등 모두 초지 조성에 주력할 것이라고 밝히고 있었다.[40]

(4) '향후 홋카이도와 한국의 기술 교류및 연계를 어떻게 생각하는가'

한국인 연수생들은 기술 교류를 지속하기를 원했다. 정모 씨는 자신의 연구그룹과 홋카이도 연구그룹 사이에 자매결연을 맺고 싶다며 연구그룹을 소개해 달라고 요청했다. 조모 씨는 '앞으로도 후배들에게 지도

---

39 「北海タイムス新聞社取材による韓国酪農研修生座談会の概要」, 前掲『第1次韓国酪農研修生受入関係1』.
40 위의 글.

를 해 달라'며 홋카이도에서 연수생을 받아줬으면 좋겠다는 바람을 내비쳤다. 남모 씨는 '한국에도 시험장이 있기 때문에 이들 시험장을 통해 기술지도를 바란다'는 발언을 하였다.[41] 낙농기술의 교류를 계속함으로써 한일 간 사람과 지식의 네트워크를 구축해 나갈 것이라는 기대가 표명되었다.

(5) '한일 친선을 어떻게 추진해야 하는가'

많은 한국인 연수생들이 한일 간 인적 교류 촉진을 요구하며 사람과 사람의 유대의 중요성을 지적하고 있었다. 이모 씨는 '한일 친선을 위해 홋카이도에서 꼭 한국에 와 달라', '간단하게 왕래할 수 있도록 해 달라'는 요청을 하였으며, '요점은 사람과 사람 간의 교류가 친선의 시작'이라는 뜻을 밝혔다. 지모 씨는 '민간외교로서 중요한 것은 가정적 유대감이라고 생각한다'며, '앞으로도 가정적 관계를 이어가겠다'고 말했다.[42] 한국인 연수생들은 낙농연수를 통해 한일 친선 촉진에서 한일 인적 네트워크가 얼마나 중요한지 강하게 인식하고 있었다.

2) 수용 일본인 낙농가의 반응

한국인 연수생을 수용한 일본인 낙농가의 반응은 에니와쵸 사무소와 농협이 실시한 현지 실태조사 내용에서 알 수 있다. 조사는 에니와쵸 이외 지역의 수용 낙농가도 대상으로 하여, 각 낙농가로부터 들은 내용을 「한국 낙농연수생 수용상황조사표韓國酪農硏修生受入狀況調査票」에 기입하는 형

---

41 위의 글.
42 위의 글.

식으로 이루어졌다.[43] 이 조사표에 기재된 일본인 수용 낙농가의 목소리는 공개될 것을 상정한 것이 아니었기 때문에 어떻게 보면 이들의 '속내'가 드러난것이라 할 수 있다. 여기서는 조사표의 두 항목, 즉 「연수 태도」와 「희망 사항」에 주목하여 몇 가지 지적해 두고 싶다.

첫째, 한국인 연수생의 태도를 평가하는 목소리가 많이 보이는 반면, 소수이기는 하지만, 비판적인 의견도 여기저기에서 조금씩 확인된다. 어떤 일본인 낙농가는 '음주를 하지 않고 진면목을 보여줬다'라고 서술하였으며, 다른 낙농가도 '일은 느리지만, 정말로 정성스럽고 확실하다'고 증언하였다. 또 다른 낙농가는 한국인 연수생을 아들과 같이 여겼으며 '영리하고 성실하다'라고 평가하였다. 반면 신랄한 의견도 볼 수 있었다. 어떤 낙농가는 한국인 연수생의 태도가 나쁘다며, 그 이유로 연수생이 대졸로 나이가 많다는 점, 그리고 잘난 척한다는 점을 들었다. 이밖에 일본인 낙농가 측이 연수생의 음주량에 불만을 품은 경우도 있었다.[44] 하지만 흥미로운 것은, 일본인 측에서 연수생이 술을 별로 마시지 않기 때문에, 수용 낙농가 가족과 단란한 시간을 보낼 기회가 적었다는 것에 대한 불만을 가지는 사람이나, '술을 좋아하는' 사람을 내년도 연수생 수용 조건으로서 내거는 사람도 있었다는 점이다. 술은 과음해도 문제였지만 마시지 않아도 문제시되었다.

둘째, 연수생의 능력 부족을 지적하는 목소리에 관한 것이다. 어떤 낙농가는 연수생이 성실하긴 하지만 작업 능률이 오르지 않는다며, 연수생의 능력 부족이 그 원인이라고 지적했다.[45] 일본인 낙농가 가운데서

---

43 위의 글.
44 위의 글.

연수생의 능력 부족이 문제가 되었는데, 그 요인으로는 연수생 스스로가 한국에서 낙농에 대한 경험이 없었던 데다, 동기부여가 낮았던 점도 있었던 것으로 보인다. 실제로 일본인 낙농가 상당수가 인터뷰에서 다음에 받아들일 연수생은 낙농을 하고 있거나 한국에 귀국한 뒤 낙농을 하려는 사람으로 해 달라고 요청했다.

셋째, 연수생의 일본어 능력이 부족했기 때문에 의사소통이 충분하게 이루어지지 못한 점을 지적하였다. 일본어 능력의 부족은 한국인 연수생 스스로도 느끼고 있었고 대부분의 연수생이 일본어 학습의 필요성을 언급하였다.[46]

넷째, 홋카이도의 민단 지부가 수용 낙농가에 개입하였는데, 그것을 불쾌하게 느끼는 낙농가의 모습이다. 어떤 낙농가는 '민단 지부치토세(千歲), 도마코마이(苫小牧)에서 너무 심하게 참견하는 것이 아닌가'라고 하였으며, 또 다른 낙농가도 '지부의 개입이 많은 것 아니냐'라고 불만을 토로했다.[47]

다섯째, 다음에도 한국인 연수생을 받아도 좋다는 낙농가가 압도적 다수에 달했다는 점이다. 이는 일본인 낙농가 측이 낙농 연수 사업을 호의적으로 받아들인 결과로 풀이된다. 실제로 앞서 언급한 바와 같이 1968년 1월부터 제2차 낙농연수가 실시된 것을 보아도 이는 분명하다. 하지만 한국인 연수생의 발언에서는 반드시 거기에 '호의'만 있었다고 생각되지 않는 상황을 짐작할 수 있다. 예컨대 제2차 낙농연수에 참가

---

45 위의 글.
46 위의 글.
47 위의 글.

했던 한국인 연수생이 귀국 직전인 1969년 1월 개최된 「한국낙농연수생 좌담회」에서 발언한 내용에서 단서를 찾을 수 있다. 이 발언은 『홋카이도타임스』에 게재되었다.[48]

> 홋카이도는 춥고 발전하지 않은 곳이라고 들었는데 훌륭하게 개발되어 있어서 깜짝 놀랐다. 다만 일부 수용 농가는 보수적이고 젊은 사람들의 의견을 트집 잡거나 우리 연수생을 단순 노동자로 간주해 적절한 지도를 하지 않는 곳도 볼 수 있었다. 낙농가를 키운다는 책임감을 더욱더 가졌으면 했다.

이 같은 발언은 일본인 낙농가 중에 낙농연수 사업을 기술의 전달이나 지도가 아니라 '편리한 근로자의 이입'으로 인식했던 사람이 있었을 가능성을 상기시킨다. 이것은 결코 1960년대 후반의 홋카이도에만 국한된 것이 아니라, 현재도 계속되는 '인식'으로서 고찰해야 할 과제임을 조명하고 있다.

4. 나가며

이 글은 한일국교 정상화 직후 홋카이도에서 실시된 경기도 파견 한국인에 대한 낙농기술연수 실태에 관해 제1회 연수사업이 어떤 경위로 이루어졌으며, 이에 참여한 일본인과 한국인이 어떤 반응을 보였는지에 주

---

[48] 「一年間の実習終えて – 韓国酪農研修生座談会」, 『北海タイムス』, 前掲 『第二次韓国酪農研修生受入 2』 所収, 昭和44年1月20日付.

목하여 고찰해 보았다. 그것은 기술의 유통과 인적 네트워크 형성이 1960년대 후반 한일 지방자치단체 차원에서 어떻게 시도되었는지를 초출 사료를 활용하여 실증적으로 분석함으로써 한일 협력의 새로운 역사적 측면을 조명하고자 한 것이었다. 이 글은 소견이지만 낙농기술의 관점에서 한일관계사를 서술한 최초의 분석으로서 몇 가지 중요한 사실을 밝히고 있다. 하지만 제2회 낙농 연수 이후 연수사업의 검토가 이루어지지 않는 등 많은 과제를 남겨 두고 있어, 낙농 분야에서 본 한일 협력의 역사적 여정은 그 해명을 향한 궤도에 오른 지 얼마 되지 않았다. 그렇지만 이 글에서 밝혀 온 것을 근거로 하여 기술의 유통과 감정의 관계에 대해 다음과 같은 지적을 할 수 있을 것이다.

기술 그 자체는 무기질無機質이다. 하지만 그것이 유통되는 과정에서 사람들 속의 여러 감정을 뒤흔든다. 이 글에서는 일본인과 한국인의 반응을 고찰하였는데, 그것은 틀림없이 기술이 유통되는 과정에서 생겨난 사람들의 감정이며 동정이나 공감, 반발이라고 부를 수 있는 것이었다. 이러한 사람들의 다양한 감정은 기술을 기반으로 한일 간에 바다를 넘나들며 형성된 인적 네트워크의 세그먼트가 되었다. 독일의 역사학자 프레베르트Ute Frevert에 따르면, 그동안 정치라는 것은 '지루한 절차에 지배되고 냉정하고 목표를 달성하는 것만 머리에 가득한 인간이 행하는 것'으로 여겨졌으며, '칙칙한 복장의 정치가나 관료'가 합리적인 논리로써 지배하는 것이며, 이익이나 규범에 의해 움직이고 있다고 여겨졌다. 하지만 감정은 오늘날의 국내 정치나 국제 정치에 힘을 가지고 있으며, '정치의 기저에 깔려있는 이익이나 규범에도 채색을 더하는 존재'이기 때문에, 감정에 주목해 정치 분석을 실시하는 것이 중요하다고 하였다.[49] 이 글에서 드러난

기술의 유통에 얽힌 감정의 존재는 특히 정치적 측면에 치중될 뻔한 한일관계사에 새로운 '채색'을 더할 뿐만 아니라 한일관계의 중층적 구조에 빛을 발한다. 여러 층이 중첩되어 있는 한일관계를 역사적 맥락에서 실증적으로 그 층 하나하나를 세심하게 살펴보는 것은 한일관계의 역동적인 역사적 전개에 대한 이해를 촉진시킬 뿐만 아니라 한일관계의 미래를 구상하기 위한 중요한 단서를 얻는 것으로 이어질 것이다.

하지만 여기에는 중요한 전제 조건이 있다. 즉 왜 그러한 '감정'이 기술의 유통을 수반해 일어났는가 하는 것이다. 이에 대한 답은 식민지주의나 계층, 젠더 등 다양한 관점에서 준비될 수 있을 것이다. 이 글에서는 회답 준비의 방향성을 제시하는 데 그쳤지만, 향후 해명해야 할 중요한 과제임은 말할 것도 없다. 이 글에서는 주로 '육지의 산업지産業知'에 관해 논해 왔지만, 기술의 유통과 감정의 문제는 '바다의 산업지産業知'에도 적용하여 생각할 수 있지 않을까 하는 문제제기를 하고 싶다.

이상의 점을 감안하면 한일관계사와 한국현대사 연구를 진행하는데 있어 한국 낙농 자체의 역사연구도 중요한 과제가 될 수 있을 것이다. 한국 낙농의 '근대화'가 한일관계 전개에 어떤 영향을 미쳤고, 또 한일관계가 한국 낙농의 '근대화'에 어떤 영향을 미쳤는가. 그리고 한국 낙농의 '근대화'가 20세기 후반 글로벌 낙농의 발전과 어떻게 연결되는가. 이러한 많은 과제들이 남겨져 있음을 느끼지 않을 수 없다. 한일관계뿐만 아니라 세계사글로벌 히스토리의 맥락에서도 한국 낙농의 역사적 전개와 그것이 갖는 의미를 묻는 것이 중요하다는 지적을 하면서 이 글을 마무리하고자 한다.

---

49 ウーテ・フレーフェルト, 『歴史の中の感情 – 失われた名誉・創られた共感』, 櫻井文子 訳, 東京外国語大学出版会, 2018, p.16.

원양 실습일지에 나타난 실습선원들의 해양인식 고찰[*]

주현희

1. 들어가며

한국전쟁 이후 한국은 극심한 빈곤과 경제 불황으로 많은 어려움을
겪었다. 전후 경제의 부흥과 국가재건의 발판이 된 산업 중 하나가 바로
원양어업이었다. 1960년대 국가재건을 위한 외화 획득과 국민 건강을
위한 양질의 단백질 공급원으로서 원양어업이 급속한 발전을 이루었으
며 원양어업 발전과 신규 어장의 개척을 위해 북태평양 조사단의 해양
조사가 이루어졌다. 이 글에서는 북태평양어업시험조사단[1]의 일원으로
참여한 실습생이 쓴 원양 실습일지抄 및 한희수 부단장의 회고록, 단
원으로 조사단에 참여한 부산수산대학교의 이병기 교수의 회고문, 수산
청 조사보고서 등 북태평양어업시험조사와 관련된 일련의 기록물을 통

---

[*]   A Study on the Ocean Recognition of the Pilot Sailors in the Ocean Practice Logbook.
     遠洋 實習日誌에 나타난 實習船員들의 海洋認識 考察
[1] '북태평양어업시험조사단'이 정식 명칭이나 이후 약칭하여 '북태평양 조사단'으로 기술하기로 한다.

해 원양어업 개척기의 해양인식을 살펴보고자 한다.

매일의 일상을 기록하는 일기나 업무 상황을 기록으로 남기는 업무일지, 관찰일지, 실습보고서 등은 개인의 경험을 기록한다는 점에서 유사성을 지닌다. 그러나 일지는 사적 체험을 공적 업무의 일환으로 기록한다는 점에서 일기와 다르다. 원양 실습일지는 사적 감정을 걸러내고 업무나 실습과 관련하여 반드시 작성해야 하는 유의미한 경험을 선별하여 그 과정을 면밀히 기록한다는 점에서 업무일지나 관찰일지, 실험보고서와 유사하다고 볼 수 있다. 이처럼 개인의 사적 경험을 공적 문서화한 기록된 실습생의 원양실습일지초에는 원양 개척의 당시의 역사적인 첫 걸음이 생생하게 기록되어 있다. 그러므로 개인의 삶의 한 단면에 나타난 원양어업 개척기 당시의 해양에 대한 개인의 인식과 삶을 들여다보고자 한다.

한편 회고록의 경우 원양 실습일지와 마찬가지로 개인의 사적 경험을 기록한 것이다. 실습일지에는 당시의 체험과 느낀 감정이 객관적으로 수록되어 있는 반면 회고록의 경우 경험한 그 당시에 바로 작성하는 것이 아니므로 지나간 세월을 반추하는 과정에서 기억의 미화, 재구성이 이루어지기 때문에 객관성을 잃기 쉽다. 그러나 그 당시와 현재를 모두 경험한 필자가 당시에 경험한 해양인식과 현재의 인식 차이를 체감하고 서로 비교하여 작성함으로써 당시의 해양인식을 더욱 뚜렷하게 알 수 있다.[2]

---

2 Yeo(2007a)는 기록은 이용자들이 인식하는 다양한 기록의 의미 중 일부이며 이용자들은 기록을 기억, 설명, 책임의무, 사회적 혹은 개인적 정체성, 권력의 정당화 등 다양한 의미로 받아들인다. 따라서 이를 포괄할 수 있는 새로운 개념으로서 기록을 '활동의 지속적인 재현(persistent representation of activities)'이라고 정의하였다. 이러한 재현은 그 활동을 직접적으로 체험하여 잘 알고 있는 참여자, 관찰자 혹은 공인된 대리인에 의해 생산된다고 하였다(Yeo, Geoffrey, 「Concept of Records(1) : Evidence, Information, and Persistent Representations. American

조사보고서의 경우 가장 객관적인 사실과 전문가의 지식 정보로 구성된 공적인 자료로서 감정이나 주관이 상당히 배제된 형태의 문서이다. 그러므로 조사보고서에 기록된 객관적인 사실이나 전문 지식을 살펴봄으로써 당시 실습선원 및 조사단원의 기록물 속 내용이 그들이 직접 체험한 것인지, 그들의 해양인식의 근거가 된 상황이 실제로 있었던 일인지를 확인할 수 있다. 또한 일지 및 회고록에 기술된 감상에 대한 객관성을 확보할 수 있을 것이다.[3]

이제까지의 선행연구에서는 실험일지, 작업일지, 항해일기 등의 개인의 사적 체험을 기록한 기록물에 나타난 역사 인식이나 사회상 등을 다룬 연구가 다수 있었다. 작업일지의 경우 작업일지의 작성이 업무 능률의 향상에 어떠한 영향을 미치는지 그 상관관계를 살펴본 연구가 주를 이루었다. 그리고 작업일지를 어떻게 작성해야 효율을 더 높일 수 있는지를 살피고 작성 방안을 제시한 연구가 있었다. 그리고 노동자의 작업일지, 일기 등의 기록물을 토대로 기업 경영사를 살펴본 연구도 있었다.

항해일지에 관한 연구는 주로 15~17세기 대항해 시대의 항해일지 속에 나타난 식민주의적 탐색, 국가 간의 무역, 상업적 이해관계 등에 대한 연구가 있었다. 조구호[2021]에서는 15세기 말 항해가 끄리스또발 꼴론의 항해일지에 나타난 아메리카에 대한 유럽인들의 인식과 식민주

Archivist」, 70(2), 2007a, pp.315~343; 김지현, 「자연과학분야 대학실험실에서의 연구노트 작성 및 관리에 관한 연구」, 『한국기록관리학회지』, 11권 1호, 한국기록관리학회, 2011, 141쪽에서 재인용).

3 기록관리는 주로 관료제 기반의 조직에서 업무과정을 통해 생산된 기록물 중 증거나 정보로서의 가치를 가지는 기록을 선별, 보존하는 방식으로 이루어져 왔다. 이러한 관점에서 기록관리자들이 전형적(prototypical)이라고 생각하는 기록은 업무과정 중에 생산된 글로 쓰인 문서이며 어느 정도의 객관성을 지니면서 공식적인 기록관리 시스템 내에서 관리되는 자료라고 할 수 있다 (Yeo, Geoffrey, Ibid., 김지현, 위의 글, 141쪽에서 재인용).

의적 탐색의 의미를 다루었다. 신윤길1994에서는 17세기 초 영국 동인도 무역의 상업적 이해관계를 동인도 항해일지를 중심으로 살펴보았다. 도진순·남지우2021에서는 1842년 2월 마카오에서 조선인 신학생 신분의 김대건이 프랑스 군함 에리곤호에 승선하고 항해 여정을 기록한 에리곤호 항해일지를 발견하였다. 그리고 항해 경험을 통해 김대건이 4년여 간의 신학교 생활에서는 배울 수 없었던 심상지리적 시야의 확장과 정신적, 영적인 성숙을 고찰하였다. 정응수1991에서는 『일동일유』와 『항해일기』 속에 나타난 근대문명을 처음으로 경험한 양국의 첫 근대적 대외사절단이 근대 문물을 어떻게 인식하고 수용하였는지를 살펴보고 양국의 근대 문물의 수용 태도의 차이를 고찰하였다.

이처럼 항해일지에 관한 선행연구는 기록물에 나타난 이국의 문물에 대한 탐색 과정, 인식, 수용 태도 등을 주로 다루고 있다. 대항해 시대에 국가 간의 무역, 종교, 영토 등의 경쟁에 따른 국가 간의 관계성을 항해일지를 통해 살펴본 연구가 대부분이었다. 15~17세기는 교통과 통신이 발달하지 않은 시대이므로 이국의 문물에 대한 수용 양상은 오늘날과 현격한 차이가 있다. 19세기에 들어서면서 전기가 발명되고 전화와 무선 통신으로 활발하게 의사소통과 정보 교류가 이루어지기 시작했다. 또한 대형 선박이 자유롭게 대양을 항해할 수 있게 되었으며 철도와 자동차, 비행기의 발명으로 이동이 자유로워지면서 사람들은 더 이상 이국의 문물을 낯설게 느끼지 않게 되었다.

한국에도 교통, 통신의 발전으로 이국의 문물이 대량으로 유입되었으며 일제강점기와 한국전쟁을 거치면서 다양한 이국 문물과 이국인들을 직접 접할 수 있었다. 그러나 이는 어디까지나 외부로부터의 유입에 의

한 경험으로써 실제로 한국인이 이국을 방문하여 그곳의 발전 모습을 보거나 생활을 겪어보지는 못하였다. 1950~1960년대에 파독광부, 파독간호사, 원양어선 선원 등 노동자 집단이 대거 이국으로 파견되었다. 이들이 현지에서 생업에 종사하면서 직접 생활 전선에서 이국을 경험한 것이 어찌 보면 내부로부터의 진출에 의한 본격적인 이국 경험이라고 볼 수 있을 것이다.

그러므로 이 글에서는 한국에서 북태평양으로 진출한 실습선원 및 조사단원이 대양을 항해하고 이국을 경유하면서 직접 겪은 이국 문물에 대한 경험을 원양 실습일지를 통해 살펴보고 1960년대의 해양인식에 대해 고찰하고자 한다. 이를 위해 북태평양어업시험조사에 참여한 실습생의 원양 실습일지 및 한희수 부단장의 회고록, 단원으로 조사단에 참여한 부산수산대학교의 이병기 교수의 회고문, 수산청 조사보고서 등의 기록물을 연구대상으로 하였다. 연구 방법론으로는 이러한 기록물에 수록된 내용 중 실습선원 및 조사단원들이 겪은 항해 경험, 선상생활, 기항지에서의 일화 등을 중심으로 일지 텍스트를 분석하고 텍스트 속에 내포된 해양에 대한 인식이 어떠하였는지 고찰하고자 한다. 이를 통해 1960년대 당시의 실습선원들이 원양을 어떻게 인식하고 있었으며 이국을 실제로 방문하여 이국의 발달상을 목도하고 이국과 비교하여 자국을 어떻게 인식하였는지를 아울러 살펴보고자 한다.

또한 개인의 기록물인 만큼 텍스트 곳곳에 자아에 대한 성찰과 자아의식이 표출되는 것을 볼 수 있다. 사방을 둘러봐도 육지가 보이지 않아 어디로 가고 있는지 그 방향감각마저 상실한 대양 한가운데에서 부유하는 개인으로서의 자아 인식, 이국을 방문한 대한민국 국민의 대표로서의 자아 인식, 장래 수산계로의 진출을 생각하는 수산인으로서의 자아 인식 등 대양, 이국에 투영한 다양한 자아 인식이 일지에 드러난다. 이처럼 원양 실습일지에는 한 개인이 해양 체험을 통해 자아와 자국을 성찰하고 이를 통해 자아, 자국 인식을 점차 내면화해 가는 과정을 엿볼 수 있다. 이에 이 글에서는 일지 속에 드러나는 자아와 자국에 대한 인식을 아울러 살펴보고자 한다.

2. 한국 원양어업 개척기의 개관

1) 1960년대 원양어업의 융성

한국 원양어업의 개척기는 1957년 지남1호의 인도양 진출부터 1966년 북태평양 트롤어업과 대서양 트롤어업이 등장하는 시대까지라 할 수 있다. 1957년 주한경제조사관실O.E.C : Office of the Economic Coodinator for Korea 수산부와 해무청 및 중앙수산시험장의 공동시범사업으로 (주)제동산업 소속 지남1호가 인도양에서 다랑어 연승시험조업을 실시한 것을 필두로 원양어업 진출이 시작되었다. 시험조업의 성공으로 이듬해인 1958년 (주)제동산업은 상업화를 목적으로 남태평양에 진출하였다. 미국령 사모아Samoa를 어업기지로 하여 미국의 밴캠프 수산식품회사Van Camp Sea Food Co.에 어획물을 직수출하는 실적을 거두었으며 이것이 한국 원양어업 사상 최초의 외자 획득이었다. 이후 조업 어장은 점차 대서양과 인도양까지 확장되었으며 다랑어 연승어업은 국가 수출 산업으로서 외화획득과 식량자원 확보에도 이바지하여 한국이 해양강국으로 발돋움하는 발판을 마련하였다.

1958년부터 1961년까지 4년 동안 (주)제동산업의 어선 3척이 남태평양에서 조업하였다. 1962년에는 (주)화양실업과 (주)동화에서 각각 1척을 남태평양 어장에 출어함으로써 3개 회사의 어선 5척으로 조업 어선이 늘어났다. 1964년에는 (주)제동산업 소속 제1태평양호가 버뮤다섬 근해에 출어하게 됨으로써 조업어장이 대서양으로까지 확대되었다. 1966년에는 미개척어장인 인도양에 진출하였고 같은 해 5월 한국수산개발공사가 이불어업차관자금으로 1965년에 도입한 스탄트롤어선 제601 강화호가 라스팔마스 근해에서 시험조업을 실시하였다. 이어 트롤어선 7척을 추가하여 총 8척이 인도양 어장에 진출함으로써 한국의 원양트롤어업이 시작되었다.

한편 1966년 3월 수산청이 발족하면서 한국의 원양어업은 새로운 전기를 맞이하였다. 수산청의 개청과 동시에 수산업 진흥을 위한 제도적 장치로서 수산진흥법을 제정, 공포하고 아직 기초적 단계에 머물러 있던 원양어업의 다각적 발전을 도모하였다.[4] 그리고 1966년 7월 북태평양어업시험조사 사업계획을 수립하고 부산수산대학 실습선 백경호와 (주)삼양수산 소속 저인망어선 10척을 각각 북태평양과 북해도 근해에 파견하여 해양조사 및 시험어업을 실시하도록 하였다. 북태평양 조사단의 시험어업의 성공으로 한국 원양어업은 북태평양까지 진출 어장을 확대하였다.[5]

1967년에는 (주)삼양수산의 어선이 북태평양에서 모선식 선단조업

---

4 수산청, 『수산청삼십년사』, 수산청, 1996, 458쪽.
5 위의 책, 463쪽.

을 실시하여 북태평양에서의 트롤어업의 가능성을 입증하였고 같은 해 12월 (주)신흥수산이 인도네시아 근해에 트롤어선 10척을 출어하였다. 이로써 한국의 원양어업은 다랑어 연승어업과 트롤어업 중심으로 발전하였다. 출어해역도 북태평양, 남서태평양, 대서양 및 인도양으로 확대되었으며 해외어업기지도 태평양 4개항을 비롯하여 대서양 6개, 인도양 2개, 모두 12개 기지로 늘어났다. 출어척수는 180척, 선원 수는 4,210명, 어획량은 4만 484m/t, 수출액은 1,196만 9,000달러의 실적을 올리는 등 비약적인 발전을 이루었다.[6]

1968년에는 북태평양 트롤어선이 본격적으로 출어 조업하게 되었고 1969년에는 남미 수리남 근해에서 새우트롤어선의 시험조업이 실시되었다. 1970년에는 남미 수리남 근해에 새우트롤어선이 본격적으로 출어함에 따라 출어척수는 274척으로 증대되었다. 선원 수는 6,972명, 원양업체 수는 36개사, 해외기지는 14개소에 달하였으며 8만 9,621m/t의 획기적인 생산으로 3,766만 3천 달러의 수출실적을 올렸다. 1971년에는 가다랑어 채낚기어업이 개발되었고 1973년에는 명태 필렛Fillet을 개발하여 수출을 시작하였다. 이로써 어획물을 전량 내수용으로 반입하던 북태평양 트롤어업이 수출산업으로 탈바꿈하였으며 한국 원양어업의 활로를 개척하였다.[7]

이처럼 북태평양 시험조사단의 성공적인 시험조사를 계기로 1966년부터 북태평양에서 명태를 대상으로 한 트롤어업은 급속한 발전을 이루

6　위의 책, 459쪽.
7　위의 책, 459쪽; 김영승·문대연, 『원양어장개발 50년 – 어구개발 및 자원조사를 중심으로』, 국립수산과학원, 2007, 161~162쪽.

었고 북태평양 원양어업은 1970년대와 1980년대의 산업고도화 시기에 국가 경제를 이끌어나갔다.

2) 북태평양 진출을 위한 어업시험조사

1960년대에 들어서면서 원양어업이 개척 시험 단계를 넘어서서 급속한 발달 궤도에 올랐다. 이에 따라 부산수산대학에서는 원양어업학과를 증설하고 원양에 진출하여 안전하게 실습을 할 수 있도록 새 실습선 백경호白鯨號를 건조하였다. 1964년 12월에 대한조선공사大韓造船公社에서 건조한 대형 강조鋼造 실습선 백경호는 현측식舷側式 트롤 어업, 다랑어 연승어업, 항해운용학 등의 실습과 해양 관측 및 자원 조사를 목적으로 마련되었다. 총 톤수 : 389톤, 주기출력 : 850마력으로 승무원 24명, 실습생 44명, 교관 2명이 승선할 수 있었다. 이 현대식 대형 실습선의 보유로 본격적인 원양 실습이 가능해졌다.

북태평양 어장의 개척은 한국 원양어업 개척사에 있어서 남태평양 다랑어어장 개척과 함께 위대한 업적이었다. 1957년에 인도양 다랑어 연승어업 시험의 성공 이후 한국의 원양어업은 남태평양으로 활발하게 진출하였으며 1960년대에는 사모아를 비롯해 인도양, 대서양, 아프리카로까지 어장을 확대해나갔다. 그러나 세계 3대 어장의 하나로서 저서어底棲魚 자원의 보고인 북태평양어장은 한국에서는 아직 미개척 어장이었다. 이에 우리 정부는 원양어업의 진출 해역을 확장하고 어획 종목을 다양화하기 위하여 북태평양 어장 개척에 나섰다.

수산청은 1966년 7월에 북태평양어업시험조사계획을 확립하고 북태평양 개척을 위한 어장 정보 수집과 경제성에 관한 사전 조사에 착수했다. 그리고 부산수산대학에서 실습선 백경호를 동원하고 시험 조사단을 편성하였다. 단장은 양재목梁在穆 부산수산대학 교수가 임명되었으며 부단장은 한희수韓熙綉 국립수산진흥원 해양조사과장 수산연구관이 임명되었다. 연구진 및 행정직 단원들 외에도 백경호 선장 이인호와 선원 21명, 부산수산대학 어로학과 4학년 학생 34명이 실습생으로 참가하였다.[8] 한희수 부단장은 북태평양어업시험조사계획에 대해서 회고록에 당시 상황을 다음과 같이 술회하고 있다.

우리나라에서 북양어업이 시작된 것은 1966년 7월 백경호부산수산대학 실습선의 시험조사부터이고 이때 필자가 참여하게 된 것은 1966년 5월 12일 한일어업공동위원회의에서 위원으로 참석하여 서울 반도호텔에서 회의중에 오정근 수산청장의 부름을 받고 청장실에 갔던 바 북태평양어업조사를 필자가 주도하여 실시하도록 계획을 수립하라는 것이었다. 당시 시험선으로서는 150톤급 백두산호가 가장 큰 것이지만 풍파가 거센 북양에서는 소형일 뿐만 아니라 항해능력도 1개월 정도이므로 적당한 시험선이 문제라고 하였던 바 어떠한 선박이라도 적당한 배만 지적하면 주선하겠다하므로 회의실에 돌아오니 동석하고 있던 김명년 수산청 차장과 장희운 생산국장도 처음 듣는 북양조사 구상임을 알게 되었다.[9]

---

8 단장 : 양재목(국립부산수산대학교수), 부단장 : 한희수(수산진흥원해양조사과장), 단원 : 심중섭(국립부산수산대학조교수), 이병기(국립부산수산대학조교수), 양도하(국립부산수산대학지도교관), 임동순(수산청생산국어로제2과), 진규현(수산청생산국어로제2과), 김용안(수산진흥원 자원조사과), 노홍길(수산진흥원 해양조사과), 선장 : 이인호 외 선원 21명, 실습생 34명(강지중, 곽윤일, 권황택, 김광양, 김문남, 김양정, 김종득, 김호길, 박화남, 하정호, 송야부, 안원이, 안의웅, 안창수, 양행식, 오순택, 옥양수, 유병욱, 이우기, 이재중, 이진삼, 정종환, 정충모, 정행웅, 최신웅, 하호돈, 황선옥, 권준부, 김광홍, 김광부, 박희경, 황영철, 정원이, 주용) 총 65명이 참가하였다.(정충모,「遠洋漁業乘船實習日誌抄 - 北洋 漁業調査를 兼하여」,『수산해양기술연구』 2권 1호, 한국수산해양기술학회, 1966, 38쪽)
9 한희수,「회상 원양어업의 개척기」,『수산연구』 5권, 한국수산경영기술연구원, 1991, 66쪽.

위에서 알 수 있듯이 북태평양어업시험조사계획은 1966년 5월 12일
에 열린 한일어업공동위원회의 직후 긴급하게 논의된 것으로 보인다.
남태평양의 다랑어 조업 경쟁이 치열해지면서 오정근 수산청장이 새로
운 어장 개척의 필요성을 느끼고 북태평양 시험조사 계획을 구상하여
이를 한희수 교수에게 처음으로 언급한 것이다.

5월 20일까지의 한일어업회의를 마치고 돌아와서 시험선을 물색한 바 부
산수산대학실습선 백경호389톤를 지목하였더니 수산청과 수산대학이 백경호
로 확정하고 6월 16일자로 북양어장조사 단장이라는 임명장을 주면서 (…중
략…) 조사 기간을 약 3개월로 확정하고 현지 기상을 감안하여 10월까지 조
사를 마치자면 7월 중에 출항을 예정하고 보니 준비기간이 한 달이므로 서울
을 수차 왕복함은 물론 수산대학은 매일 같이 오가며 준비를 마치고 **출발 보
고차 7월 10일 상경하니 시험선이 수산대학소속이고 실습학생이 동승하니 단장
은 양재목 교수로 하고 필자는 부단장의 임명장을 다시 주면서 조사업무의 계획과
수행은 부단장이고 단장은 전반적인 통솔과 학생실습지도를 담당하여 성공적으로
임무를 완수하라**는 것이었다. 그러므로 조사사업은 수산청주관으로 어업지도
예산 17,378,000원외자 33,000불이고 **조사사업수행은 필자를 비롯한 단원 전원
이고 대외적외국으로는 학생실습을 표면**으로 하여 합동사업이었으므로 상호이해
와 이해, 협조로 힘겨운 출동준비를 짧은 시일에 마치고 1966년 7월 16일 백경호
는 다음의 단원으로 구성되어 부산을 출항하였다.[10]

---

10 위의 글, 66쪽.

준비에서 출항까지 불과 한 달 만에 이루어진 계획으로 출항준비를 마쳤으나 출항 6일 전에 단장이 양재목 교수로 바뀌고 실습학생들이 동승하는 것으로 계획이 수정된 것을 볼 수 있다. 또한 북태평양 조사단의 조사 목적이 북태평양의 어장이 경제성이 있는지를 파악하고 어류 자원을 조사하여 이를 어획할 조업 방법을 시험하는 어로 시험이었음에도 대외적으로는 학생실습이 주목적인 것으로 하여 조사단을 파견하고 있는 것을 볼 수 있다. 이처럼 원양어업을 위한 북태평양으로의 첫 진출임에도 불구하고 계획 및 준비가 상당히 긴급하게 이루어진 것을 볼 수 있다.

북태평양 어장의 해황, 기상 등 어장환경 조건과 동 어장에서 행하여지고 있는 주요 어업 중 연어, 송어 및 저서어 대상 어업의 자원에 관한 조사 및 어획 시험을 실시함으로써 앞으로 민간어업 진출에 하나의 길잡이가 되도록 하는 동시에 동 해역을 조약수역으로 하는 관계국들의 반응을 타진하고자 한다.[11]

수산청에서 작성한 조사보고서에서 밝힌 조사 목적은 위에서 살펴보듯이 어업 자원의 조사 및 어획시험이었으며 향후 민간어업 진출의 발판을 마련하기 위해 북태평양해역을 조약 수역으로 하는 관계국들의 반응을 타진하고자 하는 목적도 포함된 것을 알 수 있다. 이처럼 북태평양에서의 상업 조업을 위해서는 해양 조사뿐만 아니라 해역을 조약 수역으로 하는 관계국들과의 외교적인 문제, 어업조약 문제도 해결해야 했기 때문에 이를 타진하기 위해 관계국들의 상황을 살피고자 방문한 것

---

11 김영승·문대연, 앞의 책, 82쪽.

으로 보인다.

조사단은 7월 16일부터 10월 12일까지 약 3개월간 북태평양 어장의 해황, 기상 등 어장 환경 조건과 연어, 송어 및 저서어 어류 자원에 관한 조사 및 어로 시험을 실시하였다. 조사단은 7월 16일 오후에 부산항을 떠났다. 백경호는 일본의 후쿠오카福岡와 하코다테函館에 기항하였다가 알류샨 열도Aleutian Islands[12]를 향해 항진하였다. 8월 9일에 일부변경선 date line, 日附變更線[13]을 통과하고 10일에 알류샨 열도의 애덕도Adak島 서남쪽 10마일 수역에서 연어, 송어 유자망流刺網어업[14] 시험을 처음으로 시도하여 연어 11미를 어획하였다. 같은 어업 시험을 알류샨열도 남북 해역에서 19일까지 11회 실시하였다. 이 시험 조업에서 송어, 연어 440미를 포획하고 물개, 돌고래 등도 잡았다.

8월 22일부터 9월 3일까지는 베링해 및 알래스카만에서 트롤어업 시험 조업을 15회에 걸쳐 실시하여 명태, 대구, 가자미, 청어, 게 및 기타 저서어를 13,600kg 어획하였다. 어로 시험뿐만 아니라 어구·어법의 적정, 어업 경영, 조업성 등의 조사도 이루어졌으며 이 외에 해양관측과

---

12 미국 알래스카 주의 화산 열도. 북태평양과 베링해를 가르면서 알래스카 반도에서 소련의 캄차카 반도까지 서쪽으로 2,370km에 걸쳐 호를 그리며 늘어서 있다. 안개가 심하고 비가 많이 내리며 숲이 울창한 산악 지역으로 땅이 기름지다. 주로 에스키모인이 살면서 어업·수렵과 목양에 종사한다. 사샬딘, 마쿠신 등 활화산이 특히 유명하다. 폭스, 포마운틴스, 앤드리애노프, 래트 등의 제도로 이루어지며 행정상 1구역을 구성한다. 1867년 미국이 소련으로부터 사들였다. 제2차 세계대전 중 한때 일본군이 점령하였다. 현재 미국 공군기지와 레이더 관측소가 있다. 넓이 1만 7670km². (세계인문지리사전, 2009.3.25.)

13 일지구상의 지방시(地方時)의 기선(基線)으로서 날짜를 변경하기 위해 편의상 설정한 경계선. 날짜변경선이라고도 한다. 날짜선은 태평양의 거의 중앙부, 대략 경도(經度) 180°를 따라 남북으로 설정되었으며, 이 선을 경계로 동쪽과 서쪽에서 날짜가 하루 달라진다.(사이언스올 과학사전, https://www.scienceall.com)

14 그물을 수면에 수직으로 펼쳐서 조류를 따라 흘려보내면서 물고기가 그물코에 꽂히게 하여 잡는 어법.

자원 조사도 시행하였다. 그리고 물자 수급을 위하여 더치하버Dutch
harbor와 코디악Kodiak에 기항하였다. 추운 기후와 높은 파고의 악조건 속
에서도 조사단은 시험 조사를 성공적으로 마치고 출항 89일 만인 10월
12일에 부산항에 입항하였다.[15]

이 시험 조사의 성공으로 북태평양 어장 개척의 가능성이 증명되었으
며 북태평양 어장은 원양 트롤어업의 최대 어장으로서 각광을 받게 되
었다. 연어, 송어 어업은 일소어업조약日蘇漁業條約[16]과 일미가어업조약日美加
漁業條約[17]에 의한 규제로 개척이 어려웠으나 명태와 저서어를 대상으로
한 트롤 어업에는 진출할 수 있었다. 1967년에는 삼양수산주식회사의
저인망어선단이 알류샨열도와 코디악 근해의 어장으로 출어하였다.
1968년에는 한국수산개발공사 소속 트롤 어선이 출어를 개시하였고 민
간 어업 회사의 트롤 어선이 다수 진출하였다.

---

15 부산수산대오십년사편찬위원회, 『부산수산대학교오십년사』, 부산수산대오십년사편찬위원회,
1991, 281~284쪽.
16 일소어업조약(日蘇漁業條約) : 1956년 5월 일본과 소련 사이에 체결된 조약. 정식으로는 '북서
태평양 공해 어업에 관한 일본국과 소비에트 사회주의공화국 연방 사이의 조약'. 대상구역은 동
해, 오호츠크해(Sea of Okhotsk) 및 베링해(Bering Sea)를 포함한 북서태평양의 전 수역(영해
제외)이다. 매년 1회 이상 일소어업위원회가 열려 연어, 송어, 청어, 게 등에 대해 자원의 보존과
증대를 도모하고, 지속적으로 생산성을 유지하기 위한 협동 규제 조치가 결정되었다. 이 조치는
일소 쌍방에 평등하게 적용되게 되어 있으나 연어, 송어의 경우에는 소련은 영해 및 영토 내의
하천에서 어획하고, 일본은 공해에서 어획하기 때문에 공해를 조약구역으로 하는 이 조약에서는
사실상 일본만이 규제조치의 적용을 받게 되어 협상은 매년 난항을 겪었다. 기한은 10년으로,
이후는 1년의 예고를 가지고 일방적으로 폐기할 수 있도록 되어 있었다. 200해리 어업 전관 수역
(漁業專管水域, fishery zone)을 채용한 소련은 1977년 4월 이 조약을 파기하고 이를 대신하여
소련의 200해리 수역 내에 대해서는 일소 어업 잠정 협정, 200해리 밖의 공해에 대해서는 일소
어업 협력 협정을 체결하였다.
17 일미가어업조약(日米加漁業條約) : 서경 175° 동쪽의 북태평양 어업에 관한 미국 캐나다 조약.
1952년 체결. 일본은 같은 수역의 연어·송어, 미국 연안 앞바다의 오표·청어 등의 어획을 자발
적 억제라는 형태로 금지했다.

3. 원양실습일지에 나타난 해양인식

　원양 실습일지에는 당시 원양실습에 나선 실습생의 생생한 해양인식이 나타나 있다. 부산수산대학 학생들은 졸업하기 위해서 학과 수업 교과목의 하나인 승선실습 과목을 이수해야 했다. 저학년은 연근해에서 승선 실습을 하였고 3~4학년은 원양에서 실습을 하였다. 1960년대에는 원양 실습이라고 해도 제주도 인근의 바다나 대만 기륭항까지 진출하는 정도였다. 더욱이 북태평양은 한국에서 처음으로 진출하는 것으로 실습일지에는 첫발을 내딛는 북태평양에 대한 막연한 동경과 기대감을 엿볼 수 있다.

　한국전쟁 이후 13년이 지난 시점에서 국가 재건을 위해 많은 젊은이들이 피땀 흘려 노력하고 있었고 외화획득을 위해 해외로 많은 노동자들이 나아갔다. 이처럼 국가적 차원에서 해양강국을 목표로 원양산업을 육성하고 있는 상황에서 북태평양 조사단에 합류하여 원양실습을 나선 실습생들은 국익을 창출하여 부강한 대한민국을 만들겠다는 마음가짐을 지니고 있었다. 그리고 이국의 선진 기술을 직접 목도하고 부러워 하는 한편 우리나라도 하루빨리 기술적인 발전을 이루었으면 좋겠다고 염원하기도 했는데 원양실습일지에는 실습생들의 애국심이 여실히 드러난다. 험난한 바다에서의 고된 어로 활동을 직접 경험하면서 어획고를 높이기 위해 어떻게 그물을 치고 끌어올려야 되는지를 고민하기도 하고 익숙지 않은 선상 생활에서의 여러 가지 힘든 점을 토로하기도 하는데 실습선원으로서의 자아 인식과 실습 경험에 대한 감상도 원양 실습일지에 나타나 있다.

한편 북태평양 조사단을 계획, 준비 단계에서부터 실질적으로 이끌어나간 한희수 부단장은 원양어업 초창기에 여러 어업시험조사에 직접 참여하고 1991년 한국수산경영기술연구원으로 재직 중에 회고록을 집필했다. 그는 1957년 남태평양 사모아도 근해 다랑어연승어업조사, 1966년 북태평양어업시험조사, 1978년 호주북부해역어장조사에 참여했는데 이러한 조사 경험을 회고록으로 집필한 것이다. '회상'이라는 제목이 달려있지만 실제 내용은 수산청, 중앙수산시험장의 여러 자료를 참고하여 작성하였으며 트롤 시험조업 성적표, 조사항정도 등의 통계자료 및 해도를 첨부하여 조사보고서의 형식과 내용을 갖추고 있다. 그러나 집필자의 당시 경험에 대한 감상이나 체험이 담겨 있으며 25년 전의 경험을 회상하여 집필한 것이므로 조사 직후에 작성하는 조사보고서라기보다는 회고록에 더 가깝다고 할 수 있다. 그 밖에도 단원으로 조사단에 참여한 부산수산대학교의 이병기 교수의 정년퇴임기념문집에도 북태평양 조사단 참여 경험에 대한 회고문이 실려 있는데 당시의 상황에 대한 이해를 돕기 위해 당시의 사회상, 정치, 경제, 인구, 수산업 실상 등을 연감을 인용하여 기술하고 있다. 이러한 조사 회고록에는 회고록을 집필하던 1991년 현재에는 상식이 된 원양 지식이나 해양에 대한 인식이 그 당시에는 희귀한 경험이었음을 술회하고 있다.

이에 이 글에서는 일련의 기록물을 통해 1960년대 당시 북태평양 조사단의 연구원 및 실습선원들이 지닌 바다를 대하는 마음가짐, 낯선 선상 생활과 이국의 문물, 이국 사람들에 대한 막연한 동경 등 그들이 해양을 어떻게 인식하였는지를 살펴보고자 한다.

1) 이국을 통해 바라본 자국 인식

(1) 해양 강국에 대한 열망

1960년대 원양 개척을 위한 북태평양 어업조사는 국부 창출을 위한 국가적 차원에서 이루어졌으며 국익 창출로 피폐해진 국가를 재건하고 선진 해양강국으로 도약하고자 하는 목적의식이 근간에 깔려 있다. 그리고 한편으로는 북태평양 어업조사에 부산수산대학의 실습선 백경호를 동원하고 학생들을 원양실습에 참여하게 함으로써 원양 개척을 위한 인재 육성이라는 목적도 아울러 달성하고 있는 것이다.

국가적 차원에서의 원양 개척에 대한 목적의식과 여기에 참여하는 실습생으로서의 사명감이 원양 실습일지에 드러난다.

> 부산항 방파제를 벗어나자 전원 작업복으로 갈아입고 작업대기 상태로 들어갔다. 그러면 먼저 여기서 본 부산수산대학 실습선 백경호에 대해서 말하자면 이 배는 1965년 Trawl어업과 Tuna연승어업 항해운용학 등의 실습과 해양관측 및 자원조사를 위한 연구의 목적으로 건조된 것으로서 건조비만 10,900만 원으로 국내의 어선에서는 가장 좋은 배라고 인정해 왔다. 그러나 이 배는 근 10년 전에 동경수대에서 건조된 Sinyou丸를 그대로 모방한 것으로 착공 당시부터 많은 문제점을 낳게 하더니 과연 승선해 보고 또 일본의 연습선들을 견학해 보니 우리나라 조선기술을 어느 정도 추측할 수가 있었다. 그러므로 우리 수산업과 해운업의 비약적 발전을 위해선 먼저 조선업의 발전이 있어야 함은 더욱 말할 나위가 없겠다.[18]

---

18 정충모, 「遠洋漁業乘船實習日誌抄 – 北洋 漁業調査를 兼하여」, 『수산해양기술연구』 2권 1호, 한국수산해양기술학회, 1966, 27쪽.

실습선 백경호는 국내의 어선 중에서는 가장 좋은 배라고 인정을 받는 배임에도 불구하고 이 배가 동경수대에서 건조된 Sinyou丸를 그대로 모방한 것이며 많은 문제점이 발생한 것을 알 수 있다. 그리고 일본에 가서 여러 연습선들을 실제로 보면서 우리나라 조선 기술이 일본에 비해 뒤떨어지는 것을 실감하면서 우리나라의 수산업과 해운업의 발전을 위해 조선업의 발전이 선행되어야 함을 절실히 느끼고 있는 것을 알 수 있다.

> 당시 시험선으로서는 150톤급 백두산호가 가장 큰 것이지만 풍파가 거센 북양에서는 소형일 뿐만 아니라 항해능력도 1개월 정도이므로 적당한 시험선이 문제라고 하였던 바 어떠한 선박이라도 적당한 배만 지적하면 주선하겠다하므로 (…중략…) 시험선을 물색한 바 부산수산대학실습선 백경호389톤를 지목하였더니 수산청과 수산대학이 백경호로 확정하고 6월 16일 자로 북양어장조사 단장이라는 임명장을 주면서 계획이 수립되면 필요한 예산도 단장에게 전적으로 지급할 것이니 본조사를 책임지고 완수하라는 명령이었다.[19]

이처럼 1966년 당시 우리나라의 조선 기술은 일본의 것을 모방하는 수준에서 크게 벗어나지 못했다. 게다가 북태평양조사에 나설 대형 선박을 마련하지 못하여 국가기관인 수산청에서 일개 대학의 실습선을 동원하고 있는 것에서 당시 원양어업의 여건이 얼마나 열악한지를 알 수 있다.

---

19 한희수, 앞의 글, 66쪽.

상륙은 오후부터 시작되어 오전에는 강의도 하고 작업도 하면서 시간을 보냈다. 1주일간 여기서 머무르면서 우리는 이번 조사에 필요한 물품일체를 구입했다. 즉, 자망과 NET Hauler 북양항해의 법정비품인 Loran의 증설과 트롤조사의 성공을 위해 Net Recorder와 해양관측용 기계 기구 등을 전반적으로 보충 및 점검했다.[20]

1966년 7월 17일에 일본 후쿠오카 외항에 입항하여 일본에서 일주일간 체류하는데 조사에 필요한 어망을 비롯하여 NET Hauler양망기,[21] Loran, Net Recorder, 해양관측용 기계 기구 등의 물품 일체를 일본에서 구입하는 것을 볼 수 있다.

다음 날 북해도를 뒤로하여 북위 45도를 넘어서니 한여름의 기온이 16℃로 내려가고 표면 수온이 12℃가 됨으로서 짙은 안개가 시작되고 가을 날씨가 되어 모두들 방한복을 입게 되고 풍파 속에서도 조사단원들은 새로 구득한 문헌 등을 각자 전공과 담당 업무별로 나누어서 조사해석하고 Aleutian 열도까지의 약 1주간의 항해 중에 북양에서의 세부적인 시험조사 계획을 수립하였다. 당시만 해도 국내에서는 북양어업과 어장에 대한 문헌은 물론 북양해역의 해도를 구할 수가 없어서 후쿠오카와 시모노세키 및 하코다테 등지의 대학과 연구기관 등에서 구득한 문헌과 해도로서 현지 어장에 도착 직전까지 항해 중에 세부적인 조사 계획을 작성 수립한 것을 지금 생각하면 무작정하고 대담한 출발이었고

---

20 정충모, 앞의 글, 28쪽.
21 NET Hauler(양망기) : 그물을 올리는 장치로 자망용 양망기, 건착망용 양망기, 정치망용 양망기 등 업종에 따라 그 종류가 다양함.

연일 짙은 안개 속에 Adak島 남방에서 풍랑으로 표류할 때에는 북해도대학 교수들이 하코다테 출항 시 환영 나와 조그마한 배와 많은 인원을 보고 "걱정 없이 잘 다녀올 수 있겠습니까?"라고 걱정하던 말이 되새겨지기도 하였다.[22]

이처럼 당시 국내에서는 어망, 어구를 제작할 수 있는 기술력을 갖추고 있지 못하였기 때문에 어망, 어구의 대부분을 일본에 의존하고 있는 상황이었다. 그러므로 부산항에서 출항하기 전에 필요한 물품을 모두 사입仕入하지 못하여 일본을 경유해서 어망, 어구를 비롯하여 해도에 이르기까지 물품 일체를 구입하는 것을 볼 수 있다.

게다가 북태평양 진출 자체가 처음인 데다가 북태평양 어업과 어장에 대한 정보를 얻을 수 있는 문헌 자료조차 없었다. 따라서 이것을 일본에서 입수한 후 현지 어장에 도착 직전까지 항해 중에 세부적인 조사 계획을 수립하였다. 이를 '무작정하고 대담한 출발이었'다고 기술한 것에서도 알 수 있듯이 원양어업 개척기에 신규 어장을 개척함에 앞서 제대로 된 자료나 계획도 없이 일을 진행하고 있는 것을 볼 수 있다. 일본 북해도 대학의 교수들이 조그마한 배와 많은 인원을 보고 걱정하는 모습에서도 조사단의 규모나 준비상황이 원양어업조사에 불충분한 것을 알 수 있다. 그러므로 초창기에는 많은 시행착오를 겪었으며 해상에서의 조난 사고도 발생하는 등의 많은 원양어업 선원들의 희생도 있었다.

조업방식으론 망을 치고 한 시간 예망하드니 끌어 올리는데 Otterboard

---

22 한희수, 앞의 글, 67쪽.

가 원형이며 너무나 깨끗하고 신사적인 조업이어서 선원 하나 그물에 손 안 대고 모든 것이 Equipment에 의해 움직여졌다. **우리나라도 하루빨리 저런 Trawl 공선을 아니 Stern trawl선이라도 많이 보유한다면 얼마나 좋겠는가 생각 했다.**[23]

실습생들이 소련 어선의 조업방식을 수역 경계선 인근에서 구경하는 데 그들의 조업방식이 너무나 깨끗하고 신사적이고 모든 것이 설비 Equipment에 의해서 자동으로 움직이는 것에 부러움을 나타내고 있다. 그리고 한국도 트롤공선[24]은 아니더라도 선미식 트롤선Stern trawl선[25]이라도 많이 보유하면 좋겠다는 염원을 기술하고 있는 것을 볼 수 있다. 트롤공선의 경우 트롤선에 공장식 설비를 모두 갖추고 있어야 하므로 배의 규모가 크고 여러 가지 설비를 갖추기 위한 비용과 기술도 필요하다. 그러므로 현재로서는 기대하기 어려운 상황에서 선미식 트롤선Stern trawl선이라도 많이 보유했으면 좋겠다고 기술하고 있는 것에서 당시 한국의 원양어업의 여건이 얼마나 열악하였는지를 알 수 있다. 이러한 현실 속에서 실습생들이 타국의 기술과 설비를 바라보면서 한국이 원양어업의 선진강국이 되기를 간절히 염원하고 있는 것을 알 수 있다.

(2) 약소국으로서의 자국 인식

성어기에 조업한 일본어선들은 연중 한 폭당 평균 2미를 어획한다.

---

23 정충모, 앞의 글, 32쪽.
24 공선(工船) : 바다에서 잡은 물고기 등을 바로 처리하여 제조 또는 가공할 수 있는 설비를 갖추고 있는 배.
25 트롤(저인망) 어업의 일종. 선미에서 오터트롤(otter trawl)을 투입하여 그물을 끈 후에 올리는 것.

조사단에서 처음으로 시험한 성적은 50%에 불과하지만 주어기가 지나간 때에 어로 시설과 어구어법 등이 상업적 조업어선과 비교할 수 없으므로 시험 작업으로서는 대체로 성공적이라 볼 수 있었다. 그러나 연어, 송어는 미, 소, 가, 일 등 관계 연안국이 자원관리적인 측면으로 상호 협정하에 어획하고 있는 어종이었으므로 조심스러운 시험이었다.[26]

당시 북태평양 국제어업협정의 체결로 규제된 수역에서만 어업을 할 수 있도록 되어 있었다. 조사선의 경우 어떠한 제한도 받지 않았지만 실습생들은 조심하고 있는 것을 볼 수 있다. 이는 북태평양이 공해이므로 국제법상의 제한을 받지 않지만 서경 175도를 한계선으로 하여 동쪽은 미·일·가어업조약구역으로, 그리고 서쪽은 일·소어업조약구역으로 구분되어 연안특정국에 의해 어업이 일방적으로 규제되고 있기 때문에 우리가 이곳에 진출할 경우 국제분쟁은 불가피하기 때문이었다.[27]

그러면 여기서 북태평양 국제어업협미일가 수역에 대해 설명하자면 (…중략…) 국제법에 의해 '공해에서 어업활동을 원하는 국민을 배제할 수 없다'라고 명시되어 있으며 더욱이 우리는 조사선이므로 '해양자원연구 및 조사 자유의 원칙'에 따라 '모든 국가의 연안국 비연안국을 불문하고 영해와 내수를 제외한 공해에서 해양자원의 과학적 연구 및 조사를 할 수 있는 자유를 가진다'라고 되어 있으므로 북양의 바다라고 해서 이 법에서 제외될 순 없으며 더욱이 조사선이 정부가 소유 또는 관리하는 선박인 경우에는 어떠한 제한도 받지 않게 되어 있다. 한 ton에 1천 5백 불까지 받을 수 있는 이 연, 송어를 우리가 출어하

---

26 한희수, 앞의 글, 67~68쪽.
27 「길 트인 북양어업 – 백경호 조사성과와 문제점」, 『조선일보』, 1966.10.13.

여 판로만 개척한다면 우리나라의 원양어업 세력의 확장은 물론 정부의 수출
시책에 발 맞춰 외화 보유고도 늘일 수 있겠는데… 한시라도 빨리 정치적인 타
협이 이루어졌으면 하는 마음 간절하였다.[28]

한국의 원양어업 발전을 위해 연어 · 송어의 출어와 판로 개척을 간절
한 마음으로 염원하고 있는 것을 볼 수 있다. 연어 · 송어는 서양 사람들
이 즐겨 먹는 물고기로 참치와 마찬가지로 외화벌이가 되기 때문에 연
어 · 송어의 상업 조업이 가능한지를 조사하기 위해 북태평양 조사단이
파견된 것이었지만 관계국의 반대로 상업조업이 무산되었다. 연어 · 송
어는 고향을 찾아가서 산란을 하며 이 물고기들이 올라가는 강이 있는
나라는 미국, 캐나다, 소련, 일본의 4개국으로 이들 나라에서는 이 고기
의 번식, 보호를 위해 많은 연구와 투자를 해왔다. 따라서 이 4개국 이
외의 나라가 이 어업에 참여하는 것을 극도로 꺼렸고 이들 관계국의 완
강한 반대미국의 군사원조 및 잉여농산물 지원 중단 등에 부딪쳐 연어, 송어 조업은 좌
절되고 부수적으로 생각했던 명태잡이가 북태평양 어장의 주대상이 되
었던 것이었다.[29]

그리고 12시 40분경 부두 선정 즉 중앙부두 No.7에 안벽계류하라는 전문
이 와서 다시 한번 학생들이 상륙준비를 열심히 하고 있었다. 그런데 뜻밖에
도 3시 38분 「Harbor Master는 외무성의 지시에 의해 본선의 입항을 금지

28 정충모, 앞의 글, 33쪽.
29 이병기, 『바다, 그 파란 신비에 매료되어』, 우양 이교수 정년퇴임 기념논문집 발간회, 1996,
   16~17쪽.

한다」라는 전문이 왔다. 정말 그 순간 측정 못할 실의의 감정과 분노를 금할 수 없었다. 순수한 연습선을 정치의 제물로 삼는다는 것은 언어도단이며 결코 용납할 수 없는 일이었기 때문이다. 뒤에 상륙해서 알았지만 이북어선 평신정의 정치적 망명과 삼양수산의 배가 시오가마에서 상륙 금지당했던 일 등 양국이 미묘한 분위기 속에 있다는 사실을 알았다. 그러나 확실히 이건 정치적인 쇼라고 우리는 아니 믿을 수 없었다.[30]

북태평양어업시험조사를 끝내고 9월 21일 일본의 시오가마항에 입항하려는데 일본 외무성의 입항금지로 인해 상륙하지 못하였고 순수한 연습선을 정치의 제물로 삼은 것에 대한 분노를 강하고 표출하고 있는 것을 볼 수 있다. 이처럼 당시 원양어업 개척기의 한국은 정치, 경제적으로 약소국의 처지에 있었기 때문에 정치적인 타협이 이루어져 출어하기를 간절히 바라는 실습생의 소망에도 불구하고 강대국의 반대에 조업이 좌절될 수밖에 없었으며 여러 국가의 견제를 받기도 하였다. 이러한 상황을 실습생 정충모는 직접 겪으면서 하루빨리 원양어업 기술이 발전하여 한국이 해양 강국이 되기를 바라는 마음을 실습일지의 곳곳에 표현한 것을 볼 수 있다.

(3) 일본을 통해 본 자국 인식

한편 북태평양 조사단은 일본의 후쿠오카 외항과 하코다테항에 기착하여 필요한 물품을 구입해서 적재하고 북해도 수산대학의 교수 및 학

---

30 정충모, 앞의 글, 37쪽.

생들과 교류 활동도 하였다. 원양 실습일지에는 일본 체류 기간 동안 일본인들의 도움과 조언을 받으면서 한국의 원양어업의 열악한 현실을 인식하는 모습을 볼 수 있다. 그리고 재일교포와의 조우를 통해 동포애를 느끼고 그들에 투영하여 낯선 타국에 온 이방인으로서의 자기 자신을 인식하는 것을 볼 수 있다.

7월 17일 아침 우리는 후꾸오카 외항에서 입항수속 준비를 했다. **말로만 듣던 일본을 바로 눈앞에 두고서 우리는 지나간 역사를 다시 한번 머릿속에 새기니 까닭 모를 울분이 앞섰다.** 항구에는 배동환 주일대표 및 수산청 직원과 영사관에서 환영 나왔으나 섭섭하게도 교포님들의 얼굴은 이 항구를 떠날 때까지도 볼 수 없었으며 심지어는 거리에서 요행히 교포를 만나도 반가운 기색은커녕 오히려 냉담한 표정이었다. 후꾸오까의 기후는 한국의 기후보다 훨씬 더웠다. 아직 한 여름도 아닌데 온도계는 36°를 가리키며 낮엔 더워서 도저히 걸어 다닐 수가 없었다.[31]

당시 원양어업에 필요한 모든 어구를 일본에 의존하면서도 일제강점기의 역사로 인해 일본에 대한 울분을 느끼는 것을 볼 수 있다. 7월 30일에는 일본의 북해도 수산대학을 방문하는데 그곳에서도 이러한 일본에 대한 부정적인 감정을 느끼고 있는 것을 볼 수 있다.

북해도수대는 북해도 종합대학교의 11개 단과대학 중의 하나로 동경수대

---

31 위의 글, 28쪽.

와 더불어 역사와 전통을 자랑하는 일본의 수산대학이다. (…중략…) 상상외로 교수들은 우리에게 우호적이고 친절했으나 우리를 보고 '조선'이라는 단어를 사용하는 데는 적지 않게 불쾌했다. 그래서 우리는 '한국이라고 고쳐 부르기를 바란다'했더니 옆에 있는 교수가 '일본말에 있어서 한국이라는 단어와 감옥이라는 단어는 매우 비슷하므로 좋은 의미에서의 조선이다'라는 주석을 붙였으나 역시 불쾌한 것은 마찬가지였다.

즉, KAN KO KU와 GAN KO KU를 처음엔 우리도 구별 못했으나 이건 어디까지나 외국어니간 구별 못한 것이고 일본대학교수가 구별 못할 리는 없는 것이며 이것은 오로지 그네들이 과거에 대한 집념의 잠재의식의 발로가 아닌가 생각된다.[32]

북해도 수산대학의 교수들은 대학을 방문한 실습생들에게 우호적이고 친절하게 대하였다. 그러나 '조선'이라는 단어를 사용하여 실습생들이 '한국'으로 불러 달라고 요청했음에도 불구하고 발음 시의 어감의 문제를 언급하면서 계속 '조선'이라고 부르는 것에서 실습생들은 이를 일본인 교수들의 과거에 대한 집념의 잠재의식이 발로된 것으로 생각하고 있는 것을 볼 수 있다.

더욱이 조사단원 소개 때 통역으로 우리 교수가 나와 있음에도 불구하고 어떤 분은 일본말로 자기를 소개하고 어떤 분은 한국말로 자기를 소개하며 또 어떤 분은 한국말을 한다는 것이 일본말이 튀어나와 폭소를 자아내게 하는

---

32 위의 글, 29쪽.

등 일관성 없는 행동에 학생들로부터 주체의식의 결핍이라고 많은 비판의 대상이 되었다. 사적인 경우에는 구태여 아는 일본말을 사용 못할 필요도 없지만 공적인 경우에는 국가의 위신도 있고 예리한 판단력을 가진 학생들 앞인데 또 엄연히 통역도 있는데 구태여 그렇게까지 나올 필요가 있을까? 아무튼 우리는 이 대학에서 우호적인 환영을 받았으며 북양어업진출에 대한 여러 가지 조언을 들은 것만은 사실이며 감사히 생각한다.[33]

몇몇 한국인 교수들이 자기소개를 일본말로 한 것을 실습생 정충모는 '주체의식의 결핍'이라고 비판하였다. 통역이 있음에도 불구하고 공적인 자리에서 일본어로 자기소개를 한 것에 대해서 국가의 위신을 고려하지 못한 태도라고 여긴 것이다. 북태평양 어업 진출에 필요한 여러 가지 자료나 조언을 제공한 것에 대해서는 감사하면서도 이를 일본으로부터 제공받을 수밖에 없는 이율배반적인 현실에 대해 실습생들이 지닌 양가적 감정이 일지 속에 표출되어 있다. 이러한 상황을 겪으면서 실습생들은 한국 원양어업의 열악한 현실을 자각하는 한편 하루빨리 일본을 뛰어넘는 해양 강국이 되었으면 하는 염원을 지니게 되었을 것으로 여겨진다.

이 항구에서는 교포들로부터도 환영을 받았으며 우리는 또 한국의 발전상을 열심히 선전했다. 특히 출항하는 날 부두에는 많은 교포들이 태극기를 들고 나와 비록 녹 쓸고 잘 안 돌아가는 모국어이지만 우리의 건강과 앞날을 염

---

33 위의 글, 29쪽.

려해 줄 때 우리는 뜨거운 동포애를 느꼈으며 '아리랑 아리랑 아라리요……'
가 구슬프게 흘러나오는 가운데 서로가 '잘 있으세요', '잘 가세요'를 외쳐 부
르는 것을 절정으로 많은 교포와 학생들은 눈물을 아니 흘릴 수 없었다.[34]

출항 준비를 마치고 일본 하코다테항을 떠날 때 교포들로부터 뜨거운
환송 인사를 받았다. 그 조사단원들은 재일 교포들에게 한국에서 직접
건조한 백경호를 탄 모습을 보여주면서 한국의 발전상을 열심히 선전했
는데 이는 한국이 이만큼 발전했으니 조국에 대한 자부심을 가지라는
의미에서 한 것으로 보인다. 교포들은 태극기를 들고 나와서 서투른 모
국어로 실습생들의 건강과 앞날을 염려해 주었는데 이러한 교포들의 모
습에서 뜨거운 동포애를 느끼고 아리랑을 다 함께 부르면서 애국심이
고조되는 것을 볼 수 있다. 환송 인사를 나누면서 작별의 눈물을 흘리는
모습에서 짧은 만남의 아쉬움과 이별에 대한 슬픔의 감정이 교차하는
것을 볼 수 있다. 하코다테항을 떠나면서 실습생 정충모는 이러한 짧은
만남과 이별을 뱃사람으로서의 숙명으로 인식하고 자신의 소회를 짧게
표현하고 있다.

우리는 바다의 에뜨랑제![35]

뱃고동소리와 더불어 와선, 뱃고동소리와 더불어 떠나야 하는 길손.
이것은 뱃사람의 숙명! 아니, 어쩌면 이것이 인생이다.[36]

---

34 위의 글, 29쪽.
35 에뜨랑제 : étranger. 프랑스어로 외국인, 국외자(局外者)를 뜻한다(네이버 프랑스어 사전).
36 정충모, 앞의 글, 29~30쪽.

일본 내에서의 이방인으로서 자기 인식을 '바다의 에뜨랑제'라고 기술하고 있다. '에뜨랑제étranger'는 프랑스어로 외국인, 국외자局外者, 이방인 등을 뜻하는 말로 한국을 떠나 대양을 향해 나아가는 뱃사람으로서의 자기를 어느 곳에도 소속하지 못한 국외자, 이방인으로 인식하고 있는 것을 볼 수 있다. 그리고 이것을 뱃사람의 숙명으로 여기고 순응하고자 하는 모습을 볼 수 있다. 자신들의 건강을 염려하며 뜨거운 눈물을 흘려준 교포들 또한 일제의 식민지배를 겪으면서 역사적인 상황으로 인해 이방인으로서의 숙명을 안고 살아가고 있는 것에 동질감을 느끼고 있는 것으로도 보인다.

오전에는 선내를 깨끗이 청소하고 오후에는 여기서는 14일이지만 **오늘이 광복 21주년이므로 선상에서 기념식을 가졌다. 기념식이 끝난 후 우리는 회식에 들어갔다.** 선원 대 실습생의 가요콩쿨대회를 이어서 수대를 졸업할 때까지 심 교수님의 노래를 들으리라곤 꿈에도 생각 안 했는데 학생들의 열광적인 아우성에 심 교수님 가로왈 '부르라 카믄 부르지' 하더니 그 특유한 힘없는 목청으로 '항구야 항구야! 우리들은 마도로스다'를 부를 때 우리들은 정말 감격하지 않을 수 없었다.

우리는 이 자리에서 〈아리랑〉을 불렀고 교가를 불렀는데 그처럼 감격적으로 부를 수 있었던 것은 오로지 춥고 태양 없는 북태평양의 선상에서 개척자가 겪어야 할 고난을 달래기 위함이 아니었을까?[37]

---

37 위의 글, 32쪽.

선상에서 맞이하는 광복 21주년은 육지에서 맞이한 광복일보다 훨씬 더 남다른 소회가 있었던 것으로 보인다. 머나먼 타국에서 부르는 아리랑은 한층 애국심을 고취하였고 게다가 광복일을 기념하는 자리이므로 더욱더 그 소회가 남달랐을 것으로 여겨진다. 광복 21주년 기념식을 선내에서 거행하고 기념식이 끝난 후 회식 자리에서 아리랑과 교가를 감격하며 부른 것은 춥고 태양도 뜨지 않는 북태평양 한가운데에서 원양을 개척하는 개척자로서 겪어야 할 고난을 달래기 위함이라고 기술하고 있다. 이처럼 실습생의 신분으로 승선하고 있지만 아직 아무도 가보지 않은 낯선 대양을 처음으로 개척하는 원양어업 개척자로서 자기 자신을 인식하고 있음을 볼 수 있다. 직접 험난한 바다 생활을 겪으면서 원양을 개척하는 일이 결코 쉬운 일이 아니라는 것을 인식하고 있음을 알 수 있다.

2) 선상 생활의 고충

(1) 의식주의 고충

북태평양 조사단은 7월 16일부터 10월 12일까지 약 3개월간 승선하여 북태평양을 조사하였는데 실습생들은 육지생활과는 환경적으로 다른 선상에서의 생활에 익숙하지 않아서 많은 어려움을 겪었다. 선상에서의 여러 가지 어려움에 대한 고충이 원양 실습일지에도 고스란히 드러난다.

> 항해중 우리의 일과로선 06시 30분 기상하여 아침체조로 그날의 과업은 시작된다. 08시 아침식사 12시 점심 18시 저녁 식사 20시 취침으로 우리는 번호순으로 4명이 1조가 되어 항해당직, 식사당번, 해양관측 등을 돌아가면

서 했다. 야간 당직에 식사당번이 연속해 걸리면 그 날은 죽었다고 복창해야 되며 더욱이 파도나 쳐서 멀미를 하면 그 괴로움이란 응당 최상급의 표현을 수여해주어야 한다.

우린 아직 완전한 선원이 아니며 글자 그대로 실습생이므로 선내 생활에 익숙지 못해 처음에는 상당한 시련을 겪었다. **그중에서도 돌아올 때까지 극복 못한 것은 음식관계에 있었으며 특히 신선한 야채류와 과실에 대한 식욕은 이루 말할 수 없이 왕성했다.**[38]

실습생들은 4명이 한 조가 되어 항해당직, 식사당번, 해양관측 등의 업무를 돌아가면서 담당하는데 특히 야간당직에 식사당번까지 하게 되면 고된 노동에 수면 부족까지 겹쳐서 고통이 배가 됨을 알 수 있다. 그리고 멀미를 하거나 신선한 과일이나 채소를 먹고 싶어도 먹을 수 없는 상황 등 선상에서의 여러 가지 어려움을 토로하고 있는 것을 볼 수 있다. 아직 정식 선원이 아니고 실습생이므로 처음 겪는 장기간의 선내 생활이 익숙지 못한 것도 그들이 겪는 어려움 중의 하나였음을 알 수 있다.

8월 3일 하꼬다테항을 출항한 뒤부터 날씨는 위도를 올라갈수록 추워졌으며 대부분의 선원과 학생은 하루빨리 이 시련을 이기기 위해 투쟁하지 않으면 안 되었다. 날씨는 상상외로 급강하하여 많은 학생이 추위에 떨게 되었다. 요행히 노파심으로 털옷을 가져온 학생은 횡재했으나 8, 9월에 추우면 얼마나 춥겠냐는 사고방식으로 내의 한 벌 정도 가져온 학생은 조사단원과 선원

---

38 위의 글, 28쪽.

에게만 지급된 방한복을 항상 부러운 눈으로 쳐다보지 않으면 안 되었다.[39]

　일본 하코다테항에서 출항하여 위도가 높아질수록 날씨가 급격히 추워졌으나 많은 실습생들이 한국의 8, 9월 날씨를 생각하여 방한복이나 털옷을 준비해오지 않은 것을 볼 수 있다. 부족한 예산 때문에 조사단원과 선원에게만 방한복이 지급되었고 추위에 대한 아무런 대비 없이 승선한 실습생들은 추위에 떨 수밖에 없었다. 이처럼 북태평양으로 조사를 하러 가면서 실습생들은 기후에 대한 아무런 사전 지식이 없었음은 물론이고 실습생을 대상으로 북태평양에 대한 기본적인 교육도 없이 승선시켰던 것으로 보인다. 게다가 조사단원이나 선원에게는 방한복이 지급된 반면 실습생은 자비로 물품을 준비해 온 것에서 출항 전 북태평양 조사단의 사전 준비가 상당히 미흡했으며 사전 준비를 위한 경비도 충분하지 않았던 것으로 여겨진다.

　날짜변경선 덕택으로 우리는 8월 9일을 두 번 보내게 되었다. 날씨는 여전히 나빠서 저기압이 15m/sec의 속력으로 ENE에서 불어오고 솥은 구멍이 났는가 아니면 기후관계인가 죽으로써 아침 점심을 먹고 나니 배가 고파서 파도치는 것은 두째 문제고 혹시 멀미할 때 타 놓고 안 먹은 간식이 있는가 싶어 침대 시트까지 다 뒤져도 사탕하나 없고 오히려 운동의 결과로 배만 더 고파왔다. 8월 10일 우리는 북해도를 출항한 뒤 처음으로 태양을 구경했으며 또 Radar상으로 육지를 포착하게 되어 기분들이 상쾌했다.[40]

39　위의 글, 30쪽.
40　위의 글, 28쪽.

실습생들은 날짜변경선을 지나면서 8월 9일을 두 번 보냈다. 기후가 좋지 않아서 ENE east-northeast, 동북동에서 바람이 강하게 불고 파도가 치고 있으며 8월 3일 북해도 하코다테항을 출항하여 일주일만인 8월 10일에서야 겨우 태양을 볼 수 있었음을 알 수 있다. 또한 아침, 점심은 죽으로 대신하여 먹을 것이 없어서 배가 고프지만 간식조차 얻기 힘든 상황임을 알 수 있다. 이처럼 기후에 대비하여 의복을 준비하지 못한 것뿐만 아니라 항해 기간 동안 먹을 식량도 제대로 준비하지 못한 것을 볼 수 있다.

그러나 어떤 교수는 자기의 방한복을 떨고 있는 제자를 위해 선뜻 벗어주는 고마운 경우도 있었다. 선상생활에 있어선 특히 긴 항해에 있어선 남에게 물건을 빌리고, 빌려주고 한다는 것은 극히 어려운 일이었다. 아무리 사소한 물건이라도 그 물건을 남에게 줌으로 해서 자기는 다시 딴 곳에서 구입 못하는 좁은 배안이 되고 보니 적게는 사탕 한 개 가지고도 서로가 다툴 정도로 그때의 상황을 모르는 사람은 도저히 이해가 안 갈 것이다. 한 번은 이런 일이 있었다. A군이 어떤 물건을 C군의 것인데 A군이 숨겨 놓았드니 B군이 그것을 잽싸게 먹어버렸다. A군은 수소문 끝에 B군이 먹은 것을 알고 한 바탕 다투었으나 주인인 C군은 그 둘이 무엇 때문에 다투는가를 그때까지도 몰랐다. 이름 붙여 대학생이지 환경의 지배를 안 받을 수 없었다.[41]

선상생활에서는 육지와는 달리 선내에 구비된 물품 이외에는 새로움

---

41 위의 글, 30쪽.

물품을 공급받기 어려우며 특히 해상 한가운데에서 물품을 구하기는 더더욱 어려운 일이었음을 알 수 있다. 한정된 물품을 육지에 도착하기 전까지 최대한 아껴 써야 하기 때문에 자신의 개인 물품을 다른 사람에게 빌려주는 것은 어려운 일이며 좁은 선내에서 사탕 한 개 때문에 다툴 정도로 개인 물품에 대해 민감하게 생각하는 것을 볼 수 있다.

당시에는 대학에 진학하는 경우도 흔치 않았기 때문에 대학생이라는 식자층임에도 불구하고 환경의 지배에서 벗어나지 못하고 먹을 것 하나로 서로 다툰 것을 "이름 붙여 대학생이지"라는 표현으로 기술하고 있다. 이로 볼 때 원양 실습일지를 기록한 실습생 정충모는 이러한 다툼을 부끄럽게 여기고 있는 것으로 보인다.

> 태양은 꼭꼭 숨어서 나올 생각도 않고 때는 오뉴월인데도 추워서 벌벌 떨 지경이여서 고향생각도 나며 먹고 싶은 것도 많아지며 잠시도 쉬지 않고 달리는 배이건만 보이는 것은 수평선밖에 안 보이니 모두들 신경이 날카로와져서 걸핏하면 말다툼이었다.
>
> 선상생활에 있어서 특히 항해 중엔 어떻게 유익하게 시간을 보내나 하는 것이 가장 큰 문제였다. 조업할 때는 어부로서 고기를 잡으므로 모든 잡념도 잊고 하루의 일과에 보람을 느낄 수 있었지만 어장까지 갔다 왔다 하는 시간은 상당히 지루했다.[42]

이처럼 선상생활은 육지생활과는 달리 필요한 음식이나 의복을 제대로 구할 수가 없으며 기후나 환경의 급격한 변화로 인해 예측하지 못한

---

42 위의 글, 30쪽.

여러 가지 어려움이 발생하였다. 환경의 영향으로 실습생들은 신경이 매우 날카로워져서 자칫 서로 간의 다툼으로 번지기도 한 것을 알 수 있다. 항해 중에는 조업활동을 하는 것도 아니었고 특별히 시간을 유익하게 활용할 수 있는 방법도 없었기 때문에 지루한 선상생활을 보내고 있음을 알 수 있다.

> 배를 처음 탄다는 수산청의 한 주사는 항상 Bridge만 올라오면 Radar를 Switch on하여 비록 육안으론 안 보이는 육지지만 혹시 Radar로서 포착할 수 있을가 싶어 곧잘 Radar scope를 들여다보니 별명이 레이다주사로 되었다. 이러한 가운데 육지를 발견했으니 그 소리를 듣고 레이다주사는 얼마나 기뻤든지 단숨에 Bridge를 뛰어 올라와선 가로왈 '어디! 어디! 어디냐!' 그러나 그땐 단지 레이다상으로 육지를 포착했을 따름이었다. 비로소 우리는 '알류산'열도 최남단에 가까이 와서 자망조업준비에 들어갔다.[43]

1966년 7월 16일 부산항을 출항하여 약 3주 만에 겨우 육지를 만날 수 있었는데 긴 항해의 경험이 없는 수산청 직원이 레이더로 육지를 발견하여 기쁨을 감추지 못한 일화를 기술하고 있다. 긴 항해의 끝에 육지에 도착할 때쯤 준비한 식량도 거의 다 떨어져 하루 두 끼를 죽을 먹으며 버티면서 겨우 알류산 열도 최남단에 도착한 것이었다.

---

[43] 위의 글, 30쪽.

(2) 조업 활동의 고충

실습생들은 북태평양에 와서 조업 활동을 하고 있지만 전문 어업인이 아니라 아직 학생의 신분이었다. 그러므로 시험 조업을 실습 활동의 일환으로 여기고 조업에서의 실패 양상을 세세하게 분석하고 보완하고자 노력하고 있는 것을 볼 수 있다.

7월 28일 북해도 부근 해상에서 자망조업연습에 들어갔다. 연, 송어의 서식 수온은 10℃ 이하인데 수온은 16℃이었으니 물론 고기는 없을 거라고 예상했으나 양, 투망의 작업광경을 보고 또 경험해보니 결코 책에 쓰여 있는 대로 또 말대로 척척 일이 진행되는 것이 아니었다. 처음엔 좌현에서 투망해서 다시 좌현에서 Net Hauler로 양망했는데 그물의 전개상이 좋지 안 했으며 Net Hauler의 미숙련으로 많은 그물이 찢어졌다.

선내 생활의 어려움뿐만 아니라 해상의 조업활동에서도 많은 어려움도 있었는데 아직 실습생이므로 어망, 어구를 다루는 점에 있어서 미숙한 부분이 많았다. 자망조업연습에서 양, 투망의 작업이 책에서 배운 것과는 달리 잘 되지 않을 뿐만 아니라 순조롭게 진행되지 않음을 토로하고 있다. 투망이 미숙하여 그물이 제대로 전개되지 않았고 Net Hauler의 조작 미숙으로 그물이 찢어지는 등 실습생으로서 서투른 조업활동에 대한 고충을 토로하고 있다.

물론 배 자체가 연어, 송어를 위한 자망선이 아닌 점도 있지만 이번 2차에 걸친 투, 양망 연습에 있어선 상당히 많은 연구점을 발견했다. 즉 연어 송어 자망선에 대해 아무도 경험이 없으므로 투, 양망시의 조선법과 Net Hauler의 사용법이 서툴다는 점과 Net Hauler를 너무 선수 쪽에 설치했다는 점과 선좌현식 투망보다는 선미식 투망이 역시 좋지 않겠느냐는 점 등이었다.[44]

조업활동에서의 여러 가지 미숙한 부분을 극복하기 위해 여러 가지로 고안을 하는 것을 볼 수 있다. 북태평양 조사단에는 부산수산대학의 교수들과 수산청과 수산진흥원의 직원들 10여 명이 승선하고 있었다. 그러나 연어, 송어 자망선에 대한 경험이 있는 사람이 아무도 없었기 때문에 투, 양망시의 어망 전개나 Net Hauler의 조작이 서툴렀다. 여기에서 원양어업 초창기의 조업 현실이 여실히 드러나는데 1966년 당시는 1957년 다랑어 조업을 시작으로 원양어업이 개시된 지 10년도 되지 않은 시점이었다. 더욱이 다랑어, 명태 위주로 조업활동이 이루어지고 있는 상황에서 연어, 송어 등을 어획하기에 적합한 자망선을 갖추고 있지도 못 한 데다가 조업 경험도 없는 상황에서 어구 조작이 서투른 실습생들은 해상에서 여러 가지 실수를 하면서 스스로 조업연습을 해야 하는 상황이었으므로 막막할 수밖에 없었다. 이러한 상황에서도 학생으로서의 배움의 자세를 잃지 않고 조업 실패의 원인을 분석하여 해결 방법을 모색하는 모습에서 이들이 조사단에서의 어업 실습에 상당히 적극적이고 진지한 자세로 임했던 것을 알 수 있다.

8월 24일 또 다시 미국연안경비정 W38호가 본선 주위를 맴돌더니 기류신

---

44 위의 글, 28~29쪽.

호를 시작했다. '현재의 승무원으로서 항해를 계속한다는 것은 안전하지 않다'라는 신호가 왔으나 우리는 불행히도 해답기를 못 찾아 못 올렸으니 얼마나 부끄러운 일이었는가 모르겠다. 그네들은 **기상 조건이 안 좋으므로 항해를 계속치 말라는 말이었으나 우리에겐 그런 한가한 시간을 가질 여유가 없었으므로 다시 조업에 들어갔다.** (…중략…) 8월 26일 우리는 선수를 남으로 돌려 다음 어장지역으로 가는 도중 저기압을 만나 선수를 다시 북으로 돌려 L 60° λ 172°의 St. Matthew島로 다시 피항을 하지 않으면 안 되었다. 어제의 미국 연안경비정의 신호가 적중했다. 선내는 긴장상태에 들어갔으며 황천준비에 바빴다. 위험을 직면하니 갑자기 집 생각과 고향생각이 더욱 간절해졌으며 호들갑스럽게 효자로 변했다.[45]

백경호가 남으로 방향을 돌려 다음 어장으로 가는 도중에 저기압을 만나 세인트 매튜섬St. Matthew으로 피항을 하는데 갑작스런 기상 악화로 인해 위험에 직면하여 조업이 중단된 것을 볼 수 있다. 북태평양 어장은 남태평양, 인도양 어장 등과 달리 기후 조건이 좋지 않은데 베링해의 여름철 기온은 4~9℃이며 북태평양의 남·서부에서 발생한 모든 태풍과 짙은 안개와 비바람이 쉴 새 없이 계속되는 곳이었다. 백경호가 하코다테를 출항하여 항해하는 40일 동안에 햇볕을 본 것이 불과 5시간에 불과했을 정도로 기상 조건이 좋지 않았다.[46] 그러므로 많은 선원들이 북태평양 어장에 나가는 것을 꺼렸는데 실습생들은 기상의 악조건에도 불구하고 짧은 조사 기간으로 인해 조업에 나설 수밖에 없었다. 이처럼 생명

45 위의 글, 34쪽.
46 이병기, 앞의 책, 10쪽.

의 위험을 무릅쓰고 시험 조업을 계속해 나가야 하는 열악한 상황임에도 불구하고 실습생들은 조업 활동에 최선을 다하는 모습을 볼 수 있다.

그 다음 또 하나의 애로는 사실 북양이란 넓고 넓은 바다의 어디에서 어떻게 조업할 것인가 하는 문제였다. 원래가 어업에서는 어장정보가 결정적인 역할을 하는 경우가 많은데, 미지의 어장에 처음 출어하는 선장이나 선원의 심정은 막대기 하나만 집고 딸을 찾아 나서는 심청이 아버지보다도 더 불안한 것이다. 그런데 사실은 이때 사정은 그 유일한 정보원인 막대기조차 없이 나설 판이었던 것이다.[47]

위의 이병기 교수의 기술에서 살펴보듯이 조사단은 북태평양 어장에 대한 아무런 어장정보도 없이 시험조업에 나섰으며 망망대해의 어느 지점에서 조업해야 할지도 모르는 상황에서 조업을 하고 있음을 알 수 있다. 직접 조사단에 참가하였고 이후 일본이나 미국에서 책을 구해서 살펴본 이병기 교수도 북태평양 어업이 어떤 것인지 그 실체의 파악이 힘들었던 것이다. 그도 연어, 송어 등의 북태평양의 물고기가 어떻게 생겼으며, 그 생태가 어떠한지, 어떻게 잡는지 전혀 생소했음은 물론 어로기술이나 선박은 어떤 것을 써야 하는지, 해황이나 기상은 어떠한지 전혀 모르는 상태에서 조업에 나섰다고 회고하고 있다.[48] 이로 볼 때 당시 북태평양에서의 조업은 수산 분야의 전문 지식을 갖춘 부산수산대학의 교수는 물론 처음 원양실습에 나선 실습생들도 북태평양에 대한 아무런

---

47 위의 책, 28쪽.
48 위의 책, 18쪽.

사전 정보가 없는 상태에서 상상 이상의 어려움을 겪었을 것으로 여겨진다.

3) 바닷사람으로서의 해양인식

(1) 선상 생활에의 적응 모습

한편 실습생들은 해상에서의 조업활동을 통해 효율적인 조업 방식을 연구하고 다양한 어종을 샘플로 수집하여 분석하는 등 부산수산대학 학생으로서의 다양한 실습 활동을 하였다. 이 실습일지는 실습생이 기록한 것이기 때문에 조업활동에 대한 전문 용어를 사용하여 기록하고 있는 것을 볼 수 있다.

> 우리는 서경 175도를 기준으로 한 동쪽 즉 미일가어업조약의 대상수역에서 조업에 들어갔다. 8월 10일 저녁 '아다크' 서남쪽 10Miles 지점에 역사적인 투망을 해놓고 조사원들은 서로 어획 미수尾數에 대한 내기를 했다. 거기엔 70미부터 700미까지 나왔는데 과연 새벽 5시 양망하다가 일단 중지하고 아침에 다시 양망하여 보니 68미가 어획되어 수산청의 진 씨가 행운의 당첨자가 되었다. 떡 본 김에 제사지낸다고 연어 6미를 회로 장만하니 정종도 나와서 다들 오래간만에 배부르게 먹고 유쾌한 하루를 보냈다.[49]

망망대해의 한가운데에서 조업활동 외에는 여가시간을 즐길 만한 것이 아무것도 없었기 때문에 처음에는 여가시간에 무엇을 해야 할지 모

---

49 정충모, 앞의 글, 31쪽.

르고 무미건조하게 시간만 보냈다. 승선한 지 한 달 정도 지나고 어느 정도 선상생활에도 적응을 하고 나서야 조업활동으로 어획한 물고기의 미수를 가지고 내기를 하거나 어획한 물고기를 회를 떠서 정종과 함께 배부르게 먹는 등 선상생활을 즐기는 모습을 엿볼 수 있다.

(2) 시험조업에 대한 진지한 자세

어획한 물고기는 샘플로 수집을 하고 있지만 어획고가 적은 경우 문제가 되기도 하였으며 조업활동에서의 여러 가지 예측하지 못한 상황의 발생으로 어획이 제대로 이루어지지 않는 경우도 있었다.

> 8월 14일 투망 위치는 52° 45'N. 171° 23'W으로 오늘의 어획은 연어 2마리 해상징후로는 많은 갈매기 떼가 보였으므로 대부분의 사람은 은근히 풍어를 기대했는데… 아마도 어군은 많았으나 이상조류로 인하여 망이 엉키지 안했는가 생각된다. 양망 시 자망은 북양의 이 찬물이 우리와 같이 추웠든가 엉키고 엉키어 엉망이 되었다. 선내는 일시에 초상집 같이 조용해졌으며 서로가 침묵만 지킬 뿐 누구 하나 입을 안 열었다.[50]

많은 갈매기 떼를 보고 풍어를 내심 기대했는데 이상조류로 인하여 어망이 엉키면서 연어 2마리밖에 어획하지 못한 것을 알 수 있다. 이로 인해 선내는 초상집 같은 분위기가 되었고 서로 침묵만 지키는 상황이었음을 볼 수 있다. 이처럼 조업에서의 어획 상황에 따라 조사단의 분위

---

50 위의 글, 31쪽.

기에 확연한 차이가 있으며 조사단이 시험조업에 열정적으로 임하고 있는 것을 알 수 있다.

　북양에서의 연어, 송어 주어기는 4월부터 7월까지이고 8월부터는 산란차 하천으로 올라가기 위하여 연안으로 접근 회유하므로 Aleutian열도 남북근해에서 제1표 및 제2표와 같이 8월 10일부터 19일까지 9회의 유자망 시험을 실시하였다. 어망은 50폭을 사용하여 매일 일몰시에 투망하여 다음날 일출시에 양망하고 한정된 일정 내에 광범한 해역을 조사하자니 매일 주간에는 150리 이상을 항해하여 다음어장으로 이동하였다.[51]

　알류샨 열도에서의 유자망 시험을 하면서 한정된 일정 내에 광범위한 해역을 조사하기 위해서 하루에 150리 이상, 약 59km 정도를 항해하여 여러 어장으로 이동하고 있는 것을 볼 수 있다. 약 3개월 동안 10,150마일의 항해를 강행하면서 불과 15회의 트롤시험조업과 11회의 송어·연어 유자망시험으로 트롤어업 1예망당예망시간 1.5시간 평균 906.7킬로그램의 어획고를 올렸는데 이는 우리나라 연근해에서 올리는 어획고의 3배에 달하는 것이었다. 유자망어업은 반당反當어획고 한 마리 꼴로 성어기의 일본어업과 맞설 수 있는 수준이었다.[52] 이처럼 짧은 조사기간 동안에 광범위한 해역을 조사하기 위해 위험을 무릅쓰고 항해를 강행한 것을 볼 수 있는데 이를 통해 시험조업에 대한 조사단의 열정적이고 적극적인 자세를 엿볼 수 있다.

51　한희수, 앞의 글, 67쪽.
52　「길 트인 북양어업 - 백경호 조사성과와 문제점」, 『조선일보』, 1966.10.13.

(3) 실습생으로서의 자아 인식

앞서 살펴본 것과 같이 실습생들은 북태평양 조사단에서의 어업 실습에 성실하고 진지한 자세로 임한 것을 알 수 있었다. 북태평양 조사단의 실습생으로서의 진지한 자세는 조업활동에서뿐만 아니라 타국의 방문 상황에서도 엿볼 수 있다.

> 7월 30일 우리는 북해도수대를 예방키 위해 카키복으로 단장하니 공교롭게도 비가 내렸다. 일본 와서 처음 입는 카키복인데 비를 맞었으니 제복이 가져오는 단체미를 완전히 상실해 버렸다. **세탁문제만 해결된다면 상하 흰 Uniform을 입으면 민간외교로서의 효과 100%일 텐데 우린 단체 행동 외에는 카키복 입는 것을 자제해 왔다.** 앞으로의 실습생은 복장에 관해선 한번 고려해볼 만하며 복장의 변화에 따라 행동의 변화도 있어야겠다고 생각되기도 하였다.[53]

실습생들은 카키복을 입고 북해도수산대학을 방문한 것을 알 수 있는데 '카키복'은 누른빛에 엷은 갈색이 섞인 빛깔의 옷으로 주로 군복軍服을 이르는 것이다. 당시 부산수산대학의 정복으로 상하의 흰색 유니폼이 있었으나 세탁이 번거롭기 때문에 카키복을 입었으며 흰색 유니폼을 입었으면 민간외교의 효과가 뛰어날 텐데 입지 못한 것에 대한 아쉬움을 나타내고 있다. 북태평양 조사단의 실습생으로서 단체 복장을 갖추면 그에 따라 행동도 달라져야 함을 인식하고 있는 것을 볼 수 있다.

이처럼 북태평양 조사단의 실습생들은 단지 어업 실습만을 목적으로

---

[53] 정충모, 앞의 글, 29쪽.

하고 있는 것이 아니라 한국의 대표로서 민간외교 사절단의 역할도 수행하고 있는 것을 알 수 있다. 따라서 실습생들이 제복을 갖추어 입고 행동을 바르게 하여 대한민국의 실습생으로서의 모범적인 모습을 보여야 함을 의식하고 있는 것으로 보인다.

> 끝으로 이번 승선실습이 우리나라로서는 처음 진출하는 북양에의 실습이기도 하였고 동시에 과거에 비해 장기간의 실습이었으므로 많은 지식과 귀중한 자료를 얻었으며 수산학도로서 앞날의 수산계 진출을 위한 좋은 경험을 쌓았음에는 이의가 없으나 장기 원양실습을 위한 보다 보강된 실습설비와 이를 관리 보존키 위한 숙련되고 지성 있는 승선요원의 편성도 고려하여야겠으며 고차적인 학문이론을 실제로 구현시키기 위해 우리들 학생의 자체 실력 향상에 더욱 분발하여야겠음을 강조하고 싶다.[54]

실습일지의 마지막 장에는 결론을 기술하고 있는데 승선실습에 대한 전체적인 소감을 기술하고 있다. 수산학도로서 수산계 진출을 위한 좋은 경험을 쌓았으나 장기 원양실습을 위해 실습설비를 보강하고 숙련된 승선요원을 편성해야 함을 지적하고 있다. 또한 원양어업의 학문적인 이론을 실제로 구현하기 위해 학생들이 실력을 향상시켜야 한다고 기술하고 있는 것에서 학생으로서의 본분을 다시 한 번 강조하고 있음을 알 수 있다. 이처럼 실습생 정충모는 원양실습에 참여한 경험을 토대로 장기간의 원양실습에 대한 문제점을 인식하고 이에 대한 해결 방안을 제

---

54 위의 글, 38쪽.

안하면서 실습일지를 마무리하고 있는 것을 볼 수 있다. 그리고 당시로서는 부산수산대학이라는 고등교육 기관에서 수학하는 엘리트로서 수산계로의 진출과 원양어업실습에 대해 자기 나름으로 고찰하는 모습을 엿볼 수 있다.

4. 이문화의 수용 양상

1) 처음 접한 해양 생물에 대한 인식

원양어업 조업 작업 과정에서 다양한 해양 생물을 접하는데 물개가 그물에 뒤엉켜 올라오는 경우 그물을 망치고 물고기도 놓치기 때문에 조업에 방해가 되므로 죽이거나 포획하기도 하였다.

회식 도중 양 소령님이 Calvin총으로 물개를 한 마리 잡았다. **우리는 항상 크고 아름답고 재롱 피우는 수놈의 물개를 상상해오다 막상 작고, 죽어서 축 늘어진 물개를 보니 실망이 앞섰다.** 8월 15일 투망 위치는 $63° 23'$N. $169° 23'$W로 어획은 연어 4미에 산채로 잡은 암놈의 물개 1마리와 죽은 물개 두 마리 중 한 마리는 수놈이었다. 학생들과 조사원 사이엔 수놈의 물개를 잡을 시엔 그 요지요부를 누가 먹어야 되나에 대해서 많은 토론을 하였다.[55]

물개의 실물을 접한 적이 없던 실습생은 크고 아름다운 물개의 모습

---

55 위의 글, 32쪽.

과 재롱을 부리는 귀여운 행동을 상상했으나 작고 축 늘어진 실제 물개의 모습을 보고 실망하는 것을 볼 수 있다. 물개의 요지요부가 정력에 좋다는 낭설이 선원과 실습생들 사이에서 퍼져 있어 물개의 요지요부를 누가 먹을 것인가에 대해 갑론을박을 하는 모습도 볼 수 있다.

8월 16일 투망위치는 52° 55′N. 168° 15′W으로 어획은 연어, 송어 25미산 물개 1마리 죽은 물개 1마리로 자망어업에 있어선 물개는 확실히 해로운 존재였다. 자망에 걸린 연어를 모조리 물개가 잡아먹으며 먹다가 자신이 감기어 올라오니 고기 잃고 그물 찢어지고 이중으로 손해를 보았다.

우리는 이번 실습에서 희귀한 고기를 많이 먹었다. 즉 북해도에서 日貨 1300원 하는 연어를, 바다의 돼지인 해돈을, 상어회를, 고래고기를, 북양의 물오리를, 바다의 개인 물개 등을 먹을 기회를 가졌다. 요즈음의 우리는 식욕이 너무 왕성해져서 매일 저녁만 되면 조별로 식당과 Hatch를 방문하는 것이 일과가 되었다. 이 정도로 나간다면 걸뱅이 아니면 도둑님으로 직업을 바꿔야겠다. 밥먹고 돌아서면 배는 고파지기 마련이었기 때문이다. 그 덕택에 '간식 달라', '빨리 달라'는 노래 소리로 변했다.[56]

실습생들은 연어, 해돈, 상어회, 고래고기, 물오리, 물개 등 한국에서는 좀처럼 접할 수 없는 희귀한 식재료를 원양 실습에서 많이 먹었다고 기술하고 있다. 이처럼 접해 본 적이 없는 희귀한 음식을 가리지 않고 먹은 것으로 볼 때 실습생들은 이국의 진귀한 생물에 대해 별다른 거부

---

56 위의 글, 32쪽.

감을 느끼지 않고 호기심을 갖고 대한 것으로 보인다. 또한 한창 식욕이 왕성한 20대의 학생들이기 때문에 항상 배고픔을 못 견디고 밥과 간식을 요구했던 모습도 기술하고 있는데 이는 선박에 많은 식재료를 적재할 수 없었기 때문에 먹을 것이 그만큼 부족했기 때문으로 여겨진다.

2) 이국인에 대한 수용 자세

8월 13일 해상에서 미국연안경비정 W44호와 맞닥뜨리게 되는데 미국연안경비정의 사관 2명과 사병 2명이 조사선 백경호에 승선하였다. 처음에는 이들을 상당히 경계하여 긴장을 늦추지 않고 대하였지만 이들의 우호적인 태도에 바로 긴장을 풀고 선물을 주고받는 것을 볼 수 있다.

> 8월 13일 이날 오후 6시경 미국연안경비정 W44호가 우리배의 주위를 한 바퀴 선회한 후 서로 발광신호 끝에 미국연안경비정에서 사관 2명과 사병 2명이 본선에 승선했다. (…중략…) 그러므로 우리는 그네들의 행동을 주의 깊게 관찰했다. 그러나 처음에 긴장했던 것과는 달리 상당히 우호적이었다. 그네들은 오면서 선물로 담배와 잡지책을 가져왔길래 우리 측에선 인삼주를 선사했다. 그네들도 오랜 시간 물위에 떠있으므로 해서 시간이 권태롭고 사람이 그리운 것 같은 인상이 들었다.[57]

미국의 사관과 사병에게 담배와 잡지책을 선물로 받고 이에 대한 답례로 인삼주를 선물로 주고 있는 것을 볼 수 있다. 그리고 미국인들에게서

---

57 위의 글, 31쪽.

오랜 시간 물 위에 떠있었기 때문에 권태롭고 사람이 그리운 것 같은 인상을 받은 것을 기술하고 있다. 이처럼 처음에는 서로 인종과 국적과 언어가 다른 데다가 조업 수역을 둘러싼 국가 간의 이해관계 차이에서 발생하는 팽팽한 긴장감으로 인해 경계를 하고 미국인들을 대했다. 그러나 바닷사람으로서 겪는 선상 생활의 권태로움과 외로움을 이들도 똑같이 겪고 있다는 것에서 동질감을 느끼고 이내 경계를 푸는 것을 볼 수 있다. 이로 볼 때 실습생들이 이국인들에 대해 수용적인 태도를 갖고 있으며 그들에게서 인간적인 면모를 느끼고 있는 것을 볼 수 있다.

> 그 전환점으로 우리는 3Mile 전방에 있는 소련 Trawl공선으로 항행했다. 선명은 Askold호로 약 2000Ton정도 되어 보였다. 그네들이 먼저 손을 흔드니 학생들도 인간이 반가워서 손들을 힘껏 흔들었다. 만약 우리가 소련인을 육지에서 만났다면 전부다 좋은 인상은 안 띠웠을 것이다. 옆에 있던 교수님이 가로왈 '저 배에 여자가 타고 있으니 조금만 보라' 해서 학생들은 서로가 망원경을 보려고 소란을 피웠다. 약 500m의 거리에서 망원경으로 본 그 여자의 아름다움이란 황홀경이었다. 남자만 봐도 반가웠는데 허허한 바다에서 여자를 보았으니 학생들의 입에선 농담이 막 쏟아졌다.[58]

소련인에 대해서는 원래 부정적인 선입견을 갖고 있었으나 대양의 한 가운데에서 그들을 만나면서 정치적 이념을 떠나 한 사람의 인간으로서 반갑게 대하고 있는 것을 볼 수 있다. 만약 소련인을 육지에서 만났다면

---

58 위의 글, 31쪽.

좋은 인상을 받지 못했을 것이라고 기술한 것에서 소련인을 부정적으로 인식했던 것으로 보인다. 그러나 이들 또한 바다에서 만났기 때문에 그들이 흔드는 손 인사에 반가워하면서 힘껏 손을 흔들어서 답인사를 한 것을 볼 수 있다. 학생들이 인간이 반가워서 손을 힘껏 흔들었다고 기술한 것에서 그들이 몇 달 동안의 바다 생활에서 상당한 외로움을 느끼고 있는 것을 알 수 있다. 또한 배에 여자가 타고 있으니 구경하라고 하는 교수님의 말씀에 배에 타고 있는 여자를 서로 보려고 소란을 피우고 있는 모습에서 이국 여자의 황홀한 아름다움에 경이로움을 느끼고 있을 뿐만 아니라 여자가 없는 바다 생활에서의 외로움을 서로 이해하면서 생활하고 있는 것을 알 수 있다.

Dutch항에 닿은 우리는 실망하지 않을 수 없었다. **도착 전날 밤 심 교수님은 미국사회의 에티켓에 대해서 열심히 강의를 했으나 여기는 인구 5명으로 주유소 관리인과 비행장 직원이 전부였다.** 9년 전에는 많은 미군이 있었으며 지금도 군대가 주둔했던 건물 및 발전소는 잔존해 있었다. 그러나 엄연히 해도상에는 Prohibition area로 되어 있으니 이 지역은 종이 호랑이나 다름없겠고 만약 우리가 북양에 출어한다면 기지로 하면 좋겠다고 생각했다. (…중략…) Dutch 섬 맞은편에 Unalaska Town이 있는데 **인구는 불과 200명으로 정말 네온싸인 없는 미국의 거리를 거닐면서 우리는 속으로 이래도 돌아가선 미국 갔다 왔다 할 것이라 생각하니 절로 멋없는 웃음이 나왔다.**[59]

---

59 위의 글, 33쪽.

조사단은 8월 12일부터 8월 19일까지 총 10회의 시험 조업을 마치고 미국 알래스카주의 더치Dutch항에 정박하였다. 더치항에 도착하기 전날 밤 부산수산대학의 심중섭 교수가 실습생들에게 미국 사회의 에티켓에 대해 강의를 하였는데 막상 도착하여 보니 인구 5명이 전부인 곳이어서 실망한 것을 볼 수 있다. 이처럼 미국 사회와 미국 문화에 대한 막연한 동경심을 가지고 미국령 알래스카주에 도착했지만 미국인을 만나서 전날 급하게 배운 에티켓을 발휘할 수도 없었다. 뿐만 아니라 한국에서 간접적으로 접한 휘황찬란한 미국문화도 전혀 접할 수 없는 상황에 허탈해하는 것을 볼 수 있다. 미국 체험을 한국으로 돌아가서 자랑하려고 한 것에 멋없는 웃음만 나왔다고 한 기술 내용에서 당시 한국인들의 미국에 대한 동경심이 얼마나 컸는지를 알 수 있다. 그리고 미국과 미국인에 대한 동경심이 얼마나 턱없는 것이었음을 깨닫게 되었다.

> Kodiak에서 정박하는 첫날 밤 어떤 미국인이 와서 점잖게 우리보고 돈 3$만 달라고 하는데는 아연질색을 아니할 수 없었다. 결국은 옆에 있는 김 군이 어떤 생각하에선가 그 없는 돈이면서도 1$를 선뜻 주니 그 미국인은 껑충껑충 뛰어갔다. 세상살기는 다 똑같다. 어디가나 자기만 부지런하면 잘 살 수 있는 것인데 우리나라 사람들은 턱없이 미국과 일본을 동경한다.[60]

실습생들은 코디악에 정박하여 한 미국인을 만나는데 그가 돈 3달러를 구걸하는 상황에서 아연실색하였다고 기술하고 있다. 그리고 세상살

---

60 위의 글, 36쪽.

기는 다 똑같은데 한국인들이 턱없이 미국과 일본을 동경한다고 기술한 것에서 실습생 정충모는 이러한 경험을 통해 미국과 미국인에 대한 막연한 동경에서 벗어나 어디서든 부지런하면 잘 살 수 있다는 삶에 대한 새로운 인식을 가지게 된 것을 볼 수 있다. 이처럼 실습선원들은 기항지에서 몇몇 이국인들과 조우하면서 이국인과 이국 사회에 대한 동경과 환상에서 벗어나 그들 또한 우리와 다를 바 없는 동등한 인간임을 인식하는 것을 알 수 있다. 그리고 국적과 사상이 다른 것으로 인해 지녔던 선입견에서 벗어나 같은 바닷사람으로서의 동질감을 느끼거나 우리와 다른 그들의 삶의 방식에 대해 놀라기도 하는 등 조사단에 참여하기 이전에 지녔던 삶에 대한 가치관이 변화한 것을 볼 수 있다.

3) 외래어 해양 용어의 혼재

한편 실습일지에는 당시의 정제되지 않은 언어 사용을 살펴볼 수 있는데 원양어업 초창기에는 사용되는 어구, 어망이나 기술, 선박, 어법 등이 모두 외국에서 유입된 것이었으며 아직 한글화가 되지 않은 상태였다. 그러므로 일본어, 영어, 한국어 등이 혼재된 것을 볼 수 있으며 외래어 전문용어를 일상생활에서 사용함은 물론 이것과 우리말을 혼용하여 새로운 문체를 형성하고 있음을 볼 수 있다.

> 9월 4일 우리는 Kodiak에 도착했다. 입항하면서 본 이 항구의 경치는 절경이 었다. Kodiak란 말은 露語로써 영어론 Sunrise란 말이며 1964년 3월 27일 지진이 일어나 모습이 많이 변해졌으며 인구는 6,000~7,000명으로 교육시설은 고등학교까지 있으며 King Crab선의 기지로서 또 해군기지이기도 했다.[61]

위에서 보듯이 'Kodiak'이라는 지명은 영어 철자로 기술하고 소련어는 '露語'라고 한자로 표기한 것을 볼 수 있다. 그리고 'Kodiak'이라는 지명을 영어로 뜻을 풀어서 'Sunrise'라는 영어 단어로 설명하고 있는 것을 볼 수 있다. 그 밖에도 영어와 한자어를 합성하여 '舷則 Deck', 'St. Matthew島' 등으로 표기하거나 영어와 한국어를 합성하여 'Paint 칠' 등으로 표기한 것을 볼 수 있다. 영어를 외래어 표기법에 따라 한글로 표기한 단어들은 거의 찾아볼 수 없는데 영어를 선상 생활에서 자주 사용하면서 영어 표기에 익숙한 것은 그대로 영어로 표기하였고 원양어업의 전문 용어는 한자로 표기한 것을 볼 수 있다. 한자 표기는 당시 원양어업에 관련된 어구나 해도, 조업 기술 등이 일본을 통해 유입된 것으로 볼 때 일본어 용어의 영향으로 여겨진다.

북태평양에서 처음으로 접한 해양 생물에는 우리말 이름이 없었기 때문에 가명으로 이름을 짓기도 하였다.

> 우리나라에서는 잡히지 않기 때문에 우리말 이름이 있을 턱이 없어서 **"북양 볼락"**이라고 내가 가명을 붙여 놓은 붉은 고기 한 상자, 청어가 두 상자, 명태 세 상자. (…중략…) 하리바트halibut라는 고기. 이 고기는 내가 **"북양 넙치"**라고 가명을 붙여 놓은 고기인데 북양에서만 잡히는 넙치의 일종이다.[62]

부산수산대학 이병기 교수는 1968년 대서양으로 출어하여 조업을 마친 후 부산항에 계류 중이던 601강화호를 찾아갔다가 신영섭 선장을

---

61 위의 글, 36쪽.
62 이병기, 앞의 책, 30쪽.

만나 베링해에서 잡은 물고기 몇 상자를 받았다. 그가 받은 물고기 중에 북양 볼락과 북양 넙치가 있었다. 그는 북태평양 조사를 다녀온 후 1968년에 『북양어업론』이라는 책을 저술하였다. 그는 이 책에서 우리나라에서 잡히지 않는 물고기의 이름을 명명하였는데 우리말 이름이 없었기 때문에 북태평양의 줄임말인 '북양'을 붙여 '북양 볼락', '북양 넙치' 등으로 명명한 것을 볼 수 있다. '볼락', '넙치'와 같은 우리말 물고기 이름에 '북양北洋'이라는 한자어를 붙여 새로운 어종의 이름을 만든 것이다. 이처럼 당시 북태평양을 다녀온 사람들은 조사단과 일부 선원들에 불과했기 때문에 북태평양에 대한 제대로 된 정보가 없었다. 조사단원 중 한 사람이었던 이병기 교수의 저서를 참고로 하여 북태평양을 다녀왔으며 그가 명명한 물고기 이름을 사용한 것을 알 수 있다. 물고기 명칭의 조어법에 있어서도 한국의 물고기와 비슷한 외양을 지닌 물고기의 이름에 '북양'이라는 지역 명을 붙이는 것과 같이 비교적 단순한 방식으로 명명한 것을 볼 수 있다.

이처럼 원양어업의 개척기에는 조업 시에 사용하는 어선, 어구와 어업 기술은 물론 북태평양에 진출하면서 처음 접한 이국의 지역, 생물 등을 지칭할 수 있는 한국어 명칭이 없었다. 따라서 실습일지에는 영국으로부터 원양 어업 관련 용어를 도입한 일본이나 미국에서 사용하는 용어를 그대로 사용하였다. 외국어나 외래어의 표기도 정해지지 않아 혼용하고 있는 것을 볼 수 있다.

5. 나가며

이 글에서 이제까지 살펴본 바와 같이 초창기 한국의 원양어업 발전의 계기를 마련한 북태평양어업시험조사에 참여한 실습선원의 실습일지 및 조사단장의 회고록, 조사보고서 등 어업시험조사와 관련된 일련의 기록물에 나타난 해양인식을 고찰하였다. 이러한 일련의 기록물들은 개개인의 겪은 생생한 체험의 기억을 기록으로 남긴 것으로 한 권의 기록은 개인의 사소한 체험의 가공물이지만 동시대에 같은 체험을 한 여러 인물들의 체험 기록물들을 모으면 역사의 한 단면을 구현할 수 있다. 이 글에서는 한국 원양어업 개척기에 여러 인물들이 겪은 북태평양 체험을 통해 낯선 바다 한가운데에서 그들이 겪은 체험의 의미와 그 속에 나타난 해양인식을 살펴보았다. 그리고 당시의 사람들이 원양을 어떻게 인식하고 있었으며 그리고 이것이 북태평양어업시험조사의 체험을 통해 어떻게 달라졌는지를 살펴보았다.

부산수산대학 어로학과 4학년에 재학 중인 실습생 정충모는 원양어선 승선실습으로 난생 처음 북태평양을 항해하는 귀중한 체험을 하게 된다. 북태평양으로 가는 도중 일본의 하코다테항을 경유하는데 그는 일본의 발전된 원양어업과 관련된 어구와 어업기술을 보면서 선망을 느끼는 한편으로 그 속에서 자국의 열악한 원양어업의 현실을 깨닫는 것을 볼 수 있었다. 그리고 공해상에서의 해양 조사 활동이 아무런 법적인 문제가 없음에도 불구하고 혹시나 공해 영역을 벗어날까 타국의 선원들을 자극하지 않을까 노심초사하면서 조업을 하는 모습에서 약소국으로서의 자국을 인식하고 하루빨리 해양 강국이 되기를 염원하는 마음을 살펴볼 수 있었다. 일제강점기의 과거 역사로 인해 부정적 감정을 느끼면서도 북해도 수산대학의 교수들에게 감사하며 북태평양에 대한 문헌자료와 조언을 받을 수밖에 없는 상황에서 또 한 번 자국의 원양어업의 현실을 인식하는 것을 볼 수 있었다. 이처럼 원양 실습일지의 기록을 통해 이국의 여러 발전된 모습에 한국을 투영하여 자국의 현실을 인식하고 있는 것을 알 수 있었다.

그리고 선상에서 의식주를 모두 해결해야 하는 생활과 처음 접한 북태평양 바다에서의 조업 활동을 통해 선상생활의 고충과 어업인으로서의 조업활동의 직업적 고충이 일지 속에 드러난다. 책에서 배운 이론과의 괴리를 극복하고 예비 수산인이자 조사단원의 일원으로서 진지한 조업 자세로 원양어업실습에 임하는 것을 볼 수 있었다. 원양 체험을 통해 뱃사람으로서의 삶을 인식하고 자기 자신도 미래의 수산인으로서 뱃사람이자 북태평양 어장의 개척자로서 인식하고 이를 내면화해 나가는 모습을 고찰하였다.

북태평양에서 시험어업을 하는 도중에 여러 기항지를 거치면서 낯선 이국인들과 조우하기도 하고 이국의 문물을 접하기도 하였다. 원양 실습일지는 한 개인의 기록물인 만큼 그곳에는 자아에 대한 다양한 성찰 모습이 드러나는 것을 볼 수 있었다. 실습생 정충모는 대학에 재학 중인 실습선원이라는 한 개인으로서 사적 자아를 인식하고 있었을 뿐만 아니라 타국에 나아가 한국인을 대표하는 외교사절단으로서의 공적 자아를 아울러 인식하고 있었다. 그리고 장래 수산계로 진출할 예비 수산인으로서의 자아를 인식하고 있는 것을 볼 수 있었다. 또한 대양을 항해하면서 직업인으로서의 수산인이 아니라 낯선 대양 한가운데 놓여 있는 거대한 자연 앞에 홀로 외로운 이방인이자 뱃사람으로서의 자아 인식도 엿볼 수 있었다.

1960년대에는 원양어업을 국가적 차원에서 적극적으로 권장하였으며 멀고 먼 광활한 대양에서 태극기를 휘날리며 생산 활동에 전념하였던 원양어선 선원들은 외자를 획득하고 국부를 창출하여 국가 경제 발전과 국위선양에 기여한 애국자였다. 당시로서는 이른바 대학 교육을 받는 엘리트들이 원양어업 실습선에 승선하여 북태평양으로 향하였던 것이다. 이들은 북태평양 개척에 대한 의지와 개척자로서의 자부심을 가지고 있는 것을 실습일지를 통해 볼 수 있었다.

원양어업은 우리 국민이 한반도를 벗어나 오대양으로 배를 타고 나아가 외국의 곳곳을 기항하면서 갖가지 이국문물을 접할 수 있게 한 것에서 문화, 외교의 교류 차원에서도 큰 성과를 이루었다고 할 수 있다. 수산청1996에서는 1960~1970년대 당시의 원양어업이 단순히 외자 획득으로 국가 경제 발전에 기여한 것만이 아니라 국제 외교의 폭을 넓혔으며 우리 국민의 진취적인 기상을 마음껏 펼치도록 했다는 것에 그 의의가 있다고 지적하고 있다.[63]

또한 국제외교관계를 더욱 폭넓고 실질적으로 강화하는 효과가 있었다. 당시의 외교활동은 의전상의 형식적 면보다 실질적인 면이 강조되었으며 따라서 정부 공식기관을 통한 외교 활동에 못지않게 민간인들 간의 교류가 중시되었으며, 그 중에서도 민간 기업의 원양어업활동을 통한 국가 간 유대 관계의 강화가 외교 면에서 큰 효과를 거둔 것으로

---

63 수산청, 앞의 책, 1996, 459쪽; 한국원양어업협회, 『원양어업삼십년사』, 한국원양어업협회, 1996, 86~88쪽.

보았다.[64] 그리고 실습생들은 민간외교 사절단으로서의 긍지와 자부심을 가지고 입항한 이국의 곳곳을 다녔고 한 치의 흐트러짐 없는 자세로 한국의 대표로서의 모습을 보이고자 하였다.

이처럼 원양어업 개척기의 북태평양어업시험조사단의 조사 활동을 기술한 다양한 기록들을 통해 당시의 실습선원의 눈에 비친 원양과 원양 체험을 살펴보았다. 그리고 이를 통해 실습선원의 원양어업에 대한 인식과 그들이 가진 해양 인식, 이국을 통한 자국 인식, 북태평양 어장의 개척자이자 미래 수산인으로서의 자아 인식 등을 고찰하였다.

이 글은 원양어업 개척기 당시의 실습선원 및 북태평양 시험어업조사 조사단원의 기록을 발굴하고 분석하였으며 실습선원 및 조사단원의 어업활동과 원양어업, 이국과 이국인, 이문화 접촉의 경험과 그를 통한 자타에 대한 인식을 고찰한 것에 의의가 있다. 다만 원양어업 선원은 장기간 원양 선상생활로 인해 그들의 경험이나 생각 등을 담은 기록물 등을 생산하기가 쉽지 않고 생산된 전문 기록물은 일반인이 입수하기 어려우므로 이러한 직업의 특수성에서 기인한 자료 부족의 한계점이 있었으며 이를 향후 후속 연구를 통해 보완하고자 한다.

---

64 수산청, 위의 책, 459쪽; 한국원양어업협회, 위의 책, 86~88쪽.

참고문헌

김재승, 「한국해운 여명기(1946~1953년) 해운과 해군의 협력」, 『제1회 해양정책 심포지엄 발표자료집』, 대한민국해양연맹, 2004.

김종한 외, 「한국전쟁과 부산의 인구 및 노동자 상태 변화」, 『지역사회연구』 14권 3호, 한국지역사회학회, 2006.

김지현, 「자연과학분야 대학실험실에서의 연구노트 작성 및 관리에 관한 연구」, 『한국기록관리학회지』, 11권 1호, 한국기록관리학회, 2011.

도진순·남지우, 「1842년 김대건의 에리곤호 항해와 아편전쟁 – 항해일지와 여정(마닐라, 臺灣, 定海, 吳淞)」, 『教會史硏究』 59권, 한국교회사연구소, 2021.

배석만, 「어느 주물기술자의 일기로 본 기업경영사 – 大東공업(주), 利川전기공업(주)의 사례」, 『역사와 세계』 52호, 2017.

신윤길, 「17세기 초 영국 도인도 무역의 이해관계 – 제8차 동인도 항해일지를 중심으로」, 『관동사학』 5-6권 1호, 관동대 출판부, 1994.

정응수, 「근대문명과의 첫 만남 – 『日東記游』와 『항해일기』를 중심으로」, 『한국학보』, 17권 2호, 일지사, 1991.

정충모, 「遠洋漁業乘船實習日誌抄 – 北洋 漁業調査를 兼하여」, 『수산해양기술연구』 2권 1호, 한국수산해양기술학회, 1966.

조구호, 「끄리스또발 꼴론의 『항해일지』에 나타난 아메리카의 자연과 식민주의적 탐색」, 『세계문학비교연구』 77호, 세계문학비교학회, 2021.

한희수, 「회상 원양어업의 개척기」, 『수산연구』 5권, 한국수산경영기술연구원, 1991.

단행본

김영승·문대연, 『원양어장개발 50년 – 어구개발 및 자원조사를 중심으로』, 국립수산과학원, 2007.

농림수산식품부 원양산업과, 『원양어업 50년 발전사』, 농림수산식품부, 2008.

부산수산대오십년사편찬위원회, 『부산수산대학교오십년사』, 부산수산대오십년사편찬위원회, 1991.

부경대 어업학과70년사편찬위원회, 『부산수산대학교·부경대학교 어업학과70년사』, 부산수산대 어업학과 총동창회, 2012.

수산청 생산국, 『北太平洋漁業試驗調査報告書 – 1966.7.16~10.12』, 수산청 생산국, 1967.

수산청, 『수산청삼십년사』, 수산청, 1996.

이병기, 『바다, 그 파란 신비에 매료되어』, 우양 이교수 정년퇴임 기념논문집 발간회, 1996.

정규성, 『北洋開拓』, 코스모스백화점, 1975.

한국원양어업협회, 『한국원양어업삼십년사』, 한국원양어업협회, 1990.

_____, 『(통계로 본)한국 원양어업50년사 – 1957~2006』, 한국원양어업협회, 1990.

한규설, 『(어업경제사를 통해 본) 한국어업제도 변천의 100년』, 선학사, 2001.

한희수, 『바다는 살아있다 – 해송 한희수연구관 수산연구회상록』, 태화출판사, 1997.

초출일람

김대래 | 「전후 동아시아에서의 산업화 - 역사적 회고와 전망」

이 글은 부경대학교 HK+사업단이 주최한 국제학술대회('제5회 동북아해역과 인문네트워크 국제학술대회', 2022.12)에서 발표한 것을 수정 보완한 것으로, 지면상으로 본 연구총서에 처음 수록되었다.

서광덕 | 「탈냉전이후 중국의 산업화와 해역의 변화 - 광둥성의 항구를 중심으로」

이 글은 『인문사회과학연구』 23-2, 부경대학교 인문사회과학연구소, 2022에 처음 수록되었다.

양민호 | 「마산 수출자유지역의 선정과정에 관한 연구 - 교통지리학적 입장에서」

이 글은 『인문사회과학연구』 23-3, 부경대학교 인문사회과학연구소, 2022에 처음 수록되었다.

백두주 | 「동북아 항만도시의 성장과 재구조 - 부산항을 중심으로」

이 글은 『인문사회과학연구』 23-2, 부경대학교 인문사회과학연구소, 2022에 처음 수록되었다.

공미희 | 「요코하마항구의 변천과정과 특징 연구 - 공간특성과 이동에 주목하여」

이 글은 『일본연구』 93, 한국외국어대학교 일본연구소, 2022에 처음 수록되었다.

이나요시 아키라 | 「근대 일본 항만 도시의 아포리아 - 쓰루가 사례를 중심으로」

이 글은 부경대학교 HK+사업단이 주최한 국제학술대회('제5회 동북아해역과 인문네트워크 국제학술대회', 2022.12)에서 발표한 것을 수정 보완한 것으로, 지면상으로 본 연구총서에 처음 수록되었다.

김경아 | 「개혁개방 이후, 푸젠성 마조신앙(媽祖信仰)의 부흥과 중국 전통문화의 재건」

이 글은 『중국인문과학』 82, 중국인문학회, 2022에 처음 수록되었다.

권의석 | 「1960~1970년대 영국의 대한(對韓)기술지원 - 울산공과대학 사례를 중심으로」

이 글은 『인문사회과학연구』 23-4, 부경대학교 인문사회과학연구소, 2022에 처음 수록되었다.

왕매향 | 「타이완에 대한 미국의 문화원조 - 1950~1969년까지 타이완 해양도시 가오슝(高雄)의 서민문화를 중심으로」

이 글은 淸華大學社會學研究所 박사논문 「隱蔽權力-美援文藝體制下的台港文學（1950~1962）」와 「冷戰時期非政府組織的中介與介入-自由亞洲協會、亞洲基金會的東南亞文化宣傳（1950~1959）」, 『人文及社會科學集刊』 32(1), 中央研究院人文社會科學研究中心, 2020 및 「開拓『現代』的版圖-戰後台灣人文書籍出版與美國角色」, 『出版島讀-台灣人文出版的百年江湖』, 國立台灣文學館, 2022의 내용을 수정 보완한 글이다.

이상원 | 「군항도시 사세보(佐世保)와 시민 저항 – 1968년 미국의 '엔터프라이즈 호' 입항 문제를 중심으로」

이 글은 동북아시아문화학회와 부경대학교 HK+사업단, 원광대학교 HK+동북아시아 인문사회연구소가 공동주최한 국제학술대회('2022년 동북아시문화학회 춘계연합국제학술대회 – 동북아의 위기와 그 변화의 모색', 2022.7)에서 처음 발표하였고, 이후 『동북아문화연구』 제72집, 동북아시아문화학회, 2022에 처음 수록되었다.

최민경 | 「어업이민을 통한 해방 후 해외이주정책의 이해」

이 글은 『인문과학연구』 75, 강원대학교 인문과학연구소, 2022에 처음 수록되었다.

고바야시 소메이 | 「낙농으로 본 한일관계의 일단면 – 1960년대 후반 – 지역 간(홋카이도-경기도) 교류에 주목하여」

이 글은 부경대학교 HK+사업단이 주최한 국제학술대회('제5회 동북아해역과 인문네트워크 국제학술대회', 2022.12)에서 발표한 것을 수정 보완한 것으로, 지면상으로 본 연구총서에 처음 수록되었다.

주현희 | 「원양 실습일지에 나타난 실습선원들의 해양인식 고찰」

이 글은 『석당논총』 83, 동아대학교 석당학술원, 2022에 처음 수록되었다.

필자 소개

김대래 金大來, Kim Dae-rae

신라대학교 글로벌경제학과 명예교수. 부산대학교 경제학과를 졸업하고 동 대학원에서 경제학석사 및 박사를 받았다. 부산경제사 및 부산학에 관한 연구를 주로 하고 있으며, 주요 저서로는 『한국전쟁과 부산경제-경부성장축의 강화』(공저, 2010), 『부산의 기업과 경제』(2013), 『부산의 산업과 경제』(2017), 『개항기 일본인의 부산이주와 경제적 지배』(2019), 『개항전 부산을 엿본 서양인들』(2019), 『사상공업지역』(2022), 『현대 부산의 기업과 경제』(2022) 등이 있다.

서광덕 徐光德, Seo Kwang-deok

연세대학교 중어중문학과를 졸업 후 연세대학교 대학원 석사·박사과정을 졸업했다. 저서로는 『루쉰과 동아시아 근대』(2018), 『중국 현대문학과의 만남』(공저, 2006), 『동북아해역과 인문학』(공저, 2020) 등이 있고, 역서로는 『루쉰』(2003), 『일본과 아시아』(공역, 2004), 『중국의 충격』(공역, 2009), 『수사라는 사상』(공역, 2013), 『아시아의 표해록』(공역, 2020) 등이 있으며, 『루쉰전집』(20권) 번역에 참가했다. 현재 부경대학교 인문사회과학연구소 HK교수로 재직 중이다.

양민호 梁敏鎬, Yang Min-ho

1972년 출생. 전주대학교 일어교육과 졸업 후, 동국대학교 대학원 석사, 도쿄(東京)외국어대학 석사 과정을 거쳐 도호쿠(東北)대학 문학연구과 박사과정을 졸업하였다. 저서로는 『소통과 불통의 한일 간 커뮤니케이션』(공저, 2018), 일본에서 출판된 『일본어 어휘로의 어프로치』(공저, 2015), 『외래어 연구의 신전개』(공저, 2012) 등이 있고, 역서로는 『마성의 도시 상하이-일본 지식인의 '근대' 체험』(공역, 2020) 『경제언어학-언어, 방언, 경어』(공역, 2015), 『3·11 쓰나미로 무엇이 일어났는가피해조사와 감재전략』(공역, 2013), 『동북아 해역과 인문네트워크』(공서, 2019), 『사투리 부산의 마음을 전하다』(공저, 2022)가 있다. 현재 부경대학교 인문사회과학연구소 HK교수로 재직 중이며, 국립국어원 공공용어 번역 표준화 위원회 일본어 자문위원으로 활동하고 있다.

백두주 白斗柱, Baek Doo-joo
부산대학교에서 사회학박사를 취득 후 현재 부경대학교 글로벌지역학연구소 전임연구원으로 재직 중이다. 전공분야는 산업노동, 국제지역연구이며, 최근 주요 연구로는 「환태평양 가치가슬의 구조변동과 전망-미국과 중국의 전략적 선택을 중심으로」(2021), 「환태평양 도시국가의 역사적 진화(1819~2020)-싱가포르 항만을 중심으로」(2022), 「Chip war between U.S. and China : Restructuring Trans-Pacific Semiconductor Value Chain」 (2022), 「도로운송 공급사슬 규제에 관한 국제비교 연구-브라질, 캐나다, 호주의 '안전운임제'를 중심으로」(2023) 등이 있다.

공미희 孔美熙, Kong Mi-hee
1969년 출생. 부경대학교 일어일문학부 대학원 석사·박사과정을 졸업했다.
저서로는 『동북아 해역과 인문네트워크』(공저, 2018), 『동북아 해역 인문네트 워크의 근대적 계기와 기반』(공저, 2019) 등이 있으며, 논문으로는 「Analysis of the Conditions and Characteristics of Japanese Migrant Fishing Villages in Ulsan」, 「A Consideration of the Characteristics and Historical Background of Japanese Fusion Cuisine Created Through Cross-cultural Exchanges with the West in Port Cities」, 「미국의 한국수산업에 대한 원조와 수산업의 경제적 성장 및 변화-1950년대~1960년대를 중심으로」 등이 있다. 현재 부경대학교 인문사회과학연구소 HK연구교수로 재직 중이다.

이나요시 아키라 稻吉晃, Inayoshi Akira
1980년 일본 아이치현(愛知縣) 출생. 도쿄도립대학(東京都立大學) 경제학부를 졸업 후, 동 대학 사회과학연구과에서 석사과정, 박사과정(2005년 수도대학도쿄(首都大學東京)로 재편·통합)을 졸업했다. 전공은 일본의 정치외교사이며 2010년부터 니가타대학(新潟大學) 인문사회과학계열 교수로 근무하고 있다. 주요 저서와 논문으로는 『港町巡礼-海洋国家日本の近代』(2022), 「開港場行政の誕生-細分化する行政規則」(2022), 「東寿とその港湾運営構想: 戦後港湾行政を理解する手がかりとして」(2022), 「福沢諭吉、港をめぐる」(2019) 등이 있다.

김경아 金敬娥, Kim Kyung-a

1975년 출생. 부산대학교 중어중문학과에서 석사학위를 받았고, 중국사회과학원(中國社會科學院) 고대문학연구소에서 문학박사학위를 받았다. 역서로는『지영록』(2021),『청 제국의 몰락과 서양상인-이화양행』(2022) 등이 있고, 논문으로는「19세기 남중국해 해적과 관군의 전투기록」,「三婆神, 媽祖, Joss-19세기 남중국해 해적과 해양 신앙」등이 있다. 현재 부경대학교 인문사회과학연구소 HK연구교수로 재직 중이다.

권의석 權義錫, Kwon Euy-suk

고려대학교 동양사학과, 런던정경대학교 국제관계사학과, 셰필드대학교 동아시아학부를 졸업하였다. 주요 연구 분야는 한국 대외관계사, 동아시아 국제관계, 동아시아 근현대사이며, 최근에는 19세기 말부터 현대까지 영국과 한국 간의 외교사에 관한 연구를 진행하고 있다. 주요 저서로『동북아시아의 상호인식과 혐오』(공저, 2022)가 있으며, 최근 연구로는「1950년대 영국의 대북한 금수조치를 둘러싼 한·영간의 갈등」(『한국학논총』, 2023), 「1960~70년대 영국의 대한(對韓)기술지원-울산공과대학 사례를 중심으로」(『인문사회과학연구』, 2022),「Ascending to the Imperial Throne : Kojong's Elevation from King to Emperor and British Responses, 1895-1898」(『International Journal of Korean History』, 2021) 등이 있다. 현재 원광대학교 한중관계연구원 동북아시아인문사회연구소 HK연구교수로 재직 중이다.

왕매향 王梅香, Wang Mei-hsiang

왕매향은 대만 국립 중산대학교 사회학과 부교수로 재직 중이며, 대만의 문화연구회 이사로도 활동하고 있다. 주요 연구 분야는 동남아시아 문화 냉전, 대만 문학과 역사, 문화 사회학이다. 「隱蔽權力 : 美援文藝體制下的台港文學(1950~1962)」논문으로 박사학위를 취득하였으며, 최근 대표 연구로는「冷戰時期跨國非共策略與美國文化宣傳-論泰國的亞洲基金會(1954~1963), Transnational Non-Communist Strategies and American Cultural Propaganda in the Cold War Period : On Asia Foundation in Thailand(1954~1963)」등이 있다.

이상원 李尙原, Lee Sang-won

1976년 출생, 일본 나가사키국제대학 국제관광학과를 졸업 후 부경대학교 대학원 석사박사 과정을 졸업했다. 'CK-1 동아시아 환동해 지역과 동남권역 연계MICE 인재 양성 사업단' 전담 교수를 거치며 'MICE 취업과 창업' 'MICE 일본어' 등을 강의하였다. 연구 분야는 일본어 현대문법 및 동아시아 비교연구를 아우른다. 저역서는 『오키나와 입문-아시아를 연결하는 해역구상』(공저, 2021)이 있으며, 『바다를 건넌 사람들 I』(공저, 2021), 『바다를 건넌 사람들 II』(공저, 2022), 『바다를 건넌 물건들 I』(공저, 2022)의 저서가 있다. 논문으로는 「일제강점기 조선총독부의 교육정책과 일본어 교육의 실태-사회적 교육기관을 중심으로」(인문사회과학연구, 2021), 「오키나와 문제의 리저널리즘적 접근-'미군기지'와 '집단자결' 문제를 중심으로」(동북아문화연구, 2022) 등이 있다. 현재 부경대학교 인문사회과학연구소 HK연구교수로 재직중이다.

최민경 崔瑉耿, Choi Min-kyung

1983년 서울 출생. 서울대학교 언어학과를 졸업 후, 동대학교 국제대학원 국제학과 석사과정, 일본 히도쓰바시대학(一橋大學) 사회학연구과 박사과정을 졸업했다. 전공은 역사사회학·일본지역연구로 2019년부터 부경대학교 인문사회과학연구소 HK교수로 근무하고 있다. 주요 저역서와 논문으로는 『동북아해역과 귀환-공간, 경계, 정체성』(공저, 2021) 『근대 아시아 시장과 조선』(공역, 2020), 「미군정기 오키나와에서의 점령지역구제자금(GARIOA) 유학의 사회적 의미-귀국 유학생의 금문클럽 활동에 주목하여」(2022), 「냉전의 바다를 건넌다는 것-한인 '밀항자' 석방 탄원서에 주목하여」(2021) 등이 있다.

고바야시 소메이 小林聰明, KOBAYASHI SOMEI

히토쓰바시대학(一橋大学), 사회학과를 졸업 후 히토쓰바시 대학원 석사, 박사과정을 졸업했다. 저서로는 『アポリアとしての和解と正義—構想・理論・歴史』(2023), 『文化冷戦と知の展開—アメリカの戦略・東アジアの論理』(2022), 『入門メディア社会学』(2022), 『제2차 세계대전기 한국독립운동과 미국』(2022, 이상 공저) 등이 있다. 현재 니혼대학(日本大学) 법학부 교수로 재직하고 있다.

주현희 周賢熙, Ju Hyeon-hee

부경대학교에서 국어학 전공으로 박사학위를 취득했다. 주로 개항 이후 근대 시기에 이루어진 한국과 일본의 교육 비교 연구를 진행하였다. 최근에는 한국과 일본의 한국어 교재 및 학습서에 나타난 음운 현상, 품사 체계 등을 연구하였으며, 교육 평가 및 평가 도구 분석에 관한 연구에도 관심을 가지고 있다. 저서로는 『피란, 그때 그 사람들』(공저), 『바다 사람들의 생애사 4』(공저), 『바다를 건넌 사람들 2』(공저), 『(포토에세이) 내가 바라본 바다』(공저) 등이 있다. 현재 부경대학교 인문사회과학연구소 HK연구교수로 재직중이다.